KB047556

# 프로불편러 일기

## 세상에 무시해도 되는 불편함은 없다

위근우 지음

**일러두기**

이 책에 실린 글은 지은이가 〈아이즈〉에 실었던 글을 골라 엮은 것입니다.

각 글이 시작되는 부분에 표시된 숫자는 해당 글이 〈아이즈〉에 실린 날짜입니다.

각 글 끝부분에 '+' 표시된 부분은 지은이가 현시점에서 되짚어보며 덧붙인 후기입니다.

# 프롤로그

## 나도 프로불편러일까

나는 프로불편러라는 말을 좋아한다. 본래 이 말은 작은 이슈 하나하나에도 정치적인 올바름을 요구하는 이들을 공격하기 위해 만들어진 일종의 멸칭이다. 유사어로 프로예민러도 있다. 별거 아닌 것에도 불편해하고 예민함을 드러내는 너희들, 유별나다는 멸시와 경시의 언어. 하지만 프로불편러로 지칭된 이들은 오히려 프로불편러가 어때서, 라는 당당한 태도와 함께 그 말을 상대방으로부터 빼어왔다. 우리의 불편함은 부당하지 않으며 앞으로도 당당하게 우리가 느끼는 불편함을 드러내겠다는 선언. 꼭 여성혐오의 문제만이 아니라 여전히 전근대적인 정치의식이 지배력을 발휘하고, 반지성적 선동이 소위 정치적 진보 진영 안에서도 등장하는 지금 이곳에서 프로불편러는 불합리함과 부당함에 대해 가장 민감하게 반응하는 이들에 대한 자기긍정의 표현이 되었다.

물론 이 말을 좋아한다는 것과 내가 프로불편러가 맞느냐는 것 사이에는 꽤 넓은 간극이 있다. 책 제목을 정한 뒤에도 오래 고민한 문제다. 나는 프로불편러가 맞는가. 거의 모든 사회적 호명이 그러하듯, 이것은 나 스스로 결정하고 답 내릴 수 있는 문제는 아니다. 다만 내가 생각하는 프로불편러란 무엇인지, 그리고 내가 기자로서 해온 작업의 어떤 부분이 프로불편러의 맥락과 겹치고 궁극적으로 그래야만 하는지에 대해선 말할 수 있을 것이다. 내가 생각하는 프로불편러는 앞서 말한 것처럼 세상에서 평균으로 통용되는 불의나 불합리함에 반응할 정도로 민감한 동시에, 또한 자신이 느끼는 불편함이 합당한 것인지 스스로 질문할 수 있는 냉철한 존재다. 만사가 다 싫은 불평분자(처음 프로불편러를 멸칭으로 쓴 이는 이런 의미를 염두에 뒀겠지만)와 프로불편러는 이런 기준으로 구분될 것이다. 적어도 내가 생각하는 기준에서 기자라는 직업은 필연적으로 프로불편러여야 한다. 세상에 대한 기자의 문제의식이란 예민함의 다른 말이다. 기자는 자신이 느끼는 불편함의 실체를 논리적으로 실증적으로 검증하고 그 검증의 과정을 정돈된 언어로 재구성해 세상에 피드백할 수 있어야 한다. 나는 내가 그러한 사람이길 바라며, 또한 지난 3년 반 동안 〈아이즈〉에서 쓰고 여기 선별된 글이 그러한 작업이길 바란다.

사실 전 직장인 대중문화 전문 웹진인 〈매거진 t〉와 그 후신인 〈텐아시아〉에서 옳고 그름보다는 좋고 나쁨의 문제를 중점적으로 다루던 내가 기자라는 직업의 사회적 책임에 대해 고민하기 시작한 건 그리 오래되지 않았다. 이 기간은 현재 재직 중인 〈아이즈〉에서 보낸 시간과 거의 비슷하게 겹치는데, 매체의 특성에 따라 나의 입장이 바뀌었다기보다는 그 시기에 벌어졌던 여러 일들이 나와 〈아이즈〉의 방향성을 결정했다는 게 더 정확할 것이다. 크게 세 가지 이슈가 있다. 먼저 2012년 총선과 대선, 〈나는 꼼수다〉로 대표되는 정치 팟캐스트의 부흥과 2013년 JTBC 〈썰전〉의 등장으로 정치가 다분히 엔터테인먼트의 형태로 소비되었다. 매우 많은 사람이 정치를 이야기하고 소비하고 즐기는 상황에서 대중문화 기자인 나 역시 이 문제를 외면할 수는 없었다. 정치를 소비하는 방식에 관해 이야기하기 위해선 정치적 올바름에 대한 기준을 마련할 필요가 있었고, 이 작업은 대중문화 텍스트의 완성도를 분석할 때와는 또 다른 방식의 예민함과 논리를 요구했다. 두 번째는 2014년 4월 16일에 벌어진 세월호 참사다. 세월호의 진실을 밝히겠다는 의무감이 생겼다는 것은 아니다. 수백 명 아이들의 생명이 허무하게 가라앉고 그에 대해 책임지지 않는 정부와 그런 정부 입장에 선 이들을 보면서, 비로소 어른의 사회적 책임에 대해 고민하게 됐다. 이 당시 고민에 대해선 세월호 1주기 때 쓰고 이 책에도 실은 '지금 자기 자리에서 세월호의 짐을 나눠 진다는 것'에서 이야기한 바 있다. 이 이후로는 기자로서 나보다 어린 세대를 위해 무엇을 할 수 있는가에 대해 모색할 수밖에 없었다. 세 번째는 2015년 메갈리아 사이트 등장으로 상징되는 온라인 기반의 대중적인 페미니즘의 부흥이다. 미러링이라는 독특한 방식으로 남성의 기득권을 조롱하고, 한 줌의 여성혐오까지 낱낱이 해부해 날선 비판을 가하는 페미니스트의 활동을 수시로 보면서, 그래도 정치적으로 제법 올바른 편이라고 생각했던 내 안에 얼마나 남성 편향적인 관점이 내재해 있는지 점검하고 반성할 수 있었다. 굉장히 큰 배움이었다.

이 책 〈프로불편러 일기〉는 말하자면 남들에게 프로불편러로 인정받을 수 있을지는 알 수 없으나 적어도 엄정한 기준의 프로불편러로서 활동하기 위해 애쓴 시간의 기록이라 할 수 있을 것이다. '일기'라는 제목은 그래서 실제로도 중요하다. 시간이 지나야 비로소 그 본질을 이해할 수 있는 일들도 있지만, 또한 그만큼 시간이 충분히 지나면 누구나 예언자 행세를 할 수 있다. 결과론 자체가 나쁜 건 아니지만, 프로불편러로서의 기자가 할 일은 해당 이슈의 현재적 의미를 짚어내고 조심스럽되 무디지 않게 옳고 그름을 이야기하며 공론장을 통해 피드백을 주는 것이라고 본다. 지금 시점에서 약간의 가필을 더하긴 했지만, 이미 〈아이즈〉를 통해 소개됐던 글들을 거의 그대로 책으로 내는 것에 대해 별다른 거부감이나 민망한 마음이 들지 않았던 건 그래서다. 2개의 원고를 작성하는 데 일주일의 거의 모든 감정적·체력적 재원을 다 쏟아붓는 한 명의 마감노동자로서 해당 원고들을 쓴 뒤 따로 시간을 내서 쓰는 어떤 글보다 〈아이즈〉 원고의 완성도가 가장 높다는 것도 결코 무시할 수 없는 이유다.

원고들은 주제마다 발표된 시간 순서대로 정리되었다. 크게 네 개로 구성된 이들 챕터에서 첫 챕터인 '새 시대의 야만'은 동시대의 시민이 어떤 면에서 프로불편러가 되고 되어야 하는지 그 배경에 대한 맥락을 설명해준다면, 이 책의 제목이기도 한 '프로불편러 일기' 챕터에는 이처럼 사회적 현상이나 대중문화 텍스트 등 다양한 분야에서 벌어지는 야만에 대한 비판적인 입장의 원고들을 모았다. 세 번째 챕터인 '그들과 나와 우리의 이야기'에선 〈아이즈〉의 가장 전문적인 분야라 할 대중문화 및 인물 비평을 통해 불편함 이후에 가능한 긍정적인 모델들을 이야기해보려 했다. 네 번째 챕터인 '이 죽일 놈의 공놀이'는 아마도 책의 전체 맥락에서 가장 벗어나 보일 수 있지만, 그깟 공놀이 안에 어떤 사회적 의미가 있는지 깐깐하게 따지려 했다는 점에서 기본적인 문제의식을 공유하는 원고들을 모아둔 것이라 생각한다.

한 사람의 직업인으로서 꽤 열심히 보낸 시간을 책으로 기록하고 남길 수 있다는 것은 개인의 큰 영광이지만, 아직 세상으로부터 피드백을 받지 못한 시점에 시상식마냥 고마운 사람, 도움 준 이들의 이름을 하나하나 호명하는 건 좀 호들갑스럽게 느껴진다. 혹시나 싶어 프롤로그를 읽는 지인들에겐 미안하지만 거르겠다. 다만 이 자리를 빌려 강명석 편집장 이하 〈아이즈〉 동료들에게는 확실한 감사의 말을 전해야겠다. 여기에 있는 이 글들은 그들과의 기획회의와 논쟁, 데스킹 과정이 없었더라면 지금보다 훨씬 형편없는 상태로 세상에 나왔을 것이다. 숨겨진 공동 저자인 그들에게 마음을 다한 감사의 인사로 인세 배분을 대신한다.

## 차례

# #1 새 시대의 야만

# 일베, 새 시대의 야만

2013
0924

현재 한국에는 두 가지 인터넷 커뮤니티가 있다. 일간베스트 저장소(이하 일베), 그리고 일베가 아닌 모든 커뮤니티. 디시인사이드, 오늘의 유머, MLB 파크 등 서로 다른 성격에 덩치도 작지 않은 커뮤니티들 입장에서는 서운하게 들릴 수 있는 말이지만, 일베와 이들 커뮤니티 사이의 간극을 비교했을 때 여타 커뮤니티 사이의 차이라는 것은 아주 미미할 정도다. 그만큼 일베는 인터넷 커뮤니티가 도달할 수 있는 어떤 한 극단에 서 있다. 오른쪽, 왼쪽이라는 방향 구분은 부차적이다. 여성, 전라도라는 특정 지역, 그리고 좌파 혹은 자유주의 담론에 대해 이 사이트에서 보여주는 극렬한 혐오는 그것이 오른쪽에 있어서가 아니라 소통 불가능한 영역에 있기에 위험하다.

일베의 중심축을 이루는 혐오의 정서들은 그 근거나 신념이 명확하지 않다. 대신 무언가에 대해서 반대되는 입장을 취해 거기서부터 담론을 형성한다. 가령 한국 여성은 뚜렷한 자기 주관과 사유 없이 무비판적으로 좌파의 편만 드는 뇌 없는 '좌좀' 주제에 더치페이는 하지 않는 한심한 '보슬아치'이기 때문에 비판해도 된다는 것이 그들의 논리다. 일베가 급부상한 2012년이 대선에 대한 관심과 SNS 열풍으로 팬덤 정치가 활성화된 시기라는 건 우연이 아니다. 누군가의 팬을 자처하는 정치 세력만큼 '좌좀' 딱지를 붙이기에 좋은 먹잇감은 없다. 하지만 진보 진영 내부에서 벌어진 '깨시민'(사실 이것이 '좌좀'보다 정치적으로 올바른 표현인지는 모르겠지만)에 대한 비판, 여성 팬덤에 대해 경솔한 발언을 한 '나꼼수' 팀에 대한 여성 커뮤니티의 반발 성명 같은 주체적이고 합리적인 자정 활동은 일베의 고려 대상이 아니다. 그들은 어떤 명징한 신념으로 자신의 대척점에 있는 여타 담론과 공정하게 경쟁하기보다는 여성, 전라도, 진보 세력 등 자신들이 비난하고 싶은 대상을 골라 입맛에 맞는 지엽적인 팩트를 일반화해 그것을 근거 삼아 우롱한다. 이것이 일베가 그토록 자랑스럽게 말하는 팩트 중심주의의 실체다. 그 팩트에 맞는 사례가 한둘은 있을지도 모르겠다. 하지만 그렇게 정당화된 여성 혐오의 정서로 걸 그룹 미쓰에이의 수지 입간판에 성행위를 연상시키는 포즈를 취한 인증 사진을 돌려 보며 낄낄거리고 수지에게 직접 트위터로 멘션을 보내는 행위는 정상이 아니다.

문제는 이처럼 공론장에서의 정당한 평가는 거부하는 담론이 인터넷이라는 환경을 통해 제한 없이 전파되고 확장된다는 것이다. 일베 스스로는 소위 '산업화'(일베가 의미를 왜곡시킨 '민주화'의 반대말)라 불리는 일베 담론의 전파가 일종의 계몽인 양 자부하지만, 반대편을 설득하기보다는 분노와 공격성을 분출하고 싶어 하는 이들을 포섭하는 방식으로 진행된다. 옳고 그름의 문제가 차단됐을 때 담론의 영향력은 타당성이 아닌 머릿수 싸움으로 전이된다. 아니, 전락한다. 걸 그룹 크레용팝과 소속사 대표는 스스로 해명한 것처럼 일베 회원이나 추종자는 아닐 것이다. 하지만 대중적 인지도가 없는 신인 그룹으로서 수십만 명의 이용자가 있는 커뮤니티 사이트를 통한 홍보를 외면할 수는 없었다. 그들이 일베의 성향을 알았느냐 몰랐느냐의 진실 게임은 생각만큼 중요하지 않다. 어떤 경우든, 누군가에게 일베는 그 해악성보다도 머릿수의 영향력으로 먼저 받아들여진다는 게 중요하다. 행위의 타당성 문제는 도구적 효율성 문제로 대체된다.

일베를 온갖 폭력적이고 여차하면 고소 고발도 가능한 개별 게시물의 집합소가 아닌, 하나의 현상으로 봐야 하는 건 그래서다. 그들은 자기 의견을 마음껏 올릴 수 있는 권리는 마음껏 누리되, 정작 그것을 가능하게 만든 모든 실천과 진보에 대한 열망을 왜곡하고 조롱한다. 정작 고 김대중, 고 노무현 대통령이나 5·18 민주화 항쟁의 당사자들을 능욕하는 게시물들에 대해 사법적 처리의 분위기가 감지되자 일베에서 표현의 자유를 주장한 건 흥미로운 아이러니다. 표현의 자유는 민주주의 사회에서 보장된 권리지만, 그 부작용을 최소화하기 위해 공론장 안에서 그 의미에 대해 해석하고 평가하고 책임을 지우는 작업이 수반되어야 한다. 일베는 그럴 때마다 '일게이'나 '장애인' 같은 자기 비하의 수사법으로 이 모든 것이 작은 커뮤니티 안에서의 장난에 불과하다며 공론장에서의 평가를 거부하는 동시에 이 장난에 동조하는 이들을 늘려 비판을 무마한다.

하여 일베가 향하는 방향은 보수도 진보도 아닌 퇴행이다. 합리적인 의사소통을 통해 옳은 결과를 얻을 수 있다는 믿음도 시스템도 부정당했다. 약자에 대한 가학적 즐거움은 다수의 재미라는 말로 무마된다. 역사의 진보를 통해 얻어낸 '민주화' 같은 단어가 비아냥거림의 대상이 되고 오염된다. 무엇보다 적극적이든 소극적이든 혹은 무관심을 가장한 긍정으로든 여기에 동조하는 이들이 수십만이다. 일베의 헛소리 중 그래도 진보 진영에 대한 무시와 비판은 그래서 설득력이 있다. 그들의 존재 자체가 역사의 진보를 의심하게 하기 때문이다. 지금 우리의 눈앞에 있는 건 '찌질한 키보드 워리어'들이 아닌, 새 시대의 야만이다.

+

이 글을 썼던 당시와 비교해 일베를 바라보는 시각이 크게 달라지진 않았지만(일베도 딱히 바뀌진 않았으니) 일베의 해악을 다루는 방식에 대해서는 약간의 보론이 필요하겠다는 생각이 든다. 앞서 말했듯 일베는 한 극단에서 불의한 의견들을 생산 및 유통하고 있는데, 이것이 극단적이지 않은 다른 집단에 불의가 없다는 뜻이 될 수는 없다. 즉, 일베는 포지션상 '가장' 불의한 집단이 될 수는 있을지언정 한국 사회의 불의를 모두 빨아들이고 일베 아닌 우리의 결백을 입증해주는 도구가 될 수는 없다.

# ‹방과 후 전쟁활동›, 세상에 내던져진 아이들

2013 1031

불가항력. 웹툰 ‹방과 후 전쟁활동›에서 성동고 3학년 2반 아이들에게 닥친 모든 일들을 정리하자면 이 한마디로 요약될 수 있을 것이다. 대입 수능 시험을 132일 앞둔 그들은 평소와 별 차이 없는 하루를 보내다 갑자기 하늘에서 떨어지는 파란색 구체를 보게 된다. 외계에서 내려온 이들 미확인 구체는 폭발하거나 촉수로 사람을 공격하면서 전 세계를 아수라장으로 만들고, 그 위험 때문에 잠시 학교를 떠나 있던 아이들은 구체로부터 도시를 지키기 위해 예비군 대대로 편제된다. 구체들이 어디서 왔는지는 아무도 모르며, 공부하던 아이들이 왜 총을 쥐고 전쟁터로 나가야 하는지 어른들은 특별한 당위를 설명해주지 않고 통보만 할 뿐이다. 크게 위험하지는 않을 거라는 무책임한 위로만을 반복하며.

흥미로운 건, 철저히 SF 판타지적인 설정에서 출발하는 이 불가항력이 고3의 현실적 상황과 연결되며 완성된다는 것이다. 예비군 입대를 거부하면 어떻게 되느냐는 아이들의 질문에 담임 선생님은 예비군 1년을 채우면 다음 해 수능 가산점을 주니 안 하는 게 바보라고 말한다. 여기서 아이들을 움직이는 것은 가산점으로 대학에 가서 행복하게 살겠다는 희망이 아니다. 다른 모두가 가산점을 챙길 때 나 혼자 뒤처지면 어떡하나 싶은 두려움 때문에 거의 모든 아이들은 예비군을 선택한다. 갑자기 들이닥쳐 '방과 후 전쟁활동'을 하게 만든 외계 생물이 현실 속 아이들이 감내해야 할 전쟁 같은 입시에 대한 알레고리인지는 알 수 없다. 다만 "저기서(하늘에서) 평생 우리를 감시하는" 것 같은 대형 구체처럼, 입시를 비롯한 모든 훈육 시스템 역시 우리의 손이 닿지 않는 곳에서 우리를 바라본다.

외계 생물의 촉수 공격으로 목과 팔이 잘려나가거나 온몸에 구멍이 뚫리는 장면들 때문에 하일권 작품 최초로 19금이 되었다는 외형적 배경을 차치하더라도, 이 작품에서 잔혹한 정서를 느끼게 되는 건 그래서다. 군인이 된 아이들은 친구들이 죽거나 다치는 걸 목격하고, 정규군의 보호 없이 집결지까지 강행군을 한다. 일반적인 소년만화의 장애물이 주인공의 신념과 성장을 위해 극복하거나 꺾어야 할 존재라면, ‹방과 후 전쟁활동›에서 아이들이 겪는 모든 일들은 그저 불가해한 잔혹극일 뿐이다. 역시 영문도 모른 채 불가해한 운명을 받아들여야 했던 ‹신세기 에반게리온›의 신지가 그나마 눈앞의 사도를 쓰러뜨리는 명백한 승리로 잠시 세계의 멸망을 유예시켰다면, ‹방과 후 전쟁활동›의 아이들은 역시 눈앞의 외계 생물과 싸우면서도 실제로 전선이 어떻게 돌아가고 있는지는 알지 못한다. 안전하다던 약속은 공수표가 됐고, 곧 집으로 돌아갈 수 있으리라는 약속은 기약이 없다. 끝을 알 수 없는 싸움 속에서 희망은 말라붙는다.

하일권 작가의 전작에서 고등학교는 왕따(‹삼단합체 김창남›)나 추녀(‹삼봉이발소›), 가난한 집 아이(‹안나라수마나라›)처럼 또래 집단에서 소외된 학생들이 편견과 싸워나가며 아직 자신의 삶을 선택할 수 있는 시간이었다. 하지만 ‹방과 후 전쟁활동›에서 선택이란 시스템에 대한 자발적 복종의 다른 이름일 뿐이다. 위기 상황 속에서 의외의 리더십을 드러내는 장수나 영신, 민폐만 끼치다가 친구 보라의 목숨을 구해내는 애설처럼 조금씩 성장하는 아이들도 있지만, 친구를 구하려다 팔이 잘려 죽은 수철처럼 그 성장의 끝이 행복한 미래로 이어지리라고 이 작품은 말해주지 않는다. 이토록 우울한 풍경이 가리키는 방향의 끝에는 어떤 전망이 기다리고 있을까. 알 수 없지만 쉽게 무책임한 희망을 이야기하지 않는 정직함이야말로 지금의 우리에게 필요한 미덕이지 않을까. 조금만 견디면 이 전쟁은 끝날 거라고 끊임없이 행복을 유예하는 이 세상을 직시하기 위해서는. 방과 후에도, 졸업 후에도.

+

이 우울한 리뷰는, 하지만 예상치도 못했던 훨씬 우울한 엔딩을 보지 못하고 연재 중간에 쓴 글이다. 그리고 반 아이들 다수가 죽고 소위 현실적 문제로 그 사실을 덮는 엔딩을 본 지금, 앞서 말한 '무책임한 희망을 이야기하지 않는 정직함'에 대해 다시 한번 감사하는 동시에, 이 작품에 반영된 디스토피아적 풍경에 더더욱 몸서리치게 된다. 이 이야기는 표면적으론 상처받고 세상에 패배한 아이들에 대한 이야기지만, 그 이면엔 그들을 지켜주지 못한 무책임한 어른의 이야기가 담겨 있다. 우연이겠지만, 이 작품이 완결된 다음 해, 세월호 사건이 일어났다.

# 디스패치는 옳은가

2013 1126

959건. 포털 검색창에 '디스패치에 따르면'이라고 치면 나오는 뉴스의 숫자다. 본인들이 직접 기사를 작성하지 않아도 본인들을 인용한 기사가 1000여 건 가깝게 작성되는 매체. '단독'이라는 타이틀을 달고 기사가 나오고 1분도 채 되지 않아 인용 보도가 쏟아지는 한국의 연예 매체 시장에서 〈디스패치〉는 이토록 독보적인 원천 소스를 지니고 있는 매체다. '디스패치 열애설'이라는 자동 검색어가 따로 만들어질 정도로 비와 김태희, 한혜진과 기성용 등 굵직한 열애설을 파파라치 취재로 밝혀냈으며, 최근에는 MBC 〈무한도전〉에서 프라이머리가 발표한 'I Got C'가 표절 논란에 휩싸이자 카로 에메랄드 측과 직접 이메일 인터뷰를 해서 프라이머리의 곡이 자신의 곡과 흡사하다는 대답을 받아내기도 했다. 엠블랙의 이준이 얼마나 사생활이 깨끗한지는 '디스패치도 포기한 연예인'이라는 검색어로 설명된다. 〈디스패치〉가 현재 한국에서 가장 힘이 센 매체는 아닐 것이다. 하지만 가장 자주 회자되는 매체인 건 분명하다.

사실 파파라치 보도의 윤리적 문제점을 차치한다면, 〈디스패치〉의 연예 보도는 선구적인 면이 있다. 대중이 기사를 접하는 통로가 대형 포털로 단일화되는 상황에서 다수 연예 매체는 내용물보단 낚시의 기술을 강화한다. 이슈의 당사자에게 "할 말 없다"라는 한마디를 듣고 '단독 인터뷰'라는 타이틀을 붙여서라도 유혹적인 미끼를 만들거나, 실시간 검색어 순위에 오른 단어를 조합한 짧은 기사로 수많은 낚싯대를 드리운 뒤 하나라도 걸리길 바라거나. 〈디스패치〉의 '팩트주의'가 힘을 얻는 건 이 지점이다. 그들 스스로 말한 것처럼 "이니셜을 남발하는 기사나 추측성 기사는 매체의 신뢰성을 좀먹게" 한다. 어떤 매체에서 최측근의 말을 인용해 열애설을 보도하면 너도나도 베껴 쓰다가 반박 보도가 나오면 '아니면 말고'라는 식으로 무죄를 주장하는 보도 패턴 속에서, 움직일 수 없는 증거를 들고 나오는 〈디스패치〉의 방식은 일견 기자 윤리에 충실해 보이기까지 한다. 적어도 열애설이 터졌다고 해서 광고가 끊어지진 않는 톱스타 위주로 보도한다는 기준도 어떤 부분에선 합리적이다. '뉴스는 팩트'라는 그들의 모토에 대해, "진일보된 뉴스에 갈증을 느꼈"다는 매체 소개 문구에 대해 허세라고 말할 수 없는 건 그래서다.

그럼에도 불구하고 〈디스패치〉의 방식을 긍정적으로 보기 어렵다면, 단지 파파라치 보도의 물꼬를 터서만은 아니다. 오히려 스타에 대한 네이버 독점 콘텐츠인 스타캐스트 코너를 진행하기 위해 스타의 소속사들과 원만한 관계를 유지해야 하는 그들이 과거처럼 폭로성 보도를 하기는 어려울 것이다. 그들의 선례 이후 공항에서 스타들을 기다리는 매체들이 늘어났지만, 그걸 〈디스패치〉 책임으로 돌리는 건 비겁하다. 선정성을 걷어낸 〈디스패치〉의 진짜 문제는 팩트라는 단 하나의 기준으로 기사의 모든 것을 정당화하려 한다는 것이다. 최근에 〈디스패치〉의 이름이 회자됐던 프라이머리와 에일리 건에서도 문제가 된 건 파파라치 사진 때문이 아니었다. 그들은 카로 에메랄드에게 직접 프라이머리가 그의 곡을 참고 혹은 사용했을 수 있다는 의견을 받았다. 다만 곡의 인용과 표절은 다를 수 있다는 것, 표절의 판정은 원작자의 의견만으로 가늠될 수 없는 복잡한 문제라는 건 얘기하지 않는다. 〈올 케이팝〉에 올라온 에일리의 사진 유출에 대한 문제에서도 그들은 에일리의 전

남자친구가 자신들에게 접촉한 적이 있다는 팩트를 말했다. 다만 그 기사가 해당 사진의 주인공을 에일리 본인으로 확정할 수 있고 이슈에 불을 지피리라는 예측 가능한 판단은 빠져 있다. 그토록 팩트를 강조할 거라면, 최근 미주 한국일보를 통해서 확인된 것처럼 에일리 본인이 4년 전 속옷 모델 카메라 테스트 사진을 보냈다가 사기를 당했다는 걸 추가로 취재하는 것이 '뉴스는 팩트'라는 관점에 좀 더 근접한 보도일 것이다.

타 매체의 잘못된 보도를 인용한 뒤 우리 의견은 아니니 문제없다고 하는 매체보단, 허위가 아니니 잘못이 아니라는 〈디스패치〉의 태도가 나을지는 모른다. 하지만 팩트란 사실과 거짓을 가르는 기준이 될지언정, 옳고 그름을 가늠하는 기준이 될 수는 없다. 취재 대상과 독자 사이에서 매체는 말 그대로 매개체 역할을 한다. 대상에 대한 비판이나 지지를 통해 독자의 반응을 이끌어내고, 그 반응이 해당 분야를 결과적으로 개선시키는 선순환 구조의 한 축으로서 매체는 존재 이유를 부여받는다. 사생활 폭로를 비롯한 매체의 폭력이 허용되는 건 그것이 결과적 선을 이끌 수 있다는 확신과 통찰이 있을 때뿐이다. 이건 당위의 문제이자 생존의 문제다. 취재 분야의 시장이 고사한다면 매체 역시 살아남을 수 없다. 아무리 팩트라 하더라도 에일리 건에 대한 〈디스패치〉의 고백이나 다수의 파파라치 보도는 연예계에 악영향을 미칠 뿐이며, 독자 역시 무의미한 호기심을 충족하는 것에 그칠 뿐이다. 그들은 추측성 기사가 매체의 신뢰성을 좀먹는다고 했지만, 선정적인 팩트는 시장을 좀먹는다.

그래서 지금 우리에게 필요한 건 〈디스패치〉 이후, 그리고 팩트 이후 연예 매체의 무기에 대한 전망이다. 모두가 같은 소스를 돌려

쓰기 하는 상황에서 〈디스패치〉는 '디스패치에 따르면'이라는 원천 소스의 주인으로서 유일한 포지션을 갖는다. 하지만 이 경쟁력은 취재와 팩트가 중요하다는 깨달음보다는, 팩트면 모든 게 용서된다는 기괴한 면죄부로 변질됐다. 취재와 통찰력이라는 두 개의 키 중 하나만을 선택한 매체가 닿을 수 있는 끝이란 그런 것이다. 둘 다 없는 이들보단 나을지 모르지만 결과적으로 진보했다 말하긴 어렵다. 팩트처럼 선명하진 않지만 그만큼 중요한 통찰력이라는 영역으로 눈을 돌려야 하는 건 그래서다. 어떤 팩트를 밝히더라도 이것은 독자와 시장 모두에게 필요하다고 떳떳하게 설명할 수 있는 매체, 산발적인 팩트를 조합해 흐름과 트렌드를 읽어낼 수 있는 매체를 연예계에서 만나는 건 요원한 일일까. 물론 쉽지 않은 실험이겠지만, 적어도 '뻗치기'(결과가 나올 때까지 한 자리에서 기다리는 걸 뜻하는 언론계 은어)를 견뎌내는 열정이라면 불가능하진 않을 것이다. 지금 이 시장에 부족한 건, 생존을 위한 노력이 아니라 올바른 방향이다.

+

'디스패치에 따르면'이라 출처를 밝힌 뉴스는 이제 8000여 건을 넘어갔다. 매체 내부 사정이야 알 수 없지만 그들의 활동량이나 영향력은 더 커졌으면 커졌지 작아지진 않았다. 나는 여전히 〈디스패치〉의 팩트 취재가 수많은 연예 매체의 베껴 쓰기 관행이나 '카더라' 통신보다는 성실한 면이 있다고 생각한다. 하지만 공익성에 대한 고민 없는 팩트 취재와 보도는 결국 사생활 침해를 비롯한 더 큰 해악으로 돌아올 뿐이다. 〈디스패치〉뿐 아니라 많은 매체들이 독자의 알 권리(right to know)를 이유로(사실 그 개념도 굉장히 왜곡해서 쓰지만) 자신들의 보도를 정당화하지만, 매체의 공익성에서 알 권리보다 더 중요하게 다뤄야 하는 건 독자의 알 필요성(need to know)이다. 독자에게 이 팩트를 알리는 게 정말로 필요한 일인가? 이 고민은 결국 철학의 문제다.

# 국정원이라는 슈퍼히어로의 맨얼굴

2013
1203

이토록 국정원이 대중에게 회자된 적이 있을까. 지난 대선 시즌 국정원 직원인 김 모 씨가 40여 개의 아이디로 야당을 비하하는 댓글을 올린 것을 시작으로, 역시 특정 정당을 지지하기 위한 트위터 멘션을 120만여 건 올리고, 촛불집회를 비방하는 동영상 제작을 의뢰했던 국정원의 여러 전적들이 밝혀지고 있다. 국정원을 모델로 한 〈아이리스〉의 NSS 요원 김현준(이병헌)이나 영화 〈베를린〉의 정진수(한석규) 등을 보며 유능한 국정원 요원을 상상하던 대중 앞에 실제로 등장한 건, 숙소에 틀어박혀 악성 댓글과 멘션을 올리는 '트잉여'였다. 국정원이 얽힌 일련의 사건들을 보며 국가 안보기관이 특정 정당을 위해 복무했다는 것에 대한 분노와는 또 다른, 기묘한 상실감이 드는 건 그 때문이다.

쿠데타로 집권한 박정희 정권이 국가를 장악하기 위해 국정원의 전신인 중앙정보부(이하 중정)를 만들었을 때부터 이 정보수집기관은 무소불위의 권력과 행동으로 대중의 공포와 경외감을 이끌어냈다. 여전히 미결 사건으로 기록되어 있지만 그 자신이 중앙정보부장이었던 김형욱의 실종 혹은 사살의 배후에 중정이 개입했다는 건 거의 정설로 받아들여진다. 전두환 정권에 이르러 국가안전기획부(이하 안기부)라는 이름으로 바뀐 뒤에도 이들의 남산 조사실은 일종의 치외 법권 지대로 받아들여졌다. 결코 정의롭다고 할 수 없지만, 그래서 더더욱 두려운 이 국가 정보기관은 그 상징성만으로도 국가 전체를 판옵티콘(panopticon: 철학자 벤담이 구상한 일망 감시 시설)으로 만든다. 실제로 그들의 눈과 손길이 모든 안보 위협에 닿느냐 하는 것은 부차적인 문제다. 존재한다는 것만으로 안보 위협을 억제하며, 대중 다수에게 안도감을 주는 것은 국가 정보기관의 가장 큰 역할 중 하나였다.

김대중 정부가 집권하며 안기부의 인권 유린과 정치 공작으로부터 벗어나고자 지금 형태의 국정원으로 바뀐 이후에도 이러한 판타지는 필요했다. 하지만 민주주의 시스템이 정착하고 북한이 더는 절대적 악의 축이 아닌 시대에 과거와 같은 공포의 방식으로 이 판타지를 작동시킬 수는 없다. 반대로 국가 정보기관이 더는 공포의 대상이 아니게 된 순간부터 대중문화 창작자들은 드디어 국내를 무대로 한 첩보 활극을 그려낼 수 있게 됐다. 근 몇 년간 나온 국정원을 소재 혹은 모델로 삼은 여러 대중문화 텍스트는 이러한 양자의 욕망이 결합하며 등장할 수 있던 일종의 프로파간다였다. 그런 면에서 〈아이리스〉 시리즈와 일종의 스핀오프 격인 SBS 〈아테나: 전쟁의 여신〉 같은 드라마에 나오는 검은 슈트의 스타일리시한 첩보원은 한국 대중문화가 발견한 슈퍼맨이다. 대부분의 슈퍼히어로는 자경단으로서 국가 권력이 미처 힘쓰지 못하는 치안의 빈틈을 사적으로 보완하거나, 아니면 혁명가로서 타락한 국가 권력에 맞서 싸운다. 그에 반해 슈퍼맨은 자타가 공인하는 미국의 수호자다. (2011년 코믹스를 통해 자기 행동이 미국 정책을 돕는 것으로 해석되는 게 지긋지긋해 미국 시민권을 포기하겠다고 발언하지만) 시스템 내부에서 정의로운 힘을 발휘하는 영웅은 그 자체로 강하지만 정의로운 국가를 상징할 수 있다. 〈아이리스〉에서 조각처럼 다듬어진 이병헌의 근육질 몸매에는 생각보다 많은 정치적 함의가 담겨 있다.

물론 코미디 영화 〈7급 공무원〉의 수지(김하늘)와 재준(강지환), 〈스파이〉의 철수(설경구)처럼 영웅과는 거리가 먼 인물들도 있지만, 이들 텍스트가 ‹아이리스›류의 세계에 균열을 일으키진 않는다. 영화 속 재준은 '하리마오'를 꿈꾸는 평범한 공무원에 가깝지만 어쨌든 수지와의 합동 작전을 통해 생채 무기의 반출을 막아내고, 아무리 철수가 잘생긴 테러리스트에게 마음을 뺏긴 아내 때문에 속을 끓여도 그가 국정원 소속의 특급 스파이라는 것이 변하진 않는다. 오히려 이들 영화는 첩보원의 인간적인 얼굴로 국정원의 이미지를 보완한다. 웃으며 스크린으로 감상할 수 있을 정도로 가깝고 친숙해진 권력, 하지만 맡은 일은 확실히 마무리하며 관객이자 시민인 대중을 해피엔딩으로 인도하는 유능한 권력. 민주화된 국가가 원하는 이상적인 영웅과 이상적인 공무원은 그렇게 하나가 된다.

그래서 국정원 대북심리전단이 펼친 것으로 파악되는 일련의 사이버 활동과 그에 대한 치졸한 변명은, 도로 80년대의 안기부로 회귀하는 것이라기보다는 21세기에 새롭게 만들어진 꿈과 판타지가 깨졌다고 보는 게 정확하다. 그들의 대북 활동은 북한에 대한 대응이 아닌 국내의 정적에게 종북이라는 딱지를 덧씌우는 것이고, 사이버 활동은 해킹을 통한 감시 및 통제가 아니라 일반인에게 댓글 아르바이트를 시키고 일베 같은 극우 커뮤니티의 콘텐츠를 퍼 나르는 것이었다. 심지어 공무원으로서도 성실하지 못하게 안보 관광이라는 이름으로 예산을 남용했다. 이들의 민얼굴은 타락했다기보다는 찌질해 보인다. 베일은 벗겨졌고 환상은 무너졌다. 선하고 강한 슈트를 입은 슈퍼맨은 없다. 대중이 지금 느끼는 허탈함은 진실을 마주하며 얻는 성장통일까. 그랬으면 좋겠다. 무너진 판타지의 잔상을 붙잡고 다시 꿈꿀 수 있길 바라는 것보단 이상과 현실의 괴리를 좁혀나가는 게 훨씬 생산적일 테니까. 영웅을 기대할 수 없는 시대를 산다는 건 그런 거니까.

+

과거 국정원 요원을 히어로처럼 소비했던 영화나 드라마가 강한 국가의 이미지를 재생산했다면, 아마 이젠 누구도 북한이나 범국가적 테러조직에 맞서 대한민국을 지키는 국정원 요원의 이야기를 진지하게 믿진 않을 것이다. 위의 글에서 썼듯 나는 이것이 진일보한 것이라 믿는다. 하지만 이처럼 마땅히 국가에 요구해야 할 것이 현실과의 연결고리가 끊어진 채 오로지 장르물로만 소비되는 것도 긍정적 신호는 아니라고 생각한다. 새로운 이야기, 혹은 새로운 요구가 필요하다.

# 오심하는 야구에는 희망이 있을까

2014
0513

누구를 믿을 수 있을까. 순간의 선택으로 결과가 완전히 뒤바뀔 수 있지만, 그 순간을 판단하는 이들이 착오를 일으킨다. 결과는 바뀔 수 없지만, 책임자에 대한 처벌은 한시적이다. 대중들이 시스템의 보완을 요구해도 최종책임자의 사과는 미비하다. 신뢰가 무너질수록 분노는 쌓여간다. 당연히, 야구 이야기다. 지난 4월 25일 프로야구 기아 타이거즈(이하 기아) vs LG 트윈스(이하 LG) 경기 9회 초 2사 1, 2루 상황에서 벌어진 결정적 오심으로 불거진 심판에 대한 불신은, 연이은 잘못된 판정으로 누적되다가 지난 4월 30일 기아 vs SK 와이번스 경기에 난입한 기아 팬이 1루심을 넘어뜨리는 불미스러운 사건과 함께 가시적으로 폭발했다. 그저 잠깐의 변수라고 치부하기에, 오심은 야구를 보고 즐기는 데 너무나 커다란 시스템의 오류다.

야구는 철저히 누적의 서사다. 착실히 쌓은 아웃 카운트와 출루가 승부를 결정한다. 가령 이번 시즌의 롯데 자이언츠(이하 롯데) 팬들은 수많은 만루 상황을 놓치며 잔루 누적에 대한 트라우마를 호소하지만, 현재(5월 12일 기준) 출루율 1위인 롯데는 득점과 타점 역시 1위를 기록하고 있다. 야구가 기록의 스포츠인 건 수많은 기록을 생산해서가 아니라 기록은 거짓말을 하지 않기 때문이다. 의미 없는 순간은 단 한 순간도 없으며 매 순간이 승부처다. 팬으로서 야구를 즐긴다는 건 그 한 순간 한 순간을 즐기는 것이다. 최선의 순간들이 모여 최선의 결과를 낼 거라는 믿음을 가지며. 프로야구에서 오심이 치명적인 건 그래서다.

앞서 인용한 기아 vs LG 경기에서 1점 차로 뒤지고 있던 기아는 9회 초 2사 1, 2루 상황에서 외국인 타자 필의 1루 아웃으로 경기에서 지고 말았다. 당시 경기를 중계하던 MBC SPORTS 해설자와 캐스터도 몇 번이고 다양한 각도로 비디오를 돌려 확인한 뒤에야 판단할 수 있을 정도로 찰나의 순간에 벌어진 일이었다. 하지만 바로 그 찰나의 순간이 승부를 가를 수 있다는 것이 야구의 본질이다. 스트라이크 카운트를 하나씩 늘려가며 아웃 카운트를 만들고, 누상에 한 명씩 진루시켜 점수를 만드는 과정에서 심판이 스트라이크를 잡아주지 않거나 간발의 차이로 들어온 주자에게 세이프가 아닌 아웃 판정을 내릴 때, 팀과 선수가 했던 순간순간의 노력들은 경기 결과 안에서 부정당한다. 지금 최선을 다한 나의 플레이가 온당하게 기록으로 평가받을 수 없다면, 과연 정정당당하게 최선을 다하는 것이 결과적으로도 최선이라고 누가 말할 수 있겠는가.

얼마 전 세월호 참사가 벌어졌을 때, 〈경향신문〉의 이용균 기자는 '차라리 야구였다면'이라는 칼럼을 통해 야구는 가치 있는 희생을 통해 점수를 내는 종목이며 현재 한국의 상황은 야구로 치면 백전백패라고 정의했다. 백 퍼센트 맞는 말이다. 하지만 오심으로 얼룩진 최근의 프로야구를 보면 과연 야구조차 이 세상을 이겨내는 위로가 되어줄 수 있을지 의문이다. 기아나 한화 이글스의 잦은 실책은 한심할지언정 위험하진 않다. 하지만 심판의 잘못된 판단은 실책도 실책이 아니게 할 수 있다는 면에서 위험하다. 최근 한 인터뷰에서 도상훈 심판위원장은 "심판이 사람인데 오심이 나오지 않을 수 있겠는가"라며 "심판들이 오심을 최대한 줄이고 공정한 판정을 하기 위해 열심히 노력하고 있다"고 강조했다. 그 마음가짐은 진실하다 해도 오심을 피할 수 없으니 이해해 달라는 심판 집단 스스로 내린 면죄부나 다름없다. 때문에 팬들은 단순히 오심을 줄이라고 촉구하거나 심판의 사명감에 호소하기보다는 이 문제적 상수를 보완할 시스템을 만들자고 이야기한다. 이런 합리적인 요구에도 불구하고 지난해 6월 15일에 열린 LG vs 넥센 히어로즈(이하 넥센) 경기에서 결정적 오심으로 넥센의 대량 실점의 빌미를 마련해 무기한 2군행 징계를 받은 박근영 심판은 한 달여 만에 다시 복귀했다. 개인이나 한국야구위원회 차원의 변명도 없었다. 최근에도 오심을 저지른 심판에게 심판위원장은 "혼을 냈다"라며 할 일을 다한 양 말하고, 판정 논란이 일면 심판진의 투명한 입장을 밝히는 대신 야구 규정에도 없는 경기 중 심판 교체를 단행한다. 선수의 반칙은 상위 체계인 심판의 제재를 받을 수 있지만, 심판의 오심에 대한 징벌은 그들의 밀실 안에서 처리된다. 이처럼 내부규칙을 수호하는 최종심급자들이 자신의 실책을 외면할 때 대중이 할 수 있는 최대한의 행동은 야구장을 찾지 않거나 무력시위를 하는 것뿐이다. 절대 옹호할 수 없는 일이지만, 지난 4월 30일 취한 기아 팬이 그 박근영 심판에게 위해를 가한 뒤에야 거의 유일한 해결책으로 꼽히는 비디오 판독에 대한 논의가 언론과 한국야구위원회를 통해 공론화된 건 우연으로 보기 어렵다. 최종책임자는 종종 자신의 명백한 실책을 들켰을 때가 아니라, 자신의 특권적 위치가 흔들린다는 신호가 올 때에야 사과하고 움직인다.

그럼에도 아직 야구에는 희망이 있다. 적어도 비디오 판독 도입이 시기의 문제가 된 지금, 한국야구위원회와 심판진은 소통하지 않는 권위주의가 자신들의 실질적 권위를 무너뜨린다는 것을 인지한 듯하다. TV 중계 기술의 발달과 인터넷의 빠른 공유로 더는 권위로서 진실을 덮을 수 없는 상황에서 10년, 20년 전과 같은 위압적 태도로 대중을 대하는 것이 얼마나 어리석은지, 또한 체제를 정비할 비용을 감수하는 것이 앞으로 아예 체제가 무너질 리스크에 비해 훨씬 싸게 먹힌다는 것에 대한 논의 역시 과거의 그것보다 훨씬 생산적이다. 과연 이 논의는 특정 소수의 권위와 능력, 사명감에 모든 걸 기대하는 대신 TV 중계와 협업해 비디오 판독을 하는 합리적 시스템으로 이어질 수 있을까. 단순히 분노로 산화하지 않은 피드백을 통해 대중은 자신들의 정당한 요구가 이뤄지는 것을 확인할 수 있을까. 그래서 최종적으로 우리는 다시 마음 편히 야구를 볼 수 있을까. 지금 당장 사소해 보이는 하나하나의 노력들이 누적되어 의미 있는 승리로 이어질 것을 기대하며. 사실 어디에서든, 이 정도 희망은 당연한 것 아닌가.

+

이제 프로야구에서 비디오 판독은 흔하게 볼 수 있는 장면이 되었다. 판독을 요청한 쪽의 의견이 틀릴 때도 많지만, 실제로 오심도 많이 개선할 수 있었다. 걱정했던 것처럼 경기가 심각하게 지연되지도 않았으며, 또한 팬들은 더 공정한 결과를 위해 이를 감수하는 모습을 보여주었다. 팬들의 강한 비난 여론과 그것을 공적인 발화로 정제해 야구계를 실제로 압박한 언론의 연계가 만든 작지만 소중한 개선의 경험이다. 나는 이런 경험이 우리의 일상에서 많아져야 한다고 생각한다. 앞서 말한 것처럼, 이 정도 희망은 당연한 것 아닌가.

# 윤서인과 〈조선〉, 이토록 후안무치한 세상

2014 1030

이것은 완벽한 제목이다. Joyride: 폭주 드라이브. 이보다 더 윤서인 작가의 만화 〈조이라이드〉의 최근 행보를 잘 설명해주는 단어가 있을까. 야후코리아, 〈한국경제〉 등을 거쳐 연재되다가 최근 〈조선일보〉의 프리미엄 뉴스 서비스 〈프리미엄 조선〉에 입성한 〈조이라이드〉(이하, 이전의 타 매체 연재분과 구분하기 위해 〈프리미엄 조선〉 연재분은 〈朝이라이드〉로 표기)는 첫 화부터 '촛불'로 상징되는 진보 대중을 비판하며 논란의 중심에 섰다. 물론 진보 대중을 비판했다는 것만으로 그것을 폭주라 말할 수는 없다. 문제는 비슷한 정치 성향과 논리를 가진 매체의 권위와 타깃 독자층의 성원에 힘입은 이 작가가 최소한의 성찰이라는 브레이크 없이 자신의 반대편에 선 이들을 향해 무지와 악의로 가득한 공격을 퍼붓는다는 것이다.

〈朝이라이드〉 1화에서 작가는 다양한 예를 들어 진보 대중의 이중성을 비판한다. 하지만 그가 이중적이라 언급한 것들은 양립 불가능한 것들이 아니다. 그는 대형 참사에 대해 대통령의 책임을 촉구하는 것과 대통령을 국민 중 한 명일 뿐이라 말하는 것이 대통령의 지위에 대한 이중적 태도라고 말한다. 하지만 행정수반으로서의 대통령은 국정 전반에 대한 큰 책임을 지고 그만큼의 권력을 행사하되 민주사회의 합의를 넘어서는 특권을 누릴 수 없는 존재라는 건 헌법에 규정된 것이다. 또한 세월호에 대한 성역 없는 수사를 촉구하면서 모바일 메신저를 압수 수색하는 것에 반대하는 것 역시 이중적이라 비판하지만, 세월호

유가족이 원하는 기소권은 권력의 외압을 막기 위한 최소한의 권한인 반면, 유언비어를 막겠다며 국가가 개인의 프라이버시를 모니터하는 건 권력의 적극적인 개입이자 위헌의 소지가 있다는 맥락은 쏙 빠졌다.

이처럼 해당 사안들에 대한 맥락을 지우고 자기가 원하는 프레임으로 재구성하는 건 윤서인의 못된 습관이다. 지난 3월 함익병 씨의 박정희 옹호를 소재로 한 <조이라이드>에서는, 박정희를 욕하는 연예인은 개념인 취급을 받고 박정희를 좋게 말하는 사람은 방송에서 퇴출되는 건 표현의 자유에 어긋난다는 식으로 억울한 듯 말했다. 함익병 건의 문제는 박정희에 대한 개인적 호불호가 아닌 독재 시스템에 대한 미화라는 간단한 맥락적 이해도, 독재 시스템 안에서는 과거 박정희 통치 시절 그러했듯 표현의 자유 자체가 성립하지 못한다는 최소한의 역사적 인식도 여기엔 결여되어 있다. 오직, 진보 세력이 하는 건 괜찮고 그 반대편은 안 되는 건 역차별 아니냐는 억울함과 피해의식만이 그의 만화 전반을 감싸고 있다.

하지만 이처럼 사안을 단순화해서 왜곡하고 그 왜곡된 프레임으로 상대를 공격하는 방식은, 바로 그 이유로 특정 세력 혹은 집단의 이익을 대변하는 매체의 입맛에 잘 들어맞는다. 자유시장경제의 수호자(<한국경제> 창간 50주년 자체 기사에서 인용)를 자처하는 매체인 <한국경제> 연재 당시, 그는 시장경제에 대한 비판 논리들을 공공의 적처럼 프레이밍하고 적극적으로 공격하는 만화를 선보였다. 가령 한국의 의료복지를 찬양하면서 의료 서비스와 경제는 불가분 관계이기 때문에 '돈보다 생명'을 외치는 의료 영리화 반대자들이 틀렸다고 말하는 식이다. 하지만 한국이 경제 수준에 비해 비교적 높은 수준의 의료 서비스를 받을 수 있는 건 비영리병원이 수익을 병원시설과 인력에만 재투자할 수 있는 현재의 제도 덕분이다. 즉, 윤서인은 시장 논리에서 어느 정도 자유롭기에 가능한 한국의 높은 의료 복지를 찬양하면서 시장 논리 역시 옹호하느라 바로 그 의료 복지를 지키기 위해 싸우는 성숙한 시민들을 의료 복지의 무임승차자로 왜곡하는 무리수를 감행한다. 논리적으로는 파탄에 가깝지만, 기본적으로 무임승차를 혐오하는 한국 사회에서 이런 식의 공격은 생각보다 효과적이다. 알고 한다면 악의적이고, 모르고 한다면 무지하고 악의적인 것이다.

그래서 〈프리미엄 조선〉과 윤서인의 만남은 일종의 포르노다. 서로의 욕망을 부끄러움 없이 알몸 그대로 드러냈다는 점에서 그러하다. 〈朝이라이드〉 프롤로그에서 윤서인은 기득권에 맞서는 저항의 목소리가 오히려 이젠 더 무서운 기득권이 됐으며, 자신은 이제 그 반대편에서 '우리 사회의 조용하고 상식적인 다수'를 위해 만화를 그리겠노라 천명한다. 전형적인 보수 매체의 논리다. 세상은 묵묵히 자기 자리에서 최선을 다하는 이들 덕에 잘 돌아가고 있으니 현재의 시스템 안에서 최선을 다하자는 논리. 얼핏 그럴듯하지만, 바로 그 자기 자리를 되찾기 위해 투쟁하는 부당 해고 노동자들을 외면하기에, 자기 자리에서 최선을 다하려다 인격적 모독을 당한 경비 노동자의 자살 기도를 외면하기에 가능한 말이다. 물론 〈조선일보〉로 대표되는 보수 매체는 지금까지 이러한 허점을 좀 더 교묘하게 가려왔다. 그보다 훨씬 거칠고 노골적인 윤서인의 발탁은 이러한 최소한의 위장조차 벗어던지겠다는 선언에 가깝다. 윤서인 역시 대표적 보수 매체의 권위에 기대 그 어느 때보다 진보 대중에 대한 악의를 거침없이 드러내고 있다. 앞서 말한 〈朝이라이드〉 1화가 부당한 저울질로 진보 대중을 비난했다면, 2화에선 안전을 위해선 노란 리본 백 개보다 노란 깜빡이 한 번이 중요하다는 말로 마치 노란 리본 단 이들이 기본 안전을 더 지키지 않는 것처럼 왜곡했다.

과연 이 당당함은 자신감의 발로일까, 세력을 결집하기 위한 보수의 패악일까. 알 수 없지만, 이 폭주는 노골적이고 당당하기에 추하고 민망하다. 때문에 우리가 정말 힘겹게 감당해내야 할 건 ‹朝이라이드›의 내용이 아닐지 모른다. 이런 폭주의 당사자가 유력 매체의 힘을 빌려 보수라는 가치를 표방하는 수많은 이들을 대변하게 됐다는 것, 그 지면을 통해 스스로를 '앞으로도 상식이 통하는 사회에서 상식적인 만화들을 쭉 그려낼 예정'(‹朝이라이드› 작가 프로필)이라고 말할 수 있다는 것이야말로 우리가 마주 봐야 할 야만의 민얼굴에 가깝지 않을까. 우리는 지금 이런 후안무치한 세상을 살고 있다.

+

이 글을 쓴 지 2년 정도 지난 뒤에도 윤서인은 자유경제원 홈페이지에 연재하는 ‹자유원샷›에서 공권력의 물대포 때문에 사망한 고 백남기 농민의 딸이 시가족과 함께 발리로 여행을 간 사실을 가지고 겉과 속이 다른 유족의 이미지를 만들어 유포했다. 나는 이것에 대해 휴양지에 가고 말고가 문제 삼을 일도 아니라는 입장인 동시에, 발리라는 지명 하나에 리조트 선베드와 비키니 등의 이미지를 덧입힌 그의 방식이 단순히 같은 사안에 대한 다른 입장에서의 해석이 아닌 허위 사실의 유포에 가깝다고 생각한다. 보수든 진보든 진실을 왜곡하는 방식을 어떻게 용납할 수 있겠나.

# '개저씨'<br>라는 말이<br>싫어요?

2014 1118

얼마 전, 두 남자의 서로 다른 발언이 수많은 여성들의 공분을 샀다. 새누리당 김무성 대표는 지난 3일 새누리당에서 열린 중앙여성위원회 임명식에서 여성 비례 공천의 어려움을 토로하며 "아기 많이 낳은 순서대로 비례 공천을 줘야 하지 않나 생각한다"라고 말해 물의를 빚었다. 사흘 뒤, 진보 성향 매체 ‹시사IN›의 고재열 기자는 방송에서 가수 장기하에게 "침대 위가 궁금한 남자"라고 했던 곽정은 칼럼니스트에 대해 "곽 기자는 25~35 여성들의 욕망을 대변"하며 "그 욕망이란 한마디로 요약하면 '연예인과 썸을 타보는 것'"이라고 페이스북에 정의했다. 졸지에 25~35세 여성들의 다양한 욕망은 연예인과 썸을 타는 애정 욕구로 소급됐다. 흥미로운 건, 두 사람 모두 상대 여성을 존중한답시고 해당 발언을 했다는 것이다. 김무성 대표는 같은 자리에서 "모성애가 우리 사회를 이끄는 힘"이라 말했고, 고재열 기자는 침대 발언으로 성희롱 논란에 휩싸인 곽정은 칼럼니스트에게 응원의 메시지로 그런 말을 했다.

여성에게 결과적인 무례를 저지른다. 의도로 결과를 정당화한다. 딱히 보수와 진보 구분 없이 벌어진다. 비슷한 시기에 터져 나온 두 사람의 발언은 소위 '개저씨'로 불리는 무례한 어떤 한국 중년 남자들의 성향을 상징적으로 요약한다. '개'와 '아저씨'의 합성어인 '개저씨'가 온라인에 등장한 건 그리 오래되지 않았다. 하지만 그들의 등장 자체가 최근인 건 아니다. '개저씨' 피해 사례라고 공개되는 수많은 일화는 결코 낯설지 않다. 택시 기사는 여자 승객에게 "자기야" 소리를 서슴지 않고, 남자 손님은 식당 아주머니에게 반말이 예사다. 지하철에 탄 할아버지가 의자에 앉은 수많은 사람 중 20대 초반의 여성에게만 자리를 양보하지 않는다며 고래고래 욕을 하고 삿대질을 한 건 약 10년 전 개인적으로 직접 목격한 일이다. 요컨대 만만한 대상, 거의 대부분의 경우 여성에게 한 줌 혹은 그 이상의 권력을 폭력적으로 행사하는 나이든 남성들은 오랜 시간 장소를 불문하고 존재해왔다. '개저씨'나 '된장녀'나 특정 성을 비하한다는 면에서 똑같다는 주장이 안일한 건 그래서다. '된장녀'가 일부의, 그것도 딱히 남에게 피해를 주지 않는 소비 행위를 젊은 여성 전반의 것으로 일반화하는 개념이라면, '개저씨'는 남자 상사의 프리허그가 있는 직장과 아저씨가 초면인 젊은 여성에게 치마가 짧다고 시비를 거는 버스 등 우리 일상에 권력으로서 실재한다.

이것은 전근대적인 남성본위사상의 잔재일까. 어느 정도는 그럴지도 모른다. 하지만 앞서의 사례에서 남자들은, 남자는 하늘이라는 식의 호기보다는 눈앞의 상대적 약자를 놓치지 않는 계산적인 음험함을 보여준다. 정규직이 되기만을 바라며 성추행도 견디다가 정규직 전환 실패에 자살했던 스물다섯 살 계약직 여성처럼, 다른 선택지가 마땅치 않은 약자를 정확히 골라낸다. 그들의 세상은 강자와 약자, 갑과 을로 구분된다. 한국에서 학습되는 남성성이란 이런 위계관계를 내면화하는 것에 가깝다. 정치학자 전인권은 자신의 유년기를 바탕으로 한국 남자의 정체성 형성 과정을 재구성한 〈남자의 탄생〉에서 "학교란 새로운 것을 배우는 공간이라기보다 윗사람에게 복종"하는 걸 배우는 곳이라 술회한다. 여성학자 권인숙은 저서 〈대한민국은 군대다〉에서 "한국의 군사화는 (중략) 국가주의적 질서에 대한 내면화에서 드러난다. (중략) 집단의 위계적 문화는 목적 수행을 위해 타당한 질서로서 받아들였다"고 분석한다. 즉, 상당수 남성들에게 서열 관계를 통한 권력 행사는 편의적이기 이전에 옳은 것이다. 그래서 쉽게 정당화된다. "권력관계에서 우위를 점할 때 권력 행사나 통제의 욕구를 어떻게 행사할 것인지를 집단적으로 훈련받는 남성들"(‹대한민국은 군대다›)이 이미 과거부터 남성 위주로 짜인 사회와 역시 수직적인 직장의 관료제 안에서 조직 논리를 알리바이 삼아 여성에게 권력을 행사하고 이에 대해 아무런 문제를 느끼지 못하는 건 당연하게 느껴질 정도다.

그래서 이런 상당수 중년 남성의 무례함과 폭력은 개인 인격의 문제만으로 소급하기 어렵다. 그들도 시스템의 피해자라는 말을 하려는 건 아니다. 갑을 관계에서 '갑질'을 하지 않는 인격적 성숙함도 중요하다. 하지만 인격보다 근본적인 문제는 대상을 서열화해서 바라보는 관점 자체다. 앞서 인용한 김무성 대표와 고재열 기자의 헛발질을 단순히 지성과 인격의 문제로만 볼 수 없는 것도 그 때문이다. 김무성 대표는 여성성을 긍정하는 것처럼 말했지만, 여성이 임신과 출산을 자기 의지대로 선택할 수 있는 자율적인 존재라는 건 인정하지 않는다. 고재열 기자는 여성이 자신의 욕망을 마음껏 펼칠 수 있는 세상을 부르짖었지만, 여성 섹스 칼럼니스트가 남성 출연자를 평가하는 주체가 될 수 있다는 것을 인정하지 않는다. 그에게 여성의 욕망이란 남자 연예인과 썸을 타보길 원하는 종속적인 관계로서만 긍정될 뿐이다. 심지어 그는 전혀 엉뚱한 진단을 내리면서도 곽정은에게 더 문제 될 발언을 요구하고 그래야 할 의무가 있다고 획책한다. 깨어 있는 남성은 여성의 입장에 서는 것에서조차 여성을 능가하기에 여성을 이끌 수 있다. 이것이 '개저씨'의 논리다. 그들에게 좌우보다 우선하는 건 상하다.

물론 여전히 '개저씨'라는 표현이 심하다고 생각할 수도 있다. 비하하는 표현을 이용한 조롱은 문제 해결에 별 도움이 되지 않는다고 비판할 수도 있다. 하지만 썰렁한 농담을 하는 순간에조차 웃기는 나와 웃어줘야 하는 너희의 구도로 권력을 재확인하고야 마는 아저씨들 중심의 세계에서, 심지어 자신들의 입장을 말하는 포지션조차 깨어 있는 아저씨들에게 빼앗긴 세상에서, 사회적 약자는 담론의 영역에서조차 주변부로 밀린다. 비대칭적인 구도에서 소통을 통한 합리적인 문제 제기와 해결은 요원하다. '개저씨'라는 표현이 정치적으로 올바른 것이냐 하는 문제와는 별개로, 자신들의 언어로 이 질서에 균열을 내는 건 그래서 유의미하다. 갓 입사한 젊은 여성처럼 육체적으로 사회적으로 만만한 대상만 골라 한 줌 권력을 행사하는 건, 남자다움도 뭣도 아닌 그냥 개 같은 거다. 일상에 만연한 폭력을, 두려움의 시선이 아닌 경멸의 시선으로 바라볼 때 비로소 기울어진 질서는 아주 조금 균형을 맞춘다. 물론 아직 현실에서 변한 건 별로 없다. 이것은 평등한 다툼을 위한 아주 최소한의 발걸음이다. 그러니 지금, '개저씨'라는 말에 세상이 무너져라 분노할 필요는 없다. 이것은 '개저씨'라는 표현이 사라질 미래를 향한 아주 작은 시작일 뿐이니까.

+

이 글을 쓴 덕분에 〈SBS 스페셜〉 '아저씨, 어쩌다보니 개저씨' 편에 짧은 꼭지의 패널로 참여하게 되었다. 당시 다른 패널들과 인터넷 참가자들에게 '개저씨' 문제가 단순히 남녀 갈등, 세대 갈등의 문제가 아니라 권력의 문제라는 것을 납득시키는 데 굉장히 많은 시간을 들였지만 거의 대부분이 편집으로 날아갔다. 그리고 그 프로그램은 세대 간

벽을 허물고 서로 오해를 풀고 소통하자며 이야기를 마무리했다. 나는 여전히, 권력에 기댄 어느 한쪽의 명백한 무례함과 폭력에 대해 왜 소통과 이해씩이나 해야 하는지 잘 모르겠다.

# 아이돌 각자도생의 시대

2014
1119

제국의 아이들 멤버이자 tvN 〈미생〉에 주인공 장그래 역으로 출연 중인 임시완은 '연기돌'로 불린다. 연기를 병행하는 아이돌. 하지만 정작 그의 최근 활동은 '연기돌'보다는 그냥 연기자에 가까워 보인다. 임시완은 지난 6월 미니 앨범 〈FIRST HOMME〉 수록곡 '숨소리' 활동 당시 연기 스케줄 때문에 함께 무대에 오르지 못할 때가 많았고, 제국의 아이돌 멤버들은 "아름다운 그대 모습 자꾸 떠올라"라는 가사를 "아름다운 시완 모습 자꾸 떠올라"로 개사해 부르기도 했다. 그가 유독 개인 활동을 팀 활동보다 우선시했다는 뜻은 아니다. 평소에도 제국의 아이들 멤버들은 팀 활동보다는 개인 활동을 통해 주목을 받았다. '예능돌' 광희는 SBS 〈강심장〉 같은 집단 토크쇼에서 자신의 성형 사실까지 희화화하는 거침없는 입담을 통해 현재 케이블 채널 KBS W의 〈시청률의 제왕 2〉 진행을 맡고 있으며, 임시완과 함께 팀의 미모를 담당하던 박형식 역시 MBC 〈일밤: 진짜 사나이〉에서 어리바리 신병의 모습으로 인지도를 끌어올렸다. 심지어 랩 담당인 김태헌은 XTM 〈주먹이 운다 4〉에 출연해 격투기 선수와 격한 스파링을 하고서야 자신의 이름을 실시간 검색어 순위에 올릴 수 있었다.

물론 많은 아이돌 멤버들이 개인 활동을 한다. 하지만 그 층위는 서로 다르다. EXO의 디오는 연기자로서 SBS 〈괜찮아 사랑이야〉나 최근 개봉한 영화 〈카트〉에 출연하는 것 자체가 화제가 된다. f(x)의 크리스탈은 연기 경력이 풍부하지 않지만 SBS 〈상속자들〉에선 '서브 여주'

로, 〈내겐 너무 사랑스러운 그녀〉에는 여주인공으로 캐스팅됐다. SM 엔터테인먼트(이하 SM) 같은 거대 기획사의 지원을 받은 인기 아이돌이라면, 상당히 안정적이고 유리한 고지에서 개인 활동을 펼칠 수 있다. 그에 반해 중소 기획사의 아이돌이라면, 심지어 스타제국이나 DSP 미디어처럼 경력이 제법 오래된 회사의 아이돌조차 개인 활동은 옵션이 아니라 생존을 위한 부업이다. 지난 1월 'Cha Cha' 이후 활동이 없는 레인보우에서 김재경과 고우리는 각각 케이블 드라마인 OCN 〈신의 퀴즈 4〉와 지상파 홈드라마인 SBS 〈기분 좋은 날〉의 조연으로 대중과 만날 수 있었고, KBS 〈연예가중계〉에서 1년째 리포터를 맡고 있는 김지숙은 그럼에도 최근 인터뷰이인 성혁에게 AOA 멤버로 오해를 받았다. 흔히 연예인의 삶을 화려한 스포트라이트와 무대 뒤편의 쓸쓸함이란 클리셰로 표현하지만, 이제 그들 중 상당수는 무대 위에서도 화려해 보이지만은 않는다.

아이돌이라는 타이틀이 바로 높은 인지도와 수익으로 연결될 수는 없는 시대, 기획사에서 데뷔를 위해 흘린 땀이 충분한 도제 기간으로 인정받지 못하는 시대. 현재 엔터테인먼트 시장에서 열심히 개인 활동을 하는 아이돌 멤버들은, 그래서 비정규직 시대의 파트타임 근무자 같다. 물론 기본적으로 엔터테인먼트 시장은 하이 리스크, 하이 리턴인 곳이다. 모두가 우러러보는 스타가 될 수도 있지만 어설프게 떴다가 돈이 없어도 사람들이 알아볼까 봐 지하철도 못 타는 게 이 시장이다. 문제는 리스크는 훨씬 높아진 반면, 리턴의 확률은 갈수록 줄어든다는 것이다. 아직 아이돌 시장이 블루오션이고, 밀리언셀러를 기록하던 god처럼 음반만으로도 유의미한 수익이 나오던 시절이라면 청춘을 걸어볼 만하다. 입사하면 어떻게든 네 식구 정도 건사하던 시절의 가장처럼,

데뷔까지 가면 그래도 음반과 방송, 행사 수익을 통해 부모님 집도 사드리고 본인 차도 살 수 있었다. 하지만 역시 개인 활동을 통해 예능의 대세로 떠오른 M.I.B 멤버 강남은 JTBC ‹학교 다녀오겠습니다›에서 매점에서 왜 한턱내지 않느냐는 질문에 월수입 10만 원으로 어떻게 그럴 수 있느냐고 답한다. 경쟁자는 많고 거대 기획사의 영향력은 더 거대해졌다. EXO나 샤이니, 인피니트 정도가 아닌 이상 각 팬덤은 게토(ghetto)화된다. 아이돌 멤버라는 사실은, 기획사에 속해 있다는 사실은, 이제 결코 하이 리턴은커녕 안정적인 생활조차 약속해주지 않는다. 남은 건, 각자도생이다.

평범하지 않은 삶을 동경해 아이돌에 지원했던 청춘들은 이제는 평범한 삶을 얻거나 지키기 위해 고군분투한다. 언젠가 라디오에 출연한 B1A4의 바로는 드라마 출연 수익에 대해 "개인으로 한 것이기 때문에 수익을 나누지 않는다"고 밝혔다. 과거 같으면 이기적이라는 말을 들었을지 모르지만, 이제는 팬과 대중도 그러지 않고서는 각각의 삶이 유지될 수 없다는 걸 안다. 그나마도 드라마에 출연할 수 있고, 그 드라마가 히트할 때의 이야기다. 모든 아이돌 멤버들이 임시완처럼 새 분야에 탁월한 재능을 보이며 성공적인 경력을 쌓을 수 있는 건 아니다. 웬만큼 뛰어나거나 운이 좋지 않으면 중도 탈락하기란 너무나 쉽다. 가장 빛나는 젊음의 시기를 모두 투자해야 한다. 실패했을 때 바닥으로 떨어지지 않을 수 있는 안전망은 없다. 바닥으로 떨어지면, 각자도생하지 못한 개인의 능력 탓이다. 신자유주의 시대의 논리는 이제 꿈을 파는 산업까지 집어삼켰다. 과연 이것을 건강한 시스템이라 말할 수 있을까. 물론, 현재의 한국 사회를 신자유주의의 정글로 만든 이들이라면 그렇다고 대답하겠지만.

+

세월호 사건 이후 각자도생이라는 말은 시대의 부조리를 상징하는 말이 되었다. 우리가 이것을 부조리로 인식하는 것은, 제대로 문명화된 사회와 국가라면 각 개인이 인간적 생활을 누릴 기회와 가능성이 충분히, 그리고 평등하게 제공되어야 한다고 믿기 때문일 것이다. 각자 알아서 살아남아야 한다면 국가에의 소속감도 사회적인 합의도 의미를 잃는다. 이것은 직업의 선택과 소득의 문제에서도 보장되어야 하는 원칙이다. 나는 엔터테인먼트 비평에서 스타를 다룰 때 이 원칙을 잊지 말아야 한다고 생각한다. 아이돌도 배우도 다 결국 직업인이다.

# 〈멀리서 보면 푸른 봄〉, 달관을 강요당하는 청춘으로 산다는 것

2015 0320

"지랄." 다음 웹툰 〈멀리서 보면 푸른 봄〉에서 3학년 복학생이자 아르바이트만 3개를 뛰는 남수현은 조별 과제 멤버이자 부잣집 아들인 여준이 자취하는 청춘빌라의 이름을 보고 이렇게 말한다. 누군가에게는 예찬의 대상, 하지만 정작 그 시기를 살고 있는 누군가에게는 지랄. 이것이 〈멀리서 보면 푸른 봄〉이 그려내는 청춘이다. 제목 그대로 멀리서 보면 수현은 고되게 아르바이트를 하면서도 학점 4.5를 꼬박꼬박 챙기는 기특하고 철든 고학생이다. 하지만 거리를 좁히고 그를 바라보는 렌즈의 배율을 조금만 높여보면, 수현은 당장 하루하루의 생존 때문에 꿈과 희망, 즐거움을 잊은 지 오래다. 여기서 20대는 푸른 녹음보다는 시든 잔디로 위장한 사막에 가깝다.

실제로도 삼포세대, 취포생, 청년실신 등등, 동시대의 20대는 이제 희망보다는 포기라는 단어와 친숙해졌다. 대학생 학자금 채무액은 단 2~3년 사이에 세 배 이상 올랐고, 낮은 취업률 속에서 심지어 20대 첫 취업자 다섯 명 중 한 명은 1년 이하 계약직이다. 〈멀리서 보면 푸른 봄〉이 묘사하는 20대의 현실도 크게 다르지 않다. 작가 스스로 88만원 세대를 대표하는 인물로 설정한 수현은 장학금도 받으면서 왜 아르바이트를 그렇게 많이 하느냐는 여준의 질문에 "학교에서 내 생계까지 책임져주는 건 아니니까"라 답한다. 사회라는 전쟁터에 나가기 전 유예기간으로서의 대학생활은 이제 과거의 이야기다. 완충지대는 없다. 그냥 사회생활을 하거나, 사회생활을 하면서 공부하거나, 둘 중 하나일 뿐이다.

최근 끝난 시즌 1의 플롯을 이끈 주요 갈등이 조별 과제인 건 그 때문일 것이다. 역시 20대의 한 단면을 세밀하게 그려낸 ‹치즈 인 더 트랩›이 조별 과제를 통해 대학 안에서 벌어지는 권력의 역학을 보여줬다면, ‹멀리서 보면 푸른 봄›의 조별 과제는 더 절실한 사람과 그렇지 않은 사람의 입장 차이를 보여준다. 당장 장학금을 받지 않으면 등록금 걱정을 해야 하는 수현으로선 점수 비중이 낮은 조별 과제라도 허투루 넘어갈 수 없다. 이것은 성실함이나 권력 구도의 차원이 아닌 생존의 문제다. 그렇기에 수현은 조원 중 누구도 믿지 않는다. "항상 최악의 상황을 준비해둬야 일에 하자가 없"다는 그의 지론은 꼼꼼함보다는 차라리 서바이벌 가이드에 가깝다. 그가, 그리고 그가 대표하는 세대는 그래서 진정으로 가난하다. 타인에 대한 믿음과 기대조차 사치가 된다는 점에서.

청춘을 성찰하는 하나의 시선으로서 ‹멀리서 보면 푸른 봄›이 소중한 건 이 지점이다. 이 작품은 단순히 살아남기 힘든 20대의 현실을 반영하고 그들의 생존을 걱정하는 것에 멈추지 않는다. 오히려 생존의 어려움보다는 생존을 위해 버리거나 놓아버리는 것들에 집중한다. 수현이 학식을 먹는 이유에 대해 "맛있어서 먹나? 배 채우려고 먹지"라 답하자, 여준은 이런 수현을 흉내 내 "재밌어서 사나? 안 죽으려고 살지"라고 말한 뒤 제대로 된 밥을 먹으러 가자고 끌고 간다. 분명 생(生)은 삶보다 우선한다. 생존을 최우선 가치로 두고 다른 모든 것을 사치로 치부하는 순간, 가능한 것은 안빈낙도의 태도뿐이다. 이것이 얼마 전 ‹조선일보›에서 내세운 달관세대의 논리다. 없으면 없는 대로 만족하며 살자는 것, 그것이 이 팍팍한 현실에 대응할 하나의 답안이라는 것. 하지만 생이 삶보다 앞선다는 게 생존을 위해 삶을 희생해도 된다는 뜻은 아니다. 그보다는 삶을 누리기 위해 생이 보장되어야 한다는 게 맞다. 항상 "괜찮아"라고 대답하는 수현에게 거의 유일한 친구인 영란은 "괜찮은 거 말고 좋은 걸 해봐"라고 말한다. 괜찮은 것에 만족하자는 달관세대의 담론은, 사실 좋은 것을 할 생각을 하지 말라는 이야기나 다름없다. 하지만 맛은, 재미는, 사랑은, 꿈은? "한때 꿈과 희망과 인기라는 게 있던" 청춘이 현실의 제약 때문에 그것을 포기한다면, 그것은 엄밀한 의미에서 박탈이다.

하여 '소위' 어른들이 멀리서 보면 푸른 그들을 보며 느껴야 할 감정은 기특함보다는 미안함이어야 한다. 조별 과제 발표 후 위장병으로 쓰러졌던 수현에게 해당 과목 교수가 말한 대로 "하루 중에 잠자는 시간은 없이 왔다 갔다 하는 버스 안에서 쪽잠이나 자면서 뭐 점심은 거르고 공부하고 일하면서 위장병이나 키우고 (중략) 백주 대낮 강의실에서 꼬꾸라지기나 하는" 건 "있어서는 안 되는 일"이다. 하지만 또한 행복한 삶에 대한 요청이 사치가 되는 세상에선 번번이 벌어지는 일이다. 아버지를 일찍 여의고 가장이 되어 자신과 집안의 생존을 책임지던 수현은 '누구의 도움도 바라서는 안 돼'라고 독백하지만, 사실 그가 철든 것이 아니라 당연한 요청을 세상이 어리광으로 치부하던 것이다. 박탈당한 것에 대해 박탈당했다고 생각하는 것조차 허용되지 않는 시대, 포기를 달관으로 포장하는 시대를 산다는 건 그런 것이다. 그래서 궁금하다. 멀리서 보면 푸른 삶을 사는 것처럼 보이는 그들이, 역시 멀리서 바라보는 이 세상은 어떤 빛깔일까. 알 수 없지만, 멀리서나마 온기 있는 색으로 보이진 않을 것 같다. 그래서 더, 미안하다.

+

이 작품을 좋아하는 것과는 별개로 만약 〈조선일보〉가 '달관세대'라는 조어를 만들어(좀 더 정확히는 일본의 '사토리 세대'의 역어에 가까운 개념) 유통하지 않았더라면 이 글을 쓰진 않았을 것 같다. 누군가는 '달관세대' 프레임에 대해 어차피 현실에서 벌어지고 있는 것을 전달하는 게 왜 문제냐고 말한다. 왜냐고? 타의에 의해 자기실현의 자유를 빼앗긴 이들의 어쩔 수 없는 선택을 마치 그들의 자율적인 행동처럼 말하기 때문이다. 당장 윗세대가 지금의 젊은 세대를 위해 무엇을 해줄 수 있을지는 모르겠다. 하지만, 최소한 기만은 하지 말아야 하지 않을까.

# 〈뷰티풀 군바리〉, 이토록 어글리한 만화

2015 1019

여성도 군대에 간다는 설정에서 시작하는 웹툰 〈뷰티풀 군바리〉에서 주인공 정수아의 군 생활은 제목과 달리 전혀 '뷰티풀'하지 않다. 의무경찰(이하 의경)에 지원한 그는 배치 첫날부터 교육 중 따귀를 맞은 것으로 시작해 내내 선임들에게 구타당하고 욕설을 듣는다. 최선임인 수경들은 수아를 비롯한 신병들을 동등한 인간이 아닌 장난감 정도로 대하고, '받대기'라 불리는 실무 담당 상경들은 신병을 밤에 깨워 화장실에서 윽박지르거나 때린다. 이토록 '어글리'한 군 생활이지만, 그럼에도 노골적으로 '뷰티풀'하게 그려지는 게 있다면 다양한 여성 캐릭터들의 얼굴과 몸매다. 연재 초반부터 여성을 대상화해서 그린다는 비판을 받아온 건 그래서다. 주인공 수아가 가슴이 크다는 설정은 그렇다 쳐도, 환복을 할 때마다 자연스럽게 등장하는 노출 장면에선 특정 부위들을 강조하고, 종교 행사 장기 자랑에 나선 수아가 노래를 부르는 장면은 마치 군부대 위문 공연처럼 연출된다. 최근 에로 만화의 소위 '배빵'을 차용한 게 아니냐는 의혹을 샀던 상경 류다희의 구타 장면에서 수아가 맞는 순간에는 출렁이는 가슴이, 쓰러진 자세에선 엉덩이가 부각되는 앵글이 사용됐다.

물론 해당 에피소드에 대한 "이 무거운 문제(군 폭력)를 책임 있게 마무리"하겠다는 작가의 말은 아마도 진심일 것이다. 수아가 경험하는 의경 내 폭력이 작품의 배경인 2000년대 중반까지만 해도 상당히 심했다는 건 공공연한 사실이다. 실제로 전투경찰 출신인 한 친구는 〈뷰티풀 군바리〉에 대해 의경 내 폭력을 우회적으로 고발하기 위한 작품으로 받아들이기도 했다. 만화평론가인 청강문화산업대학 박인하 교수 역시 최근 〈주간경향〉에 기고한 글에서 〈뷰티풀 군바리〉에 대해 "군대의 불합리가 도드라"지며 "이런 전개라면 군대폭력을 고발하거나 더 과장되게 해석하면 징병제의 부당함에 대한 논쟁이 나와야 될 텐데, 연재 중지 청원이 등장"한 것에 의문을 표한다. 하지만 폭력의 가해자이자 피해자로 그려지는 여성에 대한 젠더적 맥락을 고려하지 않은 폭력 묘사는 결과적으로 여성을 극단적으로 대상화 혹은 도구화한다.

기안84가 본인의 의경 복무 경험을 살려 그린 〈노병가〉로 증명했듯, 군 내 폭력 고발과 비판은 현실 그대로를 옮기는 것으로도 충분히 가능하다. 굳이 여성이 군대를 가는 가상의 세계를 그리면서까지 실제 세계의 단면을 보여주고 싶다면, 그 우회의 이유가 작품 안에서 설명되어야 한다. 하지만 〈뷰티풀 군바리〉는 실제 의경들이 겪었던 폭력을 그대로 행사하거나 당하는 여성들을 보여줄 뿐, 여성들이 만드는 군대 문화는 남성과 어떻게 다를지, 그들의 폭력은 어떻게 발현될지에 대해 조금도 고민하지 않는다. 어리광 부리고, 참을성 없고, 개념 없는 부정적인 스테레오타입으로 그려지던 여성은, 유독 폭력의 가해자가 될 때만 완벽한 유사 남성 노릇을 한다. 단언컨대, 현실의 여성은 여기에 없다. 마찬가지로 현실의 군대 역시 없다. 작품 속 군대는 여성들이 구타당하는 장소를 제공하는 게 전부다. 인구 감소와 주변국 위협의 증가로 여성도 군대를 가야 하는 설정이라면, 있던 의경도 육해공군으로 돌려야 하는 상황이지만 작품은 이에 대한 어떤 고민도 없이 여성 의경이라는 집단을 설정하고, 그 안에서 실제 의경이 겪는 폭력을 너무 쉽게 재현한다. 〈뷰티풀 군바리〉에서의 군대는 오직 수아가 불가해한 폭력을 겪는 장소로서만 구체적이다.

현실적 맥락이 사라진 자리에 남는 것은 실제 군대의 부조리에 대한 고발이 아닌, 죽도록 맞는 여성의 신체 이미지다. 그것도 섹슈얼하게 그려진. 앞서의 글에서 박인하 교수는 "작가들은 다양한 모에 요소를 담은 여성 캐릭터를 그리고 싶었을 뿐, 헨타이 망가를 모사하지는 않았다"고 말하며, 그동안 특정 시장에서 허용되던 모에 코드가 "광장에서 커밍아웃을 하게 된 것"이 ‹뷰티풀 군바리› 논란의 핵심인 것처럼 말한다. 흥미롭지만, 작품의 불편함을 모에 코드에 담긴 여성의 성적 대상화만으로 설명하는 건 오히려 문제를 축소한다. 이것은 장르적 문법을 어떻게 받아들이느냐의 문제가 아니라, 장르적 문법을 알리바이 삼아 구현된 대상에 대한 폭력을 어떻게 받아들이느냐의 문제다. 개연성이 휘발된 폭력 묘사를 통해 최소한의 주체성도 없이 대상화된 여성 캐릭터가 성적 이미지로 전시되는 건 명백히 가학적이다. 특히 군미필자를 사회적 무임승차자로 규정하고 여자들도 군대 간 남자들의 고생을 느껴봐야 한다고 말하는 이들이 적지 않은 한국 사회에선 얼마든지 징벌적인 쾌감의 대상으로 소비될 수 있다.

‹뷰티풀 군바리›가 '배빵'을 모사했느냐 안 했느냐는 것과는 별개로 코스튬플레이를 더한 가학적 포르노에 가까워지는 건 이 지점이다. 이것은 야하냐 아니냐, 성인물이냐 아니냐의 문제가 아니다. 여성을 대상으로 한 가학적 욕망 혹은 쾌감을 군대라는 공간을 이용해 시각화하고 정당화한다는 점에서 이것은 윤리의 문제다. 에두를 것 없이 ‹뷰티풀 군바리›는 비윤리적인 작품이다. 만화의 배경에 대해 2006년이라는 구체적 시간을 명시해 당시 실제 의경이 겪던 폭력으로 수아가 겪는 폭력을 정당화하되, 반대로 이건 가상의 대한민국이라며 폭력의 구체적

맥락이 없는 부실함을 눙치는 이율배반적인 태도는, 여성을 도구적으로 활용하되 비난은 피하기 위한 구차한 변명일 뿐이다. 그래서 다시, 이 만화는 '뷰티풀'하지 못하다. 성찰 없이 묘사한 대상은 얄팍하다. 제아무리 가슴을 크게 그린다 해도.

+

나는 여전히 이 작품이 국내 최대 플랫폼인 네이버에서 높은 순위권으로 연재되고 있는 사실이 불편하다. 현실에서 벌어지는 수많은 여성혐오와 여성차별에 대한 논의에서 아무리 실증적인 자료를 가져와도 '여자는 군대 안 가잖아'라는 말로 논의를 무화시키는 이들이 여전히 상당수인 이곳에서 〈뷰티풀 군바리〉는 단순히 여성도 징병제 대상이 되는 가상의 상황에 대한 시뮬레이션이 아닌, 여자도 군대 가서 빼이치는 것을 대신 실현해주는 텍스트가 된다. 이런 작품을 보고 구타당하는 여성의 신체 이미지를 즐기는 사회에서 과연 여성혐오에 대한 생산적 논의의 합의된 지평이 마련될 수 있을까. 이건 명백한 해악이다.

# #2 프로불편러 일기

## #2-1 문명인이 됩시다

# 웰컴 투 더 〈송곳〉 월드

2014 0729

웰컴 투 더 리얼 월드! 노동자들의 시위와 그에 대한 용역업체의 폭력적인 진압을 보고 "이게 뭐죠?"라고 묻는 이수인에게 구고신 소장은 이렇게 말했다. 어쩌면 이것은 독자들에게 〈송곳〉이 직접 건넨 말일지도 모르겠다. 어서 와, 진짜 세상은 처음이지? 여성 노동자들이 거구의 남성 용역 직원들에게 추행을 당하고, 공권력은 수수방관하는 세상. 그 자체로 만화이고 픽션인 〈송곳〉이 현실의 독자에게 역으로 진짜 세상을 말하는 것은 그만큼 우리 눈에 비치지 않는 동시대의 단면을 드러냈다는 건강한 자신감처럼 보인다.

하지만 〈송곳〉의 리얼리티가 빛나는 건, 아주 작은 정의감만 있다면 울컥할 것 같은 노동 탄압의 순간을 보여줄 때가 아니다. 고난의 전시를 통해 독자를 울분의 늪에 빠뜨릴 수 있는 지점에서 오히려 〈송곳〉은 어딘가 여유로운 구고신의 표정을, 집회 신고를 누가 먼저 할 것인가를 가르는 달리기 승부 같은 것들을 보여준다. 정당한 생존 투쟁이 짓밟히는 모습은 누군가에겐 쇼킹한 경험이지만, 누군가에겐 매일같이 견뎌내는 삶의 현장이다. 같잖은 동정심은 핍박받는 노동자들을 여전히 객체로 만들지만, 〈송곳〉은 그들을 자신의 세상을 살아내는 주체로 온전히 복권시킨다. 처음으로 시위 현장을 본 이수인은 "이렇게 안 되도록 조심"해야겠다고 말하지만, 해당 시위자는 "노조를 만들자마자 다 해고시켜 버리는데 뭘 어떻게 조심"해야 하느냐고 반박한다. 그들의 세상에서 부조리와 폭력은 일탈이나 옵션이 아닌 기본 사양이다. 그래서 폭력의 피해자가 아닌 싸움의 주체가 되어야 한다. 〈송곳〉이 '리얼 월드'를 말할 수 있는 건, 실제로 세상 어딘가에서 벌어지는 싸움을 보여주기 때문이 아니라 이 싸움 자체가 하나의 세상이라는 것을 알려주기 때문이다.

사회적 발화로서의 〈송곳〉이 의미 있는 건 이 지점이다. 주인공 이수인이 노동조합 활동을 통해 회사의 부당해고에 대항하는 과정을 만화로 그려낸다는 건, 또 포털이라는 플랫폼을 통해 이를 볼 수 있다는 건 그 자체로도 파격적이다. 〈송곳〉은 여기서 멈추지 않고 자신의 '리얼 월드'로 독자의 세상에 균열을 일으킨다. 부당한 현실을 비춰 독자의 정의감을 자극하고 공분을 이끌어내긴 쉽다. 하지만 〈송곳〉은 그렇게 독자가 자신의 정의감을 재확인하고 만족스럽게 돌아서게 두지 않는다. 생존권 투쟁은 선의와 악의가 부딪히는 일회적 이벤트가 아닌, 신자유주의 사회에서 노동자가 감내하는 삶의 본질이다. 이 투쟁의 장에서 '사장이 잘못했네'라는 반응은 옳은 말일지언정 무력하다. 1부에서 모든 곳의 걸림돌로 살아온 이수인의 꼿꼿한 양심에 방점을 찍었던 작품이 2부에서 구고신과 현장의 노동자들을 통해 청렴한 이수인의 실천적 안일함을 꼬집는 건 그 때문일 것이다. 요컨대 '개념 있는 작품을 본 개념 있는 나'라는 도덕적 포만감에 배를 두드리는 걸 이 작품은 허용하지 않는다. 값싼 공감보단 인식의 변화를 요청한다.

그래서 〈송곳〉은 가장 전통적인 의미에서 계몽적인 작품이다. 호소하거나 선동하기보다는 인식의 지평을 넓혀준다는 점에서 그러하다. 당장 이수인과 노조원들이 회사에 힘겹게 대항하는 걸 그리는 순간에도, 빨리 동참하지 않느냐고 호들갑을 떨기보다는 꾸준히 이 싸움을 이어온 사람들의 모습을 비추면서 싸움의 의미와 맥락을 보여준다. 중간중간 구고신의 입을 빌려 말하는 비정규직에 대한 우화나 노동법에 대한 강의가 작위적이거나 뜬금없지 않은 건, 작품의 주제와 서사 모두가 이 낯선 '리얼 월드'를 이해시키는 방향으로 진행되기 때문이다. 작품 속에서 구고신은 학교에서 노사 간 교섭을 가르치는 독일과 프랑스의 선진적 제도를 이야기해준다. 모두 알고 있듯 한국은 이런 것과 거리가 멀다. 그래서 지금의 우리에겐 〈송곳〉이 필요했다. 제도교육에서 먼저 이야기해줘야 할 것을 왜 웹툰이 이야기해줘야 하는지는 이해하기 어렵지만.

+

〈송곳〉의 최규석 작가는 작품에 대해 "단순히 눈에 보이는 대로의 비율이 아니라 실제 세상의 비율을 보여주고 싶었다"고 말했다. 단순히 눈에 비치는 대로만 본다면 노동자 투쟁이란 거리를 점거하고 주변을 시끄럽게 하며 나를 불편하게 하는 빨간 머리띠의 무리 정도일 것이다. 이 단편적 인식을 극복하기 위해서는 그 안의 다양한 맥락과 결을 볼 수 있어야 한다. 나는 기본적으로 그것을 언론이 해주는 게 맞는다고 본다. 또 실제로 몇몇 진보 언론이 이러한 일들을 해주고 있지만 〈송곳〉은 웬만한 르포르타주로는 따를 수 없을 정도로 강한 이야기의 힘으로 투쟁을 하는 노동자들에게서 나와 같은 인간을 보여주고 강한 공감을 이끌어낸다. 그런 면에서 잘 만든 픽션은 어떤 논증보다 효과적인 계몽의 도구다. 좀 더 많은 사람들이 〈송곳〉을 읽으면 좋겠다고 생각한다. 심지어 엄청 재밌다.

# 〈미생〉, 삶의 가장 비루하고 아름다운 순간

2014 1104

더 열심히 했다면 자신의 세계를 지킬 수 있었을까. tvN 〈미생〉의 주인공 장그래(임시완)는 한국기원 연구생 출신의 바둑 엘리트지만 결국 프로에 입단하지 못해 스물여섯의 나이에 인맥을 통해 대형 상사의 인턴이 된다. 십수 년의 세월을 바둑에 바쳤지만, 전혀 상관없는 영역에서 최선을 다했다는 건 지금 이곳에선 아무것도 하지 않았다는 것의 다른 말이다. 하여 요령 없이 그저 열심히 할 뿐이지만, 그럼에도 "그렇게 계속 열심히 하라"는 동료 인턴의 비꼬는 말에 다음과 같이 독백한다. '아니, 나는 열심히 하지 않아서 세상에 나온 거다. 열심히 하지 않아서 버려진 것뿐이다.' 수많은 노력을 했던 과거가 송두리째 부정당하는 지금 이곳에서, 그럼에도 지금을 살아내기 위해서는 아직 최선을 다하지 않았다고, 그러니 더 노력하고 더 잘할 수 있다고 되뇌는 수밖에 없다. 드라마 〈미생〉은 그렇게 견뎌내는 삶에 대하여 이야기한다.

동명 원작 만화의 거의 모든 설정과 캐릭터, 플롯을 가져온 이 작품이 원작과는 다른 결을 보여주는 건 이 지점이다. 원작이 장그래가 속한 영업 3팀, 그리고 그들의 회사인 원 인터내셔널을 통해 회사원들이 힘낼 수 있는 긍정적인 에너지를 가득 담아냈다면, 드라마 〈미생〉은 정글 같은 회사를 통해 장그래의 막막함과 두려움을 강조한다. 원작에서 장그래의 통찰력을 높이 사던 오상식 과장(이성민)은 낙하산으로 들어온 장그래를 못마땅하게 바라보고, 인턴 동기 장백기(강하늘)는 젠틀한 미소 뒤에 장그래의 부족한 배경에 대한 의구심을 감춘다. 누구 하나 자신에게 호의적이지 않은 새로운 바둑판 위에서 장그래는 더더욱 조심스럽게 돌을 놓을 수밖에 없다. 때론 자신을 오해한 상사에게 사무실에서 나가라는 고성을 들으며, 때론 자신을 따돌린 동기들 때문에 혼자 남아 꼴뚜기짓을 휘저으며. 원작에서도 장그래는 아직 온전히 집을 짓지 못한 돌 네 개짜리 '미생'이지만, 유독 드라마의 그는 언제 무너져도 이상하지 않을 만큼 아슬아슬해 보인다. 나머지 귀퉁이를 메워 '완생'이 되길 바라지만, 그동안 상대는, 세상은 기다려주지 않는다. '완생'은커녕 당장 무너져 죽은 돌이 될지 모를 두려움. '미생'의 삶이란 그런 것이다.

드라마는 원작에서 장그래의 승부사 본능과 통찰력이 돋보였던 프레젠테이션 준비 에피소드에서조차 장그래의 장점은 줄이고 오히려 살아남기 위해 파트너인 한석율(변요한)의 오만방자함을 받아주는 모습을 새로 추가했다. 결코 통쾌하진 않지만 덕분에 프레젠테이션에서 살아남아 계약직 신입사원이 될 수 있다. 또한 장그래의 이런 모습을 보고 깨달음을 얻은 오 과장 역시 김동식 대리(김대명)의 구제를 위해 평소 껄끄럽던 최 전무(이경영)에게 고개를 숙인다. 자존심은 구겼지만 팀원은 지켜냈다. 개인의 권한과 책임이 조직 시스템 안에 명확히 정립된 회사라는 판 위에서 돌 하나로 판세를 뒤바꾸는 신묘한 수란 존재하기 어렵다. 대신 아직 온전하게 짓지 못한 집이나마 지켜내고 다음 수를 위해 인내할 뿐이다. 드라마 〈미생〉은 그 보잘것없어 보이는 한 수의 의미를 더 극적이고 긍정적으로 묘사한다. 이것은 유예된 패배가 아니다. 내일이란, 오늘을 견뎌낸 자의 전리품이다.

그래서 드라마 〈미생〉은 아주 느릿한 속도의 성장물이다. 고졸 검정고시 출신의 장그래가 학벌과 스펙으로 무장한 동기들을 제치고

단 다섯 명인 신입사원에 뽑히지만, 드라마는 그의 괄목상대를 보여주지 않는다. 대신 그 하루하루 견뎌내는 시간을 통해, 얼핏 비루해 보이기까지 하는 과정을 통해 아슬아슬하게 커트라인을 넘어서는 것뿐이다. 앞서 말했듯, 세상은 '완생'이 될 때까지 마냥 기다려주지 않는다. 그렇다고 '완생'의 형태로 시작할 수도 없다. 그렇기에 성장은 생존을 통해서만 담보할 수 있다. 우선은 버텨보라는 오 과장의 조언처럼. 견뎌내는 모든 시간이 성장으로 이어지는 건 아니다. 하지만 견뎌내지 않고 성장하는 방법은 없다.

이 작품이 윤태호 작가의 ‹미생›을 잘 살린 2차 창작물이지만 또한 연출을 맡은 김원석 감독의 ‹미생›이라고도 말할 수 있는 건 그 때문이다. 그에게 백상예술대상 TV 부문 신인연출상을 안겨줬던 KBS ‹성균관 스캔들›, 그리고 CJ E&M으로 둥지를 옮겨 만든 Mnet ‹몬스타›는 모두 유예된 시간을 사는 청춘들의 성장 이야기다. 학문과 인격을 닦는 것이 동일시되는 성균관의 이념 안에서 잘금 4인방은 자신들의 신념을 키워나가며, 민세이(하연수)를 비롯한 북촌고의 청춘들은 많은 것을 바꾸진 못할지언정 노래를 통해 자신과 서로를 위로해준다. 이 빛나는 순간들을 담아내기 위해서는 미숙한 청춘들이 자신들의 꿈과 재능, 의지를 다지는 인큐베이터로서의 성균관과 학교가 필요했다. 하지만 이러한 유예의 시간 없이 아무것도 준비하지 못한 채 세상에 내던져진 청춘은 어떻게 성장할 수 있는가. ‹미생›은, 말하자면 오랜 시간 청춘의 성장 서사에 천착해온 창작자가 이 질문에 대해 내놓은 성실한 답변이라 할 수 있다.

그래서 ‹미생›은 샐러리맨뿐 아니라 다른 모든 보통 사람들을 위한 값싸지 않은 위로다. 괜찮아 다 잘될 거야, 라는 무책임한 희망가는 여기에 없다. 사실 장그래는 충분히 열심히 했다. 편의점 아르바이트를 하지 않아도 바둑 공부를 할 수 있을 만큼 집안 형편이 넉넉지 않아서, 일과 바둑을 병행하며 프로가 될 만큼의 기재는 아니라서 자신의 세계로부터 버림받은 것이다. 하지만 가지고 있는 밑천이라고는 노력밖에 없는 그에게, 노력은 이미 충분히 했다는 말은 이제 아무것도 할 게 없다는 뜻이다. 그래서 나는 열심히 하지 않았다고 거짓 고백을 해야 한다. 〈미생〉은 그것이 거짓이라 꾸짖기보다는, 그렇게 해서라도 삶의 무게를 감당해내는 모든 모습을 긍정한다. 지금 이 순간은 결코 무의미하지 않다고, 눈에 보이진 않지만 이렇게 쌓인 하루하루가 우리를 성장시킬지 모른다고. 동기들의 비웃음을 뒤로한 채 처연하되 흔들리지 않는 눈빛으로 회사로 돌아가는 장그래의 모습처럼, 삶의 가장 비루한 순간도 아름다울 수 있다고. 그래, 그래, 그래.

+

원작 만화가 조직 안에서 하루하루 쳇바퀴 도는 것처럼 보이던 수많은 샐러리맨의 삶에 현미경을 댔을 때 얼마나 크고 잦은 싸움이 있는지 보여주고 긍정하는 작품이었다면, 드라마 〈미생〉은 그 평범해 보이던 삶에 안착하는 것 자체가 허용되지 않는 세대의 외로움과 박탈감을 다룬다. 완성도와는 별개로 드라마 〈미생〉이 원작보다 좀 더 동시대적인 텍스트라고 생각하는 건 그래서다. 유예가 허용되어야 할 시기에 경쟁에서 살아남아야 하는 각자도생의 청춘에게 이제 위로는 불가능할지도 모른다. 하지만 적어도 그들의 세계를 그들의 이야기를 세상으로부터 지워버리고 없는 사람 취급하진 말아야 할 것이다. 〈미생〉 같은 드라마가 더 자주 나와야 하는 이유다.

# '뇌섹남' 같은 소리 하고 있네

2015 0306

실체 없는 하나의 유령이 한국 대중문화 미디어를 배회하고 있다. 바로 '뇌섹남'이라는 유령이다. 뇌가 섹시한 남자를 뜻하는 이 신조어는 지난 2014년 5월, 여성지 ‹우먼센스›에서 기획기사를 낸 것을 기점으로 각종 미디어를 통해 빠르게, 하지만 명확한 정의 없이 유통되기 시작했다. 매체들은 유희열, 허지웅, 김갑수, 장기하, 나영석 PD 등 서로 화법도 개성도 다른 사람들과, 심지어 tvN ‹라이어 게임›의 하우진(이상윤)이나 MBC ‹오만과 편견›의 구동치(최우혁) 같은 캐릭터들까지 '뇌섹남'으로 묶는다. 스스로 '뇌가 섹시한 남자'라는 표현의 원조라 주장하는 낸시 랭은 2013년 MBC퀸 ‹토크콘서트 퀸›에서 뇌가 섹시한 남자로 JYJ의 박유천을 꼽으며 "연기할 때마다 눈빛이 바뀌는 모습과 열정적인 모습"을 이유로 들었는데, 사실 이것만으로는 자기 일에 열심인 남자가 섹시하다는 오래된 담론과 뭐가 다른지 알 수 없다. 김보성이 웬만한 도덕적 가치를 모두 '의리'로 통칭한 것처럼, 웬만한 내면적인 스펙은 모두 다 '뇌섹남'의 요소가 되는 듯하다.

물론 연예인이 알 만한 대학만 나오면 '엄친아', '엄친딸'이 되듯 조금 유행하는 개념이 있으면 무차별적으로 사용하는 매체의 못된 습관이야 새삼스럽지 않다. 문제는 이토록 자의적이고 불분명한 개념으로 남성의 섹시함을 지시한다는 것이다. 지난해부터 유독 뇌가 섹시하다는 표현이 사용된 건, JTBC ‹썰전›과 ‹마녀사냥›에서의 허지웅, ‹비정상회담›의 타일러 라쉬나 에네스 카야처럼 연예인이나 전문 방송인이 아니지만 논리적으로 자신의 견해를 말할 줄 아는 남성들이 방송 엔터테인먼트의 블루칩으로 떠오르면서다. 기본적으로 상당한 미남이라는 것을 차치하고(사실 매우 중요한 요소지만) 그들의 언변이 섹시할 수 있었던 건, 더 정확히 말해 이성애자 여성들에게 어필될 수 있었던 건, 그들이 한국 사회에서는 흔치 않게 어떤 문제에 대해서건 합리적인 개인의 입장에서 접근했기 때문이다. 가령 허지웅은 ‹마녀사냥›에서 춤 동호회에 빠져 애인과의 약속도 지키지 않는 여성의 사연에 대해, 춤의 스킨십이 문제가 아니라 다른 뭔가에 빠져 애인을 배려하지 않는 태도가 문제라고 말했다. 상당수 남성이 이럴 경우 여성의 취미의 자유 자체를 문제 삼는다는 것을 생각하면 그의 비판은 날카롭되 폭력적이지 않았다. 타일러 라쉬가 매력적인 것도, 단순히 한자성어로 상대방을 주눅 들게 해서가 아니라 남녀칠세부동석이란 말 안에 남녀 간 소통 부재가 담겨 있다는 논리적 해석을 내놓을 수 있어서다. 요컨대 그들은 남성이라는 이유만으로 부당한 권위를 행사하는 이들이 가득한 한국 사회에서 그나마 소통 가능한 남자들이다. 종종 왜 '뇌섹남'이라는 표현은 있지만 '뇌섹녀'가 없느냐는 정당한 비판이 나오는데, 사실 이것은 남성의 지성이 여성의 그것보다 중요해서라기보다는 오히려 합리적 소통이 가능한 남성이 적어 '뇌섹남'이 비교 우위를 차지할 수 있어서다.

역시 지난해 대표적인 신조어 중 하나가 '개저씨'라는 건 그래서 흥미롭다. 소위 최초의 '뇌섹남'이라 할 수 있는 부류의 장점은 '개저씨'의 반대 항에서 가장 뚜렷하게 드러난다. 하지만 앞서의 ‹우먼센스› 기사에서 '원조 뇌섹남'으로 꼽힌 문화평론가 김갑수는 "여성 입장에서 지성을 갖춘 남자가 자신을 논리적으로 압도한다면 그런 남자가 매혹적인 남자, 즉 '뇌섹남'"이라고 정의했다. 완전히 잘못 짚은 셈이다. 합리적 소통능력이 아닌 지적 우월함에 방점이 찍히는 순간 '뇌섹남' 개념은 그대로 '개저씨'의 영역으로 전이된다. 제법 배울 만큼 배우고 심지어 인문학적 소양도 있지만 젊은 여자를 만나면 수작을 걸거나 꼰대 짓을 하는 홍상수 영화의 남자들처럼. 〈시사IN〉 고재열 기자가 젊은 여성의 욕망은 연예인과 썸을 타는 것이라 정의했던 것이나, 김갑수와 마찬가지로 종종 매체에 '원조 뇌섹남'으로 수식되던 칼럼니스트 김태훈이 페미니즘에 대해 위에서 내려다보는 태도의 글을 쓴 것은, 똑똑하되 '뇌섹남'의 진정한 미덕을 놓친 남자들이 벌일 수 있는 최대의 비극이었다.

'뇌섹남' 개념의 무분별한 확장이 결과적으로 오염인 건 그래서다. 매체들은 허지웅과 〈비정상회담〉의 성공 이후 사후적 구성을 통해 언변이 좋거나 지성의 스펙이 높은 남자들에 너 나 할 것 없이 '뇌섹남'이라는 타이틀을 붙였다. 심지어 tvN은 아예 서로 전혀 다른 재능을 지닌 남자들을 캐스팅해 어려운 문제를 푸는 걸로 뇌의 섹시함을 증명하는 〈뇌섹시대: 문제적 남자〉(이하 〈문제적 남자〉)를 지난 2월 26일부터 방영하기 시작했다. 여성과 소통할 수 있던 남자의 담론은 잘난 척하는 남자의 담론으로 대체됐다. 심지어 이것이 섹시할 것이라는 근거 없는 믿음과 함께. 이것은 '뇌섹남'이라는 개념 안에 있던 한 줌의 미덕과 긍정적인 가능성을 내쳤다는 점에서 명백한 퇴행이다. 자신이 시대를 앞섰다는 낸시 랭의 자신감은 그래서 어느 면에선 진실이다. 정말 뇌가 섹시한 남자의 시대는 아직 멀고도 멀어 보인다.

+

이 글을 쓴 뒤에도 '뇌섹남'이라는 표현은 여전히 아무런 저항 없이 여기저기 사용되고 있다. 하지만 그것이 '뇌섹남' 개념이 옳다는 것을 증명해주진 않는다. 오히려 어떤 개념이 오남용된다는 것은 사실 그 개념 자체가 상당히 허구적이라는 것을 증명해준다고 생각한다. 그리고 1년 조금 넘게 지나 역시 오남용되는 다른 단어가 등장했다. 바로 '아재파탈'이다.

# 우리 밖의 일베와 실전에서 싸우는 법

2015 0414

인생은 실전이다. 공교롭게도 만우절인 지난 4월 1일, 인터넷 커뮤니티 일베 헤비유저 출신으로 알려진 KBS 수습기자가 정직원으로 뽑히는 걸 보며 든 생각이다. 생리 휴가를 쓰는 여성은 사용한 생리대를 증거로 제출해야 한다는 식의 여성혐오 및 차별, 5·18은 폭동이라는 식의 역사적 몰이해와 지역 차별의 글을 일베에 올렸던 해당 기자에 대해 KBS 보도국을 비롯한 내부 구성원들 상당수는 정식 임용을 반대했지만, KBS는 수습 기간 중에 올린 글이 아닌 만큼 명분이 부족하다며 임용을 승인했다. 온라인에서 차별적이고 악의적인 발언과 댓글을 달다가 오프라인에서 혼쭐이 난 이들에 대해 흔히 인생은 실전이라고 놀렸지만, 이번만큼은 인생이라는 실전에서 그 일베 출신 기자가 한 차례 승리한 셈이다. 분명 이 승리는 일베에 있어 기념비적인 쾌거다.

특유의 과감하고 과격한 발언에도 불구하고, 일베 유저들에게 소위 '일밍아웃'(자신이 일베 유저임을 밝히는 일)은 상당히 부담스러운 일이다. 세월호 희생자를 어묵으로 비하했던 유저가 모욕죄로 입건된 것처럼, 법적인 처벌의 대상이 되는 경우도 종종 벌어진다. 그들은 적어도 오프라인의 시민사회에서까지 당당하게 자신의 성향을 드러낼 수는 없었다. 정확히 말해 그들이 일삼는 혐오와 차별의 언어는 일상 세계의 도덕률 안에서 허용할 수 없는 종류의 것이었다. 이번 일베 기자의 입사가 지금까지의 전세를 유의미하게 바꾼 사건인 건 그래서다. 단순히 일베 용어를 쓴 수준을 넘어 앞서 인용한 문제적인 발언을 게시판에 올린 것을 들키고도 국민의 수신료로 운영되는 공영방송에 입사할 수 있다는 것은, 지금까지 유지된다고 믿었던 시민사회의 방어선에 균열이 생긴 것을 보여준다. 차별적인 발언을 한 것이 화제는 될지언정 실질적인 불이익으로 이어지진 않는다. 그렇다면 일베라는 공간 안에서 그런 잘못된 발언을 올리는 것을 넘어 일상 영역에서 그러한 정체성을 드러내는 것에 대해 제재하는 것이 가능할 수 있을까. 이번 인사가 공영방송 KBS에서 벌어졌기에 더 민감하지만, 또한 KBS라는 한 조직의 문제만으로도 볼 수 없는 건 이 지점이다.

이번 KBS 기자 입사 건은 일상 영역에서 우리 사회가 일베로 대표되는 차별적인 담론의 지지자들을 어떻게 대해야 올바른 것이냐는 문제로 넘어간다. ‹88만원 세대›의 저자 박권일은 이를 일베스럽지 않게 일베와 싸워야 할 의무라는 명제로 요약했다. 하지만 이 명제에서도 전제되는 건 이것이 결국 싸움이라는 것이다. 온라인 게시판에서의 논쟁을 넘어선 이것은, 요컨대 실전의 영역이다. 당위성을 확보하는 것까지 포함해, 이 영역에서 일베에 대한 대항은 실천적 차원에서의 싸움의 기술로 접근해야 한다. 때문에 KBS 기자 입사에 대한 유보적인 성찰들은 그 진정성에도 불구하고 실천적으로는 어느 정도 무책임하다.

가령 박권일은 미래의 사상검증의 피해자를 우려하며 일베 기자를 배제하는 것에 신중하게 접근하길 제언하지만, 정작 역사적으로 그러한 사상검증을 정당화했던 건 바로 일베 기자가 보여준 것과 같은 혐오와 차별의 정당화였다. 그걸 막기 위해 제도적 규칙의 범위 안에서 구체적 혐오 행위를 배제하자는 주장을 일베의 차별 메커니즘과 동일 선상에 놓고 우려하는 건 과하다. ‹한겨레› 이재훈 기자는 ‘사실로 확인할 수 없는 감정이나 성향을 사실화해서 처벌하거나 징계하는 것은 시스템을 배제하는 파시즘적 폭력'이 될 수 있다고 지적하며, '특정 개인에 대한 배제'보다 '혐오 행위를 걸러낼 수 있는 제도적 혹은 사회적 시스템'을 고민하자고 말한다. 하지만 우선 팩트만 놓고 보면, 이재훈 기자가 추리한 것과 달리 해당 기자가 일베 유저인 게 밝혀진 건, KBS 보도국의 취재원에 따르면 입사 당시 개인 SNS에 일베의 그것과 흡사한 남성연대에 대한 멘션을 올린 사실이 건너 건너 보도국 사람들에게 전해져서다. 비록 일베에 올린 것만큼 강성 발언은 아니지만 비슷한 사고의 궤적을 유지하고 있었다는 점에서 과거의 일베 활동을 '사실로 확인할 수 없는 감정이나 성향'이라 말하긴 어려워 보인다. 또한 혐오 발언을 버젓이 올린 개인을 배제할 정도의 강제성이 없다면 현실 영역에서 혐오 행위를 걸러내는 시스템이라는 것은 어떻게 가능할 것인가. 김소희 역시 <씨네21> '오마이이슈' 코너에서 '조직의 공적 책무는 멘탈이나 인격이 아니라 시스템으로 지켜져야 한다'고 말하지만, 정작 그 시스템으로서의 인사에 구멍이 났다는 기초적이고도 현실적인 문제를 외면한다.

이들은 강력한 차별적 폭력에 대항하는 한 줌의 반폭력마저 비판하다가, 사회 시스템을 유지하는 최소한의 강제성에 대해서까지 일베스럽거나 파시즘적일지 모른다고 규정한다. 하지만 메를로 퐁티가 <휴머니즘과 폭력>에서 지적하듯, "우리는 순수함과 폭력 중 하나를 선택하는 것이 아니다. 다양한 종류의 폭력 중에서 어느 하나를 선택하는 것이다". 폭력 없이 폭력과 싸우는 법을 고민하는 건 중요하지만, 그게 폭력에 대한 불가피한 폭력이 틀렸다는 걸 뜻하는 건 아니다. 그들의 말대로 어떤 이념을 배제할 선험적 기준은 없으며 사회적 합의가 선행되어야 하지만, 바로 그 합의가 진행되려면 이상적 논증 게임의 조건을 충족하는 제도적 규범들이 전제되어야 한다. 해당 일베 기자의 혐오 발언은 이미 이 규범에 미달한다. 우리는 당연히 일베스럽지 않게 일베와 싸워야 한다. 하지만 강제적인 것과 폭력적인 것은 다르며, 폭력적인 것과 일베스러운 것은 또 다르다. 그 결을 놓치게 되는 순간 모든 종류의 폭력 비판은 실천적으로는 가장 강하고 저열한 폭력을 묵인하는 결과로 이어진다. 그렇다면, 우리는 어떤 폭력을 선택해야 하는가.

하여 우리는 KBS 일베 기자 채용을 반대한다고 말할 수 있다. 감정적인 선언처럼 들린다면 이렇게 풀어서 말할 수도 있다. 저 생득적인 요소로 타인에 대한 혐오와 차별을 정당화하는 사람을 그 모습 그대로 사회적 공동체의 일원으로 받아들일 수는 없기에 가장 덜 폭력적인 거리에서 그럼에도 현실적 힘이 있는 한계선을 그어야 하며, 공익을 위해 존재하는 공영방송이 절차상의 실수를 인정하고 바로잡는 건 그 선을 긋는 일이 될 거라고. 우리 안의 일베와 싸우기 위한 성찰의 자유조차 우리 바깥의 일베와 대척하는 이 방어선 안쪽에서 가능한 것이다. 다시 말하지만 이것은 실전이다. 그리고 도저히 정당화될 수 없는 발언을 한 상대가 버젓이 승리를 챙겨가고 있다. 이것은 상식적인 세계의 1패다. 대체 여기 어디에 정의가 있는가. 이 싸움에서 우리가 물러날 이유는 어디에도 없다.

+

아무래도 실명 비판(이라기보다는 보론이라고 쓴 거지만)이 있다 보니 약간의 논쟁을 일으키게 된 글이다. 하지만 여전히 내 생각은 변하지 않았는데, 무엇보다 '우리 안의 일베', '내 안의 일베'를 조심하고 성찰하는 것과 '우리 밖의 일베'의 혐오 표현에 대해 시민사회가 적절한 제재를 가하는 것은 얼마든지 함께 갈 수 있는 일이며 또한 모순된 것도 아니라고 보기 때문이다. '우리 안의 일베'를 조심하자는 이들의 말처럼 중요한 건 일베라는 상징이 아니라 그 안에서 벌어지는 다양한 혐오와 차별, 가끔은 파시즘적인 신념이 담긴 언술이다. 일베 아닌 우리 안에서 그런 잘못이 없는지 성찰하자는 말과 그런 잘못을 저지른 일베 회원에게 적절한 책임을 묻자는 것이 모순된다고 보지 않는다. 단순히 일베 회원이니 자르자고 말하는 대신 KBS 취재를 통해 당사자가 실제 어떤 신념을 가지고 어떤 발화를 했는지 확인하려 한 건 그래서다. 나는 일베를 하는 사람의 밥줄을 끊자는 것이 아니라, 사회적으로 합의된 공공선 자체를 부정하는 발화를 하는 이가 한국 사회에서 가장 큰 영향력으로 공적 발화를 구성하는 집단에 들어가는 것이 제대로 된 인사인가 묻는 것뿐이다. 이건 자격의 문제 아닌가.

# 이지성의 인문 고전 독법, 믿을 수 있을까

2015 0615

인문 고전 독서 멘토로 불리는 저술가 이지성은 최근 자신의 2010년 작 ‹스물일곱 이건희처럼›의 증보판을 내며 '이건희의 생각 시스템을 만든 도서목록', '삼성 가문 100년을 만든 인문학 독서법'이라는 부록을 추가했다. 이들 부록에서 그는 아버지에게 "‹논어› 한 권을 물려받은 것 외에는 없다"고 말하는 이건희를 인용하며 "이는 곧 ‹논어›를 모르면 삼성가와 이건희의 성공비결을 알 수 없다는 의미"라고 말한다. 이 논리의 점프를 채워주는 것은 직접 ‹논어›를 읽고 느껴보고 그것도 기왕이면 자신의 팬카페 폴레폴레의 대전 지부 회장 정진수가 쓰고 자신이 감수한 ‹생각하는 논어›를 읽어보라는 제언이다. ‹논어›의 철학이 어떻게 삼성 경영에 실천적으로 반영되었는지에 대한 사례나 인문 독서 전문가로서의 해석은 보이지 않는다. 그리고 이것은 이지성이 인문 독서를 주제로 쓴 저서에서 일관되게 드러나는 공백이다.

‹꿈꾸는 다락방›, ‹여자라면 힐러리처럼›이라는 자기개발서로 스타 저자가 된 그는 ‹리딩으로 리드하라›를 통해 이러한 자기개발의 가장 근본적인 동력을 인문 고전 탐독에서 찾는다. 그에 따르면 "각 분야의 대표적인 천재치고 인문 고전에 깊이 빠지지 않았던 사람은 없"으며, "누구든지 자신의 두뇌를 지금보다 몇 단계 높은 차원으로 도약시키고자 한다면, 나아가 천재의 영역에까지 들어가고자 한다면 반드시 인문 고전을 읽어야 한다." 그럴 수도 있고 아닐 수도 있다. 중요한 건 가설을 증명하는 방식이다. ‹리딩으로 리드하라›에는 놀라울 정도로 이

에 대한 증명이 없다. 그저 "인문 고전을 한 권씩 철저하게 떼는 일이 미국의 명문 중고교에서 일상적으로 벌어지고 있다"는 것, 조지 소로스 등 현대 사회의 부호들도 인문 고전 애독가라는 것을 반복해서 강조할 뿐이다. 뛰어난 사람들이 있는데, 그들은 인문 고전을 열심히 읽었으니 그들의 성공은 필연적으로 인문 고전 독서 덕분이라는 논리다. 이것이 논리적으로 안일하다면 인문 고전 독서를 열심히 하면 이들처럼 성공할 수 있다는 결론은 더더욱 비약적이다. 후진국이 인문 고전 독서와 거리가 먼 것에 대해, 지배계급이 피지배계급의 인문학 독서를 의도적으로 방해했다고 의심하는 부분에선 프리메이슨이 등장해야 할 만큼 음모론의 향기까지 풍긴다. 현상에 대한 올바른 질문을 하고 그 대답을 성실하게 작성해가는 것이 인문학의 태도라면, 이지성이 ‹리딩으로 리드하라›에서 인문 고전을 다루는 방식은 철저히 반-인문학적이다.

물론 이러한 허점을 이지성 본인도 모르진 않았을 것이다. 올해 3월에 낸 ‹생각하는 인문학›은 말하자면 ‹리딩으로 리드하라›에 대한 비판적인 피드백에 대한 대답에 가깝다. 무조건 열성적이고 탐욕적으로 독서하면 모든 것이 바뀔 수 있을 것처럼 말하던 그는 이제 단순히 공부하는 인문학이 아닌 스스로 생각하는 인문학을 강조한다. 이것은 유의미한 전환이다. 전작에서 사색을 "마음과 영혼으로 읽어서 깨달음을 얻는" 것이라고 얼버무렸던 그는 ‹생각하는 인문학›에서 사색을 해당 고전에 대한 다각적인 질문을 제기하는 것으로 구체화한다. "‹한비자›를 읽은 뒤 ‹논어›의 관점에서 사색해보라"는 것은 해당 텍스트에 대한 분석과 자기만의 해석을 이끌어낼 수 있다는 점에서 실제로 유용한 팁이다. "인문학은 자기 스스로 생각하는 힘을 얻기 위해 하는 것"이라는 말 역시 인문학의 본질에 한 걸음 더 다가선다. 하지만 최종적으로 자기개발서 저자로서의 그는 ‹리딩으로 리드하라› 전반에 깔린 복음의 서사와 결별하지 못하며 “우리나라 3대 기업의 창업자들은 뇌의 7, 8퍼센트 정도를 썼을 거”라는 과학적으로 근거 없는 속설에 기대, 자기 스스로 생각하는 힘을 또다시 스티브 잡스, 빌 게이츠의 성공과 등치시켜 버린다.

인문학이 자기개발과 어울리지 않는 학문이라는 뜻은 아니다. 이지성이 종종 인용하는 ‹대학›의 ‘수신제가’는 명백히 자기개발의 언어다. 진중권 역시 ‹현대미학강의›에서 그리스 고대철학을 존재미학으로 규정하며, “인간이 진정으로 살려면 삶에 스타일을 주어 그것을 존재의 상태로 끌어올려야 했다”고 말한다. 다만 이것은 말 그대로 내가 오직 나로서 살 수 있는 삶의 방식을 구성하는 것이다. 가장 높은 단계의 고전 독서가 “인문 고전 저자들처럼 생각하는 법을 배우는 인문학”이라는 ‹생각하는 인문학›의 주장은 반은 맞고 반은 틀렸다. 단순히 지식을 습득하는 것이 아니라 생각하는 시스템을 구성한다는 점에서는 맞지만, 중요한 건 그들처럼 생각하는 게 아니라 고전이라는 텍스트에 부딪혀 자신만의 철학을 만드는 것이다. 칸트는 데이비드 흄의 회의론에 대항해 순수이성의 능력을 확립하려 했으며, 헤겔 역시 칸트의 초역사적 인간 이성에 대한 비판을 통해 본인의 역사철학을 확립했다. 이지성도 칸트 독자로서의 아인슈타인이 칸트 철학이 발붙인 뉴턴 물리학을 무너뜨리는 것을 좋은 사례로 들지만, 별다른 논거나 사유의 메커니즘에 대한 설명 없이 이를 너무 쉽게 칸트처럼 사유하는 법을 배운 것이라 정의한다. 하지만 인문학 독자는 칸트를 통해 꼭 칸트에 이를 필요도 없으며, 그렇다고 꼭 헤겔이나 아인슈타인에 이를 필요도 없다. 앞서의 경우처럼 독서란 저자가 의도한 단 하나의 의미에 도달하는 것이 아닌, 다양한 질문과 해석 그리고 창조적 오독을 통해 자아를 구성하는 과정이다. 인문학 독자로서의 스티브 잡스가 증명하는 것은, 그가 자신의 삶을 잡스만의 일관된 스타일로 디자인했다는 것이지, 여기에 수많은 우연과 재능이 곁들여 만들어진 아이폰이라는 결과물을 누구나 만들 수 있다는 것은 아니다.

그래서 이지성의 인문 고전 독법은 자아계발로서의 인문학과 성공 서사로서의 자기개발을 억지로 연결하며 만들어진 무리수에 가깝다. 거의 모든 무리수가 그러하듯, 무리한 주장을 뒷받침하는 것은 또 다른 무리한 주장이다. 그는 인문 고전 독서로 우리 역시 천재가 될 수 있다면서, 대신 독서를 자기 자신보다 중요하게 여긴 정약용처럼 독서할 것을(‹리딩으로 리드하라›), 소크라테스처럼 육체의 한계를 초월해 사색할 것을(‹생각하는 인문학›) 주문한다. 여기서 인문학과 개인의 성공 서사를 연결시키려던 흥미로운 기획은, 안 되는 건 결국 네 의지박약 때문이라는 흔한 자기개발서의 변명 혹은 힐난으로 귀결되어버린다. 물론 그의 책을 읽고 데카르트, 칸트에게, 그리고 공자와 한비자에게 관심을 갖게 된다면 그건 그것대로 좋은 현상일지 모른다. 하지만 그가 주장하듯 중요한 건 단순히 읽는 것이 아니라 읽음으로써 깨치는 것이다. 이지성은 성공 서사라는 당의정을 입혀 인문학을 판 게 아니라, 인문학이라는 신형 당의정을 입혀 성공 서사를 팔았다. 그는 자기 저작을 달을 가리키는 손가락으로 비유하지만, 그 방향 어디에 인문학적 사유와 실천이 있는가. 혹시 모르겠다. 그가 의도한 손가락이 이러한 이지성 비판과 인문학의 역할에 대한 재인식이라면, 그는 제법 훌륭한 인문학 저자일지도.

+

정말이지 스티브 잡스가 "소크라테스와 점심을 함께할 수 있다면 애플이 가지고 있는 모든 기술을 그것과 바꾸겠다" 같은 허세를 부린 게 얼마나 인문학에 대한 잘못된 인식을 부추겼는지 그 해악을 이루 말할 수 없다. 인문학은 결코 옛날 옛적 그리스 현인으로부터 비밀리에 전승되는 진리의 법칙 같은 게 아니다. 당신에게 인문학을 그렇게 팔아먹으려는 사람이 있다면, 도망쳐라.

# 이번 주에도 타일러는 살아남았습니다

2015
0625

매주 방영되는 JTBC ‹비정상회담›에서의 타일러는 수많은 지뢰가 매설된 비무장지대를 걷는 병사처럼 보인다. 지난 8일 방영분에서만도 낙태와 간통죄 폐지 찬반 등 민감하고도 첨예한 주제들이 던져졌고, 그때마다 그는 특유의 차분하고도 논리적인 태도로 그날의 게스트이자 변호사 출신인 로버트 할리마저 감탄할 정도의 토론 능력을 보여줬다. 최근 한국을 대표하는 논객 진중권 교수가 출연하며 화제가 됐던 '혐오주의를 혐오하는 것이 비정상인가'라는 주제에 관해서도 혐오의 타당성 문제, 소비자 불매 운동 같은 여러 갈래의 토론 흐름 안에서 흐트러짐 없이 일관성 있는 논지를 펼쳤다. 하지만 그가 정말 지뢰밭을 걷고 있다고 느껴지는 건, 단순히 민감한 문제의 버튼들이 여기저기 깔려 있어서만은 아니다. 한국 사회에서 그것들은 정말로 지뢰처럼 더 은밀하게 감춰져 있다.

타일러는 ‹비정상회담› 15회 '일도 아이도 포기 못 하는 나, 비정상인가'라는 워킹맘 박지윤의 질문에 대해 "박지윤 씨가 남자라면 비정상이라고 할까? 왜 여자는 둘 중 하나를 선택해야 하느냐"며 그 질문 자체에 깔린 차별적 시선에 대해 비판했다. 너는 어느 입장이냐는 질문에 대해 예스 혹은 노를 말하는 대신 왜 그런 선택을 강요받아야 하느냐고 되묻는 것이다. 옳은 질문에서 항상 옳은 대답이 나오는 건 아니다. 하지만 틀린 질문에선 절대 옳은 대답이 나올 수 없다. 그리고 한국 사회는 타일러를 비롯한 tvN ‹뇌섹시대: 문제적 남자› 출연자들에게 '매번

나에게 지적질을 하는 뇌섹녀와 사귈 수 있느냐'라고 질문하는 모 매체처럼 틀린 질문으로 틀린 답을 유도하는 함정 수사를 벌이는 사회다. 해당 질문에서 타일러는 답변을 피했고, 전현무는 보기 좋게 낚여서 "뇌섹녀보다는 몸섹녀가 좋다"는 말을 했다. 종종 타일러가 토론 자체에 발을 담그고 반대편과 논쟁하기 전에 마치 과거 MBC ‹100분 토론›의 손석희처럼 혼용되는 개념과 논지를 정리하는 모습을 보이는 건 그 때문일 것이다. 앞서 언급한 혐오주의에 관한 토론에서도 그는 혐오주의에 혐오로 대응하는 건 같은 잘못을 반복하는 거라는 의견에 대해, 생득적인 이유로 누군가를 혐오하는 것으로서의 혐오주의와 단순히 미워하는 감정으로서의 혐오를 구분해서 토론해야 한다고 지적했다. 자칫 토론 참가자를 엉망진창의 진흙탕에 빠뜨릴 법한 교묘한 지뢰밭 안에서 그는 더 교묘하게 빠져나간다.

타일러에게서 논리적인 언변만큼 혹은 그 이상으로 조심스러운 태도가 중요한 건 그 때문이다. 자기가 잘 아는 분야가 아닌 곳에서까지 자신의 관점을 들이대다가 낭패를 보는 지식인 특유의 성급함이 그에게서는 보이지 않는다. 가령 그는 혐오주의적인 표현 역시 표현의 자유 안에서 용납되어야 한다고 주장할 정도로 강력한 자유 옹호자이지만, 자유가 언제 어느 상황에서고 꼭 지켜져야 하는 절대적인 원칙이기에 그렇다고 말하진 않는다. 그가 표현의 자유가 어떤 상황에서도 허용되어야 한다고 주장하는 건, 그것이 어떤 상황에 한해 법적으로 제재될 때 자칫 편의에 따라 표현의 자유를 막을 수 있다고 판단해서다. 청소년 흡연에 대해서도 그는 결코 청소년의 자유를 절대적으로 인정해야 하기에 청소년 흡연에 찬성한다고 말하지 않는다. 여기에 제재를 가할 수 있는 권리와 의무가 있는 건 양육권을 가진 부모와 교육을 책임진

학교이고, 제3자가 끼어드는 게 허용되면 너무 많은 사회적 간섭이 발생하는 부작용이 생긴다고 본다. 그는 서로 다른 주제에 대한 의견을 개진할 때마다 그 케이스를 자신이 가진 하나의 원칙이나 신념으로 재단하기보다는, 해당 사안 안에서 실천적으로 더 나은 결과를 낳는 것이 무엇일지 고민한다. 그런 면에서 그는 듀이나 리처드 로티로 이어지는 미국 프래그머티즘, 즉 실용주의(이명박 정권이 오염시킨 그 의미가 아닌)의 전통에 서 있는 프래그머티스트에 가깝다.

현대 미국 철학을 대표하는 로티는 "프래그머티스트는 객관성에 대한 욕구를 공동체와의 연대성에 대한 욕구로 대체시키고자 한다"고 정의한 바 있다. 범죄자의 실명이 공개되는 것에 반대하면서 어떤 보편 준칙을 주장하기보다는, 그것이 몰고 올 또 다른 부정적 결과들에 집중하고 그것을 근거로 다른 멤버들을 설득하는 타일러의 태도는 그런 면에서 분명 실용주의적이다. 인종과 시대를 초월한 보편적인 진리가 없다고 말할 수는 없지만, 〈비정상회담〉에서 보듯 국적과 인종에 따라 보편적이라 믿는 기준은 각기 다르기 일쑤이며, 모두가 고개를 끄덕일 제1원리를 증명하는 건 그 어떤 토론 주제보다도 거대한 난제다. 실제로도 출연자들이 서로의 다른 보편 준칙을 증명하느라 논의가 공회전하기 일쑤다. 하지만 타일러는 어떤 선택이 더 나은 결과로 이어질 것이냐는 질문을 통해 이 난제를 비켜난다. 각기 다른 의견을 가지고 있고 심지어 아주 익숙하지 않은 한국어로 토론하기에 필연적으로 오해가 벌어지는 〈비정상회담〉 안에서 타일러가 항상 흔들림 없는 토론꾼이 될 수 있는 건 그래서다.

물론 실용주의자인 타일러가 항상 옳은 건 아니다. 앞서 말한 표현의 자유의 경우, 최근의 혐오 발언들의 경우처럼 마냥 공론장에만

의존해 해결하기 어려운 면이 있으며, 조현아 전 대한항공 부사장의 소위 '땅콩회항'에 대한 "그 사람이 미쳤다고 생각했다. 갑의 횡포가 아닌 개인의 문제일 뿐이다"라는 의견은 고착화된 한국의 갑을 관계를 너무 가볍게 본 건 아닌가 하는 의구심을 갖게 한다. 하지만 괜찮다. 혐오 표현의 허용 범위에 대해 의견이 다를지언정, 그는 교육을 통해 혐오주의의 발현을 제로로 만들자고 말한다. 조현아의 잘못이 구조적인 것인지 개인적인 것인지 진단은 다를지언정 이 "미친" 행위에 대한 적합한 처벌이 필요하다는 결론에는 무리 없이 이를 수 있다. 토론하는 그에게 중요한 건 토론하는 우리가 더 나은 결론에 이르고 더 나은 세상을 만드는 것이다. 이것은 문제의 실천적 해결보다는 자신의 옳음을 증명하는 것에 안달인 상당수 한국 지식인들에게서 볼 수 없는 큰 미덕이다. 미국에서 온 이 20대 청년은 우리가 보면서 감탄하는 것 이상으로 더 많은 것을 가르쳐주고 있다. 그러니 그가 보여준 토론의 기술, 그리고 불의의 지뢰밭에서 생존하는 기술을 좀 더 겸허히 배워야 하지 않을까. 그가 매주 경험하는 지뢰밭은 사실, 우리의 일상에 가깝지 않나.

+

아쉽게도 타일러를 비롯한 1기 멤버들이 빠져나가면서 ‹비정상회담›은 더더욱 엉망진창이 됐다. 현재의 ‹비정상회담›이 확실하게 증명하는 게 있다면, 자기 입장과 자기 생각을 그냥 이야기하는 것만으로는 어떤 생산적 논의로도 전환되지 않는다는 것이다. 회사 내부 리뷰에선 "문제의 실천적 해결보다는 자신의 옳음을 증명하는 것에 안달인 상당수 한국 지식인들에게서 볼 수 없는 큰 미덕"이라는 표현이 이 글에서 굳이 필요한 것이었느냐는 의문도 제기됐지만, 나는 타일러가 단순히 말을 논리적으로 잘하는 사람이 아니라, 어떻게 이 문제에서 실천적으로 더 나은 결과를 도출할 것인가 질문하는 토론 참가자로서 소중하고 또한 이것을 배워 마땅하다고 생각한다.

# 그 진중권은 어디로 갔을까

2015
0706

요즘 트위터에서의 진중권은 자주 싸운다. 지난 5월, 장동민의 여성혐오 발언을 비판하면서도 "유독 연예인에게만 가혹하고 싶어 하는 대중의 욕망. 거기에는 뭔가 의심스러운 구석이 존재한다"라고 말했다가 몇몇 페미니스트에게서 비판받은 그는, 최근 LGBT 이슈에 대해 발언했다가 페미니즘에 찬동하지 않는 이가 LGBT 운동에 찬동할 자격이 있느냐는 비판을 받자 "신세대는 LGBT를 매우 자랑스러워해서, 브랜드 사용권을 아무한테나 주지 않으려" 한다고 비꼬았다. 물론 언제나 진중권은 자기가 옳다고 생각하면 상대방을 가리지 않고 싸우는 파이터였다. 비꼬는 말투로 상대방과 논쟁하는 것 역시 익숙한 모습이다. 익숙하지 않은 건, 유독 이 이슈에서 특유의 논리적 섬세함이 보이지 않는다는 것이다. 각 멘션은 일견 별문제 없어 보이지만, 그가 가장 자주 인용하는 철학자 비트겐슈타인의 말대로 '의미는 사용에 있다'.

장동민 건에 대한 진중권의 연이은 멘션을 그가 과거 ‹조선일보›의 기사를 분석하던 방식대로 압축하면 이렇다. ① 장동민의 발언에 대한 비판은 정당하다. ② 한국은 공직자보다 연예인의 도덕성에 더 엄격하다. ③ 연예인은 위험하지 않다. ④ 장동민 비판은 위험하지 않은 대상을 향한 너무 엄한 비판이다. ①은 규범논리로, ②는 귀납논리로 참이라 볼 수 있다. 문제는 ③과 ④다. ③은 연예인 하나 대 다수 대중의 조리돌림이라는 구도에서만 참이다. 하지만 장동민에 대한 비판은 이러한 말을 내뱉고 낄낄대도 문제없는 남성 중심 사회에 대한 여성의 저항에 가깝다. 즉, ③은 틀렸으며, ③에 근거한 ④도 틀렸다. 그의 문장은 결과적으로 남성의 폭력을 두둔하는 용도로 사용됐다. 그는 최근 다시 장동민에 대해 '광대의 철학'이라 감쌌지만, 진중권이 과거 '광대의 철학'이란 글에서 내세운 모델은 스타 학자였던 플라톤을 조롱하고, 최고의 권력자였던 알렉산더 대왕을 멋쩍게 했던 디오게네스다. 만만한 여성을 대상으로 혐오 발언을 하고, 자신을 감싸주는 방송 환경 안에서 안전하게 반성하는 장동민의 무엇을 광대의 철학이라 할 수 있을까.

물론 이에 대한 적절한 비판이 이어졌다. 하지만 그는 자신에 대한 진지한 비판에 성심성의껏 대답하거나 해명하기보다는, 지나가듯 그를 힐난하는 이들의 거친 발언을 꼬투리 잡아 옳은 진중권 대 틀린 극성 페미니스트의 논쟁 구도를 만들어낸다. 가령 진중권이 비판하듯, 여성혐오 발언을 감싸준 사람은 LGBT 이슈에 대해 발언하면 안 된다는 말은 옳지 않다. 하지만 이렇게 바꿔보면 어떨까. LGBT 운동에 대한 찬동이 근본적으로 생득적인 이유로 차별받는 것에 반대하는 것이라면, 마찬가지로 생득적인 이유로 여성을 차별하고 멸시하는 이들을 결과적으로 감싼 것에 대해 인정하고 반성하는 것이 어떠냐고. 이것은 "요란하게 '-ist'를 표방하"는 근본주의자들의 극성이 아니라 자기모순을 인정하고 극복하라는 요구에 가깝다. 숟가락을 얹지 말라는 것도 같은 맥락이다. 이런 관점에서, LGBT 이슈를 브랜드처럼 사용하는 건 진중권이 비난하는 신세대가 아니라 오히려 자기모순에 빠지고도 이 이슈에 대해 발언하는 진중권 본인이다. 하지만 앞서 말했듯, 그는 자신을 향한 비판의 가장 날 선 부분보다는 거기에 붙은 욕설, 비아냥거림만 골라 싸운다. 페미니즘 운동 프로젝트인 '페페페'에서 진지하게 논박했으니 팟캐스트를 들어달라는 요구에 대해서도 거절했다. 적어도 지식인으로서 무언가에 대해 발언하고 비판하는 사람이라면, 대상의 가장 설득력 있는 측면에 맞춰 논지를 전개해야 할 도덕적 의무가 있다.

지금 논객으로서, 그리고 지식인으로서의 진중권에 대해 우려가 드는 건 이 지점이다. 사실 그는 워낙 수많은 이슈에 발을 걸쳐 싸우느라 종종 틀릴 때도 있었다. 공지영의 ‹의자놀이›에 인용된 이선옥 작가의 원문에 대한 오리지널리티를 인정하지 않는 발언이 그러했다. 그것이 지식인으로서 그의 가치를 밑바닥으로 떨어뜨리진 않는다. 항상 틀리는 사람이 있을 수는 있지만, 항상 옳은 사람은 없다. 문제는 틀렸을 때 그것을 받아들이는 방식이다. 그는 진보 논객인 한윤형의 데이트 폭력 문제가 불거지자 “진보는 여자를 때리면 안 되지만 예외적으로 맞아야 할 여지가 있다는 생각으로 패고, 보수는 모든 여자는 예외 없이 3일에 한 번은 맞아야 한다는 생각으로 팹니다”라고 말한 뒤 누군가 이것의 오독 가능성을 지적하자 “그들의 난독증은 그들 스스로 도와야 할 문제”라고 치부했다. 스스로는 진보든 보수든 남자의 폭력성을 경계하라는 메시지를 전달하고 싶었을지 모르지만, 실제로 데이트 폭력에 대한 피해자 진술이 나온 상황적 맥락에서 이 말은 진보 남성의 폭력이 그래도 조금 더 나은 것처럼 읽힐 수 있다. 이것조차 상대의 난독 문제로 치환해버리면, 남는 것은 정신승리뿐이다.

그럼에도 여전히, 진중권은 억울할지 모른다. 그가 최근 슬쩍 과거 ‹월장› 사태를 꺼낸 건 한국 남성 지식인으로서 그가 얼마나 여성 문제에 발 벗고 나섰는지 증명하고 싶어서일지 모른다. 정말이다. 여성인 노혜경 시인이 인정했듯, 그는 ‹월장› 사태 같은 궂은 싸움에 양비론을 택하지 않고 소수 여학생들의 권리를 위해 싸울 줄 아는 정말 흔치 않은 진보 남성이었다. 그로선 자신 같은 바이오그래피를 가진 이가 여성혐오 옹호자로 분류되는 것이 기가 찰지 모른다. 하지만 오히려 되묻고 싶다. 그때 그 사람은, 대체 어디 간 걸까. 과격한 태도 속에서도 논리만큼은 섬세하게 다루던 토론의 신은, 한국에서 과도한 페미니즘을 경계하는 건 헛소리라는 걸 인정할 정도로 젠더 감수성을 갖췄던 남자는, 시민운동을 별과 별자리에 비유해 설명할 줄 알던 감수성의 문장가는, 하지만 지금 보이지 않는다. 이것은 화나기에 앞서 서글픈 일이다. 과거 진중권은 합리적 근대와는 거리가 먼 한국 사회에서 지식인은 무엇을 어떻게 해야 하는지에 대한 하나의 전범이었다. 안타깝지만 그 치열한 계몽의 시도에도 불구하고 사회의 수준은 거의 그대로다. 그리고 더 안타깝게도, 그 싸움의 가장 앞에 섰던 한 지식인은 변했다. 어쩌면 세상은 한 걸음 더 퇴보했는지도 모르겠다.

+

아마 내 또래에서 글 쓰는 직업을 가진 상당수가 그러하리라 생각하는데, 대학 시절 나에게 진중권의 전투적 글쓰기는 하나의 전범이었다. 그의 글쓰기 방식을 사캐즘(sarcasm)으로만 기억하는 이들도 있지만 지금도 종종 검색해서 읽어보는 '어른이를 위한 포스트모던' 같은 글에선 대상을 논리적으로 탈탈 털어버리면서도 유려함을 잃지 않는다. 그가 항상 옳았던 건 아니지만 대중적 지식인으로서 플랫폼을 가리지 않고 한국 사회의 야만과 싸워온 과정에 대해서는 항상 감사한 마음이다. 그에 대한 비판이 단순 저격이 아닌, 그가 해왔던 생산적 논쟁의 흐름을 잇는 것이길 그때도 지금도 바란다.

# 메갈리안,<br>분노가<br>이긴다

2015
0916

#AngerWins. 온라인 연대 '메갈리아'가 최근 몇 달 동안 이룬 승전보를 온전히 전하려면 이 해시태그가 붙어야 할 것이다. 성인사이트 소라넷을 통해 공공연히 유통되던 몰래카메라 사진에 대해 지속적인 캠페인과 소라넷 자체에 대한 온라인 공격으로 해당 이슈를 뜨겁게 공론화시킨 덕에 지난 8월 워터파크 몰래카메라 사건 이후 경찰은 몰래카메라 근절 대책을 내놓았으며, 얼마 전 <맥심 코리아> 9월호에 여성 납치 범죄를 연상시키는 커버 사진이 사용되자 <맥심 코리아>와 <맥심> 본사를 지속적인 항의와 청원으로 압박해 결국 <맥심 코리아> 측의 사과문을 받아냈다. 가장 최근에는 소셜 커머스 회사 위메프와 티몬에서 초소형 몰래카메라를 판매하다가 메갈리아 회원들의 항의 및 신고에 바로 해당 판매를 중지하기도 했다. 짧은 기간 동안 벌어진 이 일련의 기록은 이렇게 요약될 수 있다. 분노가 이긴다.

참기보단 화내고, 떨기보단 화내며, 도움을 청하는 대신 화낸다. 메갈리아 홈페이지에 올라온 자타칭 메갈리안들의 글에는 사회 곳곳에서 벌어지는 여성혐오와 가해자에 대한 분노가 공공연하게 드러난다. 논리적이고 차분한 반박도 있지만 심한 막말도 많다. 많은 이들이 메갈리아의 방식에 대해 과격하다고 우려를 표하는 건 그래서다. 이러한 과격함이 오히려 여성혐오를 부추기는 잘못된 전략이라는 지적 역시 있다. 즉, 이기는 방법이 아니란 것이다. 하지만 앞서 말한 사례들이 증명하는 건, 오히려 그 반대다. 커버가 문제가 되자 <맥심 코리아>의

한 남성 에디터는 페이스북을 통해 "미화할 거였으면 소지섭을 썼겠지" 라고 비아냥댔다. 의도적으로 무시하고 회피하는 상대 앞에선 누구라도, 심지어 세상의 반수라도 '없는 사람'이 될 수밖에 없다. 이들을 제대로 된 논의의 장으로 끌어 앉히기 위해서는 말 그대로 지랄을 해서라도 깨갱하게 만드는 수밖에 없다. 메갈리아의 분노와 막말, 강력한 행동력은 선택적 방법론이 아니라 온전히 주체 대 주체로 싸울 수 있는 환경을 만들기 위한 최소한의 기본값이다. 철학자 슬라보예 지젝은 저서 ‹폭력이란 무엇인가›에서 2005년 파리 소요 사태에 대해 "폭동은 단지, 가시성을 얻기 위한 직접적 노력"이었다 말한다. 그에 따르면 "프랑스의 시민이었음에도 불구하고, 그들 스스로는 진정한 정치적 사회적 공간에서 배제되어 있다고 느"낀 시위자들은 행동을 통해 "싫든 좋든, 우리는 여기 있다. 애써 우리가 안 보이는 척해봐야 소용없다"고 발언한다. 끊임없이 '없는 사람' 취급을 당하는 존재에게 때로 과격함은 주체가 되기 위한 유일한 길이 된다. 존중은 연민이 아닌 두려움으로부터 온다.

메갈리아의 반대자들이 그들을 '여자 일베'라 칭하는 근거가 되기도 하고, 또한 그에 대한 메갈리안들의 반박 논리이기도 한 '미러링' 개념은 그래서 지금에 와선 오히려 논의를 공회전시킨다. 물론 단순한 남성혐오와 여성혐오에 대한 혐오는 맥락이 다르며 폭력의 질 역시 다르다. 하지만 실천적 차원에서 어쨌든 이것이 폭력이 될 수 있다는 건 부정할 수 없다. 누군가는 그 윤리적 빈틈을 파고들고, 또 다른 누군가는 '미러링' 개념으로 방어하지만, 사실 현재 메갈리아의 분노에 찬 남성혐오는 남성들에게 사실 너희가 하던 게 이런 것이었다는 걸 비춰주는 정적인 거울이 아니다. 그보단 우리도 너희에게 아픔과 쪽팔림을 줄 수 있는 주체라는 능동적이고 공격적인 선언에 가깝다. 이러한 능동적 주체로서의 메갈리아를 이해하기 위한 가장 좋은 예시가 여성 비하 논란을 일으켰던 팟캐스트 ‹나는 꼼수다›라는 건 아이러니한 일이다. "쫄지 마, 씨바"라는 유행어로 상징되듯, ‹나는 꼼수다›의 미덕은 제대로 된 주체로서 살아가기 위해선 상대의 덩치에 쫄지 않아야 한다는 것을 강조했다는 것이다. "씨바"라고 욕을 해서라도 나도 화낼 수 있고 나도 뒤엎을 수 있는 대상이라는 것을 보여줘야 한다. 여기에 기꺼이 동참했던 이들조차 메갈리안들이 성폭력과 몰카와 혐오가 판치는 세상으로부터 쫄지 않고 "씨바"라고 하는 것에 대해 불편하다 말하는 건, 이 세상이 여성들에겐 여전히 불균형하고 기만적이며, 앞으로 더 많은 "씨바"와 분노와 지랄이 필요하다는 걸 보여줄 뿐이다. 실제로 메갈리안은 여성을 혐오하는 '씹치남'에 대해 분노하고 그들의 '실자지'를 비웃으며 쫄지 않고 훨씬 많은 개선을 이뤄냈다.

물론 앞으로의 싸움에서도 분노만으로 이길 수 있을지는 알 수 없다. 폭력에 대한 '미러링'으로서 정당화되는 한 줌 반폭력이 아닌, 적극적이고 대등한 싸움을 위한 폭력은 결국 그 결과에 대해서도 책임을 지는 단계로 이행해야 한다. 일부 유저들의 장애인, 성소수자 비하를 메갈리아 전체의 의견으로 매도할 수 없지만, 이에 대한 내부 지적을 무조건 '찻내'(다음 카페로 대표되는 친목적인 여성 커뮤니티 분위기를 비하하는 표현)나 '자정충'이라는 말로 윽박지르고 '미러링' 개념으로 정당화하는 것도 어느새 다양한 목소리가 모이게 된 대중운동으로서의 메갈리아가 고민해야 할 부분이다. 그럼에도 과거의 수많은 싸움이 증명하는 건, 너희가 무기를 버리면 도와주겠다는 이들의 선심보단 내 손에 들린 몽둥이가 훨씬 믿을 만하다는 것이다. 분노 이후를 말하고 싶다면, 좋은 말로 해도 알아먹는 세상을 함께 만들어가는 게 우선이다. 그 가장 첫 번째 단계는 이 화난 얼굴의 아마조네스들을 더할 것도 뺄 것도 없는 온전한 주체로 받아들이는 것이어야 하지 않을까. 그들에 대한 불편한 감정이 이 사태에 대한 결과가 아닌 원인이라는 것을 인정하며.

+

이 글의 기본적인 문제의식은 이렇다. 그 자체로는 합리적 논증 대화와 거리가 먼 메갈리아의 과격한 언술은 과연 성평등이라는 목적만으로 정당화될 수 있는가? 나는 이것을 성평등을 위해 이성적 대화를 포기해도 된다는 논리가 아닌, 성불평등 때문에 이성적 대화를 위한 조건 자체가 성립되고 있지 않다는 것을 실증하는 방향으로 접근했다. 그리고 이것은 이후 페이스북 메갈리아4 페이지에서 만든 티셔츠를 구매한 성우에 대한 근거 없는 비난 때문에 그 성우의 작업물이 사라지는 과정을 통해 다시 한번 증명되었다. 하지만 여전히 많은 남성들은 이러한 공론장의 불균형을 인정하는 대신 메갈리아의 과격성과 사캐즘만을 문제 삼는다. 과연 논의가 평행선을 달리도록 만드는 이들은 누구인가.

# 아이유의 잘못, 평론가의 불성실, 대중의 선택

2015 1113

10월 23일, ‹나의 라임 오렌지나무›를 모티브로 한 'Zeze'가 수록된 아이유의 ‹CHAT-SHIRE› 앨범이 발매됐다. 당일 팬미팅에서 아이유는 'Zeze'가 밍기뉴의 시점에서 본 제제에 대한 이야기이며, 제제가 매력 있고 섹시하다고 느꼈다고 말했다. 11월 5일, ‹나의 라임 오렌지나무›의 출판사 동녘에서 'Zeze'가 소설 속 제제를 성적 대상으로 삼았다며 문제를 제기했다. 그리고 이에 동의하거나 반박하는 이들의 설전이 벌어졌다. 11월 6일, 하루 만에 아이유 측은 공식으로 사과했다. 하지만 당일 11월 6일, 포털 다음 아고라에는 'Zeze' 음원 폐기 청원이 제기됐다. 11월 10일 동녘 측 역시 자신들의 행동이 적절치 않았다고 사과했다. 하지만 여전히, 'Zeze' 논란은 진행 중이다. 과연 아이유는 정말로 소설 속 제제를 성적 대상으로 해석하고 표현한 걸까. 이것을 해석과 표현의 자유라는 프레임으로만 이야기하는 게 온당한 걸까. 여러 쟁점이 있지만 놀라울 정도로 'Zeze'를 둘러싼 논쟁은 서로의 입장 차만을 확인할 뿐 이 노래에 대한 설득력 있는 해석과 평가를 남기지 못하고 있다. 다시 텍스트로 돌아가 쟁점들을 재점검할 필요가 있다.

**1. 'Zeze'를 아동성애를 표현한 노래로 해석할 수 있나**

해석의 문제는 결국 얼마나 성실하게 해석하느냐의 문제다. 가사의 모호함을 좀 더 온전히 이해하기 위해 철저히 콘셉추얼한 앨범인 ‹CHAT-SHIRE›의 다른 곡들과의 연계 안에서 'Zeze'를 읽어낼 필요가 있는 건 그래서다. 타이틀 곡 '스물셋'에서 대중에게 소비되는 모습을 나열하며 자신에 대해 '맞혀'보라고 말하는 것처럼, 아이유는 대중이 생각하는 자신의 이미지에 의문을 던지되 그건 자신이 아니라고 말하지도 않는다. 즉, 너희가 아는 나는 진짜 내가 아니라는 식의 촌스러운 자립 선언을 하진 않는다. 너희가 날 어떻게 생각하고 있는지 나도 알고 있다. 단지 자신을 보는 이의 "까만 속마음"은 못 보는 게 아니라 단지 "충분히 피곤해"서 "보고 싶지 않"은 것뿐이다('안경'). 그는 진짜 자기 모습을 알아달라고 호소하기보다는, 그건 크게 상관없으며 다만 너희의 눈에 비춰진 내 모습을 나도 알고 있다고 대중과 자신의 관계를 재설정한다. 이것은 쇼 비즈니스 산업 안에서 만들어지는 아이유라는 3인칭 캐릭터에 대한 너도 알고 나도 아는 이야기다. 그런 면에서 'Zeze' 속 대상은 아이유가 사과문에서 밝혔듯 "가사 속 제제는 소설 내용의 모티브만을 차용한 제3의 인물", 더 정확히는 ‹CHAT-SHIRE› 속에서 역시 제3의 인물처럼 다뤄지는 아이유라는 캐릭터로 볼 수 있다. "투명한 듯해도 어딘가는 더러"운 가사 속 제제의 이중성은 "어느 쪽이게?"라고 묻는 '스물셋'의 화자와 "모두가 사랑하는 그 여자"와 "모두가 미워하는 그 여자"를 오가는 'Red Queen'의 그 여자와 겹쳐진다. 즉, 이 노래는 제제에 관한 이야기가 아니며, 가사 속 성애의 대상 역시 다섯 살 소년 제제가 아닌, 소녀이면서 또한 섹슈얼하게 소비되던 아이유라는 캐릭터로 보는 게 더 적절하다. 이런 맥락을 간과한 채 이 곡이 아동성애를 담거나 동의하고 있다고 해석하는 건 틀렸다고까지는 할 수 없더라도 너무 일차원적이다. 제제가 이 노래에 동의하고 말고는 애초에 그리 중요하지 않았다.

**2. 애초에 해석과 표현의 자유가 있다면 제제를 어떻게 다루든 문제없는 것 아닌가**

제제의 동의가 중요하지 않다고 했다. 제제에 관한 이야기가 아니기 때문이다. 하지만 그것이 제제를 마음대로 이용해도 문제가 없다는 뜻은 아니다. 조용필의 '킬리만자로의 표범'에 대해 표범의 동의를 구할 필요는 없지만, 그 유비 관계가 적절하고 문제가 없는지에 대해서는 당연히 표범뿐 아니라 누구든 의문을 제기할 수 있다. 아이유가 대중의 시선 속 자신을 표현하기 위해 왜 제제를 사용했는지에 대해서는 몇 가지 유추가 가능하다. 제제는 천진한 아이지만 또한 동녘 출판사의 소설 완역판에서 옮긴이도 인정한 것처럼 제제에겐 "작은 악마의 기질"이 있다. 그의 천진함과 악마성이라는 이중적인 모습은 정숙하고도 유혹적인 이미지로 소비되던 아이유의 그것과 흡사하다. 밍기뉴는 결국 제제의 상상의 친구, 즉 또 다른 자아라는 점에서 밍기뉴를 통해 제제 자신의 이야기를 하는 건, "무엇이 살고 있는지 알 길이 없"는 아이유라는 캐릭터를 아이유가 시침 떼고 노래하기에 좋은 장치다. 하지만 이미 많은 이들이 지적했듯 소설 속 제제는 가난함과 가족들의 폭력 및 몰이해에 상처받고 사랑에 굶주린 다섯 살 아이다. 보호받아야 하는 대상으로서의 아이가 원하는 사랑과 능동적인 성적 욕망은 같지도 비슷하지도 않으며 비교되는 것부터 문제다. 앞서 말한 몇 가지 유사성에도 불구하고, 은유를 위한 대상으로서 제제는 결코 이 노래의 테마와 어울리지 않는다. 일차적으로 이것은 실패한 은유다. 파격적일지는 모르지만, 대상에 대한 섬세한 결은 놓쳤다. 그리고 때로 어떤 대상에 대해선 얄팍하게 다뤘다는 것 자체가 윤리적인 불성실함이 되기도 한다. 대상을 새로운 의미로 활용하는 건 표현의 자유 영역이지만, 그 활용을 위해 그

대상의 나이와 상처 같은 문제들을 허투루 다루는 건 윤리적 책임의 영역이다. 'Zeze'는 윤리적으로 불편한 작품이 맞다.

**3. 아이유가 '레옹'에서 연기하는 마틸다도 미성년인데, 그땐 말이 없다가 왜 'Zeze'에서 제제를 활용하는 것에는 민감하게 구나**

둘은 비슷한 듯 전혀 다르다. 우선 원래 텍스트에서 각 캐릭터가 어떻게 활용되느냐의 문제. 적어도 영화 ‹레옹›은 미성년과 성인이 서로를 사랑하게 되는 과정과 당위를 나름 성실히 그려내려 한 작품이며, 아이유의 '레옹'은 이 모티브를 거의 그대로 차용했다. 하지만 앞서 말했듯 'Zeze'가 ‹나의 라임 오렌지나무›의 제제를 활용하는 방식은 훨씬 자의적이고 윤리적으로도 안일하다. 그다음은 나이의 문제. 마틸다와 제제 모두 미성년인 건 같지만, 소설 속에서 그게 무슨 뜻인지도 모르고 '나는 벌거벗은 여자가 좋아'라는 노래를 부르다가 아버지에게 두들겨 맞는 다섯 살 아이와, 아저씨(레옹)는 자신의 첫사랑이며 그걸 어떻게 아느냐는 레옹의 질문에 "느낄 수 있으니까"라고 자기감정의 정체를 자각하는 열두 살 아이를 같은 위치에 놓고 이야기할 수는 없다. 1번에서 확인했듯, 아이유는 이번 ‹CHAT-SHIRE› 앨범에서 자신을 정숙한 소녀이면서도 섹슈얼한 이중적 이미지로 소비하던 대중에게 자신 역시 너희의 욕망을 알고 있다고 말한다. 이것은 분명 전복적인 면이 있으며 'Zeze'의 창작 의도 역시 이 맥락 안에 있다. 하지만 그 의도를 전달하기에 제제는 적합한 은유의 대상이 아니었으며, 결과적으로 'Zeze'는 윤리적 문제가 있는 텍스트가 됐다. 'Zeze'를 ‹CHAT-SHIRE›, '레옹'과의 연계 안에서 해석하는 건 중요하지만, ‹CHAT-SHIRE› 다수 곡과 '레옹'이 유의미한 도발을 하는 작품이라 해서 'Zeze' 역시 그렇다고 말하는 건 텍스트의 디테일한 차이를 눈감은 결과다.

### 4. 'Zeze'에 대한 음원 폐기 청원은 정당한가

표현의 자유가 보장되어야 한다는 것이 작품이 윤리적 문제로부터 자유롭다는 뜻은 아니다. 하지만 비판의 자유가 있다는 것이 표현의 자유를 윤리적 대의로 억눌러도 된다는 뜻 역시 아니다. 헛소리를 할 자유와 그 헛소리를 마음껏 비판할 수 있는 공론장은 건강하고 생산적인 소통을 위한 두 가지 전제 조건이다. 음원 폐기는 이 전제를 흔드는 최악의 선택이다. 소설 ‹소원›의 소재원 작가는 CBS ‹김현정의 뉴스쇼›에서 "해석의 자유는 당연히 지켜져야" 하지만 "예술로 포장해서 대중에게 보여줬다는 것이 잘못"이며 "예술은 모든 감정을 허용해야" 하지만 "읽는 사람으로 하여금 고통을 느끼게 해서는 안"된다며 음원 폐기를 요청했다. 이것을 한 창작자의 예술론이자 직업윤리로 받아들일 수는 있다. 하지만 철학자 조지 디키가 1984년 저서 ‹예술사회›에서 이미 지적한 것처럼 고래부터 지금까지 예술로 분류되는 모든 텍스트를 아우르는 본질적인 공통점은 없으며, 결국 무언가를 예술로 받아들이거나 받아들이지 않는 건 제도와 시장이다. 어떤 작품이 예술이냐 아니냐는 것은 한 창작자의 작품 윤리가 아닌 공론장 안에서 판별되어야 할 문제이고, 음원 폐기는 아예 그 기회를 박탈하겠다는 것이다. 이것을 윤리적인 문제가 있느냐 없느냐의 문제로 접근해도 마찬가지다. 소재원 작가는 "노래 듣는 사람으로 하여금 아동학대를 떠올리게 할 수도 있고 아동 성범죄를 떠올리게 만들었"다는 점에서 'Zeze'의 윤리성을 문제 삼았다. 하지만 전체 앨범이라는 콘텍스트 안에서 파악할 때 'Zeze' 속 대상을 아이유 말대로 "소설 내용의 모티브만을 차용한 제3의 인물"로 받아들이는 것도 분명 가능하다. 어떤 해석이 더 근거 있는지를 결정하는 것은 자유롭고 치열한 공론장이지, 한 창작자의 창작 윤리가 아니다. 소비자로서 음원을 불매하거나 불매 운동을 벌일 수는 있겠지만, 다른 대중이 해당 작품을 듣고 판단할 권리를 뺏는 건 다분히 전체주의적이다. 적어도 스스로 예술을 한다고 믿는 창작자가 할 말은 아니다.

**5. 우리는 'Zeze'에 대해 어떤 입장을 취해야 하는가**

이 이슈는 처음부터 입장의 문제였다. 원작 소설을 출간한 동녘 출판사는 원전의 권위로서 아이유에 반대하는 입장을 냈으며, 허지웅을 비롯한 몇몇 평론가들은 해석의 자유를 들어 아이유를 옹호했다. 하지만 여기에서 'Zeze'라는 텍스트는 놀라울 정도로 쏙 빠져 있다. 가령 동녘 출판사는 'Zeze'의 가사가 어떤 맥락에서 나왔는지 분석하기보다는 소설 속 제제를 왜곡했다고 성급히 판단해, 원전의 권위를 대행하려 했다. 소재원 작가 역시 "성범죄 아동, 피해 아이들을 직접적으로 보게 되면 절대 그런 표현을 쓸 수가 없"다고 감정적으로 호소할 뿐 '그런 표현'의 정확히 어떤 부분이 성범죄를 암시하거나 옹호하는지 제대로 증명하지 않는다. 이런 불성실함은 해석의 자유라는 원론적인 담론으로 아이유를 옹호한 이들에게도 적용된다. 허지웅은 ‹김현정의 뉴스쇼›에서 ‹CHAT-SHIRE› 앨범 재킷에서 제제가 신은 망사스타킹에 대해 "망사스타킹을 보고 양파망을 떠올린다"고 말했다. 해석이 얼마나 다양할 수 있느냐에 대한 재치 있는 농담이라 해도, 대상을 제대로 해석하겠다고 마음먹은 평론가 입에서 나올 해석은 아니다. 이건 해석이 아니라 자유 연상에 가깝다. 명백히 성적 코드가 담긴 가사가 나오고, 머리가 아닌 다리에 망사스타킹이 신겨졌다면 섹슈얼한 캐릭터를 표현하기 위해 제제를 활용했다고 보는 게 적절하다. 매체는 어떤가. ‹디스패치›는 “상상은 금기를 넘어설 수 없다”고 아이유를 비판했지만, 정확히 아이유가 무엇을 상상했는지 텍스트 내부로 들어가 분석하기보다는 여러 평론가들의 말을 빌려 아이유가 제제를 성적으로 대상화했다는 입장만을 반복했다. 지금 아이유와 ‘Zeze’를 둘러싼 논쟁은 그 뜨거움에 비해 놀라울 정도로 공허하다. 그리고 이것은 작사가로서 아이유가 보인 안일함과 매우 흡사하다. 아이유가 자신이 말하고자 하는 바를 위해 소설 속 제제를 맥거핀처럼 이용했다면, 아이유에 대해 말하는 평론가와 작가, 혹은 글을 업으로 하는 사람들 다수도 자신들이 평소 옹호하던 담론을 말하기 위해 아이유를 활용했다. 창작자와 비평가 모두 불성실했다. 그중 불성실한 창작자는 사과라도 했다. 그럼 다시 처음으로 돌아가, 우리는 ‘Zeze’에 대해 어떤 입장을 취해야 하는가. 과연 성실하게 해석할 대상으로 대하긴 했는가. 사실 이것은 입장의 문제 이전에 해석의 문제여야 했다. 지금 필요한 건 논쟁의 종언이 아니라 제대로 된 논쟁의 시작이다.

\+

3번에 대해서는 생각이 조금 변한 부분이 있다. ‘레옹’과 ‘Zeze’가 비슷한 듯 전혀 다른 텍스트라는 생각은 변함이 없지만, ‘Zeze’와 달리 ‘레옹’은 문제가 없다고 말할 수 있는가, 라는 의구심이 이젠 생겼다. 즉, ‘Zeze’만큼은 아닐지언정 성인인 아이유의 몸을 통해 마틸다를 좀 더 섹슈얼하게 재구성한 ‘레옹’의 무대를 그저 영화 ‹레옹›의 내용만으로 옹호할 수 있는가, 라는 질문이다. 솔직히 말하면 지금은 소녀와 킬러의 순수한 사랑이라는 〈레옹〉의 테마에 대해서도 의문이지만. '레옹'을 근거삼아 'Zeze'를 옹호하는 이들을 논박하기 위해 쓴 파트이지만 더 나아갈 수도 있지 않았을까, 라는 아쉬움이 남는다.

# 문명인이 됩시다

2016
0105

지난해 12월 말, 온라인 게임 ‹문명 온라인›에선 현대 시대가 업데이트되었다. 헬기와 탱크 같은 현대적 탈것과 핵미사일 등의 무기, 그리고 로켓 제조 같은 과학 기술이 추가되었지만, 그것들만이 추가된 세계를 제목 그대로 현대적 '문명(civilization)'이라 부르긴 어려울 것이다. 물론 이 전략시뮬레이션 게임엔 잘못이 없다. 재밌는 건, 오직 문물만이 업데이트된 게임 속 세계가 지금 이곳의 풍경에 대한 은유처럼 보인다는 것이다. 바로 그 12월 한 달 동안 한국에서는 여당의 유력한 차기 대권 주자가 흑인 유학생의 피부색을 연탄과 비교했고, SBS ‹그것이 알고 싶다›의 소라넷 고발에 대해 "(만취 강간은) 여자 책임이 90% 이상"이라는 따위의 주장이 시청자 게시판에 달렸으며, 외교부는 피해자들과의 제대로 된 협의 과정 없이 일본 측과 위안부 과거사 협상을 타결했고, 사고 1년 8개월 만에 열린 세월호 청문회는 지상파 뉴스의 외면을 받았다. 21세기 문명사회라고 자신 있게 말하기에, 2016년 새해를 맞는 한국의 풍경엔 여전히 많은 야만의 흔적이 존재한다.

계몽이라는, 케케묵어 보이는 기획을 희망의 새해를 위한 화두로 꺼내 드는 건 이 때문이다. 앞서의 사례들을 뭉뚱그려, 한국은 미개한 나라다, 라는 식의 과격하고 자기만족적인 주장을 하려는 건 아니다. 각각의 사례들이 갖는 층위는 조금씩 다르다. 가령 위안부 협상 문제는 사회의 잘못이라기보다는 국가의 잘못이다. 다만 과거사 문제는 "한·일 양국 관계의 새로운 출발을 위한 전기"(윤병세 외교부 장관)보단 피해자 동의가 최우선이라는 원칙이 어느 정도 강제력을 가질 만큼 사회적으로 공유되었다면, 이런 졸속 외교가 가능할 것이냐는 질문을 던질 수 있다. 마찬가지로 연탄 발언은 김무성 개인의 부덕함 때문일 수 있지만, 유력한 여권 인사라도 인종차별적 발언을 하면 정치 인생이 끝날 수 있다는 사회적 경험 혹은 합의가 있었다면 그런 일이 쉽게 벌어지진 못했을 것이다. 무식한 말로는 김무성을 능가하는 미국의 도널드 트럼프도 공화당 대선 후보 경선 1위를 달리지만, 적어도 이에 대해 당 지도부는 대선 패배를 걱정하며 곤혹스러운 표정이라도 짓는다. 현대라는 말에 어울릴 만한 문명사회란 합리적이면서 윤리적으로도 건전한 명제들이 촘촘히 공유되고 이를 근거 삼아 진행되는 소통의 토대에서 건설된다. 이러한 기반 작업을 우리는 계몽이라 부른다.

이것은 2015년의 시대정신이라 해도 좋을 '헬조선' 담론과는 궤를 조금 달리한다. '헬조선'에 대한 불만은 크게는 무너진 사회적 안전망과 구조적 모순에 대한 불신으로 요약된다. 철학자 위르겐 하버마스는 사회를 권력과 화폐 같은 매체를 통해 조정이 이루어지는 '시스템'(보통 '체계'로 번역되지만 일반적인 맥락에선 '시스템'이란 표현이 더 이해가 쉬울 것이다)과, 언어적 의사소통을 통해서 조정이 이루어지는 '생활세계'로 구분하는데, '헬조선' 담론은 말하자면 시스템의 오류에 대한 것이다. 이것은 개인의 노력으로 바뀌기엔 요원하기에 무기력으로 이어진다. 생활세계 개선을 목표로 한 계몽이 중요한 건 이 지점이다. 광장에 모여 요구사항을 외치는 시민들을 차벽으로 가두고 물대포를 쏘는 건 비민주적인 권력이지만, 여기에는 사안을 성실하게 검토하는 대신 여기가 싫으면 북한으로 꺼지라고 말하는 또 다른 동료 시민들의 지지가 깔려 있다. 한국이 계몽이 필요한 사회인 건, 단순히 불의가 많아서가 아니라 이것이 왜 불의인지 설명하는 데 너무 많은 리소스가 들기 때문이다. 하지만 계몽을 통해 개개인들이 명확한 근거와 논증적 대화를 통해 상호 이해에 도달할 수 있다면 적어도 생활세계는 개선될 수 있다. 이것은 다시금 개개인의 '노오력'에 책임을 돌리려는 게 아니다. 그보다는 개인의 노력들이 모여 유의미한 개선으로 이어질 수 있는 메커니즘을 복원해보자는 것이다.

물론 계몽이 필요하다는 것과 계몽이 가능하다는 것은 전혀 다른 문제다. 한국인의 문해력에 대한 비판이 잘못된 통계에 근거하고 있다는 의미 있는 지적에도 불구하고, 지난 한 해 동안 사회적 병리의 원인을 문해력에서 찾는 이들이 많았던 건 곱씹어볼 만한 부분이다. 앞서 언급한 사례 중 소라넷 사건에 대한 상당수 남성들의 반응은 제대로 된 의사소통행위와는 거리가 멀다. 한국 남성 4%가 소라넷을 보니 한국 남성들을 만나는 게 두렵다는 여성들에게 왜 일반화의 오류에 빠지냐고 반박하는 건, 강간모의와 몰래카메라에 문제의식을 느끼지 못하는 남성을 25명 중 1명꼴로 만난다는 것의 위험성을 외면할 때 가능한 이야기다. 논리적인 척하지만 조금도 논리적이지 않은 이런 해석과 발언이 쉽게 통용되는 한, 서로 합의 가능한 보편적인 준칙들을 세우는 건 요원하다. 그렇다면 실천적 차원에서 계몽은 어떻게 가능한가.

지금 이 기사 같은 시도들이 작은 노력의 시작이라고 말할 수 있을 것이다. 2000년대 초반 미학자 진중권은 '어른이를 위한 포스트모던'이라는 탁월한 글에서 "대중의 정치적 지향성을 언어로 분절화하여 여론으로 제시하는" 역할의 중요성에 대해 말한 바 있는데, 기본적으로 생활세계가 아직 충분히 근대화되지 않은 사회에서 이 역할은 지식인과 언론의 것이다. 이것은 자아도취가 아닌 사회적 분업의 문제다. 생업에 바쁜 이들을 대신해 성실하게 담론을 구성하고 역동적인 공론장을 여는 것. 하지만 세월호 청문회를 외면하는 지상파 방송과 광장에 나선 시민들을 폭도로 매도하며 공권력의 엄혹한 대응을 주문하는 종합편성채널들의 모습에서 볼 수 있듯 현재는 이 역시 쉽지 않다. 그럼에도, 아니 그렇기에 고루해 보이는 계몽의 유효성과 언론의 책무를 다시 말하는 것이다. 새해에는 우리 모두 문명인이 되자고, 그렇게 제대로 된 문명사회에서 살아보자고. 그러니 모두들 새해 복 많이 받으시라. 그리고 그만큼 이성의 세례도 많이 받으시라.

+

호응도 컸지만 반발도 컸던 기획이었다. 의외로 많은 이들이 문명과 계몽이라는 단어로부터 세상을 문명과 미개로 나누는 식민주의의 함의를 읽어냈다. 그리고 또한 함께 나왔던 문명인 에티켓 관련 기획을 좋아했던 이들 중 또 상당수는 이 슬로건을 기본을 지키자, 정도로 받아들였다. 이 부분에 대해선 조금은 해명해야 할 것 같다. 굳이 하버마스를 인용하기도 했지만, 내가 말한 계몽은 이광수의 민족개조론처럼 이 미개한 조국을 개조하자는 게 아니라, 옳고 그름을 합의할 수 있는 최소한의 의사소통적 합리성을 복구하자는 의미였다. 나는 공공선에 대한 합의와 각자의 의견을 폭력 없이 조율할 수 있는 합리적 대화모델 없이 세상의 개선과 진보가 가능할 수 없다고 믿으며, 그런 규칙을 내면화하는 것에 대해 계몽보다 좋은 단어를 찾지 못하겠다.

# 〈장도리〉와 〈본격 시사인 만화〉, '헬조선'의 독자를 위하여

2016 0105

박순찬 작가가 시사만화 〈장도리〉의 2014~2015년 연재분을 모아 최근 발매한 단행본의 이름은 〈헬조선에 장도리를 던져라〉다. 단행본 서문에서 박근혜 정권에 대해 "고문실과 같은 헬조선"이라 비판한 작가는 작품 안에서도 집권 2년 축하 생일 촛불을 부러진 빈자와 활활 타는 부자로 묘사하거나('2년'), 박근혜 대통령의 통치를 '불리할 땐 유체이탈, 평소엔 중앙선 이탈(역주행)'('이탈')이라 짧고도 굵게 꼬집는다. 개선의 희망이 보이지 않는 '헬조선'의 풍경 앞에서 20년 차 시사만화가는 그 어느 때보다 공격적이다. 하지만 역시 동시대 가장 주목받는 또 한 명의 시사만화가인 굽시니스트는 〈본격 시사인 만화〉(이하 〈시사인 만화〉)에서 '헬조선' 담론을 패러디해 '헤븐조선 쩌네!!!!!'라는 에피소드를 그렸다. 묻지 마 해고, 그리고 상속 및 증여세 완화가 어떤 논리적 허점이 있는지 밝히며 가려운 곳을 긁어주던 작가는 막판에 "월급을 과하게 많이 받고 (중략) 물려줄 재산이 좀 있는 사람들이 국민 과반수라니 '헤븐조선' 쩌네"라며 이야기를 한 번 더 비튼다. 두 작품 모두 탁월한 풍자를 보여주지만 〈장도리〉의 풍자가 권력에 대한 효율적인 타격으로 기능하는 것과 달리 〈시사인 만화〉의 풍자는 좀 더 넓은 범위의 사회적 부조리까지 희화화한다. 이것은 '헬조선'의 시대를 견뎌내는 이들을 위한 시사만화의 두 가지 방식이라고 할 수도 있을 것이다.

여기에 우열은 없다. 서로 다른 우선순위가 있을 뿐이다. 박순찬 작가는 2013년 〈씨네21〉이 주선한 굽시니스트와의 대담에서 "남들이 바쁘게 직장을 다니느라 여유 있게 생각하지 못하는 걸 만화가가 놀면서 관찰하고 발굴해서 그리는 재미"가 이명박-박근혜 정권 들어 "한가한 소리"가 됐다고 말한다. 정권이 저지르는 패악이 세상 문제의 전부는 아닐지 모른다. 하지만 이토록 심각한 문제 앞에서 다른 데 눈을 돌리는 건 실천적으로 무책임한 일이 될 수 있다. 공약 파기, 세월호, 메르스 사태, 시위 강경 진압 등 쉬지 않고 업데이트되는 '헬조선'의 풍경을 묘사하고 비판하느라 주인공 장도리가 못 나온 지도 오래다. 네 컷 안에 효율적으로 메시지를 담아내야 하는 〈장도리〉는 적어도 지난 1~2년 동안엔 99% 사람들의 울분을 자극하는 데 집중했다. 비판의 타당함과는 별개로 이는 명백히 선동적이다. 다시 말해 〈장도리〉는 독자들이 분노로써 행동하길 요구한다. 이것이 세상을 개선하는 시사만화의 책무를 위해 〈장도리〉가 선택한 길이다. 물론 짧고 분명한 메시지와 선동은 실천 영역에서 상당한 효과가 있지만, 자칫 문제를 단순화하거나 수단의 절차적 정당성을 놓칠 수 있다. 박순찬 작가도 인정한 신세대 시사만화가 굽시니스트의 〈시사인 만화〉가 〈장도리〉의 실천에 대한 일종의 보완이 될 수 있는 건 이 지점이다.

소위 '약을 빨았다'는 이야기를 종종 듣는 굽시니스트의 세계는 〈고바우 영감〉이나 〈왈순아지매〉, 〈장도리〉로 이어지는 정통 시사만화의 그것보다는 오히려 동 세대 '병맛' 개그만화가들, 특히 〈불암콩콩코믹스〉 최의민의 패러디 개그에 더 가까워 보인다. 롯데 자이언츠의 플레이오프 진출 실패를 그리며 〈드래곤볼〉부터 김성모 만화, 영화 〈쏘우〉까지 무작위로 패러디하는 〈불암콩콩코믹스〉처럼 〈시사인 만화〉 역시 박근혜 대통령의 고집 센 행보를 놀리기 위해 만화 〈중2병이라도 사랑이 하고 싶어〉를 패러디하는 등 무수히 많은 서브컬처 텍스트를 가져온다. 스스로는 앞서의 대담에서 "소스가 되는 만화를 그려야지 저처럼 소스에 기생해서 살면 안 됩니다"라고 했지만, 상상도 못 했던 소스들을 이어붙이며 만들어낸 '병맛'의 정서야말로 <시사인 만화>의 강력한 무기다. '헬조선'의 요지경 풍경은 조금만 비틀어 들여다보면 훌륭한 '병맛' 만화가 될 수 있다. 이것이 굽시니스트가 이 세계를 비추는 방식이다. 얼마 전 <스타워즈>를 패러디하며 다시 한번 그의 팬덤을 열광시켰던 '시사워즈: 새로운 폭망'은 박근혜의 독재자적인 면모와 문재인, 안철수의 대립과 분열, 호남 인사들의 속셈 등을 제목 그대로 '폭망'의 풍경으로 그려 넣었다. 같은 <스타워즈>를 패러디해도 다스베이더 박정희의 습성을 그대로 따르는 박근혜를 비판하는 <장도리>와 비교해 훨씬 코믹하되 비판의 범위는 더 넓고 더 자조적이다. 아마도 이것은 박순찬 작가보다 젊은 세대가 '헬조선'에서 체화한 태도일 것이다. 다만 굽시니스트는 독자에게 자조할 수밖에 없는 풍경을 대면시키면서도 웃을 수 있게 해준다. 당장 이 문제들의 실타래를 하나하나 다 풀어내는 건 요원하지만, 그럼에도 웃음으로 이겨내며 이 상황들을 어느 정도 직시할 수 있다. 이것은 <장도리>의 선동에 대한 부정이 아니다. <장도리>가 싸움에 대한 의지를 자극한다면, <시사인 만화>는 우리가 수시로 경험하는 작은 패배나 실망스러운 장면들에 쉽게 나가떨어지지 않게 그것들을 희화화한다. 이겨내는 것과 견뎌내는 건 상호보완적이다.

그래서 '헬조선'을 사는 이들에게 <장도리>와 <시사인 만화>는 함께 읽으면 더 좋을 텍스트다. 정치적으로 올바른 작품을 읽는다고 세상이 변하진 않는다. 중요한 건 읽는 나 자신이다. 이 두 시사만화는 독자가 자신의 올바름을 확인하고 쉽게 자기 만족하도록 두기보다는, 실천적 영향력을 발휘한다. 분노와 웃음의 이중주를 통해 우리는 부조리한 세상을 비판적으로 바라보는 동시에 그 안에서 사는 스스로에 대한 자기혐오를 거둬낼 수 있다. 다시 말하지만, 시사만화를 본다고 세상이 달라지진 않는다. 하지만 쉽게 바뀌지 않을 지난하고 비대칭적인 싸움에서 가장 중요한 건 지치지 않고 맞서는 결기와 맷집이다. 그런 면에서 ‹장도리›와 ‹시사인 만화›는 '헬조선'을 개선하길 바라는 이들에게 더할 나위 없는 파트너다. 그러니 부디, 두 작품도 함께 더 오래 버텨주길.

+

부조리한 사회에서 부조리함의 원인을 제대로 보고 분노할 줄 아는 것, 그럼에도 웃음을 잃지 않고 부조리함을 견뎌낼 수 있는 것, 이 두 가지의 상보성은 꼭 시사만화에만 해당하는 이야기는 아닐 것이다.

# 인디 음악계는 왜 여성을 존중하지 않나

2016 0411

우선 밴드 중식이 이야기부터. 지난 4월 1일, 중식이의 리더 정중식은 가사 속 여성혐오 논란에 대해 해명하는 블로그 포스팅을 올렸다. 논란에 대해 "피해의식 있는 여자들이겠거니" 생각했다는 무신경함과 본인은 "여자 친구를 엄청 좋아"하기 때문에 여성혐오는 아닌 것 같다는 빈약한 논리는 오히려 더 큰 반발을 불러일으켰다. 3월엔 쏜애플의 윤성현이 친구와의 사담에서 여성 뮤지션 음악에 대해 "자궁 냄새"라고 말했던 것이 뒤늦게 밝혀져 문제가 되었다. 그보다 조금 전엔 인디 레이블 붕가붕가레코드의 포토그래퍼 조립이 데이트 폭력을 휘두른 것이 밝혀져 레이블 측이 결별을 선언했다. 이 모든 게 한 달 사이 인디 음악계에서 벌어진 일이다. 하지만 이것을 최근에 생긴 잘못된 경향으로 보는 건 오히려 문제를 축소한다. 시계를 조금만 더 뒤로 돌려보자. 2013년 밤섬해적단의 권용만은 밴드 쾅프로그램을 소개하며 "최태현이 다리 구르는 것만 바라보는 20, 30대 여성 호구들"이라는 표현을 썼으며, 검정치마는 2011년 발표한 ‹음악하는 여자›에서 "나는 음악하는 여자는 징그러. 시집이나 보면서 뒹굴어 아가씨"라고 했다. 인디 신에서의 젠더 감수성 결여는 결코 최근의 현상이 아니다. 이미 존재했지만 문제 삼지 않았던 것뿐이다.

물론 "남자로 태어났으면 밥상 한번 엎어봐야" 한다는 말이 지상파에 버젓이 나오는 한국에서 유독 인디 신만 젠더 의식이 부족하다고 말할 수는 없다. "어디에서나 벌어지고 있는 성차별적인 인식이 여기서도 비슷한 수준으로 존재하는 게 드러난 것 아닌가 싶다"는 밴드 못의 보컬 이이언의 말처럼, 앞의 사례는 한국 사회의 평균치에 가까운 편이다. 여기에 붕가붕가레코드 고건혁 대표가 지적하듯 "남성 뮤지션이 다수인 남초 사회"로서 음악에 대한 담론까지 남성 중심적으로 만들어지며 여성은 더욱 타자화된다. 가령 음악평론가 김작가는 2011년 야광토끼 1집에 대해 "최근 여성 싱어송라이터의 음악, 하면 어떤 정형이 형성됐다. (중략) 음악의 여러 축 중 서정과 달콤함의 좌표에 방점을 찍는다. 야광토끼는 이런 흐름과는 차별화된 음악을, 모범적으로 들려준다"고 평한 바 있다. 비슷하게, 윤성현의 발언에서 그나마 여성 뮤지션 중 괜찮다고 언급된 가수 오지은은 말한다. "타루, 요조 등이 홍대에 등장해 달달한 음악으로 주목받았을 때 그들의 음악에 많은 이가 공감하고 이 신의 팬이 되었음에도, 마치 그들이 음악을 망친다는 식으로 말하는 이들이 있었다. 그것이 여성혐오다. 나에게는 마치 명예 남성을 수여하듯 '너는 그들(다른 여성 뮤지션) 같지 않아서 좋다'는 말을 칭찬이랍시고 했다. 소위 여성적인 음악을 폄하하는 시선이야말로 여성혐오 아닌가." 앞서 말한 검정치마의 ‹음악하는 여자›에서 조휴일은 노래한다. "너의 신음 섞인 목소리가 난 너무 거슬려."

이처럼 인디 신의 기저에 깔린 남성 중심적 태도는 인디의 솔직함이라는 애티튜드와 함께 창작물의 형태로 대중을 향해 발화된다. 중식이의 '야동을 보다가'에는 옛 애인이 나오는 '야동'을 보고 자기연민에 빠진 남자 화자가 등장한다. 이것은 화자의 어리석음이나 '찌질함'을 투명하게 재현하는 가사가 아니다. 옛 애인이 '야동'의 주인공이 되어 유통되는 상황에서 끔찍함을 느낄 수 없다면 못난 놈이 아니라 못된 놈이다. '야동을 보다가'의 가사는 화자의 '찌질함'을 솔직하게 드러낸 것이 아니라, 윤리적 장애를 '찌질함'으로 인식하거나 포장하는 창작자를 솔직하게 드러낸 것에 가깝다. 정도는 훨씬 덜하지만 십센치의 경우, 'Fine thank you and you?'의 화자는 헤어진 애인을 그리워하며 "너의 얘길 들었어. 넌 벌써 30평에 사는구나. 난 매일 라면만 먹어. (중략) 좋은 차를 샀더라. 네가 버릇처럼 말한 비싼 차"라고 말한다. 역시 '찌질한' 남자의 자기연민을 드러내기 위해 허영심 많은 여성이라는 스테레오타입이 고민 없이 사용된다. 불쌍한 자기 자신에 취해 자신이 누군가를 타자화하고 편견을 고착화했다는 것을 인식하지 못한다면, 자기연민도 폭력이다.

이처럼 솔직한 여성 멸시의 전시를 제어하기엔, 소속 레이블 역시 젠더 이슈에 둔감하고 리스크 관리도 능숙하지 못하다. 윤성현은 본인의 트위터를 통해 "자궁 냄새"라는 표현을 썼다는 걸 인정하면서도 그것이 결코 비하의 의미가 아니었다는 것을 "분리 불안"이라는 용어까지 써가며 항변했다. 그것이 진심이라 해도, 창작자로서의 본인이 일상 차원의 소통이 가능한 사회적 주체는 아니라는 것을 밝힌 셈이다. "20, 30대 여성 호구들"이란 표현을 쓴 것에 대해 해명하며 음악으로 먹고사는 것에 대한 본인의 고민을 토로하고 "우리 모두는 누군가의 호구"라며 퉁친 궤변만도 마찬가지다. 대중과 의사소통하기에 예술가의 자의식은 너무 비대하며 언어 사용도 자의적이다. 메인스트림에서는 그것을 회사가 보완 혹은 해결해준다. 하지만 윤성현의 소속사인 해피로봇은 그의 언어가 사회적 맥락에서 얼마나 폭력적인 것인지 통렬히 반성하기보단, 창작자 윤성현의 편에서 그의 의도를 설명하느라 애썼다. 소속 가수와의 의리는 챙겼을지 모르지만, 리스크 관리 차원에서는 엉망이다.

사안의 심각성에도 불구하고, 조립의 데이트 폭력에 대한 붕가붕가레코드의 신속한 대응이 고무적인 건 그래서다. 붕가붕가 측은 해당 문제가 불거지자 새벽에 내부 의견을 모은 뒤 “분명한 폭력이라 판단했으며 이 판단만으로도 앞으로 붕가붕가레코드의 일원으로서 함께할 수 없다”고 입장을 표명했다. “여론의 압박 이전에 젠더 이슈는 상당히 중요하게 생각한다”는 고건혁 대표의 말은 여성 소비자의 영향력이 절대적인 인디 신에서 윤리적으로도, 또한 비즈니스적으로도 경청할 필요가 있다. 마찬가지로 “못 단독 공연을 하면서 다른 멤버들에게 멘트할 때 여성·장애인·성소수자 비하는 절대 하지 말라고 신신당부했다”는 이이언의 사례도 공유할 필요가 있다. 과연 최근 불거진 젠더 이슈는 인디 신의 남성 중심적 담론에 유의미한 변화를 이끌어낼 수 있을까. 불미스러운 일을 통해서야 배움을 얻는 건 슬픈 일이지만, 불미스러운 일을 통해서도 배우지 못한다면 화나는 일이다.

+

이 기사가 릴리스된 당일, 한 회사 대표에게서 전화가 왔다. 길고 긴 억울함의 토로가 이어졌고, 그는 모든 이슈를 남녀 문제로 치환하는 SNS의 여론몰이에 대해 불만을 표했다. 그의 말을 들으며 과거 은희경 소설에서 읽은 구절이 떠올랐다. 문제가 없다는 말은 문제 삼지 않겠다는 뜻이라는. 젠더 문제가 없던 걸 SNS에서 문제로 만든 게 아니라 그동안 문제 삼지 않았던 걸 이제야 지적하는 것이라는 사실을 여전히 인정하지 않는 이들이 있다. 정작 그들이야말로 SNS만 보고 실제 세계에서 벌어지는 수많은 여성혐오와 차별적 요소를 무시하고 있지 않나. 부디 억울함과 자기연민을 극복하고 고개를 들어 현실을 보길.

# 평양냉면이라는 권력

2016 0627

이번만큼은 전현무가 억울할 만하다. 지난 6월 1일 방영한 tvN 〈수요미식회〉 '평양냉면 2탄' 방송에서 '함흥냉면파'를 자처하는 그는 이럴 거면 함흥냉면에 대해서도 2탄을 만들어달라고 요청했지만, 맛 칼럼니스트 황교익에게 "할 게 뭐 있다고 2탄을 해요. 다 비슷비슷한 맛인데"라는 핀잔을 들었다. 방송의 재미를 위한 어느 정도의 역할극일 수 있다. 하지만 미식의 즐거움을 표방하는 프로그램에서 엄연히 많은 이들의 사랑을 받는 전통음식을 폄하하는 것은 이해하기 어려운 일이다. 아마 평양냉면이 주제이니 가능했을 것이다. 평양냉면을 기준으로 남의 취향을 깎아내리는 건 그보다 전인 5월 21일 자 〈조선일보〉에서도 확인할 수 있다. 해당 매체의 한현우 기자는 '냉면 예찬'이라는 글에서 "다시는 젊은 후배들과 평양냉면을 먹으러 가지 않을 것이다. 미각(味覺)만 아직 미성년에 머물러 있는 그들"이라며 한탄했다(그래도 그는 함흥냉면에 대해선 존중했다). 이런 평양냉면에 대한 자부심은 6월 11일에 방영한 O'live 〈2016 테이스티 로드〉에서 폭발한다. 게스트로 나와 평양냉면을 소개한 래퍼 딘딘과 그가 속한 '평사모' 회원들은 MC인 김민정과 유라에게 "비빔냉면은 냉면의 배신"(딘딘), "식초를 치다니 되게 실망이다"(임상혁 프로듀서)라고 훈계했다. 만든 사람은 냉면집 주인인데 왜 본인들이 잘난 척하는지는 모르겠지만, 평양냉면을 좋아한다는 건 종종 당사자들에겐 자부심의 근거가 된다.

수많은 별미 중에서도 평양냉면이 유독 대단한 음식이라고 내세우는 근거는 다들 대략 비슷하다. 〈수요미식회〉에서 황교익은 평양냉면에 대해 "감각을 집중해서 먹어야 하는 맛"이라고 말한다. 처음 먹을 땐 싱겁지만 익숙해질수록 시원함과 감칠맛이 느껴지는 평양냉면 육수 특유의 맛 때문이다. "냉면을 먹으며 이 맛이 무엇인지 알 수 있는 한국인임이 자랑스러울 지경"이라는 한현우의 말도 비슷한 맥락이다. 하여 황교익은 자신 있게 말한다. "경지에 올라야 아는 맛"이라고. 평양냉면의 맛이 미묘한 디테일에 있는 건 사실이지만 그것이 맛의 우위를 나누는 이유라면 미식의 최고 경지는 맹물에서 맛을 구분해내는 워터 소믈리에일 것이다. 맛있을까? 해당 방송들에서 강조한 세 번 네 번 먹어야 아는 맛이라는 것도 마찬가지다. 평양냉면에 익숙해지기 위해 경험이 필요한 건 사실이다. 하지만 까르보나라도 처음 먹으면 고소함 대신 느끼함만 느끼기 십상이다. 보통 이 경우 까르보나라가 입맛에 맞지 않는다고 말한다. 반면 평양냉면을 맛없다고 하는 것에 대해선 맛을 모른다고 한다. 음식 취향의 문제는 유독 평양냉면의 경우에만 아는 것과 모르는 것의 문제가 된다. 이것을 가능하게 하는 건, 권력이다.

앞서 말한 세 가지 사례에서 평양냉면만 지우면 흥미롭게도 일상에서 흔히 볼 수 있는 권력의 비대칭 구도를 확인할 수 있다. 〈수요미식회〉에서 황교익은 전문가의 권위로 전현무의 미각을 폄하했다. 〈조선일보〉 칼럼에서 한현우는 선배로서 젊은 후배들의 미각을 미성숙하다 평했다. 〈2016 테이스티 로드〉에서 딘딘과 남성들로만 이뤄진 '평사모' 회원들이 미식 프로그램 진행자로서 여러 맛집을 돌아다니는 두 여성 MC를 가르치는 건 전형적인 '맨스플레인' 상황이다. 딘딘은 MC들과의 첫 만남부터 말한다. "평양냉면을 안 드셔보셨을 거예요. 먹어봤어도 맛을 모르고 먹었거나." 상당수 평양냉면 마니아들이 그러하듯, 이들은 평양냉면에 맛을 못 느끼거나 식초나 겨자를 치는 것에 마치 본인이 모욕당한 듯 화를 내지만, 사실 정말로 자존심에 상처를 입은 건 평양냉면이 아니라 그들 본인이다. 내가 좋아하고 옳다고 믿는 룰을 지키지 않는 것에 대한 분노. 만나던 여자가 냉면을 안 먹어서 안 만나겠다고 선언했다던 '평사모' 회원 래퍼 빅트레이의 사연처럼, 이것은 이미 맛의 문제가 아니다.

미술사학자인 유홍준 교수는 1999년 〈중앙일보〉에서 연재한 '나의 북한문화유산답사기'에서 평양냉면의 원조 옥류관에서 직접 들은 냉면 먹는 법을 소개한다. "먼저 식초를 꾸미에다만 뿌리고, 간장은 국수오리(사리)에 치며, 겨자는 국물로 푼다. 그리고 꾸미를 살살 무너뜨려 넓게 퍼지게 한 다음 국수오리를 뒤집으면서 저어야 한다." 원조의 맛, 고유의 맛이 꼭 더 낫다는 법도 없지만, 정작 배타적인 평양냉면 마니아들이 지키는 것은 원조가 아니라 자신들이 믿는 하나의 이데아일 뿐이다. 맑은 육수와 순도 높은 메밀로 이뤄진 순수한 이데아. 그렇기에 식초나 겨자를 치는 건 취향의 가미가 아니라 오염이며, 평양냉면이 아닌 비빔냉면이나 함흥냉면은 그 자체로 '비(非)-냉면'이 된다. 심지어 황교익은 살얼음 육수가 나온다는 것만으로 을밀대의 평양냉면을 냉면으로 볼 수 없다고도 했다. 이 기시감 느껴지는 배타성은 평양냉면의 문제가 아닌 동시에 평양냉면만의 문제가 아니다. 권력을 쥔 쪽의 취향이 이데아이자 세상의 디폴트값이 된다. 여기에 부합되지 않는 것은 부족하거나 잘못됐거나 아예 존재하지 않는 것이 된다. 이것이야말로 평양냉면 육수를 들이켜는 것과는 비교할 수 없이 소름 돋는 이 여름의 서늘한 풍경 아닐까.

+

배신감이 들지 모르겠지만, 나도 평양냉면을 굉장히 좋아한다. 식초도 안 넣고 겨자도 넣지 않으며 평양냉면을 포함한 어떤 면 요리에서도 절대 가위를 쓰는 법이 없다. 또한 누군가 처음 평양냉면을 먹는 사람이 있다면 우선은 심심하더라도 그 맛을 느껴보라고 추천하고 싶다. 하지만 그것이 다른 방식으로 먹는 사람을 맛도 모르는 사람으로 무시하거나, 그렇지 않은 사람을 가르칠 자격이 주어진다는 뜻은 아니다. 이 두 가지를 구분하는 능력이 우리 사회에는 너무 부족하다.

# 〈시사IN〉을 절독하는 정의의 파수꾼들

2016 0919

어떤 가설은 그에 대한 반박을 통해 역설적으로 증명된다. 지난 8월 말, 시사 주간지 〈시사IN〉 467호의 커버스토리 '분노한 남자들'의 메인 기사였던 '정의의 파수꾼들?'은 김자연 성우의 메갈리아4 티셔츠 구매 인증으로부터 촉발됐던 메갈리아 논쟁에서 왜 분노가 끓어올랐는지 분석했다. 기사는 "자신들이 상식적이고, 진보적이고, 정의롭고, 사실에 충실하다는 자의식이 있"는 '선량한 남자들'이 메갈리아의 "미러링에 무차별로 노출"된 뒤, "자신들이 노출된 '이유 없음'이 여성들이 노출된 (그동안의) '이유 없음'과 구조적으로 같다는 인식"에 이르는 대신 "나의 정의로움"을 지키기 위해 "여성의 현실을 기각"하고 "'여성혐오'는 '없다'"는 결론에 이르는 사유의 지형도를 빅데이터와 함께 그려냈다. 그리고 잘 알려진 것처럼, 해당 잡지가 매대에 풀리기도 전에 해당 커버는 남초 커뮤니티에서 엄청난 비판을 받았으며, 실질적인 구독 해지 사태로 이어졌다. "나의 정의로움"을 부정당한 것에 대한 '선량한 남자들'의 반격이었다.

〈시사IN〉은 지난해에도 '여자를 혐오한 남자들의 탄생'이라는 기사에서 메갈리아를 중심으로 한 미러링이 발생하게 된 과정을 현실 속 여성혐오의 맥락 안에서 분석한 바 있다. 고제규 〈시사IN〉 편집국장은 당시엔 "전혀 지금 같은 반응은 없었으며, 오히려 잘 읽었다는 평가가 있었다. 이번 같은 상황은 처음"이라고 말한다. 무엇이 달라진 걸까. 이번 기사는 메갈리아4 티셔츠 사태로 폭발한 남자들의 분노에 대해 강남역 살인사건 이후, "메갈리아에 동조하는 진영이 구축되어, (중략) 선량한 남자들을 포위하고 있다. 이 부당한 탄압의 서사는 분노한 남자들의 전투력을 극적으로 끌어올렸다"고 분석한다. 이러한 분노의 방식은 <시사IN> 절독에서도 비슷하게 반복된다. 단지 김자연 성우의 부당한 계약 해지에 반발하고 양심의 자유를 옹호했다는 것만으로 다수의 웹툰 작가들이 '메밍아웃'을 했다고 낙인찍은 것처럼, 상당수 독자들은 이 기사를 '친메갈리아'로 규정하고 절독으로 보복했다. 기사 자체가 기사의 반응에 대한 예지적인 분석이 된 셈이다.

절독은 소비자로서의 반품과 언론에 대한 시민의 피드백, 두 가지로 기능할 수 있다. 둘 다 독자의 권리다. <시사IN> 절독이 분열적인 건, 스스로는 언론에 대한 정의로운 피드백이라 정당화하지만 정작 그 방식은 소비자의 그것에 가깝기 때문이다. <시사IN> 468호에선 이 사태를 '혐오 대 반혐오'의 시각에서도 다뤄줘야 하지 않느냐는 독자 의견이 있었다. 이해되지만 적절한 피드백은 아니다. 해당 기사는 이미 그런 반혐오의 도덕적 직관이 어떤 구조적 맹점을 지닐 수 있는지 짚어냈다. 기사는 무차별적인 여성혐오가 실재하고 미러링이 그에 대한 인식을 어느 정도 도와준다는 논의의 지평을 열었고, 그 위에서 기사에 대한 세부적인 동의 혹은 비판을 할 수 있다. 그런 논의야말로 언론이 열어젖히는 공론장의 중요한 기능이다. 논쟁적인 지평을 만드는 대신, 어느 집단의 직관에 맞춰 현상을 해석해 제공하는 건 어느 정도 도덕적 목적에 기댄다 해도 세일즈에 가깝다. 고제규 편집국장은 "오래된 독자층이 이탈하는 건 안타깝지만, 독자 입맛에 맞는 기사를 써야 한다는 생각이 들면 우리 안에 성역이 생기는 거고, 자연스럽게 콘텐츠는 망가질 거"라 예상한다. 입맛이 충족되지 않아 실망했다면, 그래서 절독하겠다면 어쩔 수 없다. 다만 그것은 담론에 대한 피드백이 아니라 입맛에 맞지 않는 상품에 대한 반품이다. 변한 건 매체가 아니라, 고객으로 돌변한 독자들이다.

절독 사태에 이어 벌어진 욱일기 논란이 앞서 벌어진 웹툰 작가들에 대한 보이콧 운동과 놀라울 정도로 흡사한 건 우연으로 보기 어렵다. ‹기자협회보›에 실린 ‹시사IN› 사무실 사진에 태극기와 합성한 욱일기가 걸렸다는 것이 문제 되자 편집국장은 355호 표지를 위한 소품을 보관한 것이었다고 해명했다. 그럼에도 여전히 남초 커뮤니티에선 2년 동안 걸어놓는 것엔 속셈이 있지 않느냐는 의견이 대세다. ‹시사IN›이 친일 매체라는 가정을 뒷받침하기 위해 일본 군국주의에 비판적인 기사를 낸 이유에 대한 수많은 가정을 도입하는 것보다는 예전 소품을 그냥 두고 있었다는 설명이 훨씬 깔끔하다. 하지만 이러한 음모론을 통해 그들은 '갑질'하는 고객이 아닌, 부당한 언론과 싸우는 약자의 포지션을 상상적으로나마 획득할 수 있다. 메갈리아4 티셔츠 논란 당시, '메밍아웃'으로 찍힌 작가 중 다수가 무수한 비난에 시달리고 그 반작용으로 몇몇 작가가 감정적인 반응을 한 것만으로 '독자를 개돼지 취급했다'는 허수아비를 만들고 억울해한 것과 거의 동일한 패턴이다. 의외로 많은 이들이 ‹시사IN› 커버 제목을 진지하게 '분노, 한남, 자들'로 믿는 것도 비슷한 맥락이다. 언론이 자신들을 은밀한 방식으로 특정해 공격한다고 믿는 과잉 자의식을 통해 선량하지만 배척받는 자신에 대한 자기연민의 서사가 만들어진다.

그래서 이번 사건은 매체와 독자 둘 중 하나가 진보냐 아니냐, 페미니즘이냐 아니냐, 메갈리아냐 아니냐, 라는 기준으로 나뉘는 문제가 아니다. 스스로 "상식적이고, 진보적이고, 정의롭고, 사실에 충실"하다고 믿는 작지 않은 집단이 반성적 능력을 상당 부분 상실했다는 것이 사태의 진실에 가깝다. 상대가 어떤 근거를 들고 오든 자신에 대해 비판적 태도를 보이면 '친메갈리아'라 규정하고 배제하는 메커니즘은 자신에게 비판적인 모두에게 '종북' 딱지를 붙이던 변희재 <미디어워치> 대표의 방식과 흡사하다. 절대 틀리거나 가해자가 되지 않는 자신을 기준으로 현실의 여성혐오를 외면하고, 한 노동자의 부당한 계약 해지를 옹호하고, 그 부당함을 성토한 이들이 자신들을 모욕했다 여기며, 그 과정에 대해 합리적으로 문제를 제기한 언론의 순수성을 의심한다. 물론 모두 상대방의 문제다. 자신들은 틀리지 않았으니까. 이 순환논법의 무한동력은 과연 그들을 어디까지 데려갈까. 그 끝은 상식도, 진보도, 정의도 아닐 것이다.

+

아직도 이해가 잘 안 된다. <시사IN>의 기사가 무오류라 생각하진 않지만, 남초 커뮤니티의 주장대로 해당 빅데이터가 한국의 꽤 선량하고 진보적인 남성들의 담론 지형도를 제대로 보여주지 못한다면, 오히려 그들은 데이터와는 달리 여성에게 분노하지 않았으며 여성혐오가 없다고 생각하지도 않는다고 말해야 했다. 아닌데? 우리 진보 남성들은 여성혐오가 있다고 인정하는데? 메갈리아의 미러링 전략에 분노하는 게 아닌데? 하지만 정작 그들은 <시사IN>이 그린 담론 지형도가 왜곡됐다고 말하는 동시에 <시사IN>을 메갈 잡지라고 낙인찍었다. 그들 말대로라면 자신들은 메갈리아에 상당 부분 동의하며, 그래서 <시사IN>이 우리를 반메갈리아로 묶은 것이 잘못됐다고 말해야 했던 것 아닌가. 이 이율배반을 명쾌하게 설명해주는 이를 아직 찾지 못했다.

# 여중생 A, B, C의 사정

2016 1101

네이버 웹툰 ‹여중생 A›의 주인공이자 중3인 미래에게 개학은 “지옥의 시작”이다. 가정 폭력과 빈곤에 지친 그에게 학교에서 관계를 맺고 친구를 사귄다는 것은 상상도 되지 않는 일이다. 최소한의 자존감을 지키기 위해 타인의 시혜적 태도를 완강히 거부하는 그를 다수의 반 아이들은 ‘또라이’라 부르며 멀리하고, 그럴수록 그는 온라인 게임과 길드에서의 친목에 집중한다. 그의 게임 아이디는 ‘다크666’. 여자인 걸 숨기고 길드에서 활약하는 ‘다크666’을 길드원들은 길드마스터 다음으로 인정해준다. 미래는 생각한다. “내가 진실로 살아가고 있는 세상은 다른 세상이라고.” 하지만 이처럼 현실의 돌파구라 생각한 가상세계의 뒤에는 언제나 현실세계의 음습한 폭력성이 웅크리고 있다. 미래가 연애 감정 비슷한 걸 느끼며 동경했던 길드마스터 오빠는 ‘OO녀’ 사건 같은 것을 자극적으로 소비하고 유포하는 인간이다. 코스튬플레이(이하 코스프레)를 즐기는 같은 반의 하늘 역시 유키라는 닉네임으로 현실의 자신과 다른 세계를 살지만, 또한 그를 찍어주는 사진사이자 성인인 남성은 하늘을 비롯한 미성년들과 연애 관계를 맺고 종종 야한 포즈의 사진을 요구한다.

이 이야기들은 가상세계를 찢고 들어서는 현실 폭력에 대한 알레고리가 아니다. 최근 서브컬처 영역에서 활동하는 한 성인 남성이 같이 활동하는 10대 초반의 여성 유저에게 SNS로 성적인 농담과 요구를 한 것이 알려지며 ‹여중생 A›의 장면 장면이 새삼스럽게 화제가 되었다. 해당 남성이 쓴 것으로 알려진 과도하게 화려한 카우보이모자와 만화 속 남성 사진사의 모자가 완벽에 가까운 싱크로율을 이룬 건 덤이다. 하지만 픽션인 ‹여중생 A›가 현실에 대한 앞선 예언이라 말할 수는 없다. 현실에서 수없이 일어나는 폭력, 그것도 대부분 미성년인 여성을 대상으로 하는 성적인 폭력과 착취의 메커니즘을 네이버 웹툰이라는 대중적인 지면에서 단편적으로 드러냈다는 게 진실에 가깝다. 그리고 이제, 이 이슈는 만화의 사건이 아닌 현실의 이슈로서 가시화되었다. 앞서의 사건과 함께 해당 분야에서 벌어진 다양한 성폭력이 #오타쿠_내_성폭력이라는 트위터 해시태그와 함께 폭로되기 시작했다.

이제는 20대가 된 ‘여중생 B’도 이 폭로에 합류했다. 당시 건강이 안 좋아 오랜 통원 생활을 하며 학교에서 친분을 쌓지 못했던 그는 통신사에서 운영하는 소셜네트워크 서비스에서 걸 그룹과 애니메이션 팬 활동을 했다. 이 서비스에서 최대의 화력을 자랑하고 B 같은 소수 팬덤을 공격하던 소위 ‘팸’이라 불리는 무리 중 하나가 B에게 접근했다. ‘팸’ 내부에서 상당한 영향력을 갖고 있던 그는 B가 좋아하는 걸 그룹에 대한 공통분모로 친분을 쌓자 ‘팸’으로부터 B를 비호해주었고, B는 어느 정도 그를 동경했다. 그러다 해당 서비스가 종료되자 둘은 오프라인에서 만났다. 걸 그룹의 일본 앨범도 사다 주고 자연스레 손도 잡았고, 만날 때마다 자기 동네까지 오라고 했지만, 한 번도 남자에게선 사귀는 사이라는 말은 나오지 않았다. 종종 남자는 B를 자기 집으로 불렀고, 그러다 동의 없는 성행위를 했다. 남자의 성적 요구는 점점 과감해졌다. 자신이 좋아하는 포르노 만화에서의 ‘배빵’, ‘신체 결손’의 모티브를 그는 B를 통해 실제로 구현하려는 듯했다(B는 다리에 장애가 있다). 종종 B의 장애 사실을 즐기는 듯한 말과 행동을 하고 ‘배빵’을 하고 그에 대한 리액션까지 요구하던 남자를 보며 B는 고등학교 2학년이 되었을 때 비로소 그가 자신을 사랑하는 것도 아니고 사귀는 것도 아니며 단지 착취할 뿐이라는 것을 깨닫고 관계를 끊었다.

이 심란한 이야기는, 하지만 '여중생 B'가 아니다. 이것은 앞으로의 폭로 내용에서도 마찬가지다. 성폭력 사건에서 피해자를 우선한다는 것과 피해자를 주인공으로 놓은 서사로 접근하는 건 전혀 다른 맥락이다. 후자는 자칫 이야기를 피해자가 경험한 불행의 맥락에 위치시킨다. 우리는 길을 건던 사람이 뺑소니 사고를 당했을 때, 어떤 이유로 그 자리에 서 있었느냐고 묻지 않는다. 피해자를 중심에 놓고 그의 선택을 좇는 건, 오히려 문제를 흐릿하게 만든다. 사건은 도덕적 책임의 주체인 가해자를 중심에 놓고 재구성되어야 한다. 핵심은 사고를 낸 가해자가 고의로 했는가, 고의였다면 그것이 어떻게 가능했는가, 그 가능성의 조건은 무엇이었느냐다.

거의 모든 성폭력 문제가 그러하듯, #오타쿠_내_성폭력 역시 권력의 위계를 바탕으로 발생한다. 일련의 사례에서 쉽게 확인할 수 있는 건 미성년 여성과 성인 남성의 비대칭 구도다. 가장 확실한 건 경제적인 능력의 차이다. B의 경우에도 가해자는 걸 그룹의 앨범이나 B가 좋아하는 애니메이션 CD를 사줬고, B는 그가 자신에게 정말 잘해주고 싶었던 거라고 받아들였다. 경제활동을 하는 사람으로서 어느 정도의 돈을 쓸 생각이 있다면, 또한 상대방의 취향까지 안다면 접근은 훨씬 쉬워진다.

경우는 많이 다르지만 이제는 30대인 또 다른 제보자 '여고생 C'도 비슷한 이야기를 한다. 1990년대 말 PC통신을 통해 만화 동호회 활동을 하던 C는 유일한 30대였던 남성의 접근을 받았다. 동호회에 나올 때마다 신규 회원과 연락처를 주고받던 그는 C에게 개인적으로 연락해 잠시 만남을 가졌고, 찜찜해하는 C에게 남는 MP3 플레이어를 공짜로 주겠노라며 한 번 더 불러냈다. C가 어딘가 불안해서 친구를 동행했음에도 남자는 강제적인 스킨십을 시도한 뒤 분위기가 험악해지자 MP3를 놓고 도망쳤다. C는 "당시 MP3 플레이어 하나에 10만 원은 했던 것 같은데 고등학생 용돈 평균이 3만 원이던 시절이니 꽤 고가품"이었다고 회상하며, 가해자가 자신을 포함한 4명의 여고생에게 똑같은 패턴으로 접근했다는 점에서 치밀하고 고의적이었음을 강조한다. 역시 지금은 성인인 흔치 않은 남성 제보자 '남고생 D'는 여장 코스프레를 하며 알게 된 30대 초반 남자 사진사가 따로 사적으로 불러내 용돈도 주고 선물도 주는 것에 이상한 느낌이 들어 피했다가, 나중에 다른 여성 코스튬플레이어(이하 코스어)의 블로그에서 그 사진사가 역시 그 여성에게 금전적 지원을 해줄 테니 유사 성행위를 해달라고 요구했다는 사실을 알게 됐다. 다시 말하지만, 중요한 건 피해자들이 성인의 금전적 제안에 응했느냐 아니냐가 아니라 자신의 한 줌 재력을 무기 삼아 미성년자에게 고의적으로 접근한 성인 남성들이 있다는 것이다.

〈여중생 A〉에서 변태적인 개인의 문제처럼 그려졌던 코스어와 사진사의 관계는 사실 성년과 미성년의 재력 차이가 서브컬처 커뮤니티 안에서 구조적 비대칭으로 연결된 것에 가깝다. D의 지인이자 현재도 코스어로 활동 중인 E는 말한다. "당장 카메라는 미성년이 살 수 없는 고가품이잖아요." 돈을 버는 성인에게 DSLR 카메라는 큰맘 먹고 지르는 것일 수 있지만, 경제활동을 하지 않는 미성년자에게는 그냥 가질 수 없는 것이다. 재력의 문제는 많고 적고의 차이가 아니라 있고 없고의 차이를 만들어낸다. 사진사와 코스어는 어떤 면에선 계급적인 구분이다. 코스어가 아무리 얼굴이 캐릭터와 흡사하고, 화장이 잘 받고, 의상을 잘 꾸민다고 해도 그것이 하나의 결과물로서 온라인과 오프라인으로 유통되려면 결국 사진사가 필요하다. 그리고 대부분의 미성년은 사진사가 될 수 없다. 사진사가 근본적으로 코스어에게 접근하기 위해 DSLR을 구입한 이들은 아닐 것이다. 다만 불순한 의도로 시작한 이가 있다고 해도 피하거나 배제하긴 어렵다. 사진사의 실력이 좋아서 어쨌든 사진이 잘 나오는 경우라면 더더욱 그렇다. 침대나 욕조 촬영을 위해 모텔로 가는 경우, 사진사가 더 좋은 사진을 위해 셔츠의 단추를 하나 더 풀자고 할 때, 속바지를 벗자고 할 때, 코스어는 찜찜함을 느끼면서도 응하는 경우가 많다. 열일곱부터 코스프레를 시작했던 '여대생 F'는 행사장에서 처음 본 사진사로부터 소위 '수위 사진'(노출 수위가 높은 사진)을 요구당한 경험이 있다. 어디까지가 성희롱과 성 착취이며, 어디까지가 프로페셔널한 요구인가. 의미 없는 질문이다. 핵심은 모호함이 아니라 그 모호함에 코스어, 상대적으로 어리고 상대적으로 여성이 많은 집단이 웬만하면 응해야 한다는 것이다. 사진사는 최근 여성 사진사가 늘어나 남녀 비율이 그나마 7 대 3, 코스어는 반대로 여남 비율이 7 대 3 정도로 추정된다.

모호함이라고 했지만 여기에 고의성이 더해진다면 이것은 교활함이라고 부르는 게 더 옳을 것이다. #오타쿠_내_성폭력 이후 수많은 분야에서 벌어진 성폭력 폭로는 수많은 남성들이 법적인 의미에서의 강간이나 성추행에는 걸리지 않을 만한 경계에서 알리바이를 챙겨가며 여성을 성적으로 착취하려 했다는 것을 드러냈다. 이 모든 것이 폭로의 형태로 노출될 수밖에 없는 건 그래서다. 자신이 당한 일이 무엇인지에 대한 피해자의 자각과 그것을 표현할 언어가 없다면 이것들은 가해자들이 원했던 경계의 모호함 안에 삼켜질 뿐이다. 그 경계선에서 이것이냐 저것이냐 질문하는 건 가해자들이 만든 함정에 빠지는 것이다. 그보다는 과연 그들이 어떻게 모호함을 만들어냈는지, 그 음험한 연막의 테크닉을 살펴볼 필요가 있다.

〈여중생 A〉에서 사진사는 하늘에게 "랄까, 하늘 양. 오늘은 오빠 집에서 노는 건 어떠신지요"라는 문자를 보낸다. 쉽게 짐작할 수 있는 성적 욕망은 일상에선 허용하기 어려울 정도로 과도한 공손함 안에 포장되어 있다. 앞서 말했던 SNS에서의 사건에서도 이런 말투를 확인하기란 어렵지 않다. "넌 어른이라고 말해주거든요." 코스어 E는 말한다. 넌 이런 것도 좋아하는구나. 넌 어른이구나. 존중처럼 보일 수 있지만 해당 문장은 그 뒤 괄호에 숨은 (넌 어른이니까 OO하자)라는 의미로 완성된다. 넌 어른이니까 치마를 좀 더 올리는 게 어떨까. 속옷이 드러나는 포즈를 취하는 건 어떨까. 물리적으로 억지로 가해하는 것뿐 아니라 피해자가 어쩔 수 없이 응할 때까지 압박하는 것도 강압이고 가해다. 그리고 최종적으로는 피해자가 자발적으로 행동했다고 떠넘길 수 있다. 서브컬처계에서 벌어지는 또 다른 권력의 비대칭 양태인 '존잘'과 팬의 관계 역시 마찬가지다. E의 표현을 빌리면 '찻잔 속의 아이돌'인 녹음계, 코스프레계 '존잘'은 여차하면 트위터 맞팔도 가능하고 행사장에서 만나는 것도 가능하다. 문제는 그다음이다. D의 증언에 따르면 꽤 잘나가는 남자 코스어가 자신을 좋아하는 여성 코스어와 성행위를 한 뒤, SNS 비밀 계정으로는 그 여성이 헤프다는 식으로 유포해 2차 가해를 가하는 일도 있었다. 이처럼 '존중받고 싶다'는, 인간의 가장 기본적인 욕망이지만 한국의 청소년으로선 채우기 어려운 욕망을, 가해자들은 집중적으로 공략한다. #오타쿠_내_성폭력 문제를 청소년 문제라는 좀 더 넓은 맥락에서 다시 이야기해야 하는 건 그래서다.

청소년 서브컬처 오타쿠가 항상 '여중생 A'의 미래나 '여중생 B'처럼 원만한 학교생활과 거리가 먼 건 아니다. 하지만 최소 몇 년 전만 하더라도 서브컬처를 좋아한다는 건 동급생들에게 별종으로 찍히는 계기가 되었다. 성인이 된 현재도 코스어로 활동하는 '여고생 G'는 당시 학원을 운영하던 어머니에게 자신의 코스프레 사실을 알리던 친구의 말을 아직도 기억한다. "선생님, G가 '나쁜 짓'을 하고 다녀요." G는 새벽에 자다가 불려 나와 아버지에게 맞고 도망쳐야 했지만, 학교에서도 '왕따'였다. G를 비롯한 제보자 상당수는 마음에 어둠이 있는 청소년일수록 현실 도피로서의 서브컬처에 빠지기 쉽다고 이야기했지만 그 연결고리를 증명하기란 쉽지 않다. 다만 현실의 우울을 잊기에 일본 애니메이션에 등장하는 빛나는 청춘이나 현실의 자신이 아닌 새로운 자아를 꾸밀 수 있는 코스프레는 효과적인 진통제이며, 반대로 해당 서브컬처에 대한 관심과 소비에 대해 오타쿠를 멸칭으로 사용하고 배제하는 분위기가 사회 전반적으로 깔려 있다고는 할 수 있을 것이다. 기본적으로 입시에 특화된 한국의 학교는 학생들이 자존감을 키우기엔 그리 좋은 환경이 아니다. 하지만 구멍 난 마음을 채우기 위해 서브컬처에 빠져드는 건 '나쁜 짓'이 된다. 좋게 봐줘야 별종이다. 그러다 '여고생 G'는 자신을 소중하다고 말해주는 어른을 만난다. 코스프레뿐 아니라 녹음 활동도 했던 그는 성우 관련 커뮤니티에서 보이스톡으로 한 남자를 알게 됐다. 녹음 커뮤니티 사람답게 좋은 목소리를 지녔고, G를 좋아해주는 것 같았다. '여중생 B'의 경우와 비슷하게 G 역시 남자를 동경했고 남자는 노출 사진이나 목소리를 통한 유사 성행위를 요구했다. 이상했지만 사랑이라고 생각했고, 결국 오프라인에서 만나 세 번의 성행위에 응해준 뒤, 남자의 연락은 끊겼다. 문제는 성적인 착취를 당했음에도 당시의 G는 스스로를 자책했다는 것이다. 내가 나빠서 오빠가 날 버린 거야, 라고.

G와 E 등은 #오타쿠_내_성폭력이 다른 분야보다 청소년에게 노출되어 있다는 게 문제라는 것에 동의하면서도, 이것이 청소년의 미성숙함 문제로 환원되는 것에 대해서는 우려를 표했다. 첫째, 또다시 문제를 피해자의 처신 문제로 돌리는 2차 가해가 될 수 있으며, 둘째, 근본적으로 청소년에게서 자존감을 뺏고 그 이후에 벌어지는 일에는 무관심한 사회의 구조적 문제가 우선한다는 것이다. 동의한다. 자아를 형성해가는 동시대 10대의 고민은 기성세대에 의해 '중2병'이라는 멸칭으로 불린다. 이것은 부당하다. 당장 기성세대가 사춘기의 열병을 앓을 때 읽었던 ‹데미안› 같은 소설도 지금 기준으로 보면 완벽한 '중2병' 텍스트다. '카인의 표식'이라니. 대체 '흑염룡'과 얼마나 다르다는 건가. 문제는 청소년의 미성숙함이 아니라 그들의 자존감을 빼앗는 생활세계의 무심함과 그 빈틈을 노리고 접근하는 음험하고 악한 어른들이다. 여기서 서브컬처 커뮤니티는 안전장치가 부족하니 아이들을 격리시키자고 말한다면 문제를 악화시킬 뿐이다. 오히려 당사자들이 서브컬처를 좋아하고 즐기는 걸 어른들에게 떳떳하게 말할 수 없는 분위기가 #오타쿠_내_성폭력 문제를 더 키웠다고 생각한다. 거기 소속되는 것 자체가 죄스러운 분위기에서 그 안에서 벌어진 일, 그것도 한국에선 피해자의 수치심을 강조하는 일에 대해 밝히기란 더더욱 어려운 일이 된다.

그렇다면 어떻게 이 문제를 해결할 수 있는가. 지금까지 의도적으로 이야기의 주인공에서 배제시켰던 B, C, D 등을 다시 주인공으로 호명해야 하는 건 이 지점이다. 앞서 피해를 입고도 자신이 잘못해서라고 생각했던 G가 자책에서 벗어나 자신이 당한 일을 깨달은 건, 몇 년 뒤 가해자에게 똑같은 수법으로 착취당한 여성이 둘이나 더 있다는 걸, 그것도 본인과 비슷한 시기에 그랬다는 걸 알게 되면서다. 내가 나빠서, 내가 미성숙해서, 내가 안 좋은 문화에 빠져서 그렇게 됐다는 생각은 가해자가 나쁜 놈이라서 그렇게 됐다는 훨씬 명징한 설명으로 대체된다. 폭로는 그 자체로 실용적인 고발인 동시에, 무력한 피해자 서사에서 객체화됐던 이들이 자신에게 벌어졌던 일을 자신 입장에서 발화하고 다시 이야기의 중심에 서는 과정이다. 그리고 놀랍게도, 가장 사각이라 생각했던 곳에서 터져 나온 #오타쿠_내_성폭력 해시태그는 수많은 분야로 확장되며 가해자들에게 실질적인 타격을 입히고 더 많은 폭로를 이끌어내고 있다. 끔찍한 경험에 기반하고 있다는 점에서 환호할 일은 아니겠지만, 분명 이들 폭로자들은 새롭게 쓰이는 승리의 서사의 저자이자 주인공이다. 물론 폭로 이후 제도적인 보완과 다양한 각론이 필요하다. 정작 이 운동의 시발점이 된 서브컬처 쪽에서는 너무 점조직이라 제도적인 안전장치를 마련하기 어렵다는 고민도 나온다. 결코 작지 않은 문제다. 하지만 결국 가해자들이 가해를 안 저지르면 되는 것 아니냐고 반문하는 G와 E의 태도는 이미 많은 게 바뀌었다는 것을 알려준다. 나는 아무 잘못이 없으며 이것은 내가 즐기는 문화고, 문제가 생긴다면 나와 문화가 아닌, 문제를 일으킨 놈들을 제재하고 그 배경을 비판해야 한다는 이 당연한 사고의 고리는 앞으로 차차 진행될 모든 문제 해결 과정의 1차 원칙이 될 것이다. 그들은 결코 무기력한 '여중생 A'가 아니다. 알아두길, 잠재적 가해자들.

+

어떤 기사도 사건을 있는 그대로 투명하게 전달할 수 없다. 문장으로 조합되어 드러나는 사건은 결국 기자의 세계이해 안에서 재구성된 것이다. 그렇다면 성폭력 사건을 어떻게 구성해야 하는가. 이것이 이 글을 쓸 때 가장 고민한 부분이다. 자칫하면 어떤 선의로든 피해자들에게 2차 가해를 가할 수 있다고 보았다. 나의 전략은 ① 사건 자체는 피해자의 고통보다는 가해자의 악랄함에 집중해 구성하며, ② 피해자들을 성폭력 사건의 객체가 아니라 성폭력 사건 폭로의 주체로 호명하는 것이었다. 적절한 것이었는지는 아직 잘 모르겠다. 사건의 재구성이라는 것은 기자 사회 모두가 계속해서 고민해야 할 문제라고 본다.

# 박근혜·최순실 게이트보다 오래된 병

2016
1108

지금 한국에서 최순실이라는 이름은 블랙홀이다. 박근혜 대통령의 측근으로 알려진 최 씨가 국정연설에까지 개입한 것을 대통령이 일부 시인하고 사과하면서부터, 그의 이름은 말 그대로 모든 것을 빨아들였다. 모든 뉴스를 빨아들였으며, 모든 관심을 빨아들였으며, 콘크리트 같았던 박근혜 대통령의 지지율까지 빨아들였다. 이슈의 출발점이었던 미르 재단의 부정 축재뿐 아니라, 개성공단 폐쇄, 평창 동계올림픽 비리, 한진해운 정리 등 지난 몇 년간 국가적으로 가장 굵직한 이슈들까지 최순실과 연결되었다는 의혹이 불거지며 대한민국의 수많은 부조리도 그를 향해 소급해 들어갔다. 모든 것을 빨아들인 자리에는 정서적 진공이 남았다. 한창수 고려대학교 정신건강의학과 교수는 YTN 라디오 〈신율의 출발 새아침〉에서 현재 국민들의 감정에 대해 "학문적으로 보기보다는, 지금은 사실 황당한 멘붕 상태"이며 "화가 나서 어떻게 좀 하고 싶은데, 어떻게 할 수도 없는 느낌"이라고 정의했다.

박근혜 대통령에 대한 신뢰가 바닥까지 떨어졌던 이들조차 작금의 상황에선 또 다른 상실감을 느낀다. 최소한의 합리주의적 언어로도 번역될 수 없는 사건이 벌어졌다는 점에서 그러하다. 합법적으로 뽑힌 대통령의 정신세계를 장악한 사람이 있다는 사실은 오랜 시간 민주화 운동으로 꽤 견고하게 쌓아왔다고 믿어온 근대적 이성의 토대를 무너뜨리는 경험을 준다. 박근혜·최순실 게이트는 이 나라에 난 거대한 상처가 아니라 어둠과 허무만 남긴 거대한 구멍이다.

이 불가해한 어둠은 지금 이곳의 부조리를 끔찍한 추문으로 만들어버린다. 흔히 최 씨를 러시아의 요승 라스푸틴에 비유하지만, 제정 러시아의 몰락을 라스푸틴과 황후의 추문으로 요약해버린다면 당시의 근본적인 모순과 문제들은 오히려 지워질 것이다. 만약 공허를 넘어 실천적으로 앞으로 나아가야 한다면, 모든 것의 중심에 있는 최순실의 이름을, 그럼에도 의도적으로 쓰지 않고 현재의 상황을 진단할 필요가 있다. 프랑스의 철학자 알랭 바디우는 지금의 우리에게도 시사적인 제목인 ‹우리의 병은 오래전에 시작되었다›라는 책에서 당시 프랑스인들에게 불가해한 사건이었던 파리 테러에 대해 이야기하며, 그 불가해함에 삼켜지지 않기 위해 의도적으로 테러라는 표현을 쓰지 않고 사건을 재구성하려 했다. 그의 출발점은 "인간이 행한 것 중 이해할 수 없는 것은 없다"는 원칙이다. 지금 우리에게도 절실한 원칙이다.

현 사태에서 드러난 가장 외면하고 싶은 치부는 대의민주주의에 대한 신뢰의 균열이다. 단순히 자격 미달의 대통령이 나올 수 있다는 뜻으로서의 균열이 아니다. 경기 회복에 대한 국민의 의지를 대신하겠다며 4대강 사업에 수십 조 단위의 혈세를 부어 미래 세대까지 피해를 입을 환경오염을 이뤄낸 이명박 대통령이 최악의 대통령으로서 박근혜보다 부족하다고 말하긴 어렵다. 하지만 박근혜 대통령에 이르러선 그 대의가 과연 누구의 의지를 대변하는 것이냐는 근본적인 질문이 제기된다. 이것은 대의민주주의의 한계가 아니라 대의민주주의의 붕괴다. 근대의 병폐가 아니라 전근대다. 우리가 상상했던 '헬조선'이 자본주의에 잠식되어 계급 이동이 차단된 재봉건화된 사회였다면, 실제로 확인된 건 정치적 봉건사회라는 것이다. 이에 대한 도덕적 책임은 당연히 대통령 본인에게 있지만, 그것이 이것을 가능하게 한 배경을 설명하진 못한다. 이것은 대통령과 그 옆의 사람을 욕하는 것으로 끝날 문제도, 또한 그 대통령을 뽑은 51.6%의 지지자들을 비난하는 것으로 대신할 문제도 아니다. 잘 뽑은 대통령으로 이 문제를 해결할 수 있다는 생각은 우리가 마주친 구멍을 직시하는 대신 가장 쉽고 빠르고 안온한 방식으로 위로를 얻는 달콤한 기만이다.

기본적으로 대의민주주의는 투표로 선출된 국회의원과 대통령에게 모든 걸 맡기는 것으로 끝나는 것이 아닌, 그 사이의 빈틈을 메우기 위한 시민들의 부단한 참여와 간섭이 필요하다. 하지만 당장 총선과 대선이 겹쳐 정치에 대한 대중의 관심이 극도로 높아졌던 2012년에조차 정치적 참여란 〈나는 꼼수다〉로 상징되는 사이다 정치 평론을 소비하고 특정 정당을 지지하는 것으로 나타났을 뿐, 사회적 책임과 연대라는 근대의 기획이 진지하게 다뤄지진 않았다. 고 노무현 대통령의 '깨어 있는 시민의 조직된 힘'이라는 말은 정치의 재구성을 위한 정말 훌륭한 제언이지만, 그의 지지자들조차 그 의미를 온전히 이해하고 있는 것 같지는 않다. 특정 정당과 인물에 대한 팬덤적인 지지와 그 반대편에 대한 극렬한 증오는 자율적 시민들의 연대와 협업을 위한 공동선에 대한 합의와 합리적 논증대화의 기반을 망가뜨린다. 앞서 이번 사태가 정치적 봉건사회를 보여준다고 했지만, 과연 우리는 그 전에 근대성을 내면화한 경험이 있긴 한가. 진보라는 말에는 환호하면서도 계몽이란 말에는 반감을 드러내는 건 얼마나 기만적인가. 알랭 바디우의 말대로 "우리의 병은 오래전에 시작되었다."

미국의 정치학자 로버트 달은 저서 〈정치적 평등에 관하여〉에서 "정치적 평등을 향한 변화를 가져오게 만든 감정적인 충동 내지 정서적인 추동력이 무엇이든, 그런 성취가 지속되기 위해서는 뭔가 다른 정서적·인식론적 자원을 끌어올 수 있는 수단이 필요"하다고 말한 바 있다. 그런 면에서 최근 광화문에서 대통령 하야를 외친 촛불 시위는 시민들이 감정적 공허함을 극복하고 분노를 정치적 구호로 연결했다는 점에서 분명 한 걸음 나아간 것이다. 하지만 그것이 단순히 조기 대선을 통한 더 괜찮은 대통령의 취임으로 해결된다고 믿으며 마무리된다면 여전히 문제는 해결되지 않는다. 최근 '깨어 있는 시민의 조직된 힘'을 가장 잘 보여준 사례가 있다면 평생교육 단과대학 사업에 반대하는 투쟁을 하며 학교의 권학유착을 끈덕지게 파고들다가 박근혜 정권의 실세까지 드러내버린 이화여자대학교의 재학생과 졸업생일 것이다. 공동의 문제의식 안에서 서로를 벗이라 부르며 연대하고 토론하고 졸업생들의 재능 기부 등으로 일상의 결을 포기하지 않은 그들의 투쟁은 총장이 사퇴한 뒤에도 여전히 현재진행형이다. 각각의 개성을 지운 우리로서의 투쟁이 아닌, 자율성을 가진 개개인이 공동선 안에서 연대하는 이러한 모델은 우리에게 많은 힌트를 준다. 이번 사태가 가르쳐준 게 있다면, 이미 선취했다고 생각했던 많은 민주적 가치들이 사실은 그냥 개념으로 존재했을 뿐이며 그것은 결국 책임 있는 실천을 통해서만 존재할 수 있다는 것을 실증했다는 것이다. 하여 이 실천은 비합리적 권력에 대한 반대를 넘어 합리적인 것에 대한 재구성이어야 한다. 민주주의를 지탱하는 수많은 합리주의적인 도덕을 재구성하고 용기 있게 발화하고 시민들과 함께 공유하는 과정을 통해서만 저 텅 빈 구멍을 겉만 가리지 않고 안에서부터 메울 수 있다. 지금 방관하는 자 모두 유죄라고 말할 수는 없다. 하지만 '이게 나라냐'라는 허무를 넘어서고 싶다면, '헬조선' 이후를 상상하고 싶다면, 다시 만들어갈 수밖에 없다. 있다고 생각했지만 없었던 나라를.

+

사실 나부터 박근혜·최순실 게이트를 보며 '멘붕'에 빠졌었다. 합리적 언어로 번역할 수 없는 일이 벌어졌다는 느낌이었다. 하지만 위에도 인용한 알랭 바디우의 작업을 보며 이 불가해한 상황을 그럼에도 좀 더 넓은 관점에서부터 좁혀나가며 합리적 언어로 재구성하는 것이 언론의 중요한 책무라고 생각했다. 21세기 문명사회에서 어떻게 이런 일이 가능할 수 있는가. 재밌게도 이 글이 나간 주에 미국 대통령 선거에선 모두의 예상을 깨고 도널드 트럼프가 당선되었다. 이 결과에 대해 역시 많은 이들이 '멘붕'하고 대의민주주의와 다수결에 대한 회의를 드러냈다. 하지만 나는 앞서 이야기한 것처럼, 대의민주주의를 대체 불가능한 모델로 인정하고 그것을 보완할 방법을 찾는 것이 가장 합리적이고 실천적으로도 유용한 방향이라고 본다. 그리고 여기에 가장 적절한 방법은 역시 계몽된 개개인의 사회적 연대와 정치적 참여일 것이다.

# #2 프로불편러 일기

## #2-2 저는 레드라이트입니다

# 〈마녀사냥〉, 저는 레드라이트입니다

2014 0630

MC들의 답변에 레드라이트로 화답하는 건 어떨까. 최근 JTBC 〈마녀사냥〉을 보며 드는 생각이다. 솔직한 연애 토크쇼를 표방하며 남자 MC들과 여성 패널들이 연애와 섹스에 관해 솔직하게 대화를 나누고 사연의 당사자에게 조언을 하던 이 쇼는, 하지만 최근 들어서 같은 방송사 〈썰전〉의 '예능심판자'처럼 일종의 '연애심판자'가 된 듯하다. 편의점 점주의 치근덕거림에 관한 아르바이트생의 사연에 대해 "일할 것만 제대로 하라"고 간단히 해법과 동시에 준엄한 충고를 날리는 모습을 보고 있노라면 내 시시콜콜한 고민에 대해 동등한 입장에서 수다를 떨어주던 친구들이 어느 순간 재판관이 되어 판결문을 읽어주는 기분이다.

물론 〈마녀사냥〉 초기부터 그들의 직설화법과 19금을 지향하는 토크는 프로그램의 강력한 무기였고 지금 역시 그러하다. 문제는 화법이 아니라 어느 순간부터 달라진 포지션이다. 최근의 그들은 사연을 위에서 내려다본다. 앞서의 편의점 아르바이트생의 경우 은근슬쩍 애인 행세를 하는 점주에게 제대로 정색하거나 반발하지 못했다는 이유로 성시경에게 "빈틈을 줘서 문제"라는 이야기를 들었다. MC들의 말대로 아르바이트를 하며 4시간이나 지각했다던 그에게 점주의 감정을 이용한 어떤 느슨한 태도가 있었을지도 모른다. 운전 연수를 해준답시고 고속도로를 타고 나가 조개구이를 먹으러 가는 점장에게 싫은 소리 하지 않고 맛있다는 이야기나 하는 그에게 일말의 책임이 있는 것도 사실이다. 하지만 네 명의 MC 중 누구도 남자 점장과 여자 아르바이트생 사이에 존재할 수밖에 없는 권력관계에 관해서는 이야기하지 않는다. 허지웅은 당사자의 시급에 사장의 치근덕거림을 받아주는 것은 포함되어 있지 않다고 충고하지만, 한국에서 아르바이트생 아닌 정규직 여성 직원조차 먹고사는 문제 때문에 상관의 지분거림을 견뎌내며 살고 있다는 것에 대해서는 고려하지 않는다. 그가 제대로 문제를 제기하고 싶었다면 시급에 그런 건 포함되어 있지 않으니 당장 그만두라고 점장을 향해 호통치는 게 맞았다.

이것은 젠더의 문제일까. 젠더 개념 안에 권력 구도라는 것이 포함되어 있다는 면에서는 어느 정도 사실이다. 핵심은 권력이다. 남성 MC들이 종종 사회적 강자로서 남성의 시선을 보여주며 문제가 생기지만, 여성 고정 패널들 역시 어느 순간부터는 너희보다 많이 아는 언니로서의 포지션에 서서 이건 맞다, 틀리다, 중요하지 않다는 판결을 쉽게 내린다. 최근 자신을 존중하지 않고 장난으로 상처를 주는 연하 남자친구에 관해 하소연하는 사연에 대해서 허지웅은 "사연이 '아가아가' 하네"라며 별것 아닌 듯 말했다. 평소 그들이 상대해야 하는 반 미친 사람들의 사연과 비교하면 그럴 수도 있다. 문제는, 정황 논리와는 별개로 당사자는 상처를 호소한다는 것이다. 연애 토크쇼로서의 〈마녀사냥〉이 빛났던 건, 여기서 정치적으로 올바르거나 중립적인 답을 찾으려고 하기보다는 그 감정, 질투와 욕망을 긍정하고 그것을 가장 효율적으로 채워나갈 길을 함께 고민해주었기 때문이었다. 하지만 그 자신이 여덟 살 차 연하 남성과 연애를 하며 상처 주는 장난을 경험한다는 곽정은조차 여자가 "항의했다는 느낌이 들지 않는다" 말하고, 모든 출연자가 여자의 리액션을 문제 삼으며 사연을 책임 소재의 문제로 쉽게 치환해 해결해버린다. 모든 걸 다 아는 그들에게 남들의 사연이란 빤한 이야기일 뿐이다. 하지만 세상에 진짜 빤한 이야기란 없다. 빤하게 받아들이는 사람이 있을 뿐이다. 요컨대 ‹마녀사냥›이라는 틀에 부어지는 순간 각각의 사연은 생동감을 잃고 빤한 이야기로 굳어진다. 직설화법 속에 섬세함이 있었던 이 쇼가 어느 순간부터 불편해지고 또한 긴장감을 잃어버린 건 이 때문일 것이다.

후발 주자인 tvN ‹로맨스가 더 필요해›(이하 ‹로더필›)의 선전은 지금 ‹마녀사냥›의 문제와 비교할 때 더욱 흥미롭다. 토크의 밀도나 인상적인 잠언 혹은 ‘드립’의 재미라는 면에서 ‹로맨스가 더 필요해›는 ‹마녀사냥›의 그것보다는 많이 부족한 게 사실이다. 조세호와 홍진호, 이창훈 등 남자 패널들은 전문가는커녕 여자에게 카카오톡 메시지 하나 보내는 것에도 쩔쩔매는 수준이고, 자신감 넘치는 레이디 제인도 종종 남자 마음을 너무 모른다며 ‘윤똑똑이’ 취급을 받는다. 어쩌면 딱 그 나잇대 남녀 평균치에 가까울 그들의 토크는, 하지만 덕분에 자연스레 낮은 곳에 임한다. 짝사랑하던 이에게 마음을 고백하는 메시지를 보낼 때 어떤 이모티콘을 썼느냐, 자신의 감정만을 드러냈느냐, 상대방의 지금 심정을 고려했느냐 하는, 사소하지만 당사자에겐 중요한 문제들에 MC와 패널들은 목에 핏대를 올리며 갑론을박을 펼친다. 당연한 얘기지만, 우리의 이야기에 공감해주는 이에게 우리 역시 공감할 수 있다.

한국 토크쇼의 영역을 한 뼘 확장했던 ‹마녀사냥›이 어느 순간 이러한 공감대를 형성하지 못하면서 토크의 신선함까지 잃었다는 건, 그래서 비슷한 포맷을 활용하는 여타 토크쇼들에도 중요한 힌트로 작용할 만하다. 이것은 흔히 생각하듯 ‘엣지’의 문제가 아니다. 시청자와의 소통보단 스스로의 ‘엣지’에만 집중하는 토크쇼는 필연적으로 나르시시즘에 빠지며 스스로 고착된다. 데이트 코스로 모텔에 가는 것밖에 모르는 '썸남' 때문에 불안해하는 여자에게 안 좋으면 그렇게 오래 만나 섹스를 할 리 없다는 자신들의 지론만을 고수하던 〈마녀사냥〉의 MC들처럼. 물론 여전히 신동엽의 '섹드립'은 웃기고, 허지웅의 직설은 날카로우며, 유세윤은 샘 해밍턴보다 훨씬 존재감 있다. 〈로더필〉의 선전에도 불구하고 여전히 그들의 대화는 연애 및 19금 토크계의 메이저리그라 할 만하다. 하지만 잊지 말아야 할 건, 보는 이들에게 마이너리그보다 관심이 안 가는 건, '그들만의 리그'라는 것이다.

+

같은 방송사의 〈썰전〉이 그러하듯 〈마녀사냥〉이 예능의 영토를 한 뼘 더 넓혔다는 것을 누구도 부정할 수 없을 것이다. 그럼에도 이 프로그램이 초기 보여줬던 미덕을 계승한 프로그램은 아직 등장하지 않고 있다. 만약 그런 게 나오려면 이젠 지난 1~2년 사이에 구체화된 젠더 불평등 문제까지 적극적으로 품는 프로그램이어야 하지 않을까. 연인 사이에서 벌어지는 갈등 안에서 젠더 문제까지 연역해 더 논쟁적이고 생산적인 토크를 하는 그런 쇼.

# 너무 아픈 드라마들

2015 0129

왜 이렇게 많은 질환이 필요할까. 최근 드라마를 보며 드는 생각이다. 얼마 전 종영한 SBS 〈피노키오〉의 최인하(박신혜)는 거짓말을 하면 딸꾹질을 하는 피노키오 증후군을 앓았으며, 최근 소재의 유사성 논란을 겪고 있는 MBC 〈킬미, 힐미〉와 SBS 〈하이드 지킬, 나〉의 차도현(지성)과 구서진(현빈) 모두 다중인격장애를 앓고 있다. tvN 〈하트 투 하트〉의 차홍도(최강희)는 안면 홍조에 따른 대인기피증을, 정신과 의사 고이석(천정명)은 환자강박증을 앓는다. 드라마 캐릭터에게 정신적이거나 육체적인 결핍 혹은 특정한 강박이 있는 게 특별한 일은 아니다. 다만 다중인격처럼 아주 극소수만 앓는 질환이나 평소에 헬멧을 쓰고 다녀야 할 정도로 극심한 수준의 대인기피, 아니면 아예 가상의 증후군까지, 결코 흔히 볼 수 없는 증상이 이렇게 대거 등장하는 건 분명 흥미로운 일이다. 적어도 최근의 드라마에선 아프니까 청춘이 아니라, 아파야 주인공이다.

마음의 병이 많은 시대이기 때문일까. 지성은 〈킬미, 힐미〉 기자간담회에서 다중인격 소재가 동 시간대 드라마에서 동시에 다뤄지는 것에 대해 "지금 사회적으로도 문제가 있으니 그런 소재가 드라마에서 다뤄지는 것 같다"고 말했다. 하지만 실제 이들 드라마 안에서 주인공이 앓는 병증들은 사회적 문제에 대한 알레고리 역할을 하기보다는 이야기를 쉽게 풀어가기 위한 일종의 '치트 키' 역할을 한다. 홍도는 안면 홍조를 할머니 분장으로 가리고 가정부 시험에 응시해 이석의 할아버지 집에 취업하고, 도현은 제2의 인격인 신세기로 변해 폭주족과 육탄전을 벌이며, 봉인된 인격인 로빈으로 변한 서진은 장하나(한지민)를 구하기 위해 옥상에서 뛰어내린다. 결코 쉽게 벌어질 수 없는 사건과 상황이지만, 그들이 그런 행동을 선택하기까지의 고민과 갈등은 없다. 그들은 원래 그런 사람이라는 게 드라마의 설명이다. 임성한 작가가 이성이 마비된 욕망으로 캐릭터들의 기괴한 행동들을 정당화한다면, ‹하트 투 하트›, ‹킬미, 힐미›, ‹하이드 지킬, 나›는 병증을 통해 캐릭터들의 행동을 정당화한다.

일상에서 접하기 어려운 독특한 설정으로 사건을 이끌어내는 게 잘못은 아니다. 그것은 모든 잘 만든 장르물의 특성이다. ‹킬미, 힐미›, ‹하이드 지킬, 나›보다 훨씬 앞서 다중인격 모티브를 활용한 NBC ‹닥터 제이슨› 정도의 설정은 미국 드라마들에선 흔한 수준이다. 중요한 건 설정 이후의 개연성이다. ‹하트 투 하트›는 홍도가 장두수(이재윤)에게 애정을 표현하는 어려움을 통해서 대인기피증 환자가 세상과 관계 맺는 방식에 관해, 이석의 환자강박증을 통해서 타인에게 공감하지 못하는 정신의학자의 딜레마에 관해 이야기하는 듯했다. 하지만 증세를 치료하기 위해 이석이 필요한 홍도와 홍도만 곁에 있으면 환자강박증이 낫는 이석의 관계는 둘이 붙어 있어야 한다는 이유만으로 별다른 감정의 교환 과정 없이 빠른 스킨십과 로맨스로 이어졌다. 남녀가 호감을 느끼는 과정의 개연성은 설정의 독특함으로 대체된다. ‹피노키오›에선 기호상(정인기)이 언론에 의해 미청리 화재 사건의 범인으로 억울하게 몰리는 과정을 피노키오 증후군이 있는 증인을 통해서 쉽게 처리한다. 이들 드라마 중 ‹킬미, 힐미›에 가장 높은 점수를 줄 수 있다면, 비록 신세기라는 제2의 인격을 통해 도현과 오리진(황정음)이 드라마틱하게 만났지만, 이후 리진이 자신의 다중인격들과 싸우느라 지친 도현에게 연민을 느끼며 둘의 로맨스가 납득할 수 있는 방식으로 이어졌기 때문이다.

우연이겠지만, 최근 ‹하이드 지킬, 나›의 원작 웹툰 ‹지킬박사는 하이드씨›의 이충호 작가가 ‹킬미, 힐미›에 대해 아이디어 도둑질이라 표현한 건, 이러한 설정과 서사의 문제에 대한 어떤 시사점을 제공한다. 그는 다중인격장애를 소재로 한 로맨틱 코미디의 아이디어는 자신이 원조라고 주장했다. 작품에서 독특한 설정과 아이디어는 분명 중요한 출발점이다. 하지만 도용 여부와는 별개로 ‹지킬박사는 하이드씨›와 ‹하이드 지킬, 나›, ‹킬미, 힐미›는 전혀 다른 스타일의 작품이다. ‹킬미, 힐미›가 인격의 주도권을 확보하려는 도현과 세기의 다툼을 다루는 방식이 MBC ‹M›을 떠올리게 한다면, 서진이 심박수를 다스려 로빈을 통제하는 모습은 원작 웹툰보단 차라리 영화 ‹인크레더블 헐크›에 가깝다. 설정은 중요한 출발점이지만, 작품의 성격과 만듦새를 결정짓는 건 출발 이후에 이야기의 씨앗을 얼마나 짜임새 있고 개연성 있게 키워내느냐에 달렸다. 좋은 아이디어가 평범한 이야기에 희생되기도, 반대로 아이디어 단계에선 상상도 하지 못한 결과물이 만들어질 수도 있다.

그래서 SBS ‹괜찮아 사랑이야› 이후 노골적으로 주인공의 병증을 주요 설정으로 삼아 난립하는 작품들이 문제인 건, 비슷한 설정을 공유해서가 아니라 해당 증세를 알리바이 삼아 극의 중요한 국면을 대충 눙치고 넘어가는 경우가 많아서다. ‹피노키오›는 기자 윤리에 대한 좋은 문제의식을 가진 작품이었지만 가상의 증후군에 기대 거짓말 못하는 정직한 기자라는 단면적인 캐릭터를 너무 쉽게 만들어냈고, ‹킬미, 힐미›는 미국 드라마 같은 장르적 재미가 있지만 도현의 일곱 개 인격이 너무 우연에 기대 등장하며, ‹하이드 지킬, 나›는 로빈의 등장으로 남녀 주인공의 운명 같은 로맨스를 정당화한다. ‹하트 투 하트›는 매 장면을 대인기피증 때문에 그러려니 하며 넘어가줘야 한다. 이러한 안일함이야말로 이들 드라마가 공통적으로 앓고 있는 병이다. 아니, 최근 거의 모든 한국 드라마가 앓고 있는 병이 아이러니하게도 병을 소재로 한 드라마를 통해 그 증세를 더욱 선명히 드러냈다고 하는 게 더 정확하겠다. 과연 이 병은 드라마 안에서 그러하듯 치유될 수 있을까. 힐링이 필요한 건 드라마 주인공들만이 아니다. 사실, 보는 우리도 이젠 아프려고 한다.

+

소재의 강한 연관성 때문에 함께 엮어 이야기했지만 ‹킬미, 힐미›에 대해서는 부연이 필요하겠다. ‹킬미, 힐미›는 주인공의 다중인격이 어떻게 만들어졌는지를 서사의 주요 동력으로 삼아 제법 충격적인 반전까지 보여줬다. 즉, 독특한 설정과 서사의 완성도가 높은 수준에서 결합된 경우다. 배우 지성의 연기력으로 각각의 인격에 대한 팬덤까지 만들어졌다. 설정에서 이야기를 풀어내는 것과 설정으로 이야기를 돌파하는 것은 다르다. ‹킬미, 힐미›는 전자다. 이 작품의 모범적인 측면을 제대로 짚고 넘어가는 것이 위 글의 문제의식을 더 선명하게 드러내줄 것이다.

# 걸 그룹 '먹방'을 마음 편히 볼 수 없게 된 이유

2015 0820

요즘 걸 그룹이 갖춰야 할 새로운 덕목은 '먹방'이다. 지난 6일에 방영한 MBC every1 〈EXID의 쇼타임〉에서 EXID 멤버들이 중국 음식을 배달시켜 싹싹 비우는 장면, 10일 방영한 K STAR 채널의 〈포미닛의 비디오〉에서 멤버 현아가 매운 닭발을 선호하는 장면 등은 따로 편집된 영상 클립이나 연예 기사를 통해 빠르게 전파되고 이슈가 되었다. KBS 〈해피선데이: 1박 2일〉에서는 아예 에이핑크와 〈1박 2일〉 멤버들의 국수 먹기 대결이 펼쳐졌고, 이 역시 '먹방 대결'이라는 타이틀로 이슈가 되었다. 심지어 개인 SNS를 통해 소위 '먹스타그램'을 공개할 때조차 해당 걸 그룹 멤버에게는 '먹방 여신' 혹은 '먹방 샛별'이라는 타이틀이 붙는다. 어느 순간부터 '먹방'은 과거의 '하의 실종'이나 '뒤태'처럼, 걸 그룹 이슈 메이킹과 연결되는 주요 키워드가 되었다.

물론 '먹방'이 '쿡방'과 함께 그 자체로 화제가 된 건 방송 전반적인 추세다. 방송에서 걸 그룹이 뭔가를 허겁지겁 먹는 모습을 제법 긴 시간 비춰주는 건 전략적이기보다는 차라리 정석적이다. 〈1박 2일〉의 유호진 PD는 에이핑크의 국수 '먹방'에 대해 "어떤 명확한 이유가 정리되어 있다기보다는 이것이 재밌게 보일 거라는 생각이 들어서 시도하는 것뿐"이라고 말한다. 걸 그룹의 그것이 여타 '먹방'과 다른 건 연출되는 방식이 아니라 소비되는 방식에 있다. '걸 그룹 먹방'으로 검색했을 때 가장 많이 볼 수 있는 기사 제목 중 하나는 '걸 그룹 맞아?'이며, 앞서의 EXID 방송에 대해 모 매체는 '예쁜 척 안 하니 더 예쁘네'라는 타이틀을 달았다. '내숭 없는'이라는 표현 역시 다수의 기사 안에서 확인할 수 있다. 다이어트 중이던 샤이니의 키가 JTBC <냉장고를 부탁해>에서 고칼로리 음식을 잔뜩 먹었을 땐 볼 수 없던 반응이다. 걸 그룹에게 '먹방'은 예능에서 개인기만큼이나 당연하고 흔하게 요구하는 것이 되었지만, 또한 여전히 이것은 걸 그룹의 어떤 이미지를 파괴하는 것으로 평가된다. 다분히 이중적인 이 시선은 대중과 매체가 걸 그룹에게 요구하는 판타지의 이중성을 고스란히 보여준다.

"'난 다이어트 때문에 못 먹어'라고 말하는 여성의 모습이 일종의 스테레오타입이라면 날씬한데 잘 먹기까지 하는 걸 그룹의 모습은 그걸 깨는 판타지를 제공하는 것 같다." 유독 걸 그룹의 '먹방'이 화제가 되는 것에 대한 유호진 PD의 해석이다. 걸 그룹이 대중들이 원하는 날씬한 모습으로 무대 의상을 소화하기 위해서는 식욕을 억제해야 하는 게 맞다. 최근 '먹방'으로 제법 화제가 된 모 그룹이 신인 시절 매니저 눈치를 보느라 준비된 빵에 손도 못 대다가 몰래 한 조각 먹은 걸 그들을 인터뷰하며 직접 목격한 적도 있다. 이건 내숭이나 가식보다는 프로페셔널한 절제에 가깝다. 하지만 초인적인 관리를 통해 만들어낸 이미지에 대해 누군가는 예쁜 척한다는 굴레를 씌운다. 여자는 내숭이 심하다는 근거 없는 편견의 변주일 수도 있다. '먹방'은 이처럼 무대 위에 오르기 위해 그들이 억눌러야 했던 식욕을 다시 강하게 드러내는 방식으로 이 편견을 돌파한다. 실제로 걸스데이의 혜리를 순식간에 대세로 만들어준 건 MBC <일밤: 진짜 사나이>에서 보여준 "이잉"뿐 아니라, 그 전에 보여준 먹음직스럽게 쌈을 싸 먹는 모습이었다. <미디어스>의 방송 전문 블로거 탁발은 혜리가 딸기 우유를 마시는 장면에 대해 "걸 그룹에 대한 많은 편견이 혜리의 이 천진난만한 모습에서 사라지는 순간"이라고까지 평가했다. 그랬다면 다행이지만, 그것이 편견을 정당화하는 것은 아니다. '먹방'을 하는 가식적이지 않은 걸 그룹이라는 명제는, 그 반대편의 날씬하고 내숭 떠는 젊은 여성이라는 근거 없는 스테레오타입을 강화할 뿐이다.

바로 그 혜리가 속한 걸스데이가 인터넷 방송 '최군KoonTV'에서 최군이 배달시킨 만두를 먹지 않는 장면 때문에 무수히 많은 비난에 시달려야 했던 건 걸 그룹 '먹방'에 대한 열광이 인간적인 모습에 대한 바람과는 별개라는 것을 방증한다. 해당 방송에서 리더인 소진은 "애들이 만두 안 먹는다"며 만두를 테이블에 올리려는 최군과 실랑이를 벌였고, 이것은 이날 벌어진 혜리의 반말 논란 등을 증폭시키며 결국 걸스데이의 사과 방송으로까지 이어졌다. 누군가에게는 만두가 입맛에 맞지 않을 수 있다는 것, 활동 중인 아이돌에게 어느 정도 이상의 식사는 굉장한 부담일 수 있다는 고려는 여기에 없다. 정확히 말해 어떤 대중이 걸 그룹에게 원하는 인간적인 모습은 한 인간으로서의 목소리를 내는 것이 아니라, 자신들이 보기에 인간적이고 자연스러운 모습을 군말 없이 수행하는 모습이다. 물론 걸 그룹이 '먹방'을 통해 대중이 원하는 모습을 연기한다고까지 말할 수는 없다. 다만 이 비대칭적인 구도에서 한 인간으로서 걸 그룹 개개인의 욕망은, 폭발하는 식욕 외에는 긍정되지 못한다.

그래서 걸 그룹의 '먹방'은 혜리 등이 보여줬던 야무지고 귀여운 모습에도 불구하고 마음 편히 보기 어렵다. 심지어 〈진짜 사나이〉에 투입됐던 에이핑크의 보미가 왕성한 식욕을 드러내는 것에 대해서까지 이제는 가식적이다, 전략적이다, 라는 네티즌의 평가가 붙는다. 식욕을 억제해야만 만들 수 있는 몸매를 요구하지만, 그럼에도 털털하고 맛있게 먹는 모습을 통해 내숭 없는 여성이라는 가치를 강요하며, 이제는 그 털털함에서조차 가식적인 여성의 모습을 발견해내 편견을 강화하고 비난하는 이 모순된 태도를 어떻게 이해해야 할까. 인간적인 모습을 원한다면서 인간으로서 소화할 수 없는 모순된 상황에 대상을 가둬놓는 것은 명백히 폭력적이다. 대중으로서 연예인에게 자신이 원하는 판타지를 요구할 수는 있다. 바비 인형 같은 몸매를 원할 수도 있다. 소꿉친구처럼 편한 모습을 원할 수도 있다. 순종적인 모습을 바랄 수도 있다. 하지만 제발, 하나만 하자.

+

쇼 비즈니스에 대한 비평이 어려운 것 중 하나는, 텍스트나 그걸 둘러싼 영역에서 벌어지는 윤리적인 불편함이 사실 이 비즈니스를 지탱하는 일종의 합의된 규칙인 경우가 많기 때문이다. 하지만 그 모든 이해에도 불구하고, 나는 어떤 직종이든 사람에게 이율배반적인 요구를 하는 것은 잘못됐다고 본다. 그것은 인간이 해낼 수 있는 게 아니기 때문이다. 각도상 조금만 뱃살이 있는 것처럼 보여도 자기 관리 안 한다고 악성 댓글을 달고, 그럼에도 웃으면서 복스럽게 먹는 모습을 요구하는 게 과연 인간에게 요구할 수 있는 게 맞는가? 그럼에도 이 글을 쓴 지 약 1년 뒤 JTBC에선 걸 그룹 멤버들을 앉혀놓고 '먹방'을 겨루게 하는 〈잘 먹는 소녀들〉을 방영했다. 이런 걸 보고 있노라면 딱히 많이 안 먹어도 속이 울렁거린다.

# 〈어쩌다 어른〉, 어쩌다 꼰대

2015
0925

O tvN 〈어쩌다 어른〉에서의 김상중은 스스로를 '볼애', 즉 볼수록 애 같다고 말한다. SBS 〈그것이 알고 싶다〉나 KBS 〈징비록〉에서 진중한 모습을 보여주지만 소문난 바이크 마니아에 SBS 〈힐링캠프〉에서 "기싱꿍꼬또" 같은 애교를 시도하는 등 의외의 모습을 보여주며 소위 '갭 모에'로서의 귀여움을 보여주는 그의 최근을 보면 고개가 끄덕여질 만하다. 제목 그대로 어쩌다 보니 어른이 된 40대 남자들의 고민과 당혹스러움에 관해 이야기하는 〈어쩌다 어른〉에서도 그는 촬영장에서 후배들에게 선생님이라 불리는 것에 대한 부담감을 말하며 어른의 무게를 버거워하는 모습을 보여줬다. 하지만 그가 정말 어른으로 느껴지지 않은 순간은, 아이러니하게도 본인이 어른 노릇을 하려 했던 에피소드를 말할 때였다. 교복을 입고 헬멧도 쓰지 않은 채 바이크를 타는 고등학생들을 보고 "이놈 새끼들"이라고 호통치고 선도하려다가 바이크 시동이 꺼져 민망했더라는 이야기에 모두들 웃었지만, 사실 이 고백이 증명하는 건 허당 김상중의 귀여움이 아니라 초면의 누군가에게 불필요하게 거친 표현을 쓴 폭력성과 미성숙함이다. 이건 어른스럽지 못한 게 맞다. 하지만 '볼애' 같지는 않다.

여전히 애 같은 것과 어른스럽지 못한 것의 혼동. 이 시대 어른에 대해 여전히 마음은 국어 교과서 속 철수이고 영희라고 말하는 〈어쩌다 어른〉은 비슷한 실수를 반복한다. 동시대 중년과 노년들이 스스로를 어떻게 생각하는지 빅데이터로 접근한 다음소프트 송길영 부사장은 기본적으로 사람은 남에 비해 자신은 나이 먹지 않는다고 믿는다는 것에 관해서 말했다. 여기까진 쉽게 철들지 않는 애 같은 모습일지 모른다. 하지만 그는 여기에 부연한다. "(할아버지라고 부르면) 듣는 할아버지는 기분 나쁜 거죠. 그럴 땐 오빠라고 불러줘야 돼요. (김상중에게) 오빠가 아니라 선생님이라 부른 건 실례인 거예요." 과연 연장자에게 깍듯한 것과 어린 여성에게 오빠라는 호칭을 요구하는 것 중 무엇이 실례인가. 오빠라고 불리면 좋겠다는 것과 오빠라고 부르라고 하는 건 전혀 다른 문제다. 제작진은 한술 더 떠 "영희들, 마음 상한 중년들에게 오빠라고 불러보세요"라는 자막을 덧붙인다. 여기에는 그들이 그토록 버겁다고 말하는 어른의 권력이 작동한다. 나이 먹은 사람 취급당하는 건 싫지만, 그렇다고 수평한 관계를 맺을 생각은 없다. ‹어쩌다 어른›의 어른들이 어른스럽지 못하다면, 아이처럼 굴고 싶지만 어른으로 누릴 수 있는 건 포기하지 않으려 하기 때문이다. 어른이 되어 힘들다는 그들의 자기연민에는 본인들이 누리는 것이 생략되어 있다.

이 쇼가 넓은 의미의 어른이 아닌 한국 중년 남성의 하소연을 위한 자리로 이어진 건 그래서 필연적이다. 누구나 제대로 된 어른이 되긴 어렵다. 하지만 앞서의 경우처럼 스스로의 미성숙함을 드러내면서도 이를 자기연민으로 포장할 수 있는 건 결국 권력의 문제다. 어쩌다 어른이 된 철수와 영희의 이야기를 하자면서 네 명의 고정 철수가 남자끼리 있으니 칙칙하다며 한 명의 게스트 영희를 장식처럼 데려오고, 그가 민망해하는 건 상관없이 고추에 털 난 이야기를 낄낄대며 할 수 있을 만큼의 권력. 이러한 비대칭은 그 자체로도 문제지만, 정작 권력을 쥔 쪽에서 힘들다는 호소조차 독점한다는 면에서 더더욱 문제다. 송길영 부사장의 빅데이터 분석에 따르면 아이들에게 "아빠는 어른도 아니고 가족구성원도 아니"다. "생활에 묻어 있지 않아서"다. 안타까운 이야기지만, 전업주부의 가사 노동과 육아에 동참하지 못한 것에 대한 반성 없이 아이들과 소원해지는 것에 대한 서운함만을 강조하는 건 반칙이다. 그나마 유일하게 신경정신과 전문의인 양재진 원장이 가부장적 사회에서 여성들이 겪은 어려움에 대해 지적하지만, 다시 한번 제작진은 "그저 가족을 위해 일한 것뿐인데 대한민국 아빠들의 씁쓸한 현실"이라는 자의적인 자막으로 현상을 왜곡한다. 결혼 후 다른 이성에게 관심을 갖는 것에 대해 "설렘은 철수의 본능" 같은 자막으로 정당화하는 그들의 삶이 그토록 씁쓸한 것인지는 잘 모르겠지만.

하지만 바로 이런 점들 때문에 〈어쩌다 어른〉은 역설적으로 한국 중장년 남성들의 성숙하지 못한 단면을 보여주는 리트머스가 된다. 한국의 어른 남자들이 실천적 차원에서 문제인 건, 순수함을 잃어가서가 아니라 어른스럽지 못한 행동을 하기 때문이다. 구속되지 않는 삶을 좇던 조영남은 KBS 〈불후의 명곡: 전설을 노래하다〉에서 걸 그룹 마마무에게 "엄마가 없다는 뜻이냐"는 무례한 농담을 까마득한 선배의 위치에서 던졌다. KBS 〈나를 돌아봐〉를 촬영 중이던 또 다른 자유로운 영혼 최민수는 촬영 중 화를 참지 못해 폭행 시비에 휘말렸다. 앞서 김상중의 예를 들었지만 어른의 귀여움과 순수함이란, 어른스러운 태도의 기본값 위에서 성립한다. 단순히 욕망을 제어하지 못하거나 사회적 예의의 범위를 벗어나는 것에 대해, 난 어쩌다 어른이 됐을 뿐이라고 난 아직 마음만은 소년 철수라고 말하는 건 귀엽지도 애 같지도 않다.

물론 모두들 어른이 되고 싶어 어른이 되는 건 아니다. 어른이란 이름의 무게가 때로 버거운 것도 사실이다. 누구나 그렇게 어쩌다 어른이 된다. 하지만 어쩌다 어른이 되었다는 게 그 이름의 무게에 책임을 지지 않아도 된다는 뜻은 아니다. 그렇게 다시 아이로 돌아갈 수는 없다. 오히려 많은 경우, 어쩌다 꼰대가 되고 어쩌다 '개저씨'가 될 뿐이다. 억울할 수 있다. 그리고 그걸 견뎌내는 걸 우리는 진짜 어른이라고 한다.

+

물론 성숙한 어른이 되는 건 남자에게만 요구될 일은 아니다. 내가 지적하고 싶은 것은, 성숙하지 않은 자신에 대한 자기애, 성숙해야 한다는 사회적 요구(대체 뭐 얼마나 요구한다고!)에 대한 자기연민이 유독 한국 중년 남성에게서 도드라진다는 것, 그것이 심지어 방송에서 정당화된다는 것이다. 이 책에서 비판한 ‹어쩌다 어른›, ‹수방사›, ‹미운 우리 새끼› 등은 모두 이러한 특성을 공유한다. 그러고선 여전히 ‹아는 형님›처럼 '형님'으로서의 영향력은 발휘하고 싶어 한다. 방송이 나서서 '꼰대' 권하는 사회다.

2015 1014

# 〈수방사〉, 못난 수컷이 되고 싶지 않다면

최근 정규 편성된 XTM 〈수컷의 방을 사수하라〉, 통칭 〈수방사〉는 정말 남자들의 '수방사(수도방위사령부)' 같다. 첫 화부터 MC들은 "설 곳이 없다. 안방, 아이 방, 옷 방은 있어도 내 방은 없다"는 멘트로 다른 건 몰라도 여기는 뚫리면 안 된다, 사수해야 한다는 절박함을 말한다. 그들은 이 시대의 남자들을 자신을 위한 한 뼘 자리도 없는 불쌍한 존재들로 그려내며, 기본적인 삶을 영위하기 위한 최소한의 토대를 마련한다는 대의로 아내를 비롯한 가족의 동의 없이 의뢰인의 집을 뜯어고친다. 말하자면 대화와 협상을 통한 외교가 아닌 영토권 수복을 위한 전쟁인 셈이다. 탈환, 수복, 선전포고 같은 전쟁 용어들이 종종 멘트나 자막으로 등장하며 비장미를 더한다. 이 전쟁을 치를 때마다 낚시가 취미인 남자의 집 거실에는 바닷물 2톤으로 채워진 낚시터가, 캠핑이 취미인 남자의 집 거실에는 소나무로 벽을 두른 캠핑장이, 게임이 취미인 남자의 방에는 'Pump it up' 콘솔이 있는 오락실이 들어선다.

당연히 모든 게 잘못됐다. 남성을 가정 내 약자로 포지셔닝하는 출발점도, 가족 동의 없이 집을 뜯어고치는 과정도. 방송 후 홈페이지를 통해 공개하는 의뢰인 아내의 허탈한 웃음과 마지못한 동의가 담긴 인터뷰는 최소한의 구색을 맞추는 수준이다. 〈수방사〉는 이런 명백한 문제들을 논리적으로 방어하기보다는 철없는 악동 같은 태도로 슬쩍 비켜 간다. 기죽어 사는 남편을 안쓰러워하거나 그들의 봉기를 외치는 MC들의 선동은 과장된 연기에 가깝다. 캠핑장 콘셉트를 위해 거실

가운데에 모닥불을 피우자는 아이디어도 프로그램이 얼마나 막 나가는지 위악적으로 보여주기 위한 '드립'이다. 거실의 TV가 아내를 위한 것이라 말하는 구차한 자막이 진심으로 쓰인 것이라 보긴 어렵다. 이 모든 건 웃자고 만든 콘셉트일 뿐이니 진지하게 접근할 필요 없다는 듯한 〈수방사〉의 알리바이는 MC들의 장난스러운 외침으로 완성된다. "진짜 우린 미쳤어!" 악의는 없다. 단지 이 구역의 미친놈들일 뿐이다. 그러니 여기에 여성혐오나 증오의 혐의를 두는 건 과할지 모른다. 하지만 〈수방사〉가 증명하는 건, 이런 악의 없는 무책임함을 통해 악의적인 프레임이 생산된다는 것이다.

제목 그대로 〈수방사〉는 의뢰인을 한 집안의 남편이자 아버지보다는 하나의 수컷으로 정의한다. 그들이 마음껏 미친 척하는 건, 이처럼 가상으로나마 현실적 책임의 무게를 지우기 때문에 가능하다. 프로그램은 의뢰인들에게 철부지 같은 면이 있다는 것을 숨기지 않는다. 2화에 나온 캠핑 마니아 남편은 아이를 낳은 아내를 두고 캠핑을 하러 다녀 아내가 산후우울증에 걸리기도 했다. 하지만 MC들은 의뢰인을 놀리면서도 그가 무책임한 남편인 걸 따지기보다는 얼마나 캠핑을 좋아하는 수컷인지에 집중한다. 철부지 같은 어른 남자는 떼쓰는 아이 정도로 그려진다. 자, 그러면 이 아이에게 아내는 사탕을 줄 것인가 주지 않을 것인가. 아니, 좀 더 정확히 말해 입에 물고 있는 사탕을 보고 화를 낼 것인가 참을 것인가. 이 구도 안에서 의뢰인이 자신의 욕망을 실현하기 어려운 현실적 한계의 다양한 맥락은 사라지고 오로지 아내의 허락만이 문제가 된다. 모든 걸 아내의 관용 문제로 치환하는 건 악의적인 반칙이다.

〈수방사〉에서 그려지는 수컷은, 그래서 못났다. 단순히 갓 출산한 아내를 두고 캠핑을 가거나, 역시 아이가 생긴 지 얼마 되지 않아 아이와 캐릭터를 함께 키우겠다며 게임방을 원하는 철부지라서만은 아니다. 누구나 철부지 같은 면이 있고, 낚시, 캠핑, 게임 등 자신을 위한 시간을 갖는 건 절대적으로 필요하다. 다만 그것을 마음대로 할 수 없는 현실적 제약에 직접 부딪히며 절충안을 찾아가는 것이 어른의 삶이며, 스스로 선택한 결혼과 출산, 육아의 문제라면 더더욱 책임 있게 맞서야 한다. 사실 성인 남성이 자기만을 위한 공간을 마련하기 어려운 건 아내 때문이 아니다. 전세냐 소유주냐, 몇 평이냐, 아이들의 성장과 함께 공간이 얼마나 필요해질 것이냐, 이사를 갈 가능성은 없느냐는 것이야말로 진짜 문제이며, 가족은 이 문제를 머리를 맞대며 함께 헤쳐나갈 전우이지 적이 아니다. 하지만 ‹수방사›의 수컷들이 하는 거라곤 자신이 원하는 삶을 살지 못하는 책임을 모두 가상의 적인 아내와 아이들에게 전가한 뒤, 그들이 자리를 비운 사이 깃발을 꽂고 자신의 영토를 선포하는 것이다. ‹수방사›는 이러한 수컷의 '찌질함'을 감추지 않는 대신, '찌질함'으로 이 행동에 담긴 비겁함과 악의적인 프레임을 감춘다. 그래서 더 못났다.

‹수방사›가 편성된 남성 전문 채널 XTM의 캐치프레이즈는 '남자의 날을 세워라'다. 그것이 권위를 세운다는 뜻이건, 삶에 세련된 엣지를 준다는 뜻이건, 남자의 날을 세운다는 건 결국 남에게 존중받을 만한 멋진 남성, 멋진 어른이 된다는 이야기다. 하지만 ‹수방사› 같은 프로그램이 정말 남자의 날을 세우는지는 의문이다. 나이 들어도 여전히 아이 같은 구석이 있는 남자를 이해해주는 것과 이를 알리바이 삼아 성숙하지 못한 모습을 정당화하는 건 전혀 다른 일이다. 후자는 남성들을 더 높은 단계로 이끌기보다 오히려 날을 무디게 하고 퇴행시킬 뿐이다.

그래서 ‹수방사›는 역설적으로 지금 남자를 위한 제대로 된 콘텐츠가 절실히 필요하다는 것을 증명한다. 알 만한 남자 잡지에서 여성을 혹가게 하는 칵테일 주문하는 법이나 가르치는 이 나라에서 제대로 존중받는 남자가 되고 싶다면, 못난 수컷이 되고 싶지 않다면, 정말로 날을 바짝 세울 필요가 있다.

+

남자다움과 여자다움을 구분하는 것은 궁극적으로는 폐기되어야 할 것이다. 성차별적인 요소가 다분하거니와 세상을 단 두 가지 젠더, 이성애자 남성과 여성으로만 구분한다는 점에서도 그렇다 .다만 왜곡된 남성성에 대한 동경을 지닌 이들에게 정치적으로 올바른 동시에 전형적이지 않으면서도 멋진 남성형의 모델을 보여주고 동경하게 만드는 건 꽤 의미 있는 일이라고 생각한다. 남성을 주인공으로 한 수많은 콘텐츠에서 벌어지는 철없음에 대한 미화, 찌질함에 대한 미화, 무례함에 대한 미화는 이제 그만 볼 때가 됐다.

## ‹K팝스타›와 ‹복면가왕›은 왜 이렇게 '역대급'이 많아?

2016 0118

요즘 TV는 매주가 '역대급'이다. 적어도 기사만 보면 그렇다. '역대 최고'라는 수식을 대신하고 있는 '역대급'이란 신조어가 그 자체로 우리말 조어법과 어긋난다는 문제를 차치하더라도, '역대급'으로 검색했을 때 10만 건 넘게 검색되는 기사는 '역대 최고'라는 나름의 의미조차 의심스럽게 한다. 특히 경연 프로그램인 SBS ‹일요일이 좋다: K팝스타 5›와 MBC ‹일밤: 복면가왕›, JTBC ‹히든싱어 4›에 대해서는 매주 '역대급' 무대 혹은 방송이라는 기사가 나온다. 왜 이렇게 '역대급' 무대가 많은 걸까. 정말 그 모든 순간들은 역대 최고라 할 수 있는 걸까. 아니, 아무리 뛰어나더라도 이렇게 매주 벌어지면 이미 '역대급'이 아닌 게 아닐까. 이러한 의문에 조금 더 구체적으로 접근하기 위해 위의 세 프로그램에 더해 또 다른 주요 경연 프로그램인 Mnet ‹슈퍼스타 K› 시리즈를 중심으로 얼마나 많은, 그리고 다양한 방식의 '역대급' 상황이 벌어졌는지 국내 최대 포털 네이버의 도움을 받아 선 검색 후 수작업으로 데이터를 모아보았다.

지난 1월 10일까지 나온 해당 프로그램 기사 중 제목에까지 '역대급'이란 수식을 단 기사들을 확인해보면, 방송과 상관없는 어뷰징 기사를 빼더라도 지난 시즌들까지 포함해 ‹K팝스타›가 188건, ‹슈퍼스타 K›가 240건, ‹히든싱어›가 171건이며, 흥미롭게도 후발주자인 ‹복면가왕›이 486건으로 가장 많은 '역대급' 관련 기사를 양산했다. '역대급'이라는 표현이 2013년부터나 본격적으로 사용되어 그 이전 시즌들에

'역대급' 수식이 붙지 않았다는 걸 감안하더라도 유독 높은 수치다. 이는 프로그램의 성격과 연결되어 있다. 앞의 세 프로그램에서 '역대급'이 수식하는 단어 중 가장 높은 비율을 차지하는 건 '무대'로, 각각 ‹K팝스타› 38건, ‹슈퍼스타 K› 55건, ‹히든싱어› 45건이다. 하지만 ‹복면가왕›에서 가장 높은 비율로 등장하는 건 '반전'으로 무려 135건이다. 두 번째로 많이 등장하는 '무대'(67건)의 약 두 배 수준이다. 개별 출연자 중 가장 많은 '역대급' 관련 기사를 뽑아낸 것도 가장 압도적인 가왕이었던 김연우(9건), 거미(5건)가 아닌, 성별까지 속이며 '역대급' 반전으로 꼽힌 백청강(60건)이다. 즉, 기본적으로 이들 프로그램 모두 거의 매주 '역대급' 무대라는 언론의 평가를 받지만, ‹복면가왕›은 여기에 더해 출연자가 가면을 벗을 때마다 '역대급' 반전에 대해서까지 이야기된다.

이러한 면에서 '역대급'이라는 수식은 각 프로그램에 어떤 특징이 있고 어떤 방식으로 소비되는지를 어느 정도 가늠하게 해주는 역할을 한다. 똑같이 '역대급 무대'가 가장 많이 언급된 ‹K팝스타›와 ‹슈퍼스타 K›, ‹히든싱어›지만, 두 번째로 많이 언급된 '역대급'은 ‹K팝스타›에선 심사위원 평가(심사평 11건, 극찬 14건, 호평 2건, 칭찬 7건), ‹슈퍼스타 K›에선 합동 무대(콜라보 35건, 라이벌 미션 3건)이며, ‹히든싱어›에선 싱크로율(15건)이다. 모창 경연인 ‹히든싱어›에서 싱크로율이 중요한 건 당연해 보이며, 대중음악 산업 최대의 큰손들인 양현석, 박진영 등이 심사 및 발탁을 맡는 ‹K팝스타›의 무게중심이 심사위원 쪽에 실리고 있고, ‹슈퍼스타 K›는 개별 무대 중 가장 많은 '역대급' 관련 기사를 배출해낸 벗님들의 '당신만이'(32건)가 보여주듯 콜라보레이션 미션에 관심이 집중된다는 것도 이들 기사로 짐작할 수 있다.

'역대급'이라는 표현이 어떤 특정 에피소드에 집중되기보다는 해당 프로그램의 가장 기본적인 특징을 반복적으로 수식한다는 건 결과적으로 연예 매체들이 생산하는 수많은 '역대급' 기사가 개념의 철저한 남용이란 것을 증명한다. 이것은 말하자면 MBC 〈무한도전〉에 대해 매주 '역대급' 멤버 조화, '역대급' 유재석 진행 같은 수식을 붙이는 것이나 다름없다. 언론 중 '역대급'이란 표현을 거의 처음으로 사용한 농구 매거진 〈점프볼〉의 경우 강동희, 이상민, 김승현, 주희정으로 이어지는 국내 농구를 대표하는 포인트가드나 NBA 역사에서도 손꼽히는 업적을 이룬 코비 브라이언트의 경력을 수식하면서 '역대급'이란 표현을 썼다. 서너 시즌 정도가 누적된 프로그램에서 '역대'라는 표현을 쓰는 것이 온당할까. 심지어 〈복면가왕〉에 대해선 파일럿 이후 한 달 정도 지난 5월 17일 방영분부터 '역대급' 탈락, 반전, 섭외, 경쟁 등의 표현을 쏟아냈다. 물론 〈K팝스타〉 전 시즌을 통틀어 가장 많은 '역대급' 기사를 양산한 유제이의 'New York State of Mind' 무대(36건)가 해당 프로그램 역대 최고의 무대일지도 모른다. 하지만 이것은 지난 시즌 이진아의 '마음대로'(6건)나 케이티 김의 '니가 있어야 할 곳'(15건)에 내려진 '역대급'이라는 수식이 언론의 설레발이었다는 걸 드러낼 뿐이다. 여기에 〈마이데일리〉의 '역대급' 엇갈린 평가(〈K팝스타〉), 〈동아일보〉의 '역대급' 아리송한 정체(〈복면가왕〉) 같은 표현에 이르면 '역대급'이 원래 어떤 뜻이었는지조차 헷갈릴 정도다.

물론 이에 대한 비판도 있었다. 〈한국경제TV MAXIM〉은 〈슈퍼스타 K 7〉에 대해 '역대급' 노잼이라 혹평하며 "'역대급'이라고 평가받는 참가자들의 실력과 무대 그리고 심사위원의 평가는 시청자들의 공감을 얻지 못하고 있다"는 통렬한 비판을 가했다. 하지만 유의미한 지적과는 별개로 해당 기사는 문제를 프로그램에 돌릴 뿐, 자사 방송에 '역대급'

이라 홍보하는 방송사의 보도 자료를 그대로 내보내거나 습관적으로 '역대급'이라는 수식을 붙이며 '역대급'이란 표현을 확대 및 재생산하는 매체들의 책임에 대해서는 침묵했다. 재밌게도 정작 해당 매체는 최근 영화 〈좋아해줘〉의 제작보고회에서 아직 공개되지 않은 작품의 두 주인공에 대해 '역대급' 사랑꾼이란 표현을 쓰기도 했다. 과거, 아니 지금도 '충격', '헉', '숨 막히는' 따위의 단어로 낚시질을 하던 연예 매체들의 못된 습관은 그대로 반복되고 있다. 심지어 이를 통해 '역대' 혹은 '역대 최고'라는 말의 의미는 철저히 퇴색되거나 왜곡되었다. 이것이야말로 말을 다루는 직업이 말에 끼칠 수 있는 '역대급' 폐해가 아닐까.

+

사실 처음엔 그냥 위트 있는 기사를 쓰고 싶었다. 포털에서 직접 검색하고 그 숫자를 노트에 기록하며 쓴 '노가다'의 과정을 좀 코믹하게 담아내도 좋았을 것 같다. 별로 티는 안 나겠지만 나름 요즘 유행하는 빅데이터 기사에 대한 어느 정도의 패러디도 노려보았다. 하지만 언제나 그렇듯, 스멀스멀 올라오는 불편함의 기운을 이기지 못하고 또 진지하게 접근하고 말았다. 무엇보다 '역대급'이라는 말의 홍수는 매체들의 불성실함을 통해 가능했기 때문이다. 그걸 인지한 순간, 도저히 그냥 웃고 말 일로 넘어갈 수 없었다.

## 〈맥심〉은 세상에 무해한 잡지일까

2016
0215

여자의 몸에서 가장 아름다운 곡선은 어디인가. 얼마 전 발매된 남성잡지 〈맥심 코리아〉(이하 〈맥심〉) 2월호에서 여성 화보 진행의 어려움을 토로한 이영비 편집장 에디토리얼에 따르면 그것은 미소다. 좋은 이야기지만 아이러니하게도 이번 〈맥심〉은 정작 여성들에게서 미소를 빼앗을 만한 콘텐츠로 채워졌다. 이미 〈여성신문〉을 비롯한 몇몇 매체에서 비판적으로 소개했듯, "미소녀는 미소년데…"라는 타이틀의 피처 기사는 〈티칭 필링〉이라는 19금 게임을 "미소녀 섹스머신 키우기"라는 부제와 함께 소개했다. 축구 스타를 소개하는 꼭지에선 호날두에 대해 "맥심 표지 모델까지 따먹고도 계속 고추를 놀리는 섹스머신"이라고, 기성용에 대해선 "한혜진을 훔쳐갔다. 임신까지 시켰다"고 소개한다. 실소는 몰라도 미소가 나올 만한 내용은 아니다.

논란이 일자 이영비 편집장은 해당 기사가 〈티칭 필링〉에 대한 비판적 맥락의 비평이었다고 반박했다. "후반으로 갈수록 막장으로 치닫는다"는 문구를 보면 그 의도는 어느 정도 사실일 것이다. 그는 더 나아가 "단지 클릭 수 유발을 위해서 어쩔 수 없는 것이라 해도 이미 도마 위에 올려놓은 대상이 난도질된 후라면 그 피해는 어떻게 보상할 것인가"라고 일갈했다. 그렇다면 그 기준으로 〈맥심〉의 기사를 평가해본다면 어떨까. "정신 차리고 보면 눈알에 하트가 박힌 채 야시시한 표정을 짓는 실비가 있다"는 표현은 게임의 어떤 점이 이상한지 설명하는 문구지만 또한 게임 속 소녀에 대한 성적인 농담이기도 하다. 〈티칭 필링〉이 문제인 건 비록 가상이지만 어린 소녀를 성적으로 대상화한다는 점인데, 해당 기사는 ‹티칭 필링›을 비판하되 또한 게임 속 캐릭터에 대한 성적 대상화와 희화화에 동참한다. ‹맥심›의 논리대로 이 게임이 비판받아야 한다면, '미소녀 섹스머신 키우기'처럼 대상에 배려 없는 표현을 쓴 ‹맥심› 역시 비판받을 여지가 있다. 이에 대한 불쾌함이 오해일까. 단지 판매 부수를 위해서 어쩔 수 없는 것이라 해도 도마 위에 올려놓은 대상을 폭력적으로 희롱하는 게 온당하다고 말할 수 있을까.

이것은 단순히 '드립'의 선을 지키지 못한 일회적인 실수로 보기 어렵다. 이제 더는 성인잡지가 아니지만 ‹맥심›은 기본적으로 어떤 취향을 공유하는 특정 연령대의 남자 독자를 대상으로 발화한다. 둘의 관계는 일종의 커뮤니티에 가깝다. 물론 여타 남성지가 독자와 맺는 관계도 비슷하다. 중요한 건 이 커뮤니티가 공유하는 태도와 명제다. 성이라는 주제는 차라리 부차적이다. 앞서의 ‹티칭 필링›이나 호날두, 기성용에 관한 기사는 말하자면 술자리 음담패설에서 사용될 만한 어휘로 이뤄져 있다. 여성은 "따먹고" "임신까지 시"키는 대상이다. 지난해 12월호에서 '판치라'에 대해 다룬 기사에선 여성이 스타킹을 벗을 때 들리는 소리가 "식도락의 재미와 유사하다"며 "먹고 싶다"고도 말한다. 커뮤니티 입장에서 ‹맥심›은 '섹드립' 잘 치는 재밌는 친구일지도 모른다. 그렇다면 이것을 제법 넓은 테이블에서 낄낄대다 끝내고 만 질 나쁜 농담 정도로 받아들이면 될까. 여성 납치 범죄를 연상시킨다는 이유로 전량 회수해야 했던 지난해 9월호의 김병옥 커버 사태는 그럴 수 없다는 것을 증명했다.

단순히 사진의 섬뜩함 때문만은 아니다. 앞서 ‹맥심›은 남성 독자를 상정하고 말한다고 했지만, "진짜 나쁜 남자는 바로 이런 거다.

좋아 죽겠지?"라는 당시 커버 문구는 명백히 여성을 대상으로 한 발화다. 이것은 실수가 아니다. 한국에서 테이블 음담패설의 참가자들은 테이블 바깥에서도 언제든 여성을 향해 자신의 비뚤어진 욕망과 폭력성을 드러낼 수 있다. 해당 문구에서처럼 그들은 완력과 권력에서의 자기 우위를 자각하고 있다. 다만 그것을 테이블을 벗어나지 않는 '찌질함'과 '넝담'으로 포장하는 것뿐이다. 해당 논란 이후 바로 다음 10월호에서 진행한 블랙넛과의 인터뷰 내용은 그래서 상징적이다. 블랙넛에 대해 "알고 보면 귀엽고 순수한 영혼"이라 표현한 이 인터뷰에서, 블랙넛은 "평소에 친구랑 술 마시며 음담패설이나 여자 얘기들 또는 연예인 얘기 많이 하잖아. 내 음악도 들었을 때 평범한 친구처럼 느꼈으면 좋겠다"고 말한다. 논란의 9월호 에디토리얼에서 "삶을 대하는 태도만은 여전히 소년스러운 철없음을 지키고" 있다던 이영비 편집장의 발언과 정확히 짝을 이룬다. 〈맥심〉도 블랙넛도 누군가를 불편하게 할 수 있지만 그건 사실 커뮤니티 안에서의 무해한 농담일 뿐이라는 게 그들의 논리다. 정도의 차이는 크지만 일베가 하는 가장 전형적인 방어 논리다. 그리고 커버 논란 이후 11월호에서의 첫 에디토리얼(10월호에는 없다)에서 이영비 편집장은 "기준은 단 하나, '우리 독자'"라며 커뮤니티 바깥을 향해 사과하는 대신 안을 향해 동질감과 전우애를 다졌다.

다시, 여자의 가장 아름다운 곡선은 미소라던 에디토리얼로 돌아와 보자. 조금은 신비한 느낌의 무표정함으로 커버를 찍은 시노자키 아이를 제외한 다수의 여성 모델들은 화보에서 다른 부위의 곡선과 함께 미소 역시 선보였다. 여성의 미소를 소비할 수 있지만 여성이 보고 웃을 수 없는 잡지. 여기서 미소는 주체적인 행동이 아니라 남성을 위한 피사체로서만 의미를 갖는다. 여성의 미소가 가장 아름다운 곡선이라는 멋진 표현은 의도치 않게 텍스트 안에 은폐되어 있던 권력의 비대칭을 다시 한번 슬쩍 드러낸다. 과연 이것은 "소년스러운 철없음"일까. 이제 와 새삼 전체관람가 잡지에서 여성 노출이 많다는 걸 문제 삼으려는 것도, 정론직필 수준의 매체 윤리를 요구하려는 것도 아니다. 다만 여성을 노골적으로 대상화한 이 음담패설이 정말 자기들끼리 낄낄대다 끝나는 문제인지, 안심해도 되는 것인지 궁금할 뿐이다. 물론 그것을 결정하는 건 그들의 대답이 아니라 현실의 권력이지만.

+

이 글을 쓰고 다섯 달 뒤, 페이스북의 〈맥심 코리아〉 에디터 계정은 '여자판 의정부고'라고 불리는 ○○학교 학생들의 코스튬플레이 졸업 사진을 공유하며 "지금 당장 미스 맥심 콘테스트에 나와도 될 것 같은 친구들"이라고 발언했다. 고등학생에게 그것도 별다른 성적인 메시지를 의도하지 않은 사진들을 보며 섹시 화보와 연결하는 이들이 말하는 여체의 미학이란 거, 정말 기만적이지 않나.

# 옹달샘은 과거를 어떻게 세탁하는가

2016 0303

"저도 그런 말 하다가 잘못됐거든요." 지난 2월 16일 JTBC 모바일 프로그램 ‹마녀를 부탁해› 첫 회에 유상무와 함께 출연한 장동민은 김숙의 소위 '가모장적인' 발언에 대해 이렇게 말했다. 가부장적인 아버지에 대한 패러디로 "남자가 조신하게 살림이나 해야지"라고 하는 김숙의 개그를 현실에서 실제 권력으로 작동하는 가부장적인 발언과 같은 선상에 놓을 수는 없다. 하지만 장동민에게는 이러한 설명보단 본인이 했던 "그런 말"들을 상기시켜주는 게 더 빠를 것 같다. 그는 자신 포함 유상무, 유세윤, 통칭 옹달샘 멤버들과 함께한 팟캐스트 ‹옹달샘의 꿈꾸는 라디오›에서 불특정 다수의 여성에 대해 "개X년", "여자들은 멍청해서 이게 남자한테 안 돼"라고 말했다. 장동민과 김숙의 대립 구도에서 쏙 빠진 유상무도 팟캐스트에서의 상황극에선 저속한 성적 농담을 거리낌 없이 했다. 방송에서 김숙이 보여주는 과장된 우악스러움을 더하더라도 김숙의 개그는 장동민의 "그런 말"과는 거리가 멀다. 하지만 ‹마녀를 부탁해›는 두 사람을 가모장 대 가부장으로 대등한 듯 비교했으며, "금방 잘못되실 것 같다"는 장동민의 말을 들은 김숙은 조심해야겠다는 뉘앙스의 연기를 보여주었다. 졸지에 장동민의 폭력적인 발언들은 김숙의 위악 개그 수준으로 소비되며, 웃음을 위한 소재가 됐다. 모바일 예능이라는 콘셉트에 맞춰 장동민과 유상무는 개인 사업에 대한 홍보를 했지만, 사실 ‹마녀를 부탁해›의 가장 큰 홍보 효과는 그들의 과거를 철저히 희석시켜줬다는 것이다.

정말 오랜만에 만들어진 여성 주도 예능이 첫 회부터 남자 예능인의 여성혐오 발언을 세탁해준다. 이것은 상징적이지만, 〈마녀를 부탁해〉 하나만의 문제는 아니다. 앞서의 팟캐스트 발언이 문제가 된 이후 웬만하면 같이 모이지 않던 옹달샘은 장동민, 유상무 둘이 출연한 〈마녀를 부탁해〉 외에도, 유세윤이 MC로 있는 JTBC 〈비정상회담〉에서 함께 모였으며, 지난 1월 종영한 tvN 〈방송국의 시간을 팝니다〉(이하 〈방시팝〉)에선 마지막 에피소드로 셋이 함께 강촌 1박 2일 여행을 '꽃보다 옹달샘'이라는 제목으로 다녀왔다. 물론 이들 프로그램이 과거 발언에 대한 변명을 대신 해준 건 아니다. 대신 부각되는 건 세 사람의 우정과 의리다. "연예계 대표 절친"으로 소개된 그들은 〈비정상회담〉에서 우정의 가치에 관해 말하고, 〈방시팝〉에선 "옹달샘은 내 미래였고 친구였고 가족이었고 꿈이었다"고 고백한다. 아마 그 우정의 깊이와 소중함은 사실일 것이다. 하지만 바로 그 허물없음으로, 친한 친구끼리 아무 생각 없이 농담이랍시고 했던 말들이 그 바깥의 사람들에게 큰 상처와 모욕을 준 것도 사실이다. 셋 중 누구도 서로를 제어하지 못하고 혐오 발언을 했던 그들이 이제 와서 서로를 "진짜 내 편"이라 칭하고 방송은 자막으로 '진짜 우정 보여준 개그트리오 옹달샘'이라 상찬하는 것은 기만적이다.

시간이 지났으니 이젠 이래도 된다고 생각하는 걸까. 알 수 없다. 대중은 몰라도 방송사는 그들의 잘못을 용서해준 걸까. 그 역시 알 수 없다. 다만 그들은 지난해 4월 사과 기자회견 당시 자숙의 시간을 갖는 대신 "제작진의 뜻에 전적으로 따르겠다"고 했다. 비난하는 대중 대신 제작진과의 관계에 더 집중한 것은 윤리적으로는 몰라도 커리어를 놓고 보면 결과적으로 옳은 선택이었다. 논란 이후에도 유세윤은 여전히 〈비정상회담〉을 진행하며, tvN 〈더 지니어스: 그랜드 파이널〉 최종 우승으로 '갓동민'으로 부활한 장동민은 이후 tvN에서 세 프로그램을 더 했다. 최근 방송보단 사업에 집중하는 듯한 유상무도 CJ E&M에서 새로 런칭한 O tvN 채널에서 〈제다이: 제대로 다루는 이슈〉를 진행했고, 〈드라마톡 금지된 사랑〉을 진행하고 있다. 현재 콘텐츠 파워에서, 특히 예능에서는 더더욱 지상파를 능가한다고 평가받는 CJ E&M과 JTBC의 총애를, 그들은 꾸준히 받고 있다. 새삼스럽게 그들에게 자숙의 시간이 없었다는 걸 비판하려는 건 아니다. 논란이 있든 없든 누군가를 섭외하는 것도 방송사의 고유 영역이다. 다만 과거를 뒤에 두고 아무 일 없었다는 듯이 활동하는 것과, 아예 과거를 지우려는 건 전혀 다른 문제다. 지난 1년 동안 옹달샘의 주요 직장이던 두 거대 방송사는 결과적으로 여기에 동참했다. 의도했다면 윤리적인 잘못이며, 의도하지 않았다 해도 이에 대한 문제의식이 없었다는 점에서 역시 윤리적인 잘못이다.

"그런 말 하다가 잘못됐다"는 장동민의 말은, 그래서 김숙과의 대립 구도를 떠나서도 이미 기만적이다. 방송 스케줄은 딱히 끊긴 적이 없고, 방송사의 시간을 사서 자신들이 노는 모습으로 한 시간을 채워 방송할 수도 있으며, 같은 소속사인 김숙이 합을 맞춰준 덕에 과거에 저지른 잘못을 대충 '물타기'할 수 있다. 대체 무엇이 잘못됐다는 말인가. 옹달샘은 잘못했을지언정 잘못되진 않았다. 지금 옹달샘과 그들이 출연하는 프로그램의 장면 장면은 한국 사회에서 자주 보던 풍경들을 재현한다. 어떤 잘못을 해도 긴밀히 얽힌 카르텔이 있으면 대충 뭉갤 수 있다. 뭉개다 보면 조금씩 잊힌다. 잊히면 미디어의 조력을 받아 잘못 자체를 지우거나 희석해버린다. 이것은, 진실의 문제다. 망각과 권력의 합작으로 진실을 왜곡하는 문제. 앞서의 방송들이 증명하듯, 권력은 이미 저쪽이 가지고 있다. 그렇다면 우리가 할 수 있는 것은 결국 망각하지 않는 것뿐이다. 적어도 방송사처럼 옹달샘의 잘못을 지우는 조력자가 되고 싶지 않다면.

+

과거 옹달샘의 개그를 굉장히 좋아했던 시절이 있다. 이들과 김준호, 김대희 등이 합을 맞춘 하드코어 코미디 〈기막힌 외출〉도 좋아했고, 유세윤의 프로젝트 활동인 UV의 열렬한 팬이기도 했다. 하지만 그들의 재능이 아깝다는 이야기를 하고 싶진 않다. 웃기는 재능이 출중한데 엉뚱한 곳에서 삐끗한 게 아니다. 이젠 방송에서 정치적 올바름에 대한 감수성 역시 중요한 재능이다. 그들에겐 그 재능이 부족했다. 이들을 능력이 뛰어나지만 정치적 올바름이 부족한 개그맨이라 말하는 건 그래서 반쪽짜리 평가다. 이들은 그냥 이 시대 방송인으로서 중요한 능력이 결여된 개그맨이다.

# ‹진짜 사나이› 여군특집은 여성의 패배를 원한다

2016 0308

여군의 성별은 무엇인가. 최근 시작한 MBC ‹일밤: 진짜 사나이› '여군특집'(이하 '여군특집') 시즌 4에서 중대장은 여성 출연자들을 향해 "여자인 척하지 마"라고 했다. 그들은 이미 여성이기 때문에 여성인 척할 수가 없다. 굳이 교정을 해주자면 '여자인 티 내지 마' 정도가 맞겠다. 지난 시즌 1에서도 팔굽혀펴기 도중 무릎을 땅에 대고 "여자는 이렇게 한다"며 울던 맹승지에게 소대장은 "여자가 그렇게 하는 거지 군인은 그렇게 안 한다"고 호통을 쳤다. 하지만 ‹진짜 사나이› 남군 편에서 샘 해밍턴이 훈련을 따라오지 못한다고 해서, 헨리가 병영 생활에 적응하지 못하고 어리바리하다고 해서 누구도 남자 티를 내지 말라고 하진 않는다. 실제 남군에서도 병사를 몰개성화하긴 하지만, 성적 정체성을 문제 삼아 '남자가 그렇게 하는 거지 군인은 그렇게 안 한다'고 하는 교관은 없다. 이미 제목부터 '여군특집'이라며 성별의 특수성을 부각시킨 이 프로그램은, 하지만 또한 실제 여군 간부의 입을 빌려 그들에게 여성이지 말라고 요구한다. 이 뒤틀린 자기모순은, 하지만 최근 시청률 15%를 기록하며 다시금 ‹일밤›의 시청률 보증수표임을 증명한 '여군특집'의 가장 중요한 동력이다.

그동안 '여군특집'이 가진 가학적 성격에 대한 비판은 수차례 있어왔다. ‹아이즈› 역시 시즌 1 당시 "군대나 직장 특유의 조직 문화를 좋아하지 않으면서도 정작 외부에서 들어온 사람이 그것을 모르면 '개념'이 없다 비난하는 모순"을 지적한 바 있으며, 한국 예능 속 여성혐오의 맥락에서 "자의적 기준에 따른 '개념녀'를 걸러낸 뒤 그 기준에 미치지 못한 여성을 죄책감 없이 비난할 수 있는 알리바이를 제공"하는 것이 이 쇼의 가학적 쾌감을 정당화한다고 분석하기도 했다. 이것은 전효성이 팬이 준 치킨을 차마 어쩌지 못해 들고 왔다가 프로그램 안과 바깥에서 '무개념' 논란에 시달렸던 이번 시즌에서도 반복되는 문제다. 하지만 앞서 인용한 이번 시즌 의무학교 중대장의 발언은 프로그램의 좀 더 근본적인 문제를 드러낸다. 여기서 여군이자 '개념녀'가 된다는 건 여성성의 바탕 위에 군인으로서의 정체성을 덧입히는 것이 아니라, 본인의 여성성 자체를 부정하고 거부하는 과정이다.

물론 여성 출연자들 스스로 여자이지 않겠다고 말하는 건 아니다. 대신 나나의 작은 목소리와 고양이 같은 눈빛, 출연자들의 화장, 화려한 옷차림, 부족한 체력 등 군대에서 좋아하지 않는 것들에 여성적이라는 딱지가 붙는다. 그런 면에서, 역대 〈진짜 사나이〉 중 가장 긴 관등성명을 외워야 하는 상황에서 과거 '여군특집'의 관등성명 실수를 리플레이하며 "여군들의 영원한 숙제"라고 자막을 깐 건 극도로 악의적이다. 관등성명은 남군 편에서 박형식도, 샘 해밍턴도, 헨리도 틀렸다. 특히 해당 영상에서 비춘 엠버와 제시는 모두 미국 생활 때문에 다른 출연자에 비해 한국어에 서툰 출연자들이다. 그들이 관등성명을 잘 대지 못한 건, 교포이기 때문이지 여성이기 때문은 아니다. '여군특집'에서 말하는 여성성이란 다른 게 아니다. 모든 실수, 모든 잘못, 모든 미숙함이 여성적인 것으로 규정된다. '여군특집'이 말 그대로 특집이 될 수 있는 건 그래서다. 여성이길 부정하는 과정은 오직 여성 출연자만이 보여줄 수 있다.

역대 최연소 출연자인 트와이스의 다현을 비롯해, 나나, 전효성, 공현주 등 유독 예쁜 여성들이 많이 출연한 이번 시즌이 실사판 ‹뷰티풀 군바리› 같은 건 그래서다. 나나의 민낯을 보고 싶고, 전효성과 함께 샤워하고 싶다는 차오루의 말처럼 이번 시즌 출연자들은 아름다움과 섹슈얼함에 있어 명확한 캐릭터와 강점을 지니고 있다. 물론 이것은 예쁜 여성을 선호하는 한국 예능의 경향이 좀 더 노골적으로 드러난 수준이다. 문제는 쇼의 서사가 그들의 여성성을 끊임없이 부정적인 것으로 몰아가며 자기정체성을 지워가는 방향으로 흐르는 반면, 그 서사를 비추는 카메라는 피사체로서의 예쁜 여성을 바란다는 것이다. 여기에 의무부사관의 특성상 그 어느 때보다 높아진 훈련 난이도는 모든 시즌에서 반복되던 가학적 성격을 한층 업그레이드한다. 그들이 실제 부사관 지원자가 아니라는 가장 기본적인 사실은 언제나처럼 무시되고 남자 교관은 그들의 체력에 혀를 찬다. 이 과정에서 남는 것은 의무부사관이라는 어려운 미션 앞에서도 힘껏 노력했던 한 인간이 아니라, 트레이닝복을 입고 나가떨어진 보기 좋고 비난하기도 좋은 여성의 신체 이미지뿐이다.

다시 말하지만, 이 이미지의 전시는 언제나 시청률이 보장되는 가장 확실한 흥행 공식이다. 이번 '여군특집' 사전 인터뷰에서 나나는 프로그램 출연에 대해 "돈 주고도 살 수 없는 경험"이라고 말했다. 제작진은 한술 더 떠 "황금으로도 못 얻을 군 입대 기회"라고 자막을 달았다. 여성 연예인에게 '여군특집'은 기본적으로 프라임 타임 출연에 시청률까지 보장되는 거의 유일한 기회라는 점에선 틀린 말이 아닐지 모른다. 누군가는 이것을 '윈-윈'이라고 말할지도 모르겠다. 하지만 이것은 남성 출연자 중심의 불평등한 시장이라는 부정의(不正義)를 해소하겠다며, 실질적으로는 여성의 자기부정이라는 부정의를 하나 더 추가

한다는 점에서 '윈-윈'은커녕 언제나 패자일 수밖에 없는 여성 연예인의 자리를 고착화한다. 그래서 강해지라는 교관들의 호통과 빡빡한 훈련에도 불구하고, '여군특집'은 여성의 강인함과 주체성을 가장 철저하게 부정하는 쇼다. 이것이 기만이 아니라면, 대체 무엇이 기만인가. 심지어 한 번의 반성도 성찰도 없이 벌써 네 번째인데.

+

‹진짜 사나이›로 대표되는 한국 예능에서의 여성성에 대한 편견을 깨뜨린 게 ‹진짜 사나이 2›에 출연한 이시영이라는 건 흥미로운 역설이다. 남녀 출연자가 함께 해군 부사관에 도전하는 에피소드에서 이시영은 함께 출연한 남자 출연자들, 심지어 엘리트 체육인 출신인 박찬호마저 때로 압도할 정도의 신체 능력과 에이스로서의 리더십을 보여준 바 있다. 그가 유사 남성의 모습을 보여줬다는 건 아니다. 아마도 이시영의 육체 능력을 이용해 성대결 구도를 만들고자 했을 것 같은 상황에서 이시영은 그들이 원한 남자처럼 강한 여자라는 범주에 만족하는 대신 어떤 전형성에도 속하지 않는 강인하고도 유쾌한 모습을 드러냈다. 여성적이지 않은 게 아니라 새롭게 멋진 여성인 거다. 우리에겐 이런 경험이 더 많이 필요하다.

# 김제동의 공감 토크에 공감하기 어렵다

2016 0321

요즘 김제동의 장르는 토크쇼도, 버라이어티도, 코미디도 아닌, 공감이다. 지난해 5월부터 방영 중인 JTBC ‹김제동의 톡투유: 걱정 말아요 그대›(‹이하 톡투유›)에서 그는 방청객들의 고민을 하나하나 경청하고, 함께 웃거나 안쓰러운 표정을 지으며 함께 이겨내자고 한다. 여기서 언변보다 중요한 것은 공감이다. 김제동은 ‹시사IN› 주진우 기자와 함께 진행한 팟캐스트 ‹제동이와 진우의 애국소년단›(이하 ‹애국소년단›)에서 공감에 대해 “다른 사람의 마음을 상상하는 능력”이라 말한 바 있다. 그가 어떤 사연이 나와도 물 흐르듯 말을 받고 기분 좋게 마무리할 수 있는 건 이러한 능력 덕분일 것이다.

하지만 때로 김제동은 공감의 힘을 너무 과신하다가 정작 상대방의 고민을 제대로 이해할 기회를 놓치기도 한다. 가령 지난 3월 6일 방송에서 남자들만 있는 회사에 다니느라 자신에 대한 호의조차 차별은 아닌지 신경이 쓰인다는 여성 방청객의 사연에 대해, 그는 황정민, 강동원, 소지섭 등과 술을 먹으며 괜히 신경 쓰이던 경험을 이야기했다. 그로선 사연에 공감하기 위해 자신이 겪은 비슷한 경험을 떠올린 것일지 모르지만, 여성 경력 단절이 빈번한 한국에서 여성 노동자가 느끼는 불안감과 잘생긴 사람들 사이에 섞인 김제동의 자격지심은 같거나 비슷하지 않다. 그에 앞서 “남녀 간의 문제는 아닌 것 같다”고 말했지만 앞서 말한 이유로 이것은 명백한 남녀 간의 문제다. 다른 회차에서 못 먹고 못 배운 한을 자식들에게 물려주지 않기 위한 윗세대의 마음을 이야기하던 그는 "세대 갈등 같은 말에 넘어가지 말고 함께 잘 사는 방법을 고민"하자고도 말한다. 다른 세대가 소통하기 위해 서로의 정서를 이해하는 건 분명 공감의 영역이다. 하지만 동시대 세대 갈등의 핵심은 정서적 균열이 아니라 권력과 부동산의 불균형이다. 즉, 공감과 마음가짐만으로 해결될 문제가 아니다.

이러한 진행에서 김제동이 SBS 〈힐링캠프〉에서 스승이라 칭했던 멘토 법륜 스님을 떠올리는 건 어렵지 않다. 법륜 스님은 김제동에게 조언의 방법을 가르치며, 버는 것에 비해 생활비를 적게 주는 남편에게 불만을 느끼던 여성에게 생활비를 주고도 많은 돈이 남는 남편을 둔 걸로 생각하라고 발상의 전환을 요구한 사례를 이야기했다. 김제동보단 덜 친절하지만 해당 문제의 사회적 맥락이나 관계의 불균형을 지적하는 대신 마음가짐의 문제로 치환하고 화해를 도모한다는 점에선 흡사하다. 미움의 대상을 이해하고 마음의 평화를 얻는 것이 무의미한 건 아니다. 다만 시시비비와 책임의 영역은 그것대로 남겨두고, 우선 자신의 상처를 치유하는 차원에서만 그러하다. 이 둘을 뭉뚱그리면 자칫 고민과 상처는 마음을 다스리지 못한 개인의 책임으로 넘어간다. 서로의 고민을 공유하고 공감하고 연대하자는 김제동의 훌륭한 기획은 근본적인 딜레마를 품고 있다.

〈톡투유〉의 모델인 공연 〈김제동 토크콘서트: 노브레이크〉(이하 〈노브레이크〉)에서 관객 사연을 받는 보드에는 "제동이에게 다 이르세요, 무조건 당신 편 돼드립니다"라고 적혀 있다. 그는 한 사람 한 사람에게 무조건 편이 되어줄 수 있을진 모르지만 바로 그 때문에 그 한 사람 한 사람 사이에 벌어지는 갈등에 대해서는 황희 정승 같은 태도를 취할 수밖에 없다. 〈톡투유〉에서 피트니스 클럽 아르바이트 중 관장에게 부당한 업무 지시를 받았다는 학생에게 "그 정도 부탁할 수 있을 만큼 관장이 너를 믿은 게 아니겠느냐"고 말한 것처럼, 심지어 한국을 떠나고 싶다는 젊은이들의 '헬조선' 담론에 대해서도 "왠지 친구 집이 자기 집보다 좋아 보인다"며 다시 한번 문제를 마음가짐의 영역으로 축소한 뒤 "대한민국이라는 긍정적인 기반 위에서 개선책을 찾아가자"며 너무 쉽게 화해를 시도한다. 방청객끼리의 교감과 김제동의 진정성 있는 화법에도 불구하고 이것은 강요된 화해다.

김제동의 진심 어린 응원과 위로, 그리고 화해의 제스처에 그럼에도 쉽게 공감할 수 없는 건 그래서다. 경청과 공감은 사회의 균열과 갈등을 봉합해주는 해결책이 아니라, 제대로 된 소통과 논쟁을 하기 위해 서로의 입장을 충분히 듣고 확인하는 선행 작업이다. "마이크를 청중에게 주는 것은 권력을 청중에게 주는 것을 의미한다. (중략) 민주주의가 별건가? 발언권을 나눠 주는 것"(‹시사IN›)이라는 김제동의 말은 옳다. 다만 민주주의는 그 각각의 발언이 더 나은 결론을 위해 능동적으로 경쟁하고 다투는 과정으로 완성된다. 남성의 기득권에 대한 여성의 불만이, 윗세대의 부동산에 대한 젊은이들의 상실감이, '헬조선'에 대한 정직한 절망이 충분히 이야기되고서야 비로소 강요되지 않은 진짜 화해를 도모할 수 있지 않을까. 물론 ‹톡투유›의 평화롭고 따뜻한 토크와는 거리가 멀겠지만.

+

국가 권력의 부조리함에 대해 몸을 사리지 않고 비판하는 김제동의 활동에 대해서는 항상 멋지다고 생각한다. 하지만 그는 일상에서 벌어지는 미시 권력의 부조리한 풍경에 대해서는 의아할 정도로 공동체 의식으로 봉합하는 경향이 있다. 의도한 건 아니겠지만 이러한 관점에서 일상에서 벌어지는 수많은 가해와 피해, 권력의 불균형은 놀랍도록 평평해진다. 이것은 세상에 대한 온전한 이해도 아닐뿐더러, 그 권력의 피해자들에겐 또 다른 폭력이 될 수 있다. 말을 다루는 장인인 김제동이 언젠가 이 문제까지 고민해주면 좋겠다.

# 〈외모지상주의〉, 대중을 기만하는 1등 웹툰

20160405

"대중들은 지들이 좋아하는 것만 밥상에 올려줘야 먹는당께." 현재 네이버 조회수 1위를 기록 중인 웹툰 〈외모지상주의〉 '축제' 편에서 뛰어난 랩 실력을 지녔지만 못생긴 편덕화 대신 주인공이자 잘생긴 박형석에게 명함을 건네는 대형 기획사 사장은 이렇게 말한다. 제목 그대로 사회에 만연한 외모지상주의를 보여주고 비판하기 위한 이 장면은, 하지만 어떤 면에선 〈외모지상주의〉라는 작품이 실제 대중에게 취하는 태도를 역설적으로 보여준다. 못생기고 힘도 약해 심한 괴롭힘을 당하다가 전학을 선택한 주인공 형석(이하 형석A)이 잠이 들 때마다 잘생기고 강한 육체를 얻어 새로운 형석(이하 형석B)의 삶을 병행한다는 설정에서 출발하는 이 작품은 설정 자체의 통쾌함부터, 다양한 스타일의 꽃미남들, 여성 캐릭터들의 노골적인 노출, 만화 〈홀리랜드〉를 연상시키는 학생 파이터들의 액션, 형석B에 대한 홍재열의 동성애적인 코드, '중고나라'와 아프리카 TV BJ 등의 동시대적인 이슈까지, 다양한 취향을 고려한 요소들로 빼곡하게 채워진 종합선물세트다. 해당 작품을 연재 중인 박태준 작가는 블로그를 통해 "제가 생각하는 만화는 오로지 재미있는 것 하나"라며 대중적인 재미를 가장 고려한다고도 말했다. 이처럼 〈외모지상주의〉는 작품 안에서 대중을 외모지상주의에 빠진 존재들이라 비판하는 동시에, 작품 바깥에선 대중의 사랑을 받는 걸 최우선으로 한다. 이 모순은, 쉽게 봉합되지 않고 삐걱댄다.

작품이 표방하는 외모지상주의에 대한 문제의식, 더 나아가 못생기고 약한 누군가를 짓밟는 폭력의 양상에 대한 문제의식이 거짓은 아닐 것이다. 약자이자 못생긴 형석A를 타깃 삼아 집중적으로 괴롭히는 것은 실제 학교에서도 볼 수 있는 사례다. 비록 형석A가 처음 본 이진성과 김미진에게 커피라도 한잔하자고 무리하게 친한 척을 하다가 진성에게 두들겨 맞는 장면은 상당히 작위적이지만, 벗어날 수 없는 폭력의 굴레에 절망하는 피해자의 심정을 〈외모지상주의〉 초반부는 상당히 밀도 높게 그려낸다. '축제' 편에서 사람들의 편견에도 불구하고 자신의 재능을 믿고 한 걸음 한 걸음 나아가는 덕화의 이야기는, 덕화라는 인간의 강인함을 독자에게도 납득시켰다는 점에서 상당히 훌륭한 에피소드다. 하지만 앞서 말한 〈외모지상주의〉가 품은 모순 안에서 작품의 스토리와 연출은 작가의 좋은 의도를 배신한다. 잘생긴 형석B를 둘러싸고 여성 캐릭터들이 기 싸움을 벌이거나, 형석A이던 시절 자신을 괴롭혔던 진성을 형석B가 싸움에서 꺾는 것처럼, 〈외모지상주의〉의 서사는 기본적으로 복수의 통쾌함에 의지한다. 복수의 주체는 형석A가 아닌 B다. 여기까진 독자에게 문제의식을 전달하는 장치일 수 있다. 문제는 그 이후 형석B를 중심으로 전개되는 이야기가 결국 그와 그의 무리인 진성·바스코(이은태)·재열의 외형적인 매력에 기대고 또한 이를 강화하는 방식으로 이어진다는 것이다. 다시 말해 〈외모지상주의〉는 외모지상주의에 찌든 세상을 비판하는 소위 '사이다'의 쾌감을, 정작 외모가 우월한 인물들의 매력으로 전달한다.

학교 폭력을 비판하는 〈외모지상주의〉가 결과적으로 학교 '일진'을 미화하는 것도 같은 맥락이다. 다른 동네 '일진'에게 중고 거래 사기를 당하고 얻어맞기까지 한 친구를 위해 형석B·진성·바스코가 출동하는 '중고라나' 에피소드는, 주인공들의 싸움이 방어적이었다는 것을 고려하더라도 그들의 싸움을 멋있는 것으로 묘사하고 그 승리를 만끽한다는 점에서 결국 폭력을 미화했다는 혐의를 받는다. 물론 이것은 기존의 학원 액션 만화인 <짱>, <크로우즈> 등에서도 반복됐던 문제지만, 이들 작품은 최소한 학교 대 학교의 '일진' 대결로만 이야기를 축소해 장르적 문법과 만화 바깥의 현실을 분리시켰다. 작품의 출발부터 부당한 폭력의 피해자를 중심에 놓았던 <외모지상주의>의 '일진' 미화가 훨씬 기만적인 건 그래서다. 역시 학교에서 잘나가는 아이들을 그리지만, 좋아하는 아이에게 고백했다가 차이고 다른 학교 아이들에게 시비 걸다가 두들겨 맞고 치아가 부러졌던 <패션왕>의 비루함과 비교해 <외모지상주의>의 폭력 묘사는 통쾌하고 스타일리시하게 묘사된다. 과거 사이코패스 스릴러 <우월한 하루>를 연재했던 팀 겟네임의 김칸비 작가는 "살인마인 권시우를 다른 캐릭터에 비해 너무 잘생기게" 그린 것을 후회하며 "누군가 작품 속의 악인을 보고 멋있다고 느끼면 곤란하다"고 말한 바 있다. 비주얼 매체인 만화 안에서 대상을 어떤 느낌으로 그리거나 연출하느냐는 그 자체로 하나의 메시지로 기능한다.

안타까운 건, 이러한 모순을 억지로 봉합하는 과정에서 작품의 윤리적인 결함이 더욱 도드라진다는 것이다. 작가는 형석B가 형석A로서 겪었던 여러 폭력과 억울함을 우월한 외모와 정의로운 폭력으로 해결하는 것을 정당화하기 위해, 끊임없이 그 반대편을 그렇게 당해도 싼 존재들로 납작하게 그려낸다. 형석A가 버스 옆자리에 앉으려 하자 젊은 여성이 혐오스러운 표정을 짓는 장면 같은 것은 사실 극단적이다 못해 역으로 여성에 대한 편견을 강화하는 수준이며, 형석A와 어머니가 백화점에서 산 옷을 환불하러 갔다가 오히려 직원들에게 모욕을 받자 백화점 오너의 아들인 재열이 끼어들어 백배사죄를 받는 모습은 네이트 판에서 종종 보는 자작 '사이다 썰' 수준이다. 이것은 혐오의 정당화다. 작가가 정말로 혐오 정서를 가지고 있는지는 알 수 없다. 단지 징벌적인 쾌감도 버릴 수 없고, 독자의 눈을 즐겁게 해줄 미남 미녀도 포기할 수 없다. 그러니 박하늘이 형석B를 유혹하기 위해 파인 옷을 입고 가슴을 모으는 명백한 독자용 서비스 컷을 그리는 동시에, 그런 하늘을 얼굴만 밝히는 생각 없는 여자애로 묘사하는 분열적인 입장을 취하게 된다.

박태준 작가가 말하는 "오로지 재미있는 것 하나"의 의미가 무엇인지, 그가 생각하는 대중을 만족시키는 방법이 궁금한 건 그래서다. 불특정 다수의 취향을 만족시키기 위해 다양한 장르적 재미를 동시대 이슈 안에 효과적으로 엮어낸다는 점에서 <외모지상주의>는 지금까지 웹툰 장르 안에서 축적된 재미의 공식을 집대성한 완전체처럼도 보인다. 하지만 그는 또한 취향과 상관없이 다수의 사람들이 자의로든 타의로든 억누르는 혐오와 징벌의 정서를 저인망으로 긁어 끄집어낸 뒤 서사적인 트릭으로 쉽게 정당화한다. 대중을 위한 작품을 만드는 것과 대중에게 가장 쉽게 먹힐 얄팍한 쾌감을 제공하는 것은 전혀 다른 영역이다. 후자야말로 대중을 "지들이 좋아하는 것만 밥상에 올려줘야 먹는" 존재로 규정하는 것이다. 그럼에도 이 작품은 절대적인 플랫폼인 네이버 웹툰에서 최고의 성적표를 기록하고 있다. 이것은 대중의 승리인가 패배인가. 이 작품의 인기가 부당하다고, 대중이 속고 있다고 말하려는 건 아니다. 다시 말하지만 이 작품은 사람들이 좋아할 만한 많은 것을 품고 있다. 다만 좋아하는(like) 것과 좋은(good) 것은 다르다. <외모지상주의>는 좋은 작품이 아니다. 그걸 혼동한다면, 그건 이 작품의 옳은 척에 속는 게 맞다.

+

여전히 ‹외모지상주의›는 압도적인 조회수를 자랑한다. 십대들에게 이 작품의 영향력은 아마 기성세대의 예상 이상일 것이다. 하지만 과거 어른들이 우리에게 그러했듯, 이러이러한 만화는 정신건강에 안 좋으니 보지 말라고 말하고 싶진 않다. 작가에게 표현의 자유가 있는 것처럼 독자들에겐 자신이 좋아하는 작품을 선택할 자유가 있다. 내가 비판적 비평을 쓰는 이유는 여기에 있다. 보지 말자는 게 아니라 마음껏 보되 그들이 무엇이 문제인지는 인식하고 볼 수 있도록 하는 것이 표현의 자유, 구독의 자유를 해치지 않으면서 정치적 올바름을 모색하는 길이라고 생각한다.

# 최진기의 조선미술사 강의는 왜 잘못됐는가

2016
0609

과욕이었다. 지난 5월 19일과 26일에 방영된 O tvN ‹어쩌다 어른› 조선미술 강연에서 인문학 스타 강사 최진기는 조선 화가 장승업의 '군마도'와 '파초 그림'을 소개했다. 그가 장승업의 천재성을 극찬하며 소개한 이 두 작품은, 하지만 전혀 다른 이들이 그린 그림이라는 게 밝혀졌고, 이에 프로그램 제작진은 공식적으로 사과했다. 실수의 핵심은 본인의 전문 분야가 아닌 영역까지 다뤘다는 것이다. 사회학과 출신이자 애널리스트이기도 했던 그는 역사, 윤리, 철학, 경제학을 가로지르는 박학으로 수학능력시험 사회탐구영역에서 가장 독보적인 강사로 군림해왔다. 하지만 미학과 미술사 영역의 조선미술은 훨씬 세분화된 전문 영역이다. 이것은, 과욕이다.

인문학 강사로서 최진기의 강점은 이미 수험생을 대상으로 한 강의로 엄청나게 훈련되고 검증된 지식소매상이라는 것이다. 다수 강연을 기획해온 강연 관계자는 "최근 40대의 필독서는 ‹지적 대화를 위한 넓고 얕은 지식›이다. 그만큼 지식에 대한 요구가 높다. 그런 면에서 넓으면서도 깊은 콘텐츠를 지닌 최진기는 강연 시장에서 인기가 높을 수밖에 없다"고 진단한다. 지난해부터 JTBC ‹썰전› 2부에 최진기를 섭외한 김은정 PD 역시 "‹썰전› 2부를 새로 기획할 때 경제 이슈를 학문적으로 분석하기보다는 좀 더 폭넓은 문화적 맥락에서 이야기할 수 있길 바랐기 때문에 처음부터 경제학의 석학보다는 대중과의 소통 능력을 지닌 분들 위주로 미팅했다"고 밝혔다. 스토리텔링이 더해진 그들의 쉽고 재밌는 박학의 전시는 한정된 강연 시간 안에 듣는 이에게 지적 포만감을 안겨주기에 적격이다. 이것은 최진기 본인에게도 중요한 명분이다. tvN 내부 관계자는 "최진기, 설민석 선생은 사실 이미 자기 분야에서 부와 명예를 다 얻은 분들이다. 그들이 굳이 방송까지 나와 성인 대상 강연을 하는 건 좀 더 많은 이들에게 본인들의 지식을 전해주고 싶다는 명분 때문이다"라고 말한다. 실제로 최진기는 〈어쩌다 어른〉에서 새로운 교육 패러다임에선 창의성이 중요하며 그것을 기르는 길은 결국 인문학임을 강조한다.

문제는 대중을 대상으로 창의성을 자극하는 인문학 강연의 기획과 쉽고 재밌는 지식 전달의 방법론이 종종 충돌한다는 것이다. 가령 최진기는 보드리야르의 〈시뮬라시옹〉을 소개하면서 "아주 간단하다"는 말과 함께 실체보다 실체의 카피인 이미지가 중요한 시대임을 광고 이미지와 연결해 이야기한다. 하지만 실제 〈시뮬라시옹〉의 통찰은 TV를 비롯한 미디어의 범람 안에서 우리가 실체라 믿는 것이 실은 실체로부터 파생된 이미지의 세계라는 것까지 나아간다. 그 사상의 모험을 좇는 건 결코 간단하지 않다. 최진기의 설명이 틀린 건 아니다. 입시 강의라면 알기 쉬운 요약을 통해 답을 고르게 하면 충분하다. 다만 창의력과 통찰력은 오히려 간단하게 요약되지 않는 사유의 확장성에 있다.

최근 문제가 된 〈어쩌다 어른〉의 조선미술사 특강은 재밌는 콘텐츠였는데도 이러한 기획과 방법론의 균열이 심각하게 드러난 사례다. 장승업의 '군마도' 진위 여부 때문만은 아니다. 최진기는 조선미술의 탁월함을 쉽게 이해시키기 위해 서양의 시선으로 조선미술을 보는 것이 문제라는 전제 위에서 이야기를 진행했고, 결과적으로 서양미술을 상당히 왜곡했다. 그는 눈에 보이는 대로 그리는 서양미술과 정신을 담는 조선미술을 구분하기 위해 원근법이 강조된 르네상스 회화와 중요 인물을 크게 그린 김홍도의 '서당'을 대비한다. 하지만 서양 역시 르네상스 이전 눈에 보이는 대로 재현하기보다 기독교적 정신을 담고 중요한 인물을 크게 그리던 시기가 있었다. 서양미술은 단순한 재현의 미술이 아니며 재현과 표현의 변증 위에서 변주됐다. 또한 신윤복이 자부심을 드러내는 방식을 강조하기 위해 벨라스케스의 '시녀들'이 화가 본인을 강조한 작품이라 말한 것도 명백한 왜곡이다. '시녀들'이 특별한 것은 화가가 자신을 앞에 드러내서가 아니라, 왕과 왕비를 자기 뒤편의 거울에 비추며 회화의 평면적 한계를 극복해내기 때문이다. 심지어 그는 전문 분야인 철학에서도 실수하는데, 서양적 사고를 설명하기 위해 데카르트의 "나는 생각한다, 고로 존재한다"는 명구를 인용하면서 그것이 '나'를 강조하는 존재론이라 말한 건 '외않되?'만큼이나 틀린 말이다. 나와 대상을 구분하는 서구의 근대적 사고는 존재론이 아닌 인식론이며, 바로 존재론에서 인식론으로의 전환을 대표하는 것이 그가 인용한 데카르트의 명구다. 쉽고 빠르게 대중에게 조선미술의 위대함을 알리겠다는 선의 안에서 의도적으로 서구의 관점을 단순화하다가 많은 것이 생략되거나 왜곡된 것으로 보인다. 그런 면에서 이번 장승업 도판 관련 실수는 너무 뚜렷해 쉽게 수정될 수 있다는 점에서 차라리 나아 보인다.

다시 말하지만 이것은 과욕이다. 하지만 이것을 최진기 개인의 욕심과 한계일 뿐이라고 말할 수 있을까. 최진기는 〈어쩌다 어른〉의 다른 강연에서 "현대 인문학은 시장과 결합하지 못하면 살아남지 못한다"고 말한다. 대중을 대상으로 한 인문학 강연 시장에선 사실이다. 당장의 유용함과는 거리가 멀어 대접을 못 받던 인문학이 잡스와 주커버

그 때문에 다시 주목받지만, 또한 그 때문에 인문학의 유용함과 효율성이 강조되는 아이러니. 하지만 조선미술에 대한 개괄적 이해를 도모하고 자부심을 찾기 위해, 그 반대편에 대한 잘못된 이해가 병행된다면 과연 이 인문학적 교양이 우리 삶을 풍성하게 혹은 올바르게 이끌어준다고 말할 수 있을까. 그래서 지금 최진기라는 강사의 부각과 한계는 지금 지식에 대한 사회의 욕망이 어떻게 뒤틀려 있는지 보여준다.

과연 그들이, 혹은 우리가 원하는 것은 무엇인가. 쉽고 빠르게 이해하고 써먹을 수 있는 지식인가? 좋다. 인생을 바꿀 만한 새로운 관점과 창의력을 얻고 싶은가? 그것도 좋다. 하지만 두 가지가 동시에 가능하길 바란다면, 그것이야말로 과욕이다.

+

최진기의 박학을 부정할 생각은 없다. 그의 뛰어난 요약 능력도 인정한다. 하지만 다양한 분야를 폭넓게 다룬다는 것과 다양한 분야를 통달하는 건 전혀 다른 영역이다. 강연 인문학 시장이 후자의 이미지를 파는 건 굉장히 우려되는 부분이다. 수많은 오해와 잘못된 정보, 왜곡된 인식이 별다른 검증 과정 없이 지식으로 유통되는 건 어떤 선의에서든 해악이 맞다. 강연 인문학의 효과를 부정하고 싶진 않으며 없어져야 한다고 생각하지도 않는다. 다만 그렇기에 더더욱 이에 대한 지식인 사회의 지속적인 피드백과 딴죽걸기가 필요하다.

# 걸 그룹 극한 직업

2016 0628

지난해 12월, ‹아이즈›는 Mnet ‹프로듀스 101› 예고 무대를 보고 다음과 같은 기사를 냈다. "‹프로듀스 101›, 2016년은 더 지옥일 거야." 그리고 딱 반년이 지난 지금, 이것은 걸 그룹 시장에 대한 불길한 예언처럼 읽힌다. 시장이 불황이라는 뜻은 아니다. 오히려 바로 그 ‹프로듀스 101›을 통해 '꿈을 꾸는 소녀들'의 서사를 품고 데뷔한 I.O.I와 역시 같은 방송사의 서바이벌 프로그램 ‹식스틴›으로 데뷔한 트와이스, 초기 소녀시대의 느낌을 재현한 여자친구 등의 등장으로 간만에 이 시장은 엔터테인먼트 이슈의 중심이 되었다. 소위 '아재팬'의 유입과 함께 팬덤의 전체 크기 역시 더 커졌다. 하지만 이처럼 이목이 집중된 상황에서 걸 그룹이 지난 반년 동안 겪어야 했던 일들을 짚어보자. 지난 1월 트와이스 멤버 쯔위는 MBC ‹마이 리틀 텔레비전› 인터넷 방송에서 대만 국기를 흔든 것 때문에 사과 동영상을 찍어야 했다. KBS는 설 특집 프로그램 ‹본분 금메달›을 통해 걸 그룹의 본분인 이미지 관리를 얼마나 잘하는지 확인하겠다며 걸 그룹의 몸무게를 공개하고 모형 바퀴벌레로 놀라게 했다. 온스타일 ‹채널 AOA›에서 안중근 의사의 얼굴을 알아보지 못했던 설현과 지민은 이후 쇼케이스에서 눈물의 사과를 했다. 그리고 이번 주엔 걸 그룹 멤버들이 잘 먹는 모습까지 보여줘야 하는 JTBC ‹잘 먹는 소녀들›이 방영을 앞두고 있다.

사후적인 구성일지도 모른다. 앞서 말한 기사는 사실 걸 그룹에 관한 것이 아니었다. '지옥'이란 표현을 쓴 건 "다른 참가자들을 어떻게든 떨어뜨리는 것은 필수"인 "더 힘센 쪽에서 만든 이 ‹헝거게임› 같은 경쟁의 룰" 때문이었다. 하지만 ‹헝거게임› 같은 각자도생의 게임이 문제인 건 모두가 공평하게 이 지옥에 참여해서만은 아니다. 모두가 각자 살아남아야 할 때 더 많은 짐과 고통을 감수해야 하는 것은 결국 약자다. 딱히 내 잘못이 아니어도 사과해야 하고, 큰 잘못이 아니어도 백배사죄해야 하고, 웃으라면 웃고, 먹으라면 먹어야 한다. 이들 사건과 별개로 SBS ‹백종원의 3대천왕›이나 JTBC ‹아는 형님› 같은 프로그램에서 걸 그룹 멤버들을 불러 예쁜 배경처럼 활용하는 것은 현재 방송 시장의 계급도에서 걸 그룹이 속한 위치를 가시적으로 보여준다. 최근 JTBC ‹냉장고를 부탁해›에서 MC 김성주는 게스트인 트와이스의 정연과 쯔위, 피에스타의 차오루를 이렇게 소개했다. "제작진이 (셰프들을 위한) 큰 선물을 준비했습니다." 손님이 아닌, 선물.

물론 아이돌 산업은 기본적으로 판타지라는 재화를 제공하는 방식으로 시장을 유지한다. 얼마 전 KBS ‹해피투게더 3›에 I.O.I와 함께 출연한 S.E.S 출신 바다는 "걸 그룹 자체의 본질은 사람들에게 행복과 기쁨을 주는 존재"라고 말하며 I.O.I를 격려했다. 하지만 바다의 속 깊은 조언에도 불구하고 이날 방송은 의도치 않게 보이 그룹과는 다른 걸 그룹만의 기묘한 잣대를 드러냈다. 해당 방송의 제목은 '옛날 언니 VS 요즘 동생'이다. 대결 구도가 문제인 건 아니다. 보이 그룹은 데뷔할 때도 오빠이고, 젝스키스처럼 십수 년 만에 재결성을 해도 오빠다. 오빠는 나이가 아닌 계급이라는 이야기도 있지만, 보이 그룹은 명맥을 유지한다면 오빠이자 말 그대로 우상(idol)일 수 있다. 걸 그룹은 다르다. S.E.S가 그러하듯 그들은 요정에서 어느 순간 탈락하며 옛날 언니가 된다. 그 자리는 요즘 동생이 채운다. 1990년대 후반부터 본격화된 아이돌 시장의 역사는 해를 거듭할수록 수많은 오빠들을 누적해왔지만, 반대로 수많은 요정을 탈락시키고 그 자리에 더 어리고 더 귀여운 존재들을 채워 넣었다. 적용되는 경쟁의 규칙 자체가 다르다. 살아남기 힘들수록, 감내해야 할 것은 더 늘어난다.

〈프로듀스 101〉의 국민 프로듀서 시스템 이후 대거 '아재팬'이 유입되고 걸 그룹에 대한 팬덤의 간섭이 심해진 건 그래서 무시할 수 없는 신호다. I.O.I 데뷔가 확정되자 디시인사이드의 김세정 갤러리에서 그를 위한 소위 '조공'을 준비하면서 "처음부터 비싼 거 쓰면 버릇 나빠진다"고 여론을 모은 건 유명한 일화다. 러블리즈는 지난 3월 한 대학 행사에서 이벤트에 당첨된 남성의 기습적인 강제 포옹을 당했으며, 에이프릴은 5월에 방영한 국방TV 〈위문열차〉에서 한 군인이 동의 없이 허리에 손을 두르는 걸 참고 브이를 그려야 했다. 바다의 말처럼 걸 그룹은 행복과 기쁨을 주는 존재일지 모른다. 그들에게 세상은 위문열차 같은 무대다. 이것은 서로 합의된 시장의 본질이다. 문제는 이 위문열차에 마음대로 난입해도 된다는 믿음, 그럼에도 걸 그룹은 순종해야 한다는 믿음이다. 그나마 체계화된 작업인 방송에서조차 그들이 아저씨 방송인의 애교 자판기처럼 활용되는 상황에서, 이 뒤틀린 믿음으로부터 걸 그룹을 지킬 정서적 안전망은 거의 없다고 봐도 무방하다.

그래서 지금의 걸 그룹은, 아이돌이 아니다. 우상이 아니라는 점에서 그렇다. 그들은 동경받기 위해 판타지를 유지하는 것이 아니다. 눈 밖에 나지 않기 위해 웃어야 한다. 연예계는, 특히 아이돌 시장은 당사자들의 수많은 감정노동으로 지탱되고 있지만, 걸 그룹은 유독 그 노동에 대한 존중을 받지 못한다. 아니 존중받지 않는 것이, 지금 이 극한 직업의 본질이자 그들의 역할이 되어버렸다. 기브 앤드 테이크의 세상에서 그들이 받아들인 삶이라고 말할 수도 있다. 그래도 살아남으면 행사와 광고로 적지 않은 돈을 벌 수도 있다. 그거면 된 걸까. 안전망 없는 경쟁에서 살아남기 위해 무엇이든 해도 된다고, 혹은 무엇이든 포기해도 된다고 말하는 세상은 과연 지옥 같지 않은 곳이라고 말할 수 있을까. 2016년이 딱 절반 지난 지금, 소녀들이 경험하는 세상은.

+

아주 적절하진 않지만, 이렇게 비유해보자. 어쩔 수 없이 위험을 부담해야 하는 작업이 있다. 그 작업에는 당연히 위험에 비례하는 돈이 지급된다. 그렇다면 돈을 많이 주는 것으로 위험에 대한 보상이 되었으니 가능한 안전망을 더 고민하지 않아도 되는 걸까. 어떤 직업이든 위험으로부터, 위협으로부터, 모욕으로부터 안전할 권리가 있다. 유독 쇼 비즈니스에서만, 특히 걸 그룹에 대해서만 이걸 인정하지 않으려는 이유를 나는 정말 모르겠다.

# 〈아는 형님〉, 아재들을 위한 야자타임

2016
0809

JTBC 〈아는 형님〉에서의 강호동은 최근 몇 년을 통틀어 가장 거침없어 보인다. 조심스러울 수밖에 없었던 복귀 초기나 멤버와 스태프들에게 면박을 당하던 tvN 〈신서유기〉까지 갈 것도 없다. 당장 지난해 12월 〈아는 형님〉 첫 화에서 그는 멤버들에게 옛날 사람 취급을 받았고, 그때마다 상대방에게 미래형 진행을 해보라며 토라졌다. 하지만 프로그램 포맷이 교실을 배경으로 한 역할극으로 바뀌면서 강호동의 목소리는 본인이 진행을 하지 않을 때도 걷잡을 수 없이 커졌고, 주먹질이나 협박 같은 위협적인 행동은 전성기 KBS 〈해피선데이: 1박 2일〉 때보다 많아졌다. 오랜 짝패인 이수근에게 발길질을 시도하는 건 기본이고, 최근 '러블리즈 편'에선 약속에 늦은 여자친구를 기다리는 상황극 중 상대인 케이에게 "죽고 싶어?"라는 말과 함께 때리는 시늉을 하기도 했다. 강호동 특유의 파이팅만으로 설명할 수 없는 이런 변화는 〈아는 형님〉이라는 프로그램의 특수성을 단적으로 보여준다. 무슨 멘트든 필터링 없이 던지고 자기들끼리 낄낄대는 〈아는 형님〉의 분위기 안에서 그는 마음껏 힘세고 목소리 큰 형님 역할을 할 수 있다. 아니 더 정확히 말해, 그래도 된다. 여기서는.

서장훈과 이상민의 이혼, 이상민의 빚, 이수근의 도박 문제 등 멤버들의 유쾌하지 않은 개인사는 〈아는 형님〉의 단골 레퍼토리다. 강호동의 세금 미납이 적극적으로 다뤄지진 않지만 〈신서유기〉가 그러했듯, 그들의 대화나 콩트에는 켕기는 이들의 공모의식이 깔려 있다. 다만

‹신서유기›가 형식적으로나마 죄 사함을 받기 위한 여정이었다면, ‹아는 형님›은 쓰린 과거사를 까발리는 것으로 마치 모든 행동에 대한 면죄부를 받은 듯한 분위기를 만든다. 좀 더 정확히 말해 프로그램 스스로 '무근본 드립'이라고 할 만큼 모든 걸 내려놓은 이들의 '아무 말' 잔치에 가깝다. 가령 트와이스의 쯔위를 좋아한다고 말하면, '쯔빠(쯔위 빠)'다, 라면서 "쯔빠 쯔빠 쯔빠 쯔빠 우렁찬 엔진 소리"(이수근) 식의 애드리브가 나온다. 정제되지 않은 소란스러움이 ‹아는 형님›의 재미 포인트인 건 사실이지만, 그 때문에 수위 문제도 자연스레 따라온다. 자신이 그 경리가 아니라는 나인뮤지스의 경리에게 김희철은 "재미 더럽게 없네"라고 거친 말을 하고, 서인영과의 말싸움에서 민경훈은 "지루하다"는 말에 "'지루'라고?"라며 야한 농담으로 이어갔다. 종합편성채널 중 젊은 시청자들을 타깃으로 세를 넓혀온 JTBC 예능이자 국민 MC였던 강호동이 출연하는 15세 이상 시청 예능으로서 이들 발언은 아슬아슬하다기보다는 이미 선을 넘어섰다. 최근 프로그램의 인기와 시청률, 그리고 화제성이 높아지면서 막말과 '섹드립'의 수위에 대한 지적이 나오는 건 당연한 결과다.

하지만 ‹아는 형님›의 진짜 문제는 발언의 수위가 아니라 그런 발언을 정당화하는 방식이다. 현재 막말 캐릭터로 가장 자리 잡은 김희철은 "가요계에 선후배가 어딨어, 잘나가면 선배지"라고 했다가 비난을 받자 "이러자고 나 부른 거 아니야?"라고 당당히 되물었다. 우리끼린 합의가 끝났다, 받아들이고 말고는 너희의 선택이라는 것이 ‹아는 형님›의 기본 태도다. 이것은 전형적인 커뮤니티의 방식이다. 아주 높지도 낮지도 않은 3%의 시청률과는 별개로 남성 중심의 인터넷 커뮤니티에서 '남초 예능'으로서 마니악한 인기를 끄는 건 이와 무관하지 않다. ‹아는 형님〉과 그 팬덤에게 이 모든 건 자기들끼리 보고 듣고 즐기는 걸로 끝나는 한 판 난장일 뿐이다. 이런 태도는 여성 게스트를 대하는 방식에서 극대화된다. 단순히 아무 말이나 던져서만은 아니다. 10대 걸 그룹이든 서인영이나 제시 같은 '센 언니' 캐릭터든, 〈아는 형님〉이 짜놓은 역할극의 규칙에 동의하는 방식으로만 함께할 수 있다는 것이야말로 다분히 커뮤니티적이다. 물론 트와이스도 센 척하며 '형님'에게 반말을 할 수 있고, 경리는 야한 농담을 던질 수 있으며, 씨스타는 PD에게 뿅망치를 휘두를 수 있다. 하지만 이 모든 행동은 어린 여자들과 야자타임을 즐기는 '형님'들을 위한 판 위에서 벌어진다. KBS 〈해피투게더 3〉의 엄현경처럼 자신이 동의할 수 없는 영역에 선을 긋는 건 아예 불가능한 무대다.

최근 방영되어 〈아는 형님〉 팬들에게 '노잼'으로 찍힌 '러블리즈 편'은 그래서 러블리즈에 대한 비난 여론과는 달리 역설적으로 이런 커뮤니티 정서 예능의 한계를 드러낸다. 사실 러블리즈는 열심히 했다. 베이비소울은 귀신 목소리도 냈고, 지수는 해파리 흉내를 냈으며, 지애는 김희철이 시키는 대로 "밤새도록 돌아가는 관람차"를 불렀다. 다만 여전히 예능에서의 역할극과 실제 10대 소녀 사이의 괴리를 좁히지 못해, 함께 교복을 입고 수련회에 가서 동년배처럼 놀고 싶은 아저씨들의 판타지를 충족시키지 못했을 뿐이다. 케이는 상황극에서 귀여운 연하 여자친구 역할을 애교와 함께 보여줬지만, 강호동이 무서운 얼굴로 주먹을 휘두르려 하자 그대로 주저앉았다. 경리나 제시, 소녀시대의 써니였다면 달랐을지도 모른다. 하지만 이것은 자기네 룰 안에 대상을 욱여넣고 동참하길 강요하는 〈아는 형님〉의 근본적 한계이지, 게스트의 문제가 아니다. 러블리즈에 대한 비난 여론은 그래서 이 프로그램의 폐쇄성을 여실히 드러낸다. 보거나 보지 않거나, 출연하거나 출연하지 않거나.

마니아 예능의 한계를 드러냈던 것이 ‹아는 형님›만은 아니다. 다만 이 좁은 세계를 지배하는 힘은 마니악한 취향이 아니라 아저씨들의 실재하는 권력이다. 멤버들과 제작진끼리 합의된 카르텔인 동시에, 그 바깥에서 함께 웃고 동참하는 특정 연령대 남성 시청자들과의 카르텔일 수도 있다. 그 안에서 그들은 여성 게스트를 불러 야자 타임을 하고 야한 농담을 하거나 요구하며, 때론 막말과 폭력적인 위협도 서슴지 않는다. 다시 말하지만, 여기선 그래도 된다. 정확히는 그래도 된다고 그들은 믿는다. 이 프로그램을 단순히 TV 속의 무해한 역할극으로 볼 수 없는 건 그래서다. ‹아는 형님›은 그 내용상의 저열함과 확장성의 한계에도 불구하고, 어떤 면에서는 한국 아저씨 사회에 대한 생태 탐구처럼도 보인다. 보편적인 올바름보다는 자기들끼리 만든 내부 규칙이 중요하며, 바깥의 시선이야 어찌 됐든 자기들끼리 신나면 그만이다. 그 한 판 난장이 주는 후련함과 쾌감이 있을 수 있다. 하지만 마음껏 놀아도 된다는 것이 부끄러움 없이 바닥을 드러내도 된다는 뜻은 아니다. 사실 그것을 혼동하는 것이야말로 아저씨 사회를 가장 적절히 반영하는 것이겠지만.

+

‹아는 형님›의 음험하고 폭력적인 태도가 꼭 젊은 여성만을 향하는 건 아니다. 이 글을 쓰고 몇 달 뒤 샤이니의 태민이 출현하자 그의 ‘여성스러움’을 놀림감 삼아 끊임없이 찧고 빻았다. ‘여성스러움’이라는 범주 자체가 허구적일뿐더러, 누군가의 무해한 정체성을 조롱한다는 것은 얼마나 저열한가. 왜 ‘형님’들은 그렇게 노는 방법밖에 모르는가.

이것은 꼭 프로그램만의 문제는 아닐 것이다. 세 명 이상만 모이면 그 중 하나를 후려치는 걸 안주 삼아 술을 마시는 한국 남성 커뮤니티 특유의 폭력성은 이제 남성들 자신의 더 나은 삶을 위해서도 각각에게 거부되어야 한다. 솔직히, 그렇게 재밌는 거 아니잖아.

# ‹미운 우리 새끼›, 아버지 없는 가부장 예능

2016
0908

SBS ‹다시 쓰는 육아일기! 미운 우리 새끼›(이하 ‹미운 우리 새끼›)에 출연하는 남성들은 어머니들에겐 여전히 미숙한 아들이다. 파일럿 방송 당시 생후 581개월로 소개됐던 김건모는 정규 편성 첫 화에선 생후 583개월로 더 성장했지만, 여전히 어머니 이선미에게는 밤새 술 마시고 늦게 일어나 라면으로 해장하는 딱한 아들이다. 박수홍의 어머니 지인숙은 하루 종일 소파에 누워 TV만 보는 아들이 안쓰럽고 못마땅하다. 김제동은 어머니 박동연에게 항상 자랑스러운 아들이지만, 혼자 부엌에 서서 밥을 먹는 모습에 어머니는 눈시울을 붉힌다. 그나마 개인주의자에 가까운 허지웅의 어머니 김현주도 아들의 마른 몸이 걱정이다. 이 모든 것을 더한 것보다 더 크고 공통적인 걱정은 그들 모두 결혼하지 않은 상태라는 것이다. 이혼을 경험한 허지웅을 제외한 나머지 출연자 어머니들의 대화는 MC 신동엽의 말처럼 '기-승-전-결혼'으로 이어진다.

성인들의 일상을 어머니가 감시하고 참견하는 것은 분명 과하다. 단지 아직 결혼을 못 하거나 안 한 아들에 대한 어머니들의 선의로 이해될 수 있을 뿐이다. 하지만 진짜 문제는 오히려 여기에 있다. 비혼을 삶의 한 방식이 아닌 결핍으로 이해한다는 것. 파일럿 에피소드의 제목은 '아들아, 장가 좀 가자'였다. 물론 결혼에 대한 압박은 아들 딸 성별을 가리지 않는, 부모들의 흔한 레퍼토리지만 ‹미운 우리 새끼›가 더 문제적인 건, 아내가 챙겨주지 않기 때문에 어머니의 돌봄이 필요하다는 암묵적 전제에 기대고 있기 때문이다. 어머니들의 걱정은 그래서 필연적으로 자신들의 역할을 대체해줄 며느리에 대한 요청으로 이어진다. 이선미는 며느리의 이상형으로 "결혼하면 일을 접고 애를 셋 낳을 것"이라 발언한 적 있는 성유리를 꼽고, 김건모의 소개팅 상대로 아나운서가 나오자 "(일을) 그만두면 된다"고 말한다. 여기서 아들의 아내란, 자기 대신 아들의 집안일을 해주는 사람이다. 단순히 아들의 짝을 원하는 게 아니라, 전통적인 가족 내 성역할을 지정한다는 면에서 이것은 다분히 가부장적인 태도다.

이 쇼를 단순히 모자 관계에 대한 관찰기나 극성 엄마의 오지랖으로만 볼 수 없는 건 이 지점이다. 〈미운 우리 새끼〉의 세계를 지배하는 건, 극성스러운 어머니가 아니라 부재하는 아버지다. 가부장제의 상징적인 지배자라는 점에서 그러하다. 융통성 있게 "처가살이도 좋으니" 결혼만 하면 좋겠다는 박동연이나 아무라도 결혼만 하면 좋겠다는 지인숙조차 연상 며느리에 대해선 부정적인 태도를 보인다. 이미 나이 지긋한 아들을 둔 그들에게 아들보다 연상인 며느리는 "아이를 못 낳으니까"(이선미) 받아들일 수 없다. 그에 반박하는 신동엽조차 70세에도 아이를 낳은 사례가 있다고 말할 뿐이다. 아이를 낳는 건 선택의 문제이며, 특히 임신은 당사자인 여성의 결정권이 중요하다는 건 고려되지 않는다. 이처럼 프로그램은 마치 모자지간이라는 가장 원초적인 유대관계와 모정이라는 보편적 가치를 보여주는 듯하지만, 실질적으로는 가부장제를 재생산한다. 좀 더 정확히는, 가부장제의 낡고 불평등한 규칙이 마치 모자 간 인륜에 자연스럽게 따르는 것처럼 착시를 일으킨다. 박동연은 "네(김제동)가 행복하면 내가 행복"하다고 진심으로 말하지만 뒤이어 "2세는 언제 볼지 암담"하다고 말한다. 아버지는 부재해 있지만,

그 부재를 통해 더 크고 은밀한 권력을 행사한다. 이것은 단순히 전근대적인 사고방식을 지닌 어머니들만의 문제가 아니다. 처음부터 나이 든 아들과 어머니, 그리고 빈 칸에 (어머니 마음에 드는) 며느리의 자리를 놓고 판을 짠 ‹미운 우리 새끼›의 기획에 내재된 입장에 가깝다.

하여 ‹미운 우리 새끼›라는 기획이 궁극적으로 보여주고 긍정하는 것은 어머니와 아들 사이의 수직적이거나 수평한 관계가 아닌, 가부장제 안에서 아버지와 아들이 누리는 특권이다. 과거 여자친구가 어머니에게 딸처럼 해주길 원해서 괜히 여자친구 앞에서 어머니에게 못되게 굴었다는 허지웅의 고백에 MC 한혜진은 "생각이 깊다"고 고개를 끄덕였다. 한 여성을 자기 가족 안에 흡수시키고 싶다는 가부장적인 욕망은 어머니에 대한 애정으로 다시 한번 정당화되고 긍정된다. 어머니들이 영상을 보고 참견을 한다 해도 결국 VCR을 통해 비춰지는 철없는 남자의 서사엔 아무 영향을 끼치지 못하는 건 우연이 아니다. 어머니들의 한숨은 역설적으로 아직 가부장이 되지 못한 남자의 철없음을 아직 덜 자라 어쩔 수 없는 것 정도로 축소한다. 소개팅 분위기를 살리겠다며 "니쌩거똥꼬빵짱와" 같은 민망한 '아재 개그'를 던진 뒤 주선자에게 한 소리 듣자 삐쳐서 짜증을 내는 김건모나, 역시 소개팅 자리에서 비록 양해를 구했다지만 길을 지나는 아이를 볼 때마다 말을 걸며 앞에 있는 상대를 무안하게 한 김제동의 경우 무례를 저지른 게 맞다. 촬영 과정에서 떨어진 여자 스태프의 머리카락에 신경질적인 반응을 보인 허지웅도 성숙하다고 보긴 어렵다. 남자가 나이를 먹어도 철이 안 드는 게 아니다. 아들이라는 이유로 가부장제의 비호 아래, 무례하다는 술어가 들어갈 자리에 철없다는 술어가 들어가는 것뿐이다. 앞의 상황에서 김현주는 김건모에 대해 "소년 같다"고 평했다. 미운 오리 새끼는 수많은 괄시를 견뎌내고 백조가 됐지만, 정작 '미운 우리 새끼'는 너무 후한 평가를 받는다. 생후 수백 개월 동안.

+

'나' 혹은 '내'가 들어가야 할 자리에 '우리'가 들어가는 것에 대해 항상 경계해야 한다. 이 프로그램은 그 안의 어떤 불편함을 다 차치하더라도 기본적으로 〈미운 '내' 새끼〉여야 한다. 왜 '우리'인가? 왜 남의 아들들 사생활을 '우리'가 공유해야 하는가. 이런 범주의 혼용은 끊임없이 가부장제를 비롯한 그들의 습속을 나에게 또 당신에게 은근슬쩍 강제한다. '우리'라는 이름으로.

# ‘샤샤샤’는 이제 그만

2016 1024

여기도 샤샤샤, 저기도 샤샤샤. 최근 한국에선 모두가 트와이스의 ‘CHEER UP’의 가사이자 안무 파트인 ‘샤샤샤’를 외치고 포즈를 취한다. 원조라고 할 수 있는 트와이스의 사나를 비롯한 멤버들은 방송에 나올 때마다 숨 쉬듯 ‘샤샤샤’를 개인기처럼 보여주고, KBS ‹비타민›의 MC인 정지원 아나운서도 트와이스 멤버들 앞에서 ‘샤샤샤’를 했으며, 한예리도 MBC 라디오 ‹2시의 데이트 박경림입니다›에 출연해 DJ의 요청에 ‘샤샤샤’를 보여줬다. 여자만 하는 건 아니다. 지창욱과 김우빈은 팬 미팅에서 ‘샤샤샤’를 보여주었으며, 이제훈 역시 tvN10 어워즈에서의 포토타임에 ‘샤샤샤’를 췄다. 심지어 마동석까지 피키캐스트와의 인터뷰에서 ‘샤샤샤’를 했다. 해외 스타도 한다. ‹인천상륙작전› 프로모션 차 내한한 리암 니슨은 KBS ‹연예가중계› 리포터의 요청에 ‘샤샤샤’를 보여줬으며, 비록 내한은 아니지만 ‹닥터 스트레인지›의 베네딕트 컴버배치와 틸다 스윈튼 역시 홍콩 프로모션에서 에릭 남과 네이버 브이앱 라이브를 진행하며 ‘샤샤샤’를 선보였다. 이제 ‹잭 리처: 네버 고 백› 프로모션을 위해 11월에 내한할 톰 크루즈가 ‘샤샤샤’를 할 일만 남았다.

‘CHEER UP’이 공개된 직후부터 ‘샤샤샤’는 코러스 파트인 ‘CHEER UP BABY’보다 더한 킬링 파트로 소비됐다. 이에 대해 ‹OSEN›은 JYP 엔터테인먼트 측의 “워낙 평소에도 애교가 많은 멤버라서 더 깜찍하게 살렸다”는 발언을 살려 ‘모태 애교 사나 덕분’이라고 표현하기도 했다. 실제로 ‘샤샤샤’는 귀에 감기는 후크나 원래 가사인 ‘shy shy shy’의 의미라기보다는 특유의 동작과 함께 애교로서 소비되었다. KBS ‹해피투게더 3〉에 출연한 사나가 당연한 듯 '샤샤샤'를 요구받고 그에 더해 코러스 파트까지의 안무를 보여주자 남자 MC 및 출연자들은 격렬한 리액션으로 화답했다. 에릭 남의 시범을 본 틸다 스윈튼은 "아기 고양이 같은 포즈"라고도 했지만, 과거의 '뿌잉뿌잉'이 그러하듯 '샤샤샤'에 대한 요청은 그것이 여성이든 남성이든 해외 스타에게든 애교를 구하는 것이다. 하지만 이 말엔 약간의 어폐가 있다. 정말 애교는 요청하거나 부탁하는 것일까? 사전적 의미대로 애교가 남에게 귀엽게 보이는 태도라고 할 때, 과연 이 관계에서 실제로 위에 선 것은 누구인가. tvN 〈혼술남녀〉에서 박하나(박하선)가 학원에 수강생을 더 모으기 위해 인터넷 방송을 하면서 '샤샤샤'를 하는 장면은 상징적이다. 애교는 결국 해야 하는 쪽에서 하는 감정노동이다.

팬 서비스를 위한 포토타임도 넓게는 감정노동일 수 있지만 귀여워 보이는 것에 대한 요구로 이어지는 건 좀 더 강제적이다. 현재 한국에서 양대 포즈라 할 수 있는 손가락 하트와 '샤샤샤'를 비교해보면 그 차이는 비교적 잘 드러난다. 전자가 최소한 도상으로서 '여러분 사랑합니다'라는 의미라면, '샤샤샤'를 통한 애교는 결국 '귀엽고 예쁘게 봐주세요'라는 의미다. 물론 JTBC 〈아는 형님〉에서 사나의 토크 차례가 오자 강호동이 "'샤샤샤' 한번 보고 시작할까?"라며 맡겨놓은 걸 요구하는 것 같은 모습과 이제훈이 포토타임에 '샤샤샤'를 선보이는 걸 같은 선상에 놓을 수는 없다. 하지만 그 차이가 대중이 애교를 원하고 연예인은 그것을 웬만하면 들어줘야 한다는 구도 자체를 바꾸진 못한다. 부드러운 강요가 부탁이 될 수는 없다. 스타에 대한 팬들의 동경과 환호로 가려진 엔터테인먼트 비즈니스의 실제 소비 공급 관계는 이처럼 아무렇지 않은 듯 요청되는 애교에서 좀 더 투명하게 드러난다. 이 구도에서 중요한 건 귀엽냐 귀엽지 않으냐가 아니라, 귀여움을 요구할 수 있느냐 없느냐다.

그래서 이토록 난립하는 '샤샤샤'의 책임을 단순히 예능의 나이 많은 남자 MC의 주책없음이나 포토그래퍼의 빈곤함, 리포터의 안일함에만 돌릴 수는 없다. SBS funE와 〈일간스포츠〉는 리암 니슨의 '샤샤샤'에 대해 진부하고 의미 없는 질문들과 함께 묶어 〈연예가중계〉를 비판했지만, 여기서 중요한 건 관습화된 포즈나 질문이 나온다는 것이 아니라 카메라 앞에서 민망함을 참고 감정노동을 하는 게 적어도 한국에선 당연한 관습이 됐다는 것이다. 현재 가장 뛰어난 해외 스타 인터뷰어인 에릭 남조차 결국 흥미로운 인터뷰를 마치고 베네딕트 컴버배치와 틸다 스윈튼에게 맥락 설명 없이 '샤샤샤'를 요청했다. 홍보사 측은 "배우에게 포즈에 대한 사전 공유를 하진 않고 프로그램 항목 안에 팬을 위한 포토타임을 두고 즉흥적으로 진행한 것"이라고 밝혔다. 한국에 자주 와서 이미 어떤 포즈를 취하는 것에 대해 익숙한 틸다 스윈튼이든, "이 방송 나가면 아들 얼굴을 못 볼 것 같다"고 농담한 컴버배치든 난생처음 하는 포즈를 유쾌하게 받아들였지만 여전히 왜 한국 대중을 위한 팬 서비스는 애교를 당연시하느냐는 의문이 남는다. 이건 결코 당연한 일이 아니다. 귀여운 걸 보고 싶은 감정과 귀여운 걸 제공하는 게 당연하다는 믿음은 같지도 비슷하지도 않다. 상식이 당연해지는 것만큼, 잘못된 관습이 당연해지지 않는 것도 진보다. 그러니 대단한 건 아닐지라도 당장 '샤샤샤'부터 좀 줄여나가는 건 어떨까. 마동석의 '샤샤샤'는 가끔 보고 싶을 것 같지만.

+

역시 사소한 일에 너무 예민하게 구는 게 아니냐는 반응이 있던 글이다. 본질적으로 쇼 비즈니스 시장에서 감정노동이 어느 정도 불가피하게 요구되는 것도 사실이다. 하지만 그 요구를 당연시하는 게 정당화해주는 건 아니다. 우리 중 누구도 음식을 완벽한 멸균 상태로 유지하는 게 불가능하다고 해서 세균을 적극적으로 배양하진 않는다. 줄일 수 있는 게 있다면 줄이는 게 맞다. 작지만 불편한 풍경들을 작다는 이유로, 본질적으로 없앨 수는 없다는 이유로 그냥 둔다면 불의의 곰팡이는 우리의 생활세계를 금방 뒤덮을 것이다.

# #2 프로블편러 일기

## #2-3 언론이라는 이름의 환자

## 대안 언론은 '기레기'의 대안이 될 수 있을까

2014 0505

"연합뉴스 이 개새끼야, 그게 기사야!" 감정을 삭이지 못한 고성이 튀어나왔다. 지난 4월 24일, 팽목항에서 인터넷 대안 매체인 <팩트TV>와 피해자 가족과 구조 당국의 대화를 생중계하던 이상호 기자는 현장의 빈약한 그것과는 전혀 다른 세월호 수색 상황을 전한 <연합뉴스>의 "지상 최대의 작전"이라는 기사를 소개하며 이렇게 일갈했다. 그리고 뒤이어 말했다. "그건 기자도 아니다. 저는 현장에서 쫓겨난 해직 기자지만 그건 기자가 아니라 확신한다"고. 이토록 민감한, 그래서 현장 취재가 더더욱 중요한 사안에서 정부가 보내준 보도자료만 넙죽넙죽 받아 송고하는 기자는 진짜 기자가 아닐 수도 있다. 그렇다면 진짜 기자는 어떤 기자인가. 이것은 단순히 한 해직 기자의 분노에 대한 질문이 아니다. 이번 세월호 사태에서 대중의 공분을 가장 먼저 산 대상은 먼저 탈출한 선장도, 무능력한 모습을 보인 구조 당국도 아닌 무분별한 속보 경쟁을 펼친 언론이었다. 이번 참사에서 <팩트TV> 등 대안 언론이 급부상하고, 종합편성채널인 JTBC의 신뢰도와 영향력이 공중파 3사의 그것을 능가하는 현상은 이처럼 기자가 아닌 기자, 속칭 '기레기'에 대한 불신, 그리고 분노와 떼어놓고 생각할 수 없다.

<연합뉴스>를 향해 분노의 일성을 내뱉은 이상호 기자가 그 어느 때보다 열광적인 지지를 이끌어내는 건 이처럼 진실을 은폐하는 다수의 '기레기'와 진실을 파헤치는 소수의 참된 대안 언론이라는 대비 안에서 이해될 수 있다. 통신사의 임시 기지국 증설에 관한 기사를 쓰며

'잘생겼다' 따위의 헤드카피를 뽑거나, 임팩트 있는 장면을 위해 피해자에게 친구가 죽은 사실을 알고 있느냐고 묻는 매체들 사이에서, 실시간으로 SNS에 팽목항의 현재 상황을 공유하는 이상호 기자의 현장 밀착형 취재, 재난 당국에서 말한 선체 진입 성공이 오보였다는 것을 말하는 ‹뉴스타파›의 신중함, 해경과 언딘이 비공식적인 상황실을 운영했다는 것을 밝힌 ‹국민TV›의 특종 발굴은 눈에 띌 수밖에 없었다. 주류 언론이라는 거대한 시스템에 대한 대중의 혐오는 시스템 바깥에서 정의를 실천하고 진실을 밝혀내는 레지스탕스로서의 대안 언론에 대한 신뢰로 이어졌다. 그 자체가 거대 언론사인 중앙일보 계열이지만 JTBC 역시 공중파에 대한 대안처럼 받아들여졌다. 대안 언론은 말 그대로 답 없는 '개새끼'들에 대한 대안이 되었다.

다수 언론이 쉬지 않고 헛발질을 하는 가운데 제 역할을 해주는 대안 언론이 있다는 것은 쌍수를 들어 반길 일이다. 하지만 온갖 장애물을 걷어내고 진실을 발굴하는 진짜 기자라는 이미지는 순수한 진실이라는 오해를 강화한다. 진실은 오히려 혼탁하고 중층적인 관계망과 맥락 안에서의 해석을 통해 비로소 살짝 드러난다. 해경이 다이빙벨을 이용한 수색을 허락하지 않은 건 사실이다. 하지만 이것이 관료주의의 문제인지, 다이빙벨 수색을 통해 드러날 무언가를 두려워해서인지, 아니면 그들 말대로 다이빙벨의 실효성이 적어서인지 알기 위해서는 그 모든 가능성을 열어두고 다각도로 검증하는 수밖에 없다. 이것은 진짜 기자의 진짜 사명감만으로 온전히 해결될 수 있는 게 아니다. 침몰하는 세월호에서 어떻게 한 명이라도 더 구할 수 있을지 방법을 모색한 JTBC의 선의와 유가족의 답답함을 풀어주기 위한 이상호 기자의 선의도 이종인 대표와 다이빙벨의 실효성을 증명해주진 못했다. 특히 다이빙벨 투입 여부를 실효성 문제가 아니라 유가족 대 정부의 대립이라는 프레임으로 접근한 이상호 기자의 방식은 정부에 불만을 가진 독자에겐 후련할지언정, 과연 무엇이 최선인가라는 중요한 질문을 가린다. 양비론을 말하려는 건 아니다. 중요한 건 손석희나 이상호처럼 능력과 사명감을 가진 이들조차 진실에 접근하는 것이 이토록 어렵다는 것이다.

그래서 진짜 문제는 '개새끼'가 많고 '진짜 기자'가 적다는 것이 아니다. 언제든 언론은 '개새끼'가 될 수 있다는 것이 오히려 더 본질에 가깝다. 이미 이상호 기자에게 욕을 먹었던 〈연합뉴스〉는 유가족의 성명서를 조작했다는 의혹 때문에 엄청난 비난을 들었지만, 실제로는 미리 나온 성명서 내용이 바뀐 걸 체크하지 못해서 벌어진 일이었다. 조금만 안일하게 대처해도, 조금만 잘못된 판단을 내려도 윤리적인 문제가 발생하는 것이 언론의 숙명이다. 노종면이라는 탁월한 언론인이 있는 〈국민TV〉조차 〈조선일보〉가 오보를 냈다는 오보를 냈다. 그의 말대로 조금 성급했기 때문이었다. 진짜 기자의 사명감만큼이나 그런 그들조차 저지를 수 있는 오류를 바로잡을 수 있는 시스템이 중요한 건 그 때문이다. 그것은 언론사 내부의 끊임없는 크로스체크뿐 아니라 언론과 언론 간에 또한 언론과 대중 간에 형성된 긴장의 끈이기도 하다.

대안 언론에 대한 관심과 신뢰가 그 어느 때보다 높아진 작금의 상황이 '기레기'에 대한 대안 언론의 승리나 진짜 기자에 대한 열광이 아닌, 각각의 언론들이 진실을 찾기 위해 싸우는 치열한 공론장의 복원으로 이어지길 기대하는 건 이 지점이다. 이번 세월호 사태에서 이상호 기자는 다이빙벨 만능론을 비난한 〈조선일보〉 김강한 기자를 향해 "다이빙벨은 구세주가 아닌 아비의 마음"이라 응수했다. 하지만 두 기자 사이에 필요했던 건 다이빙벨에 대한 비웃음도, 유가족의 이름으로 감정에 호소하는 것도 아닌, 취재와 팩트, 논리를 이용한 기자로서의 치열한 일합이었다. 대안 언론의 대표주자가 된 이상호 기자와 노종면 PD는 과거 이러한 생산적 싸움의 예시를 보여준 바 있다. 자체 실험을 하는 열의를 보이면서까지 국산 방탄모가 미군의 그것보다 못하다는 걸 증명한 이상호 기자는 YTN이 국방부의 보도자료를 무비판적으로 보도했다고 비판했다. 이에 당시 노종면 PD가 있던 YTN ‹돌발영상›은 이상호 기자의 문제의식에는 동의하면서도 그가 자신이 원하는 방향으로 보도하기 위해 국방부 실험 영상의 앞뒤 맥락을 잘라냈다는 것을 지적했다. 이러한 공방을 통해 비로소 국산 방탄모 문제는 선정적이지 않게 대중적인 의제가 될 수 있었다. 진실이란 이처럼 '개새끼'가 되길 각오한 '진짜 기자'들이 정반합을 이루는 변증의 끝에서 비로소 확인할 수 있는 것이다. 하여 정말 참된 언론을 바란다면 우리가 질문해야 할 건 누가 '진짜 기자'고 누가 '개새끼'냐가 아니다. 과연 어떡해야 기자가 '개새끼'로 전락하지 않을 수 있는가. 어떡해야 '개새끼'도 정신을 차리고 뼈다귀 대신 진실을 향해 달려갈 수 있는가. 진짜 대안은 이 질문에 대한 답으로부터 나올 것이다.

+

대안 언론이라는 말은 결국 기성 언론이라는 개념의 대립항이다. 그런 면에서 어느 정도의 왜곡이 있다는 걸 감수하고 단순화한다면, 대안 언론에 대한 신뢰는 기성 언론에 대한 불신과 비례한다고 할 수 있다. 하지만 기성 언론의 불성실함이나 권력과의 유착이 곧바로 대안 언론의 말이 참인 걸 증명해주는 것은 아니다. 가령 세월호 사건 당시 팽목항에 직접 가서 현장의 분위기를 전한 이상호 기자의 집념은 존경해 마땅하지만, 최종적으로 다이빙벨의 실효성은 별로 없다는 것이 밝혀졌다. 그의 정의감과는 별개로 크로스체크가 부족했던 부분이다. 결국 기자 개인의 사적인 정의감 이상으로 중요한 건, 공적으로 정립된 미디어 윤리와 원칙일 것이다. 물론 그걸 저 거대한 기성 언론이 못 하고 있으니 문제인 거지만.

# JTBC 뉴스의 외롭고 의로운 싸움

2014 0725

JTBC 뉴스 홈페이지 상단 제목은 '균형 있는 보도 JTBC 뉴스'다. 만약 이 균형이 다양한 주제에 대한 고른 관심의 배분을 뜻한다면, 현재 JTBC 뉴스는 균형 있는 보도가 아닐지도 모른다. 지난 4월 16일 세월호 침몰이 일어났을 때부터 현재까지, JTBC 뉴스는 철저히 세월호 참사 소식에 집중하고 있다. 프라임 타임의 ‹뉴스9›을 포함해 ‹아침&›, ‹뉴스현장›은 매일 세월호 구조 작업이 펼쳐지는 진도 팽목항의 소식을 전하고 있으며, 특히 손석희 사장이 직접 진행하는 ‹뉴스9›은 거의 항상 첫 꼭지를 팽목항에 할애한다. 인사청문회와 GOP 총기 사고 등 새로운 중요 사건 사고 역시 가볍게 넘어가진 않지만 새 소식을 두루 짚은 뒤 다시 세월호 국정조사나 감사 결과, 새롭게 제기된 의혹에 집중하는 형태로 진행된다.

분명 세월호 사태는 종편으로서의 한계를 지닌 JTBC 뉴스가 재빠르게 브랜드 가치를 높일 수 있는 기회였다. 사건 초기, 팽목항에 바로 투입된 김관 기자를 통해 정부 부처가 배포한 보도자료가 아닌 진짜 현장을 비췄으며, 비록 이후 다이빙벨의 실효성 문제가 제기되긴 했지만, 민간 전문가인 이종인 씨 등을 섭외해 구조작업의 여러 가능성에 대해 자체적으로 접근했다. 공중파 뉴스가 지지부진한 상황에서 수많은 이들이 손석희와 JTBC 뉴스를 지지하고 찬양했으며, ‹뉴스9› 시청률은 종편으로서는 경이적 수치인 5%를 돌파했다. 하지만 TV 저널리즘으로서 JTBC 뉴스의 책임감과 능력이 정말 돋보이는 건, 국민의 눈과 귀가 세월호를 떠났음에도 여전히 세월호 이슈를 붙잡고 있는 지금이다. 뜨거운 이야기를 가장 뜨겁게 다루는 것도 중요하다. 하지만 더 중요한 건 계속 뜨겁게 다뤄져야 하는 이야기가 시간의 흐름과 무관심에 식지 않도록 계속해서 불을 지피는 것이다.

대중은 언론이 끊임없이 새로운 나쁜 짓을 고발해주길 바란다. 당연한 요구다. 문제는 새로운 나쁜 짓에 대한 관심이 아직 해결되지 않은 오래된 나쁜 짓에 대한 관심을 지우는 것이다. 세월호 침몰에 대한 슬픔은 둔감해졌을지언정 우리는 여전히 배가 운행 중에 왜 갑자기 침몰했는지, 어떤 제도적 결함과 안일함이 무기력한 초동 대처로 이어졌는지, 청와대는 정확히 여기서 어떤 역할을 했는지 알지 못한다. 진실은 여전히 세월호처럼 손이 닿지 않는 저 깊은 곳에 숨어 있다. 말하자면 세월호 참사는 원인과 범인이 밝혀지지 않은 미결 사건이다. 여전히 세월호를 붙잡고 있는 손석희 사장과 현장 기자들로부터 셜록 홈즈류의 우아함보다는 ‹살인의 추억›의 형사들 같은 투박한 집념이 느껴지는 건 그 때문일 것이다. 그들이 매일같이 팽목항을 지킨다고 새로운 단서가 밝혀질 거라는 보장은 없다. 하지만 누군가 TV 저널리즘으로서의 영향력을 발휘해 망각과 싸워주지 않는다면 최소한의 가능성 자체가 사라지고 만다. 이것은 진실에 대한 요구가 질식사하지 않을 수 있는 최소한의 에어포켓 같은 것이다. 앞서 어쩌면 JTBC 뉴스가 균형 있는 보도가 아닐지도 모른다고 했다. 적어도 세월호 문제에서만큼 그들은 유난을 떠는 게 맞다. 그리고 때론 유난을 떨어야만 비로소 지켜낼 수 있는 영역이 있다.

세월호의 진실을 밝히길 원하는 JTBC 뉴스의 싸움은 그래서 의롭되 외로워 보인다. 여전히 종편으로서는 높은 수치지만 ‹뉴스9›의 시청률은 손석희가 직접 팽목항에 내려가서 진행했을 때와 비교해 반토막이 났다. 세월호 침몰 당시 구조보다 의전에 헬기를 이용하려 했다는 식의 최근 뉴스는 분명 중요한 이야기지만, 사고 초기 '단독'이라는 타이틀을 달고 나온 여러 특종처럼 대중의 이목을 끌진 못하고 있다. 다수 TV 저널리즘이 대중이 알고 싶어 하는 것(want to know)을 쫓는 상황에서, 그들은 고집스럽게 대중이 알 필요가 있는 것(need to know)에 시선을 고정하고 있다. 종종 잊히는 사실이지만, 언론의 등대는 대중의 관심이 쏠린 곳이 아닌, 대한민국의 가장 어두운 곳을 비춰야 한다. 세월호가 여전히 가라앉아 있는 심연의 바다처럼. 어쩌면 이것은 외로움을 감수하기에 의로운 싸움일지도 모르겠다.

그래서 지금의 JTBC 뉴스는 TV 저널리즘의 역사에 새롭고도 일회적인 무엇으로 기록될 만하다. 손석희 사장이 종편인 JTBC에 갈 때만 해도 그에게 전권이 위임되었다는 소식에 커다란 의미나 기대를 부여하는 이들은 많지 않았다. 하지만 손석희라는 한 명의 뛰어난 언론인이자 리더의 고집과 의지, 그런 사장에게 전권이 위임된 시스템, 그리고 그런 리더의 의지를 함께 공유하고 뛰는 기자들이 맞물리며 JTBC는 대통령에 의해 사장이 임명되는 공영방송 시스템과 민간 기업의 시청자 본위 정책의 약점 모두를 극복한 보도 시스템을 만들 수 있었다. 권력도 자본도 인기도 아닌 오직 진실을 향한 전진. 언론의 본령이되, 누구도 쉽게 실현하지 못했던 JTBC 세월호 보도의 의미와 가치가, 그들을 향한 대중의 박수 소리가 잦아든 지금에야 온전히 드러나고 있다. 물론 이것이 지금 그들을 향해 박수를 아낄 이유는 아니겠지만.

+

의롭고 외로운 싸움이라고도 했지만, 언론은 중요 이슈에 대한 대중의 무관심과도 싸워야 한다. 진실을 이야기하는 것만큼 그것을 의제화하는 것 역시 너무나 중요하다. 그리고 2016년 10월, JTBC ‹뉴스룸›은 박근혜 대통령의 비선 실세로 지목된 최순실의 태블릿 PC를 입수한 뒤 도저히 정부가 빠져나올 수 없게 차근차근 퇴로를 막으며 해당 문제의 진실을 밝혀나갔다. 진실의 추구, 그리고 그 진실을 통한 사회적 의제 형성이라는 언론의 중요 기능을 다시 한번 확인할 수 있는 시간이었다. 그들이 밝혀낸 비리의 실체를 보며, 책임을 다하는 언론은 우리가 부담해야 할 사회적 비용을 얼마나 줄여줄 수 있는지 새삼 깨달았다.

# TV조선, 우민화를 꿈꾸는 1등 신문의 재림

2015 0108

허지웅과 신은미, 둘 중 누가 더 억울할까. 영화평론가 허지웅은 최근 〈한겨레〉 지면에 실린 대담에서 영화 〈국제시장〉을 예로 들며 반성 없는 어른 세대의 행태에 대해 "토 나온다"고 표현했다가 TV조선 〈이봉규의 정치 옥타곤〉에서 〈국제시장〉에 대해 토 나온다고 한 좌파 평론가라고 소개됐다. 그는 곧바로 SNS를 통해 반박했다. 얼마 전 통일 토크 콘서트를 진행했던 저술가 신은미는 "정말 북한을 지상낙원이라 했느냐"는 술 취한 고등학생에게 테러를 당했다. 하지만 정작 그의 기존 발언들을 자의적으로 "북한은 지상낙원"이라는 말로 정리해 유통한 건 TV조선 〈뉴스9〉이었다. 허지웅의 〈국제시장〉 평가가 온당한지 성급한지, 신은미의 통일관이 적절한지 허무맹랑한지, 보수적인 관점에서 따져볼 수는 있다. 하지만 바로 그 비판을 위해서라도 해당 발언을 맥락 안에서 최대한 오해 없는 표현으로 전달하는 것이 언론의 의무다. 진보 성향의 평론가와 친북 성향의 저술가에게 팩트를 왜곡해서라도 무례함과 종북의 딱지를 붙이고 보는 TV조선의 행태는 언론으로서 옳지 못한 것이다. 하지만 실수로 보기에 TV조선의 편향적인 보도는 어제오늘 일이 아니다.

종합편성채널(이하 종편) 출범 초창기, TV조선 〈시사토크 판〉에서 진행자가 박근혜 당시 전 한나라당 대표에게 "형광등 100개를 켜놓은 듯한 아우라"라는 발언을 했던 게 3년 전이다. 하지만 당시만 해도 해당 장면이 좋은 '짤방' 소스 정도로만 받아들여졌다면, 지금 형광등

100개의 아우라를 지닌 정치인은 집권 3년 차 대통령이 되었고 초창기 0.5%도 안 되는 평균시청률로 종편 4개 방송사 중 시청률 4위를 기록하던 TV조선도 이제 평균 1.8% 수준의 시청률로 수도권 기준 1위, 전국 기준 2위(1위 MBN)를 기록하며 과거와는 비교할 수 없을 만큼 영향력을 확대했다. 그리고 이것은 모체인 ‹조선일보›의 예전 같지 않은 영향력을 보완하는 역할을 한다.

2000년까지만 해도 ‹조선일보›는 언론 매체 영향력 설문조사에서 KBS를 누르고 1위를 기록해왔다. 2000년대 초반 강준만 교수를 필두로 진중권을 비롯한 진보 성향 지식인들이 '안티조선'이라는 기치를 내걸고 싸웠던 건 그만큼 극우 성향의 ‹조선일보›가 한국 사회의 헤게모니를 지배했기 때문이었다. 과거 ‹조선일보› 사주였던 고 방일영 회장의 별명은 '밤의 대통령'이었다. 물론 이 운동의 또 다른 멤버인 한윤형이 ‹안티조선운동사›에서 지적하듯, ‹조선일보›의 영향력이 예전만 못한 것은 "'안티조선' 운동의 영향이라기보다 매체 환경을 변화시킨 기술 진보의 힘"이었다. 방송과 인터넷의 발달로 종이 매체의 파워는 현저히 떨어졌다. 2009년, 신문의 방송 진출을 허용하는 미디어법 개정안이 여당을 통해 날치기 통과된 것에는 이러한 맥락이 존재한다. 물론 이것은 ‹조선일보›만의 문제는 아니었다. 다만 어떤 종편 채널보다도 TV조선은 모체인 ‹조선일보›의 논조를 확대 재생산하는 데 집중한다.

TV조선의 언론으로서의 영향력은 시청률만으로 평가할 수 없는데, 뉴스 및 시사 프로그램의 편성 시간이 주당 5100시간(뉴스 2425분, 시사 프로그램 2675분. 한국언론정보학회 토론회 자료에서 발췌)으로 MBC의 2320분보다 두 배 이상 많으며 TV조선 다음으로 뉴스 시사 프로그램이 많이 편성된 채널A의 4440분보다도 500분 이상 많다. 시청률 1위인

MBN이 중장년을 타깃으로 한 예능 프로그램인 ‹아궁이›, ‹속풀이쇼 동치미›로 시청률을 끌어올렸다면, 말 그대로 ‘종합편성’에 가장 가까운 모습을 보여주는 JTBC는 젊은 세대를 노린 드라마와 예능으로 시청률을 끌어올렸다. 특히 JTBC 뉴스는 손석희 사장 부임과 함께 모체인 ‹중앙일보›의 보수적 논조와는 별개로 자신들만의 브랜드와 정체성을 만들어냈다. 그에 반해 TV조선은 ‹조선일보› 데스크가 직접 출연하는 ‹데스크 360°› 같은 프로그램을 통해 매체의 정파적 지향성을 노골적으로 드러낸다. 이와 가장 흡사한 건 역시 ‹동아일보›의 채널A지만, 1990년대 후반 이후 ‹조선일보›를 흉내 내기만 하다가 정체성과 영향력 모두 잃은 ‹동아일보›의 전철을 밟아가고 있다. 관점을 어떻게 잡느냐에 따라 종편 시대의 최대 수혜자는 MBN이 될 수도 JTBC가 될 수도 있지만, 신문의 영향력 확장이라는 종편 출범의 맥락에서 현재 승리자는 TV조선이다.

그래서 작금의 TV조선은 더 노골적인 우민화 전략으로 무장한 ‹조선일보›의 재림과도 같다. 허지웅은 자신에 대한 TV조선의 보도에 대해 ‘전파 낭비’라고 표현했다. 하지만 전략적 차원에서만 본다면 TV조선의 그것은 낭비보다는 오히려 효율의 극대화에 가깝다. 허지웅의 발언 중 “토 나온다”는 자극적 멘트만을 골라내는 방식으로 TV조선은 정권과 보수층에 비우호적인 이들을 손쉽게 혐오 대상으로 낙인찍는다. 2014년 한 해를 대표하는 최악의 말 1, 2위로 윤기진 민권연대 공동의장의 “박근혜는 저희가 알아서 하겠습니다”와 황선 희망정치연구포럼 대표의 박근혜 대통령 고소를 꼽으며 ‘부창부수’(두 사람은 실제 부부다)라는 말로 조롱한 것도 마찬가지다. 해당 발언들이 상식적인 선을 벗어난 건 사실이지만, 굳이 TV조선이 소개하지 않으면 어떤 영향력을 발휘할 만한 것들은 아니다. 하지만 TV조선은 정권에 대한 가장 얕은 수준의 비난과 막말만을 골라 그것이 진보 세력의 본질인 것처럼 호도한다. 이러한 혐오 정서는 시청자를 더 높은 단계의 정치적 공론장으로 이끌기는커녕 가장 저열한 수준의 이분법 프레임으로 끌어내린다. 대한민국 1등 신문의 귀환을 반가워할 수 없는 이유다.

+

홍미롭게도 박근혜 정권의 충실한 이데올로그 역할을 하던 TV조선은 JTBC의 공격적 보도로 박근혜·최순실 게이트가 가시화되자 정권에 대한 비판적 방향으로 선회해 최순실이 대통령의 의상실을 관장하는 영상 자료를 비롯해 최순실 관련 정보를 터뜨리기 시작했다. 하지만 권력형 비리의 메커니즘을 짚어내고 사회적 의제를 직조하는 대신, 대통령과 최순실의 관계를 선정적으로 소비해 시청자에게 '저 죽일 놈'이란 말을 이끌어내는 TV조선의 방식을 칭찬할 마음은 전혀 들지 않는다. 이것은 그들이 그동안 진보 세력을 호도했던 방식을 방향만 바꾼 것에 불과하기 때문이다. 수단으로서의 정의를 고민하지 않는 언론은 정치적 목적에 따라 언제든 불의에 종사할 수 있다. 적일 땐 두렵지만 우리 편일 땐 든든하다는 말은 야구선수한테나 할 말이다.

# 이영돈 PD가 간다 그런데 어디로?

2015 0328

과연, 이영돈 PD는 어디로 가고 있는 걸까. 지난 2월 1일부터 방영 중인 JTBC 〈이영돈 PD가 간다〉를 보며 드는 생각이다. 첫 화에서 미제 유괴사건인 고 이형호 군 사건을 이야기하던 프로그램은 이후 스스로 전파무기 피해자라 주장하는 사람들의 믿기 어려운 사연부터 역술인 능력 검증, 혈관성 치매로 매일같이 아내에게 청혼하는 남자의 이야기까지 하나의 카테고리로 묶기 어려운 소재들을 다루고 있다. 소재로만 따지면 KBS 〈추적 60분〉부터 SBS 〈순간 포착 세상에 이런 일이〉, KBS 〈인간극장〉을 오가는 수준이다.

종횡무진 하는 아이템들을 하나로 묶어 통일성을 부여하는 것은 프로그램의 포맷이 아닌 이영돈이라는 스타 PD의 이름값이다. KBS 〈이영돈 PD의 소비자 고발〉이나 채널A 〈이영돈 PD의 먹거리 X파일〉(이하 〈먹거리 X파일〉)도 그의 이름을 앞에 걸되 이영돈 PD가 '무엇을' 하느냐에 방점이 찍혔다면, 이번 〈이영돈 PD가 간다〉는 무엇을 하든 어디로 가든 이영돈 PD가 한다는 것 자체에 의미를 두는 제목이다. 탐사보도의 달인인 그가 현장으로 가는 것은, 그 자체만으로도 상징적인 의미를 지닐 수 있다. 성과도 있다. 방송에서 '고라니 사건'이라 명명한 미제 뺑소니 사건은 용의자를 검거했으며, 바이칼 호 여행이 꿈인 부부를 위한 여행 경비도 마련해줬다. 비교적 잘 맞추는 무속인과 사기꾼도 감별해냈다. 현장에서의 그는 무엇이든 해결하는 해결사에 가깝다. 방송을 보며 종종 후련함을 느끼는 건 그 때문일 것이다. 하지만 시사 프로그램으로서 ‹이영돈 PD가 간다›는 그 후련함에도 불구하고 근본적인 의문을 남긴다.

이영돈 PD는 자신의 책 ‹이영돈 PD의 TV프로그램 기획 제작론›에서 "탐사보도의 궁극적 목적은 정책 의제를 형성하는 것"이라고 말한 바 있다. ‹이영돈 PD가 간다› 기획 의도에도 "좋은 사회가 되기 위한 다양한 캠페인과 어젠다를 제시한다"가 명시되어 있다. 실제로 그는 우리나라에서 의제 형성을 가장 잘하는 언론인 중 하나다. 신동엽을 통해 패러디된 ‹먹거리 X파일›의 "제가 한번 먹어보겠습니다"라는 대사는 시청자의 시선을 사로잡고 문제를 직관적으로 느끼게 하는 것에 능통한 대가의 테크닉이었다. 나도 좋아하고 당신도 좋아하는 이 음식, 과연 제대로 만들어지고 있는가, 라는 질문은 섹시하다. 반응도 즉각적일 수밖에 없다.

하지만 바로 눈에 보이는 변화를 이끌어내려는 그의 사명감은 종종 무언가를 끄집어내 공론화하는 것을 넘어, 이미 모든 것이 결정된 판결문을 제시하는 방식으로 이뤄진다. MSG 사용 식당에 대한 집요한 추적과 비판은 그의 치적인 동시에 오명의 근거가 되었다. FDA가 인정했듯 MSG 자체는 유해하지 않지만, 방송에 나온 것처럼 조미료 국물을 마치 오래 고아 만든 육수처럼 선전해 이득을 취한 냉면집은 부도덕한 게 맞다. MSG를 이용해 질 낮은 식재료의 문제를 감출 수 있는 가능성이 높은 것도 사실이다. 여기서 이영돈 PD는 어떤 경우에는 써도 되고 어떤 경우에는 문제가 될 수 있는지 다양한 맥락을 전달하기보다는 MSG를 안 쓰는 식당에 '착한 식당'이라는 칭호를 붙이는 것으로 MSG는 나쁜 것, 안 쓰는 건 착한 것으로 구도를 단순화했다. 그편이 훨씬 직관적이며, MSG의 부도덕한 사용을 막기에도 훨씬 효과적이다. 하지만 과연 시청자가 MSG에 대한 오해 없는 진실에 접근했는지는 의문이다. 이영돈 PD는 논의를 생산하기보다는 논의를 종결하는 방식으로 프로그램과 자신의 언론인으로서의 입지를 강화했다.

재밌는 건, 이처럼 판결하고 해결하는 사람으로서의 이영돈 PD의 이미지를 숨김없이 전면에 내세운 〈이영돈 PD가 간다〉에 이르러 오히려 프로그램의 사회적 의제 형성 기능이 떨어졌다는 사실이다. 본인이 경험한 정신분열증 환자와는 느낌이 다르다며 전파무기 피해자들을 소개하고 그들의 주장을 경청하던 '전파가 나를 공격한다' 편에서는 결국 그들은 자칭 피해자이자 정신적인 문제를 안고 있으며 인터넷을 통한 동조현상 확산을 막자는, 꼭 심리학자가 아니더라도 이야기할 만한 맥 빠지는 결론을 이끌어냈다. 미제 빵소니 사건을 다룬 '크림빵과 고라니'에선 '크림빵' 키워드가 빵소니 사건 해결에 박차를 가한 것처럼 다른 미제 사건도 그런 게 가능하지 않겠느냐며 일종의 실험을 제안하는 듯 진행하지만, 실질적으로 사건은 실험과는 무관하게 경찰의 수사로 해결됐다. 남는 것은 의제나 메시지가 아닌, 현장에서 동분서주 뛰는 이영돈 PD의 역동적인 이미지다.

시사 프로그램으로서의 효율성을 극대화하던 그의 전작들은 해당 사안의 맥락을 최대한 단순화한 뒤 대중의 공분을 이끌어내 의제를 선점했다. 하지만 대중에게 스스로 생각할 여지를 남기지 않는 메시지는 결과적으로 매체와 해당 언론인의 입김을 강화할 뿐 사회 전반이 참여하는 공론장은 오히려 약화시킨다. 그가 수여하는 '착한 식당'의 간판은 상당한 효력을 발휘하겠지만, 과연 여기에 탈락한 식당들이 부도덕한 것이냐, 이것을 그저 식당 주인 개인의 양심의 문제로 환원하는 게 맞느냐 하는 여러 맥락의 논의는 활성화되지 않는다. 사회적 협의와 이해의 과정을 동반하지 않는 의제 형성은 그 직접적 효과에도 불구하고 사회 전반의 계몽으로 이어지긴 어렵다. 이것이 극대화돼 언론이 현장에서 직접 모든 걸 판단하고 해결하는 역할을 자처하는 순간, 사회적 공론장과의 최소한의 연결고리는 끊어지며, 오직 슈퍼히어로 같은 언론인의 활약상만이 남는다. 그래서 다시, 과연 이영돈 PD는 어디로 가고 있는 걸까. 아직 알 수 없지만 이 질문은 그 스스로에게도 필요해 보인다. 어디로든 너무 멀리 가기 전에.

+

우연이겠지만, 이영돈 PD는 이 기사가 나온 뒤 2주도 지나지 않아 제대로 된 검증 없이 국내에서 파는 그릭 요거트는 가짜라는 식으로 보도했다가 방송통신심의위원회로부터 경고 조치를 받고, 얼마 되지 않아 그릭 요거트 제품 광고모델로 나섰다가 파장이 커져 프로그램도 폐지됐다. 촉이 좋다고 말하려는 건 아니다. 다만 어떤 문제를 맹아처럼 품고 있다면 그것은 언젠가 눈에 보이게 솟아오른다. 어느 분야든 프로불편러의 피드백이 필요한 건 그래서다.

# 기자들은 왜 '갑질'을 하게 됐나

2015 0806

정말 도가 지나친 건 누구인가. 지난 7월 21일, 인터넷 연예매체 ‹티브이데일리›는 영화 ‹암살› 관련 인터뷰 현장에 경호원을 대동한 전지현에 대해 '도 지나친 과시 전지현, 경호원 대동한 인터뷰 현장'이라는 자극적인 제목의 기사를 냈다. 인터뷰에 경호원을 데려온 건 "자신의 이야기를 대중에게 전달하기 위해 시간을 내 그 자리에 있던 기자들을 소홀하게 여긴 것"이며 "연이은 성공에 취한 과시로밖에 보이지 않는"다는 내용이었다. 같은 날 ‹스포츠월드›의 김용호 기자 역시 "심하게 까칠해진 전지현이 과도한 협찬 금액을 요구한다는 등 좋지 않은 뒷말"이 들린다는 검증되지 않은 사실을 굳이 적시하면서까지 경호원 대동에 대해 비판하는 칼럼을 냈다. 다음 날 전지현이 임신 중이었다는 사실이 공개되면서 사태는 반전됐지만, 이들 기사의 진짜 문제는 제대로 된 사정도 모르고 기사를 쓴 것이 아니다. 정당한 감정이냐 아니냐는 것과는 별개로, 연예인에 대한 기자의 인상 비평은 근본적으로 기사화될 가치가 없다. 비판의 공적인 당위성이 생략된 자리를 채우는 건 앞서 인용한 감정적인 문구들이다.

사주가 아닌 이상 기자가 매체를 자신의 감정 배출구로 활용했다고 볼 수는 없다. 중요한 건 해당 기사를 릴리스하면서 매체가 얻게 되는 보상이다. 영화 홍보사 연합인 영화마케팅사협회 관계자는 "최근 매체가 너무 많아 배우 인터뷰를 보통 70개 매체와 진행한다. 이때 인터뷰어 명단에서 빼면 악성기사를 올리겠다는 피드백은 여전히 있다"고 밝혔는데, 대상에 대한 험담은 취재원에 대한 효과적인 압박이 될 수 있다. 실제로 기사가 나온 당일 ‹암살›의 홍보사 측은 매체에 사과했고 이 역시 바로 기사화됐다. "유난스러운 전지현 때문에 다들 많이 힘들겠구나"라는 문장(‹스포츠월드›)과 달리 결과적으로 홍보사를 힘들게 한 건 해당 매체지만, 이를 의미 그대로가 아니라 매체의 영향력 행사로 해석하면 결코 모순된 태도가 아니다.

이들 기사에서 공통적으로 너무 많은 인터넷 매체가 생겨나 일 대 다의 인터뷰를 할 수밖에 없는 상황에 대한 부정적인 언급이 있는 건 우연으로 보기 어렵다. 셀 수 없이 많은 매체가 포털에 기사를 제공하는 시대에 이제 더는 어떤 매체도 특권적인 지위를 누리기 어렵다. 그 안에서 차별적 매체 파워를 만들기 위해 수준 높은 인터뷰와 사진, 기획기사를 만들어내는 것이 자유경쟁의 가장 이상적인 결과겠지만, 악의적인 기사로 좀 더 쉽게 업계에 영향력을 행사하는 방법도 있다. 과거 김용호 기자가 ‹중천›과 김태희에 대해 끈질기게 혹평을 했을 때만 해도 ‹씨네21›에서 "인터넷이라는 바다에서 괴물이 태어난 게 아닌가"라는 업계 코멘트를 인용해 비판할 정도로 이 전략은 당시 상상할 수도 없는 반칙이었다. 하지만 이것이 독자 클릭을 유도하고 매체 영향력으로 이어지면서부터 매체들은 서로 반칙할 가능성을 염두에 둬야 하며, 묵묵하게 콘텐츠의 질을 올리는 것에만 매달릴 수는 없다. 게임의 전제가 달라진 것이다. 취재원이나 홍보 담당자 역시 험담에 노출되기보다는 심도 있는 기사와 인터뷰를 포기하고 평등하게 보도자료를 뿌리는 게 낫다. 앞서 언급한 영화마케팅사협회 관계자는 "심적으론 인터뷰 준비 많이 하고 기사 잘 쓰는 분들을 기억하고 있지만 따로 시간을 빼주는 건 어렵다"고 말한다. 전형적인 죄수의 딜레마다. 모두가 서로에게 좋지 않을 것이 뻔한 결과를 향해 달려가지만, 홀로 역주행하면 게임에서 진다.

'기레기'라는 비하어로 상징되는 한국 연예 기사의 문제는 그래서 단순히 기자의 도덕성과 책임감 문제로만 환원하긴 어렵다. 현재 연예 매체 시장은 반칙을 하지 않으면 손해인 게임이다. 어젯밤 방영한 예능을 요약한 것이 네이버 연예면 많이 본 기사의 반 이상을 차지하는 상황에서, 훨씬 공과 시간이 많이 드는 기획기사를 쓰는 건 명백히 비효율적이다. 경제적 인간의 관점에선 비합리적이라 해도 될 것이다. 실시간 검색어에 오른 연예인이 있을 때마다 '재발견되고 있다'는 문구와 함께 예전에 찍은 섹시 화보나 과거 발언을 소개하는 어뷰징 기사도 마찬가지다. 3년 전 직접 진행했던 조석 작가와의 인터뷰 내용이 ‹마음의 소리› 시트콤 제작이나 그의 득녀 소식 때마다 여타 매체에서 "과거 한 매체에 따르면…"이라는 말로 인용되는 건 지난 한 달 동안 실제로 몇 번이고 경험한 일이다. 지면이 한정되지 않은 인터넷 시대에는 밤새 쓴 기사 하나로 조회수 10을 얻는 것보다 어뷰징 기사 10개로 각각 조회수 1을 얻는 게 훨씬 빠르고 효과적이다. 보상이 반칙을 정당화해주는 건 아니다. 하지만 보상 없이 매체 윤리와 성실성을 지키는 것도 당연한 일은 아니다. 보상이 아닌 자기만족으로 지탱하는 도덕성이란 언제 무너져도 이상하지 않다.

기자도 구조의 피해자라는 이야기를 하려는 건 아니다. 처음 질문에 대한 답은 명확하다. 도가 지나친 건 기자들이다. 연예 기사의 질적 하락과 기자들의 '갑질'은 일그러진 보상 체계 안에서 각자 선택한 가장 합리적인 전략이지만, 그 결과 기자는 심지어 경우에 따라 대중에게 만만하고 경멸을 받는 직업이 됐다. 여기 어디에 매체 영향력이랄 것이 있는가. 경쟁 압력은커녕 자발적으로 퇴화하는 시장을 소비자가 선택하기를 기대한다면 상황 판단이 안 되거나 양심이 없는 거다. 시장에 유의미한 경쟁 압력을 줄 윤리적이고 우아한 성공 모델이 절실한 건 그 때문이다. 물론 좋은 콘텐츠를 만들려는 노력이 그에 상응하는 보상으로 이어질 수 있는 시장, 매체 윤리를 지키는 것이 가장 합리적인 선택이 될 수 있는 게임을 설계하는 것은 결코 쉬운 일이 아니다. '기레기'는 싫지만 굳이 마음에 들 기사를 찾아서 읽는 수고를 하고 싶진 않은 독자, 매체 시장 왜곡의 원흉 취급을 당하는 건 억울하지만 클릭을 유도할 기사를 전면에 배치할 수밖에 없는 포털과의 관계 안에서는 더더욱. 그러니 변화를 강요할 수는 없다. 힘든 경쟁을 받아들이는 대신 그럭저럭 기사를 쓰고 그럭저럭 욕을 먹고 그럭저럭 조회수를 챙기며 살아도 된다. 그럭저럭 예정된 질식을 향해 가고 싶다면, 그래도 된다.

+

이 기사가 나온 날 아침, 두 명의 홍보 담당자에게서 연락이 왔다. 한 명은 홍보대행사, 한 명은 모 방송사 내 홍보팀 소속 사람이었다. 속 시원한 기사 써줘서 감사하다는 인사였다. 사실 '속 시원하다'는 반응이나 '사이다 같다'는 반응을 별로 좋아하지는 않는다. 보통 그것은 기사가 독자에게 새로운 것을 제시했다기보다는 독자들이 이미 느끼고 있는 분노를 자극하는 데 그쳤다는 걸 뜻하기 때문이다. 흔히 '기레기'라 불릴 정도로 대중의 미움을 받는 기자 집단에 관한 기사라면 더더욱 그러기 십상이다. 하지만 관련 분야의 실무자들, 그 '기레기'들에게 직접적으로 시달리는 이들의 감사 인사는 남다르게 다가왔다. 말하자면 그들은 실질적인 피해를 입으면서도 '기레기' 비판 여론에서는 지워진 존재들이다. 사정이 사정인 만큼 그들은 다른 대중들처럼 '기레기'를 욕할 수도 없다. 그런 그들의 속이 시원했다면, 그건 꽤 의미 있는 일일 것이다.

# KBS라는 이름의 환자

2016
0314

풍경 하나. 지난 2월 23일, 테러방지법에 반대하는 야당 의원들을 중심으로 43년 만에 필리버스터가 진행되었지만 당일 KBS ‹뉴스9›은 무제한 토론이 시작된다는 것과 테러방지법의 효용에 대해 소개할 뿐, 정작 야당에서 제기하는 쟁점에 대해서는 침묵했다. 다음 날에는 KBS뉴스 트위터 계정을 통해 “국가안보 국민안전에 한목소리 내도 부족할 때 우린 뭘 하고 있는 걸까요?”라며 직접적으로 야당의 필리버스터를 비판하기까지 했다. 풍경 둘. 2월 24일, KBS는 자사 보도 내용의 공정성에 의문을 제기한 언론노조 KBS본부 공정방송추진위원회 간사 정홍규 기자와 KBS 기자협회 공정방송국장 김준범 기자에게 각각 감봉 6개월 및 견책 징계를 내렸다. 풍경 셋. 지난 3월 2일 KBS 내부 소식통들을 통해 소위 ‘일베 기자’로 불리던 일간베스트저장소 헤비유저 출신 기자가 입사 1년 만에 보도국으로 돌아온다는 소식이 외부로 알려졌다. 지난 2월 말부터 한 달 이내에 벌어진 이 세 가지 사건은 개별적으로도 문제적이지만, 현재 공영방송 KBS라는 조직이 앓고 있는 병이 세 가지 증상으로 드러난 것에 가깝다.

“고대영 사장 취임 이후로 공영방송 장악의 역사가 2기로 바뀐 것 같다.” KBS 보도국에서 2015년 ‹뉴스타파›로 자리를 옮긴 심인보 기자의 평가다. 현재 KBS 보도국 내부에 있는 기자 A 역시 “보도국 간부 중 고대영 사장을 따르는 사람이 많다. 조대현, 길환영 전 사장들과 비교할 수 없을 정도로 현 사장이 보도국을 완벽하게 장악하고 있다”고 말한다. 전 사장들과 달리, 고대영 사장은 보도본부 보도총괄팀장부터 보도본부 본부장까지, 보도국이 포함된 보도본부 간부로서 보도국 내 영향력을 쌓아온 케이스다. 본부장 시절 공정방송 약속 미이행을 이유로 KBS 기자협회에서 협회원 제명 투표를 벌이자 스스로 기자협회에서 탈퇴한 전력도 있다. 이명박 정부 시절, 대통령의 KBS 사장 임명권을 면직권이 포함된 임면권으로 해석하고 정연주 전 사장을 해임한 뒤부터 꾸준히 정권의 눈치를 보던 KBS의 태도가 최근 더 노골적으로 된 것에는 이러한 배경이 깔려 있다.

물론 사장이 자신의 면직권을 쥔 청와대의 눈치를 본다고 KBS라는 거대한 조직이 통째로 대통령의 소유가 되는 건 아니다. 김대중 정부에서 KBS 사장에 대한 임면권을 임명권으로 바꿨던 것이 외부압력으로부터 KBS를 지키는 방어선이었다면, 언론노조 KBS본부(이하 언론노조) 공정방송추진위원회(이하 공방위)와 보도본부의 보도위원회는 내부 권력에 대한 견제장치로 작동해왔다. 앞서의 정홍규·김준범 기자에 대한 징계가 단순히 두 개인의 문제가 아닌 건 그래서다. "예전이면 상상할 수 없는 일이다. 언론노조의 공방위는 사측에서도 부담스러워하던 장치였고, 백 퍼센트 반영은 안 될지언정 치열한 토론을 통해 약간의 개선을 이뤄낼 수 있었는데, 이젠 공방위 간사가 보도 공정성에 문제를 제기하자 징계를 내린다. 힘의 균형이 완전히 무너져 내린 것"이라는 심인보 기자의 말은 외부에 대한 방어선에 이어 KBS 조직 내부의 방어선까지 무너졌다는 것을 보여준다. A에 따르면 "보도국 내 정치부 구성원 중 언론노조 소속 기자들을 다 내보내고, 사측에 우호적인 KBS 노동조합 인원들로 채우고 있다." '일베 기자'의 보도국 복귀 역시 같은 맥락으로 이해할 수 있다.

적어도 2014년엔 "대통령만 보고 가는 사람"(김시곤 KBS 전 보도국장)인 길환영 전 사장에 대해 KBS 양대 노조가 파업으로 퇴임을 요구하고 또 성사시킬 수 있었다. 그 힘의 공백을 틈타 잠시 문창극 국무총리 후보자에 대한 강도 높은 검증을 하며 공영방송으로서의 날카로움을 잠시 회복하기도 했다. 하지만 당시에도 간부들이 기자협회에서 제시한 여러 제도적 장치를 거부해 조직의 변화를 이끌어내지 못했고, 이젠 최소한의 내부 저항 동력마저 빼겼다. 사장의 정치적 성향이나 윤리성과는 별개로, 건전한 내부 토론과 갈등은 언론의 균형감각을 위한 필수 조건이다. 자정 장치 없는 정수기에서 맑은 물이 나오길 기대할 수는 없다. 앞서의 필리버스터 관련 보도에서 ‹뉴스9›은 "국회가 이렇게 중요 사안에 대해 결론을 내리지 못하고, 질질 끄는 건 안건 상정 조건을 까다롭게 만든 국회선진화법 때문"이라며 입법부의 권한을 부정하는 수준의 멘트를 하는 것은 물론, 최근 가장 이슈가 된 사드 배치와 관련해서도 북한·중국과의 외교적 갈등에 대한 합리적인 문제 제기 없이 노골적으로 "사드, 선택 아닌 필수"라는 타이틀로 정부의 입을 대신했다. 이것은 보수냐, 진보냐의 문제가 아닌 공정성의 문제다. 그리고 이것은 앞서 말했듯, 이 조직이 앓고 있는 병의 한 증세다.

과연 KBS라는 환자는 나아질 수 있을까. 쉽지 않을 것이다. 그에 반해 현재 KBS의 보도 행태를 비판하는 건 쉽다. 정부의 정책에 검증적인 태도를 취하는 JTBC로 채널을 돌리거나, ‹뉴스타파› 같은 대안 언론의 보도에 귀를 기울이면서 KBS를 TV조선이나 채널A 같은 정권 친화적인 종합편성채널과 같은 부류로 분류해 외면할 수도 있다. 다만 아직 공영방송에 기대하고 원하는 모습이 있다면, 보수적 종합편성채널이 쥔 정치 담론의 헤게모니에 균열을 낼 힘 있는 채널이 필요하다면, 여전히 KBS의 역할은 유효하다. 물론 그럼에도 여전히, 우리가 무엇을 할 수 있는지는 명확하지 않다. 그저 이 병이 너무나 깊어 언제 나을지 알 수 없지만, 대중의 관심과 감시가 끊긴다면 재기 불능으로 면역 체계가 파괴될 병이라는 것만이 확실하다. 그러니 우선은 이 병의 실체를, 그 원인을 직시하는 것부터 시작하는 수밖에. 대중이 이 환자를 포기할 때 가장 신날 사람이 누구인지를 떠올리며.

+

문제의 심각성에 비해 마지막 문단이 너무 무책임하지 않느냐는 이야기가 있었다. 동의한다. 병의 원인을 진단하더라도 처방전이 없다면 치료할 수 없다. 수술을 위한 메스 역시 한국의 시스템에서는 대통령의 손에 들려 있다. 다만 저 거대한 조직의 모든 부분이 괴사하고 있는 건 아니라는 것을, 병의 분명한 원인이 있으며 불치병은 아니라는 것을 밝히고 싶었다. 그것이 적어도 KBS라는 하나의 이름 안에 묶여 있지만 내부적인 저항과 고민을 하는 이들에 대한 예의라고 생각했고, 희망의 근거는 이런 내부 자정으로부터 찾는 게 맞는다고 생각해서다. 건강하다는 건 병에 안 걸리는 게 아니라 병을 내부 면역 체계로 이겨내는 것이다.

# 언론의
# 젠더 의식은
# 언제쯤 개선될까

2016
0509

언론사들의 경쟁이 치열하다. 특종 경쟁은 아니다. 지난 4월 8일 ‹연합뉴스›는 “소라넷은 어떻게 17년을 살아남았나”라는 기사에서 가상의 운영자 A의 시점으로 소라넷의 흥망성쇠를 그려냈다. 해당 기사는 끔찍한 범죄적 사안에 대해 가해자 시점에서 묘사했다는 점에서 크게 비판받았다. 하지만 지난 4월 27일 다시 ‹연합뉴스›에는 “비혼이 대세? 외국 처녀라야 딱지 떼는 농촌총각에겐 상처”라는 기사가 올라왔다. 여성의 존재와 결혼이란 제도를 남성의 총각 딱지 떼는 도구로 여기는 수준의 제목이었다. 질세라 5월 1일 ‹매일경제› 프리미엄 섹션의 “Mr.존슨의 밤의 동화”라는 외부 필자 코너에서는 나이트클럽에서 여성에게 술을 먹이고 섹스하는, 말 그대로 강간하는 이야기를 자랑스럽게 풀어냈다. 이 정도로 굵직한 건은 아니지만 다음 날 ‹헤럴드경제›는 트위터 공식 계정에서 지하철 여자화장실에 몰래카메라를 설치한 역무원 기사를 링크하며 여성이 속옷을 벗고 변기에 앉은 이미지를 활용해 그 스스로 가해자와 같은 관음증적인 시선을 보여주었다. 그보다 전인 4월 28일 SBS뉴스 트위터 계정은 남성이 먼저 쳐다보고 폭력을 행사했다가 시비가 붙은 사건에 대해서 마치 남자가 쳐다보자 여자가 숟가락을 던진 것처럼 멘션을 올렸다가 강한 반발을 샀다. 같은 사건에 대해 “예뻐서 쳐다봤다가 숟가락 맞은 30대”라는 타이틀로 소개한 ‹연합뉴스›로 비난의 화살이 분산되기 전까진.

버라이어티, 코미디, 웹툰, 인디 신 등 여성혐오로 문제가 됐던 모든 분야가 그러하듯, 최근 불거진 언론의 젠더 의식 부족 역시 갑자기 생겨난 문제는 아니다. 그동안 문제가 없었던 게 아니라 문제 삼지 않았던 것뿐이다. 지난 3월 <헤럴드경제>는 수면내시경 환자에 대한 의사 성추행 기사에 "대장내시경女"라는 타이틀을 달았다가 비판 여론에 결국 사과했다. 그만큼 크게 회자된 일이었지만, 이것은 여성을 대상으로 한 범죄 기사에서 피해자에게 '○○女'라 부르는 걸 당연시하던 언론 관행과 연결되어 있다. 최근의 여성혐오적인 기사는 브레이크 없이 발현되던 왜곡된 젠더 의식이 선을 넘어버린 것에 가깝다. <연합뉴스> 소속 A 기자에 따르면 "기자가 기사를 쓰면 데스크는 제목을 포함해 전권을 갖고 기사를 손봐서 내보낸다". 즉, 기자 개인의 문제만으로 축소할 수 없다. A 기자는 개인적 의견임을 전제하면서 "<연합뉴스>뿐 아니라 많은 언론사의 데스크와 간부가 소수자를 배려하거나 인권을 중시하는 흐름에 적응하지 못하는 게 문제 같다. 정치적인 성향과는 다른 의미로 이 집단이 보수적이라는 게 드러난다"고 말한다.

그런 면에서 해당 문제는 기자와 데스크의 젠더 감수성 부족만이 아니라 시스템의 무능한 일면을 드러낸다. <연합뉴스>에 직접 항의 방문을 하고 최근 트위터를 통해 언론의 여성혐오 문제 대응을 위한 연대를 준비 중인 B 씨(트위터 아이디 @nojamhater)는 "본인들이 해도 되고 해서는 안 되는 것에 대한 자체적인 기준이 없더라"고 토로한다. 그에 따르면 디지털뉴스팀 부장(해당 기사에 대해선 휴가 중이라 데스크는 보지 않았다고 한다)은 소라넷 기사에 대해 "소라넷이란 사이트가 이렇게 근절되기 어려워서 위험하다는 선한 의도로 쓴 것"이라고 해명했다. 사실일지도 모른다. 문제는 형식이다. 좋은 의도가 나쁜 형식에 담겨져 왜곡됐다는 뜻이 아니다. 형식은 의도를 담는 투명한 그릇이 아니라,

의도를 최대한 온전하게 표현하기 위해 정교하게 깎아낸 조각 같은 것이다. 가해자의 입장에서 소라넷 문제를 묘사한다는 건, 의도가 무엇이든 소라넷에서 벌어진 강간모의와 리벤지 포르노 공유가 여성에게 얼마나 공포인지 인지하지 못했다는 걸 증명할 뿐이다. 이것이 소라넷에 대한 경계의 의도로 읽히길 바란다면, 그게 무능이다. 농촌 청년 기사 역시 현실적인 어려움 때문에 비혼이 늘어난다는 것과 농촌 총각이 결혼을 못 한다는 것, 두 가지 팩트의 시간적 인접성을 논리적 인과로 이해 혹은 포장했다가 벌어진 참사다. 악의적이기 이전에 못 쓴 기사다.

언론의 여성혐오적인 기사에 대응하는 여성 단체들이 해당 기사에 대한 문제 제기에 그치지 않고 언론 전체의 개선을 요구하는 건 그래서다. ‹매일경제›에 "Mr.존슨의 밤의 동화" 관련한 공식 항의 공문을 보낸 한국여성민우회 미디어운동본부 이윤소 사무국장은 "이 한 건의 문제가 아니지 않나. 방송처럼 심의가 있는 것도 아니라 아무런 조심 없이 혐오를 정당화하는 기사들을 내는데, 이런 것이 반복되지 않도록 가이드라인을 제시하는 활동을 할 필요가 있다"고 말한다. 물론 요구 자체는 별다른 강제성이 없다. "필자에 대해 의식불명 강간 혐의로 고소할 수 있는"(이윤소 사무국장) ‹매일경제› 기사나 "범죄미화를 했다는 점에서 언론중재위원회에 명시된 시행규칙에 어긋난 부분이 있어 제소 가능"(한국여성의전화)하다고 본 ‹연합뉴스› 소라넷 기사처럼 범죄를 용인하는 수준의 기사를 중심으로 압박을 가하는 건 유용한 전략이다. 실제로 A 기자에 따르면 ‹연합뉴스› 내부에서도 기사 제목을 쓸 때 여성이나 소수자를 비하하는 부분이 없도록 해야 한다는 지시가 내려왔다.

과연 지난 한 달간 나온 부당한 기사들은 외부적 압박과 내부적 자성을 통한 개선의 계기가 될 수 있을까. 이것은 언론 스스로에게도 중요한 일이다. 감히 위대해지자는 것이 아니다. 앞서 말했듯 〈연합뉴스〉와 〈매일경제〉 등은 해당 기사를 통해 결과적으로 가이드라인의 부재와 데스크의 필터링 능력 부족 등 전문 직능인에게 어울리지 않는 무능을 드러내버렸다. 사회적 분업의 생태계에서 숙련되지 않은 직능인은 경멸의 대상이 될 뿐이다. 기사 가이드라인을 비롯한 기자의 직업윤리는 선의의 영역이기도 하지만 건설현장에서 콘크리트와 모래의 비율을 맞추는 것과 같은 전문직으로서의 테크닉이기도 하다. 다시 말하지만 위대해지자는 것이 아니다. 사회적 분업을 통해 먹고사는 입장에서 다른 숙련된 직업인에 부끄럽지 않을 정도의 능력과 체계를 복원하자는 것뿐이다. 이것은, 염치의 문제다.

+

개그 트리오 옹달샘에 대한 문제에서도 이야기했지만, 현대사회에서 젠더 감수성은 선택적 태도가 아닌 필수적인 재능 중 하나다. 그 분야가 공정을 생명으로 하는 언론이라면 더더욱 그러하다. 이제 앞으로 젠더 감수성에 문제를 보이는 언론에 대해서는 '나쁘다', '구시대적이다'라는 술어 대신 '무능하다'라는 술어를 붙이는 게 맞다.

# MBC 기자는 어떻게 '일베'의 스타가 되었나

2016
0530

지난 5월 17일 강남역 인근에서 여성을 대상으로 벌어진 살인 사건은 수많은 언론의 젠더 의식과 보도 윤리를 가늠하는 계기가 되었다. 상당수 언론이 이 시험대에서 탈락했지만, 그중 가장 이미지를 구긴 건 MBC다. 해당 사건에 대한 보도 때문만은 아니다. 현재 MBC에 재직 중인 김세의 기자는 사건이 일어난 직후부터 줄곧 본인의 페이스북을 통해 이것은 여성혐오 범죄가 아니며 이를 젠더 문제로 보고 목소리를 모으는 것은 잘못이라고 주장했다. 그는 부자를 대상으로 살인을 저지른 지존파, 이태원 살인 사건의 가해자인 한국계 미국인의 예를 들며 해당 사건에서 가난한 사람이나 한국계 미국인을 잠재적 가해자로 볼 수 없듯, 강남역 살인 사건 역시 정신 질환이 있는 한 개인의 우발적 범죄로 봐야 한다고 말한다. 그가 인용하는 경찰 자료처럼, 이번 사건이 여성을 죽여야겠다는 또렷한 의도를 갖고 벌어진 증오 범죄라고 증명하긴 어렵다. 하지만 중요한 건 범인의 의도가 아니라 그가 남성 여섯은 그대로 내보내고 일곱 번째로 들어온 여성에게 범죄를 저질렀다는 것이다. 왜 정신질환이 있는 사람조차 여성을 타깃으로 삼는가. 여기서 젠더 이슈를 지우는 게 온당한가. 명백히 여성을 대상으로 차별적으로 벌어진 살인에 대해 여성이 느끼는 불안과 공포가 부당한가. 하지만 김세의 기자에게 이런 고려는 없어 보인다.

당연히 비판이 쏟아졌다. 김홍미리 여성주의 활동가는 ‹한겨레› 기고를 통해 그의 주장이 "세월호 참사를 '교통사고'로 만들지 못해 안달난 사람"과 흡사하다 평가했으며, 〈미디어오늘〉은 그의 페이스북 발언을 정리한 기사를 냈다. 극우 성향 커뮤니티인 일베에 대해 "유일한 주류 우파 커뮤니티"라 언급한 과거 발언도 발굴됐다. 특히 그가 전국언론노동조합 MBC본부에 반발해 제3노조를 결성한 노조위원장이라는 것과 과거 백종문 MBC 미래전략본부장 녹취록에서 보수 매체의 취재원으로 언급된다는 사실이 더해지며 그의 정치적 편향성에 대한 의혹이 제기됐다. 물론 정치적 편향성이 여성혐오를 증명하는 것은 아니다. 그와 함께 일한 적 있는 MBC의 A 기자는 "제3노조를 운영하면서 주로 변희재의 〈미디어워치〉와 일을 하더라. 기존 노조를 비판하는 보도자료를 내면 유일하게 받아 적어주는 곳이 〈미디어워치〉"라며 김세의 기자와 보수 매체의 친분을 인정하면서도 "보수 정당을 지지하는 건 맞지만 그가 '일베'식의 여성혐오를 공유하는지는 모르겠다"고 말한다. 실제로 그는 강남역에서 추모 중인 여성들을 조롱하기 위해 나선 '일베' 회원을 옹호할지언정, 명백히 여성을 대상으로 한 증오 발언(hate speech)을 내뱉진 않았다.

그럼에도 김세의 기자와 '일베'가 확실히 공유하는 것이 있다면 그것은 맥락에 대한 무지다. 그는 강남역에 나선 '일베' 회원에게 항의하는 남성 사진을 공유하면서 "자신과 다른 생각을 가졌다고 위협하거나 방해하지 말아주세요"라고 말했다. 똑 떼놓고 보면 맞는 말이다. 문제는 '일베'야말로 자신과 다른 생각을 가진 여성들의 추모를 위협하고 방해하기 위해 체격 좋은 남성들을 모집하고 나섰다는 사실을 지웠다는 것이다. 앞서 인용한 지존파에 대한 예시에서도, 지존파가 사회적 약자로서 빈부 격차에 대한 분노를 잘못된 방향으로 휘두른 반면, 강남역 사건의 가해자는 이미 사회적으로 물리적으로 약자인 여성을 대상으로 범죄를 저질렀다는 맥락을 제거한다. 여성이 사회에서 경험하는 유리천장이나 일상적 폭력, 호남이 겪는 지역차별 등을 외면한 채 역차별을 이야기하는 '일베'와 마찬가지로 김세의 기자는 이번 사건에서 현상의 배경과 문맥을 파악하지 못하거나 외면하는 '맥락맹'으로서의 한계를 드러냈다. 이것은 그가 자주 공유하는 윤서인의 만화에서도 쉽게 볼 수 있는 문제다. 그의 발언을 강남역 사건이 그러하듯 단순히 개인의 문제로 보기 어려운 건 그래서다.

'맥락맹'의 신념 체계는 명시적인 혐오 발언보다 훨씬 그럴싸한 담론처럼 유통될 수 있다. 앞뒤 맥락을 잘라내면 맞는 말 같기 때문이다. 김세의 기자가 공유한 게시물 중엔 세월호 사건 당시 회자된 '가만히 있으라'라는 문구를 인용해 현재 추모 중인 여성들이 '우리가 뭐라하건 가만히 있으라'는 태도를 취한다고 비판하는 내용도 있다. 실제로 남성의 발언권 자체를 제한할 권력을 여성들은 구경도 해본 적 없다는 것, 당장 SNS 바깥에선 해당 사건으로부터 젠더 문제를 지우기 위해 언론까지 가세하고 있다는 것, 그동안 데이트 폭력과 염산 테러에도 참고 가만히 있어야 했던 건 여성들이었다는 것을 고려하면 일고의 가치도 없는 틀린 말이다. 하지만 타인의 발언을 제한하면 안 된다는 당위 명제와 세월호 사건의 무게까지 더해지니 가해자는 분노한 여성 같고 피해자는 합리적 반박을 제한당한 남성처럼 보인다. 이것을 공신력 있는 거대 언론의 기자이자 상당한 외부 네트워크를 확보한 노조위원장이 사태에 대한 공정한 접근을 말하며 공유한다면, 자신이 정의라 믿는 '맥락맹'들의 잘못된 신념 공동체는 더더욱 공고해질 수밖에 없다. 실제로 그의 페이스북 발언을 문제 삼은 〈미디어오늘〉 기사에 대해 〈미디어워치〉는 공격적으로 나섰고, '일베'에선 〈미디어오늘〉이 김세의 기자를 비판했다가 본전도 못 찾았다고 환호했다.

김세의 기자가 어떤 의도와 배경으로 최근의 발언을 내놓는지는 그래서 별로 중요하지 않다. 문제는 그가 결과적으로 여성혐오 담론의 상당히 중요한 허브가 되고 있다는 것이다. 과거 백종문 MBC 미래전략본부장이 진보 매체의 녹취록 공개로 오히려 보수의 스타가 됐다며 김세의 기자에 대한 비판적 기사가 오히려 그를 애국보수의 스타로 만들어주는 것은 아니냐는 A 기자의 우려는 허투루 넘길 수 없다. 당장 MBC 기자회도 그에 대한 대외적 입장은 없다고 말한다. 하지만 이미 김세의 기자는 '일베'의 스타이자, 다른 건 몰라도 잠재적 가해자라는 말은 못 참는 상당수 남성들의 지지를 받고 있다. 이 보수적 남성 집단의 새로운 스타가 사실 얼마나 많은 걸 놓치는 '맥락맹'인지 파헤치는 것은 그래서 유의미하다. 다시 말하지만 이것은 개인의 문제가 아니다. 아마도 이것은 강남역 사건 이후 선명하게 드러난 이 사회의 추한 민낯의 본질에 가까울 것이기에.

+

혹자는 김세의 기자의 말과 행동이 단순히 '맥락맹'이라서 나온 게 아니라 제3노조 위원장으로서 정치적으로 다분히 의도된 것이며, 그렇기에 위의 글은 안일한 분석이라는 비판을 하기도 했다. 그럴 수도 있다고 생각한다. 다만 의도에 대한 가설은 어떤 식으로든 궁예의 관심법 흉내가 되기 십상이다. 내가 말하고 싶었던 것은 MBC 기자라는 꽤 공신력 있는 타이틀을 가지고 어떤 혐오 정서를 정당화해주는 이의 행동이 논리적으로 경험주의적으로 '맥락맹'의 그것과 차이가 없다는 것이다. 즉, 김세의 기자가 혐오 정서에, 혹은 어떤 특정 집단에 공신력을 더해주는 것이 아니라 그냥 그들과 별 차이 없는 저열한 현실 인식에 머물러 있다는 것을 증명하려 한 것이다. 그럴싸한 헛소리가 유통될 때 그것이 어떤 의도로 나왔는지도 중요하지만, 그것이 헛소리라는 것부터 밝혀내는 게 먼저다.

# 올림픽 중계, 더 느리고 더 낮고 더 무기력하게

2016
0818

이번 2016 리우 올림픽에 출전한 선수단 중 여성 선수의 비율은 45%, 역대 올림픽 중 최대다. 한국 선수단의 경우 남성 102명, 여성 101명으로 거의 같다. 복싱 여성 출전으로 모든 종목에 대한 여성 출전이 이뤄진 2012 런던 올림픽 이후에도 올림픽에서의 성평등은 거스를 수 없는 흐름이다. 물론 변화를 따라가지 못하는 이들도 있다. 최근 트위터 유저 '주단(@J00_D4N)'의 주도로 아카이빙되며 공론화된 것처럼, 이번 올림픽에서 지상파 중계진의 여성차별적인 발언은 끊이질 않는다. 몽골 유도 선수인 문크바트에 대해 "보기엔 야들야들한데 상당히 경기를 억세게 치르는 선수"라거나, 펜싱 에페 선수에게 "여자 선수가 철로 된 장비를 다루는 걸 보니 인상적"이라는 말에는 여성을 낮춰 보는 태도가 깔려 있다. "저렇게 웃으니 미인대회에 출전한 것 같"다는 식의 외모에 대한 품평도 마찬가지다. 명백한 성차별이라는 점에서 이미 비윤리적이지만, 또한 한 나라를 대표해 올림픽에 출전한 스페셜리스트들의 전문성을 얕잡아본다는 점에서 더더욱 불합리하다.

여성이 이룬 성과를 후려치는 것은 여성혐오의 흔한 양태다. 스포츠 중계에서의 여성 비하도 새로운 것은 아니다. 지난 2013년 한국언론재단에서 발간한 ‹여성 스포츠관련 언론보도 분석연구›에 따르면, 런던 올림픽 기간에도 여성 선수에 대한 보도 비율은 26.7%에 그쳤고, 그마저도 기보배, 손연재, 김연경 등 몇몇 스타플레이어에 편중되었다. '미녀스타', '미녀궁사' 등 외모 품평 역시 여전했으며, '신데렐라', '꽃사

슴' 등 스테레오타입의 여성성을 강조하기도 했다. 이것을 한국 언론의 낮은 젠더 감수성과 분리해서 생각할 수는 없다. 하지만 해외 미디어 역시 여성 선수의 성취를 종종 폄하한다. BBC에선 여자 유도 52㎏급 결승전에 대해 해설자가 '캣파이트'라는 발언을 했다가 네티즌들의 비난을 받았다. 영국의 ‹데일리메일›은 미국 수영 선수 케이티 러데키를 여자 마이클 펠프스라고 소개했다. 진짜 유도는 남자 유도이고 여자 유도는 '캣파이트'이며, 뛰어난 여자 선수는 뛰어난 유사 남자 선수가 된다는 점에서 이것은 명백히 남성 중심적인 관점이다. 그리고 이것은 올림픽으로 상징되는 근대 스포츠의 남성 중심적이고 여성을 타자화하는 서사와 궤를 같이한다.

출발에서부터 남성성의 획득을 목적으로 했던 19세기 말의 근대 스포츠는 경쟁과 기록, 승리를 가장 높은 가치로 추구한다. 그러한 가치들이 정말 남성만의 전유물이냐 하는 것과는 별개로, 당시 스포츠는 남성만을 위한 놀이로 설계되었다. 올림픽의 창시자인 피에르 쿠베르탱이 여성의 올림픽 참가에 대해 여성의 매력을 파괴하고 스포츠를 격하한다는 이유로 반대했다는 건 잘 알려진 사실이다. 올림픽 표어인 '더 빠르게 더 높게 더 힘차게'는 근대 스포츠의 이상이기도 하다. 이 관점에서 여성 선수에 대한 폄하는 어느 정도 정당화된다. 올림픽 표어를 기준으로 한다면 다수의 종목에서 여성 선수의 그것은 '덜 빠르고 덜 높고 덜 힘찬' 것이 된다. 즉, 여자 유도가 아니라 이류 유도가, 여자 육상이 아니라 이류 육상이, 여자 수영이 아니라 이류 수영이 된다. 강한 여자가 아니라 여자치고는 강한 것이 되는 세계. 차이는 무시하고 하나의 객관적 지표로 평가하는 것이 정정당당한 것이라는 이 담론은 언뜻 객관적인 듯 보이지만, 여기에는 이러한 기준이 애초에 남성 중심적으로,

좀 더 정확히는 서양 남성 중심적으로 만들어졌다는 맥락이 은폐되어 있다.

런던 올림픽에서 이뤄진 형식적 성평등이 위대한 성취임에도 형식적 차원을 넘어선 성평등 담론이 필요한 건 그래서다. 미국의 법학자 데보라 로드는 ‹정의와 젠더›에서 “젠더 불평등은 남성이 가진 기회의 부정에서 나오는 것이 아니라 여성과 연관된 기능과 자질의 가치폄하에서 비롯된다”고 말한다. 런던 올림픽에서 여자 복싱이 허용되기까지, 남성이 가진 기회를 여성에게도 부여하기 위해 노력했다면, 이젠 여성의 스포츠가 남자 스포츠의 부족한 버전이 아닌, 그 자체의 가치가 있는 영역이라는 것을 이야기할 때가 된 것이다. 가령 여자 배구 최고의 공격수인 김연경을 사람들은 부족한 김요한이 아닌, 이제껏 보지 못한 새로운 스타일의 스포츠 스타로 받아들이고 열광한다. 또 다른 방식으로 여자 스포츠와 여자 선수의 가치를 발굴할 수도 있다. 한국스포츠개발원 박영옥 원장은 과거 ‹성편향적 스포츠와 여성주의적 대안›이라는 논문에서 “여성종목 스포츠에 대한 남성 중심적 해석이 바로잡힌다면 여성 스포츠는 그 자체로 여성의 신체 능력의 우월성을 보여주는 장이 되지 말라는 법은 없다”고 제언하기도 했다. 더 나아가 ‘더 빠르게 더 높이 더 힘차게’라는 남성 중심적인 담론 너머에서 스포츠의 새로운 의의를 찾아낼 수도 있다. 실제로 지난 16일 여자부 5000미터 달리기 예선에서, 앞에서 넘어진 뉴질랜드 선수 때문에 함께 넘어진 미국 선수가 상대방을 일으켜 세워주고, 또 자신 때문에 부상을 당한 미국 선수를 일으켜 세우고 결승선에서 기다린 뉴질랜드 선수의 우정은 기록의 공정함과는 또 다른 의미의 스포츠 정신을 보여주었다. 새로운 패러다임은 언제나 새로운 상상력을 통해 만들어진다.

앞서의 성차별적인 올림픽 중계는 그래서 정치적으로 올바르지 못한 동시에 구태의연하다. 변화의 흐름을 눈앞에서 보면서도 여전히 과거의 관점으로 현재를 읽어낸다는 점에서 그렇다. 이번 리우 올림픽의 경우 역대 가장 높은 여성 선수 참가율을 보이는 동시에, 영국 선수단에서는 남성으로 태어났지만 성을 바꾼 트랜스젠더 2명이 여자부에 참가하는 것으로 알려졌다. 이집트 최초의 여자 비치발리볼 팀이 자신의 뜻으로 히잡을 쓰고 경기한 것이 이슈가 되자 그동안 노출을 당연시한 여자 비치발리볼 복장 규정이 성차별적이라는 논의도 시작되었다. 과거의 올림픽이 정해진 규칙 안에서의 기록에 대한 도전이었다면, 여성들의 참여를 통해 비로소 우리는 그동안 의문시되지 않았던 남성 중심적인 올림픽의 권위가 도전받는 순간들을 목격하고 있다. 그 순간을 담아내는 주류 미디어의 언어가 "남편의 사랑의 힘" 따위의 빈곤한 수준이라는 건 민망한 일이다. '더 빠르게 더 높이 더 힘차게' 세상을 읽진 못할지언정, 눈앞의 변화도 따라가지 못하는 그들이야말로 올림픽에 가장 어울리지 않아 보인다.

+

성차별적인 발언에 대한 문제의식에서 출발한 글이지만, 그 이상으로 논의가 발전하면 좋겠다는 마음으로 맺은 글이기도 하다. 현대 페미니즘 담론은 성평등을 최종 목표로 하기보다는 성과 젠더의 구분을 해체하고 다양한 정체성을 인정하는 방향으로 논의되고 있다. 그렇다면 철저히 남성 중심적인 담론으로 이뤄진 올림픽에서 여성의 역할을 다룰 때, 그들도 남자와 다르지 않다고 하는 것에 그칠 것인가, 올림픽의 남성적 근대성을 해체하고 스포츠의 새로운 담론을 만들어갈 것인가. 후자는 매우 복잡한 논의가 되겠지만(그래서 건드릴 엄두도 못 냈지만) 그럼에도 실증적으로 시대는 그런 새로운 담론을 요구하는 방향으로 변화하고 있다. 언론이 더 부지런해져야 하는 이유다.

# #3 그들과 나와 우리의 이야기

## #3-1 무엇을 선택할 것인가

## 〈왕좌의 게임〉, 이토록 품격 있는 막장

2014 0422

이런 망할. 최근 방영 중인 〈왕좌의 게임〉 시즌 4의 가장 최근 에피소드인 'Purple Wedding' 편에서 조프리(잭 글리슨)가 독살당하는 것을 보며 육성으로 욕지거리가 튀어나왔다. 조프리가 죽은 것이 아쉽거나 슬프다는 뜻은 아니다. 포악하고 변덕스럽고 심지어 멍청하기까지 한 이 어린 왕은 가장 밉상이던 전성기 시절 〈해리포터〉 말포이조차도 발끝에 미치지 못할 만큼 비호감이었으니까. 하지만 그러한 모두의 공적이었기에 아직 끝을 알 수 없는 이 거대한 이야기의 절대적 악역으로 그 누구보다 오래 남아 있을 거라 예상되던 인물이기도 했다. 어떤 캐릭터에 정을 줬다 싶으면 죽음으로 퇴장시키는 이 악명 높은 게임에 어느 정도 적응됐고 마음의 준비도 됐다고 생각한 이들조차도 조프리의 죽음은, 그것도 시즌 초반의 퇴장은 예상하지도 못했을 것이다. 때문에 다시 한번 시청자의 뒤통수를 후려치고 의기양양하게 웃는 이 시리즈를 보며 이렇게밖에 말할 수 없는 것이다. 이런 망할.

보는 이가 미처 예상하지 못한 죽음을 선사하는 것은 단지 원작자인 조지 R. R. 마틴의 악취미일까. 그럴지도 모르지만, 그보다 중요한 건 이토록 악랄하고 잔인한 게임에 수많은 이들이 자발적으로 참여하며 열광한다는 사실이다. 시즌 1부터 이 시리즈를 독점 방영하던 SCREEN 채널은 이번 시즌 4를 미국 현지로부터 단 4일의 홀드백 기간만을 두고 방영하며 이 시리즈의 팬덤을 적극 공략하고 있고, 토렌트 불법 다운로드 1위 시리즈라는 명성에 걸맞게 새 에피소드의 스포일러와

감상평은 그보다 빠르게 블로그나 SNS를 통해 퍼져나간다. 그만큼 한 회에 한 번은 섹스와 죽음, 배신이 일어나는 이 작품은 중독적이다. 초반에는 HBO 시리즈다운 거대한 스케일의 중세풍 판타지로서 인기를 얻었다면, 시즌을 거듭하며 형성된 지금의 팬덤은 마치 막장 드라마의 그것처럼 쉬지 않고 터지는 극단적 사건들이 주는 자극을 즐긴다.

대규모 전투와 용과 마법 등이 혼재하는 판타지 장르로서 방영 초기 ‹반지의 제왕›과 비교되기도 했지만, 시즌 4까지 온 현재 이 작품은 차라리 소포클레스의 비극에 가까워 보인다. 사실 희곡 ‹오이디푸스 왕›은 돌이켜보면 부친 살해와 근친상간, 자살과 자해가 난무하는 희대의 막장 드라마다. 중요한 건 이러한 장치와 사건들이 단순한 자극을 넘어 연민과 공감, 공포와 같은 감정들로 연결된다는 것이다. 시즌 3 말미에 롭 스타크(리처드 매든)와 캐틀린 스타크(미셸 페어리)를 비롯한 다수 인물을 몰살시킨 '피의 결혼식' 에피소드가 보는 이들을 '멘붕'에 빠뜨리며 두고두고 회자되는 건 단순히 주연급 캐릭터가 죽어서가 아니라 이러한 고전적 비극의 플롯에 충실하기 때문이다. 롭이 부족한 병력을 보충하기 위해 프레이 가문과 혼인을 통한 교섭을 시도했다가 프레이가 품은 흑심을 미처 판단하지 못해 최악의 사태를 맞이하는 과정은, 아리스토텔레스가 ‹시학›에서 훌륭한 플롯에 관해 명시한, "행복에서 불행으로의 변화가 있어야 하며 그 원인은 악한 본성 때문이 아니라 좋은 편인 사람이 저지른 중대한 착오나 실수여야 한다"는 제언과 놀라울 정도로 맞아떨어진다. 아리스토텔레스는 같은 장에서 이렇게도 말한다. "연민은 부당하게 불행을 겪는 사람에게 향하는 것이고 두려움은 우리와 비슷한 사람에 대해 느끼는 감정"이라고.

이것을 극대화한 ‹왕좌의 게임›의 세계는 'Winter is coming'

이라는 스타크 가문의 가훈대로 너무나 삭막한 겨울과도 같다. 포악한 군주 조프리와 냉혹한 야심가 타이윈 라니스터(찰스 댄스)가 강한 악의 축을 담당하고 있지만, 이 세계가 암흑인 건 그들이 ‹반지의 제왕›의 사우론처럼 절대적으로 강해서는 아니다. 그보다는 비교적 선하되 언제든 악한 유혹에 넘어갈 수 있는 약한 인간들이 잘해보고자 시도한 일들 대부분이 의도와 어긋난 결과로 이어지기 때문이다. 롭은 남부를 공략할 배를 얻기 위해 형제처럼 자란 테온 그레이조이(알피 앨런)를 그의 아버지에게 보내지만 테온은 오히려 그 틈에 롭이 없는 윈터펠을 차지하고, 스타니스 바라테온(스티븐 딜레인)은 칠왕국의 모든 사람들이 어둠에 집어삼켜질 수 있다는 신탁을 듣고 사람들을 지키고자 애꿎은 사람들을 인신공양으로 바치는 모순을 저지른다. 심지어 공적 조프리가 독살당하는 순간조차 악에 대한 선의 승리가 아니라 더욱 은밀한 음모의 승리가 되며 결과적으로 올곧은 인물인 티리온 라니스터(피터 딘클리지)가 체포되는 악화로 이어진다. 발버둥 칠수록 더 깊은 진흙탕으로 빠져드는 세상. 언젠가 세르세이 라니스터(레나 헤디)는 “왕좌의 게임에는 승리 혹은 죽음뿐”이라고 이 살벌한 암투의 세계를 실감 나게 표현했지만, 지금까지의 과정을 보면 승리는 착각일 뿐 결과적으로는 오직 죽음만이 남는 게임에 가깝다. 승자와 패자의 합산 점수는 제로섬이 아닌 마이너스로 소급한다. 동시대 또 다른 최고의 이야기꾼 아론 소킨이 그리는 세계가 작은 선의들이 모여 세상을 개선시킬 수 있다는 믿음으로 이루어져 있다면, ‹왕좌의 게임›은 딱 그 대척점에 있다. “지옥은 하나뿐이랍니다. 바로 이 세상이요”라는 붉은 여인의 말처럼.

이 잔혹한 세상을 빠져나올 수 없는 지옥으로 완성시키는 건 역설적으로 불행이 아닌 희망이다. ‘피의 결혼식’에서도 오빠 롭을 찾아왔다가 가문의 몰살을 지켜본 아리아(메이지 윌리엄스)는 사냥개(로리 매캔)의 도움으로 자리를 피하고, 테온의 배반으로 윈터펠을 잃은 브랜(아이작 햄스터드 라이트)은 갖은 우여곡절을 겪으면서도 형 존 스노우(키트 해링턴)가 있는 북쪽을 향해 차근차근 올라간다. 실낱같은 희망이 다가올 거대한 절망의 전조가 되는 이 세계에서 이처럼 잊을 만하면 등장하는 희망적인 '떡밥'은 보는 이를 커다란 불안감과 작은 기대감 안에 밀어 넣고 빠져나올 수 없게 만드는 역할을 한다. 〈왕좌의 게임〉이 과연 윤리적인 전망을 남기는 작품인지는 여전히 알 수 없지만, 해피엔딩과 정의의 승리에 대한 사람들의 갈망을 정확히 이해하고 있는 건 확실해 보인다. 그래서 이 게임은 궁극적으로 왕좌를 노리는 영웅들끼리의 게임을 넘어 작품과 시청자가 벌이는 게임이 된다. 이성적인 예측과 도덕적인 바람 사이에서 고뇌하며 벌이는 한 판 게임. 그리고 조프리의 죽음과 함께 이 드라마는 우리에게 다시 한번 패배를 선사했다. 과연 누가 그를 죽였는지, 과연 그것은 정의로운 의도였는지, 정의로운 결과로 이어진 것인지에 대한 또 다른 예측의 미로 속에 우릴 가둬놓으며. 클래스 있는 막장극의 힘이란 이토록 강력한 것이다. 이러니 볼 수밖에, 욕하면서도 볼 수밖에.

+

이후로도 2개 시즌을 더 진행한 〈왕좌의 게임〉에선 더 대단한 막장의 향연이 펼쳐졌다. 테온을 거세하고, 산사 스타크(소피 터너)를 강간하며, 아버지 루즈 볼튼(마이클 맥켈레튼)을 살해하고, 조프리 이후 최고의 악역으로 군림한 램지 볼튼(이완 리온)은 결국 산사의 복수로 개에게 물어 뜯겨 죽었으며, 세르세이는 자신의 정적들이 모인 신전을 폭파시키고, 그 충격에 아들이자 왕인 토멘 바라테온(딘-찰스 채프먼)은 자살한다. 불의의 패배가 정의의 승리가 아닌 이 세계관은 분명히 악랄하고 고약하다. 그럼에도 이 드라마가 서사적 긴장감을 유지할 수 있다면, 보는 이의 도덕적 바람과 희망적 사고에 어느 정도 기댄 상태에서 때론 그것을 만족시키고 때론 배반하기 때문이다. 하지만 만약 우리에게 그러한 희망적 사고와 윤리적 가치판단이 사라지거나 힘을 잃은 뒤에도 이런 이야기가 긴장감을 유지할 수 있을까. 그럴 리는 없을 거라 생각하면서도 ‹왕좌의 게임›이 단순히 서사적 막장이 아니라 현실에 대한 재현이 될 가능성에 대해 가끔은 고민해본다.

# 〈엑스맨: 데이즈 오브 퓨쳐 패스트〉, 무엇을 선택할 것인가

2014 0527

어쩌면 과거로 돌아가 모든 걸 바꾸고 싶었던 건 찰스 자비에(패트릭 스튜어트)가 아니라 브라이언 싱어 감독 본인이 아니었을까. 〈엑스맨: 데이즈 오브 퓨쳐 패스트〉의 결말을 보며 그런 생각이 들었다. 싱어 감독은 〈엑스맨〉 1, 2편을 성공적으로 연출하며 시리즈의 반석을 세웠지만, 이후 다른 감독들이 연출한 〈엑스맨 3: 최후의 전쟁〉과 〈엑스맨 탄생: 울버린〉 등이 시리즈의 평균 점수를 급격히 떨어뜨리는 걸 지켜봐야 했다. 돌연변이를 압살하는 병기 센티넬 개발을 막기 위해 과거로 돌아가 역사를 바꾼다는 원작 만화 〈엑스맨: 데이즈 오브 퓨쳐 패스트〉의 설정은 그 자체로서도 흥미롭지만, 엉망이 된 시리즈를 복원하기에도 안성맞춤이다. 심지어 과거를 바꿔도 새로운 평행세계가 만들어질 뿐 미래는 바뀔 수 없다는 원작의 세계관을 부정하면서까지 〈엑스맨: 데이즈 오브 퓨쳐 패스트〉는 잘못은 되돌릴 수 있고 미래는 바뀔 수 있다는 신념을 고수한다. 양자이론을 인용하며 거대한 역사의 흐름은 바꿀 수 없을지 모른다는 행크(니콜라스 홀트)에게 1970년대의 젊은 찰스(제임스 맥어보이)는 이렇게 말한다. "나는 그 이론 믿지 않아."

원작 만화 〈엑스맨〉이 흑인 인권 운동의 상반된 두 세력인 마틴 루터 킹과 말콤 X에 대한 알레고리라는 건 잘 알려진 사실이다. 싱어는 이 세계관을 바탕으로 〈엑스맨〉에선 찰스와 에릭(이안 맥켈런)의 좁힐 수 없는 관점의 차이를, 〈엑스맨 2: X2〉에선 돌연변이에 대한 인간 세력의 조직적 폭력과 그에 대한 찰스와 에릭의 상반된 해결 방식을 보여주며 과연 무엇이 옳고 무엇이 결과적 선을 이룰 것인지에 대해 성찰했다. 하지만 브렛 라트너 감독의 〈엑스맨 3: 최후의 전쟁〉은 이 두 관점을 윤리적 논쟁이 아닌 무력 충돌의 장으로 옮겨놓는다. 에릭이 틀렸다는 것을 증명하기보다는 전쟁에서의 그의 패배로 모든 갈등을 해결하는 이 단순한 세계는 싱어가 쌓아올린 〈엑스맨〉 시리즈의 세계에서 가능한 최악의 결말이자 결론이었다. 〈엑스맨: 데이즈 오브 퓨쳐 패스트〉에서 로건(휴 잭맨)과 찰스, 에릭(마이클 패스벤더)의 여정이 레이븐(제니퍼 로렌스)의 트라스크 박사(피터 딘크리지) 암살을 막아 센티넬 개발을 무산시키는 것으로 시작하지만, 최종적으로 인간과 돌연변이의 갈등과 화해라는 더 커다란 주제로 확장되는 건 그래서 우연으로 보기 어렵다. 로건과 찰스가 돌연변이에 대한 인간의 두려움과 혐오를 자극하지 않는 방향으로 미래를 바꾸려 한다면, 에릭은 아예 인간 사회를 징벌해서 미래를 바꾸려 한다. 다시 한번 싸움은, 무엇이 옳은가로 넘어간다.

〈엑스맨: 데이즈 오브 퓨쳐 패스트〉가 역대 〈엑스맨〉 시리즈의 주요 배우들을 모두 캐스팅하고, 미래와 과거를 넘나드는 스케일을 보여줌에도 불구하고 영화적 쾌감은 기대에 못 미치는 건 아마 그 때문일 것이다. 로건에게 설득된 찰스가 에릭을 펜타곤 지하 감옥에서 구출해 내고 미래를 바꾸자고 했을 때, 대다수의 관객들은 〈엑스맨: 퍼스트 클래스〉에서 그들이 보여준 연동 작전을 기대했을 것이다. 하지만 암울한 미래를 알게 된 에릭은 찰스와 협동하기는커녕 센티넬 개발을 막기 위해 레이븐을 살해하려 하고, 아예 인간 세상을 향해 전쟁을 선포한다. 디스토피아를 막아야 한다는 관점만으로 봤을 때, 에릭은 민폐 캐릭터가 맞다. 그럼에도 이것은 〈엑스맨: 데이즈 오브 퓨쳐 패스트〉의 실수나 구멍이라기보다는 욕심에 가깝다. 그저 그런 블록버스터 프랜차이즈로 전락한 <엑스맨> 시리즈의 잘못 직조된 이야기들을 다 풀어헤치고 다시 원래의 문제의식으로 돌아가 이야기를 복구하려는 욕심. 하지만 찰스와 에릭의 신념을 대립시키는 예전의 구도로 복귀하는 것만으로는 미래로 나아갈 수 없다. 여기서 <엑스맨: 데이즈 오브 퓨처 패스트>는 레이븐을 통해 제3의 정치적 노선을 잠정적인 해답으로 내놓는다.

원작 만화에서도 켈리 의원의 암살을 시도하며 서사의 중심에 섰던 레이븐은 이번 <엑스맨: 데이즈 오브 퓨처 패스트>에서 실질적인 주인공 역할을 한다. 어릴 때 찰스와 함께 성장하고 이후 에릭과 함께 돌연변이를 위해 투쟁한 그의 독특한 위치는 찰스와 에릭 사이에서 균형을 이루기에 가장 적절하다. 영재 학교에서 자신들만의 평화로운 커뮤니티를 유지하고자 하는 찰스의 방법론이 탈정치적이라면, 에릭의 테러리즘은 반정치적이다. 전자는 평화롭되 <엑스맨 2: X2>에서처럼 외부적인 요인에 따라 얼마든지 흔들릴 수 있고, 후자는 센티넬이 지배하는 미래 사회처럼 언제나 그만큼의 보복으로 돌아온다. 중요한 건 얼마나 순수한 의도냐가 아니라 순수하지 못한 세계와 어떻게 화해할 수 있느냐다. 에릭의 대통령 암살을 막은 레이븐은 자신의 순수성을 보여준 것에 만족하지 않고, 인간 세계의 권력자인 대통령에게 빚을 지우고 돌연변이에 대한 차별을 막길 바란다. 평화를 추구하되 이를 위해 폭력의 힘을 전제하고 구속력 있는 약속을 맺는 레이븐의 방식은 찰스나 에릭과 달리 철저히 정치적이다. 그것이 얼마나 효과적인지는, 단순히 센티넬의 개발을 막는 것을 넘어 <엑스맨 3: 최후의 전쟁>에서 벌어진 찰스와 진(팜케 얀센), 스캇(제임스 마스던)의 죽음까지 비껴간 새로운 미래의 풍경이 방증한다. 미래의 경험을 바탕으로 실수를 바로잡는 것도 중요하지만, 그보다 더 밝은 미래를 만들고 싶다면 더 옳은 방법과 방향을 선택해야 한다.

그래서 브라이언 싱어의 ‹엑스맨: 데이즈 오브 퓨쳐 패스트›는 본인이 연출했던 ‹엑스맨 2: X2›나 매튜 본의 ‹엑스맨: 퍼스트 클래스› 만큼 신명 나는 블록버스터는 아니지만, 역대 시리즈 중 가장 희망적인 메시지와 분위기를 남긴 작품이라 할 만하다. 평화롭게 바뀐 미래의 모습을 비춰줘서만은 아니다. 잘못된 선택은 후회를 남기지만 후회를 바탕으로 우리는 다시 옳은 선택을 할 수 있다는 것, 그리고 그 옳은 선택은 더 나은 미래로 이어질 수 있다는 낙관주의야말로 이 작품의 바탕에 깔린 가장 중요한 세계관이다. ‹엑스맨: 데이즈 오브 퓨쳐 패스트›를 통해 과거 ‹엑스맨› 시리즈의 잘못된 선택을 바로잡으려 한 싱어 감독의 욕심과 고집은 이 세계관을 증명하고 완성하기 위한 건강한 자신감은 아니었을까. ‹엑스맨: 데이즈 오브 퓨쳐 패스트›가 남기는 전망은 그래서 시리즈 내부적으로도 영화 바깥에서도 열린 미래를 향한다. 물론 이 열린 미래에서 어떤 일이 벌어질지는 아직 알 수 없다. 다만 확실한 건, 지나간 미래의 날들을 후회하기보다는 다가올 과거의 날들을 고쳐 써 나갈 때 진정 새로운 미래는 열릴 수 있다는 것이다. 돌연변이에게도, 우리 인간들에게도.

+

미국의 영화 평점 사이트 ‘로튼토마토’의 높은 신선도 지수를 보고 기대했던 것에 비해 ‹엑스맨: 데이즈 오브 퓨쳐 패스트›는 아주 재밌진 않았다. 그다음 편인 ‹엑스맨: 아포칼립스›가 얼마나 엉망이었는지까지 떠올리면 ‹엑스맨: 데이즈 오브 퓨쳐 패스트›는 매튜 본 감독의 ‹엑스맨: 퍼스트 클래스›가 이룬 성취를 브라이언 싱어 감독이 슬쩍 가로채기 위해 만든 건 아닐까 싶을 정도다. 특히 자신이 연출하지 않은 〈엑스맨 3〉를 지우는 과정에선 숨길 수 없는 욕망이 느껴질 정도다. 그럼에도 〈엑스맨: 데이즈 오브 퓨쳐 패스트〉에 대해 비평적으로 또한 정치적으로 옹호할 수밖에 없다면, 과거의 과오를 고치겠다는 욕망에 멈추지 않고 새로운 미래를 여는 전망을 열어주었기 때문이다. 새로 시작할 기회, 자유로운 주체로서 살 수 있는 기회를.

# 지금 자기 자리에서 세월호의 짐을 나눠 진다는 것

2015
0416

설마, 라고 생각했다. 세월호가 침몰하던 그날부터 지금까지, 세상을 보며 완성한 의문형의 문장들에는 언제나 설마, 라는 부사가 붙었다. 설마 배가 저대로 침몰하는 건 아니겠지? 설마 저 많은 학생들을 구하지 못하는 건 아니겠지? 설마 실종자를 다 찾지도 못했는데 세상의 관심이 사라지는 건 아니겠지? 설마 저 부모들의 서러운 눈물과 호소가 대통령에게 전달되지 않는 건 아니겠지? 설마 단식 중인 유민 아빠를 저렇게 방치해두는 건 아니겠지? 설마 1년이 지나도록 그날의 진실이 무엇이고 어디서부터 잘못되었는지 밝혀지지 않는 건 아니겠지? 아무것도 밝혀진 게 없고 아무것도 나아진 게 없는데 설마, 세월호가 잊히는 건 아니겠지? 그리고 그때마다 설마, 라는 말로 예측하던 세상에 대한 최소한의 믿음과 기대는 붕괴한 마지노선처럼 끊임없이 후퇴했다.

지난 1년 동안 글을 쓴다는 것이 힘들었던 건 그 때문이다. 속보 경쟁이 되어버린 현재 포털 중심의 매체 시장에서 종종 잊히는 사실이지만, 매체가 어떤 팩트와 의견을 독자에게 굳이 전달하는 것은, 그것이 공익에 기여한다는 믿음 때문이다. 허세 같지만, 아주 간결한 스트레이트 기사를 쓸 때조차 기자는 이 문장이 왜 독자에게 필요한지에 대한 나름의 당위를 고민해야 한다. 그것이 아니라면 어떤 기사나 비평의 문장도 스스로의 지성과 윤리의식을 뽐내는 것 이상도 이하도 아닌, 결과적으로는 무의미한 것이 되어버릴 터다. 하지만 세월호의 침몰, 그리고 그 이후 세월호에 대한 정부와 동료 시민 일부의 부정적인 반응 앞에서, 사건이나 작품을 분석하고 비평할 때 전제되었던 당위적 명제들은 과연 사회적으로 합의되고 공유되고 있던 것인지 의문에 부쳐졌다. 배는 가라앉았고, 문장은 부유했다. 그렇다면 이 글들이 결과적으로 무의미하지 않다고 자신할 수 있을까.

300여 명이 물속에 가라앉는 걸 목격하고도 배우는 게 없는 나라에서 글을 통해 할 수 있는 건 무엇인가. 이 질문 앞에서 무력해지지 않기란 어렵다. 만약 기사에 주문과도 같은 힘이 있어서 쓰는 만큼 실종자를 찾아낼 수 있다고 했다면, 몇 날 밤을 새워서라도 수백 매의 원고를 썼을 것이다. 글의 날카로움이 실무자들의 가슴을 찔러 세월호 진상 조사에 가속이 붙을 수 있다면, 문장 하나하나를 밤새 붙잡고 벼렸을 것이다. 하지만 앞서 말한 설마의 마지노선이 붕괴하는 상황에선 당장 어떤 전제들 위에 문장을 세울 수 있을 것인지조차 가늠할 수 없다. 〈엑스맨: 데이즈 오브 퓨처 패스트〉에 관한 글에서 미래에 대한 희망을 이야기할 때도, 프로야구 오심을 이야기하며 무능한 시스템을 비판할 때도 언제나 세월호를 염두에 뒀지만, 이젠 존재하는지 자신할 수 없는 공감의 가능성에 호소하는 것에 그쳤다. 가능한 건 두 가지다. 마치 아무 일도 없었던 것처럼 이젠 스스로도 믿기 어려운 당위의 언어들로 작품이나 현상을 비평하며 글 안으로 도피하거나, 무엇이 옳고 무엇이 그르다고 말할 수 있는 근거는 무엇인지 고민하며 설마의 마지노선을 다시금 복구하는 데 힘을 보태거나. 대충 맞는 말만 하면 지킬 수 있던 글 쓰는 사람으로서의 양심은 훨씬 근본적인 지점에서 시험받았다. 그리고 아마도 이것은 글 쓰는 사람만의 문제는 아닐 것이다.

박근혜 대통령은 세월호 이전과 이후가 달라질 것이라 말했다. 말한 맥락과 의미는 전혀 다르지만 그 말 자체는 사실이다. 세월호 참사 이후 국가에 대한 믿음, 사회적 합의에 대한 믿음, 소통의 전제들에 대한 믿음, 인간 자체에 대한 믿음들은 차례로 무너졌다. 어떻게 그 이전과 같을 수 있겠는가. 이 폐허 앞에서 올바르게 산다는 것은 그 이전과 다른 의미를 갖는다. 2014년 4월 16일 이전에는 이러저러한 공약들의 표지판을 보고 '그래서' 규범을 따랐다면, 이후에는 그 표지판들이 망가진 뒤에 '그럼에도 불구하고' 지켜야 할 것들을 찾아내야 했다. 이전에는 저 멀리 보이는 빛을 보며 희망을 가졌다면, 이후엔 희망의 근거를 자기 발밑에서부터 다져야 했다. 지난 1년 동안 세월호는 한국 사회의 거의 모든 사람들에게 숙제를 내줬다. 세월호를 둘러싼 가장 커다란 정치적 의제인 진상 조사조차 이 거대한 숙제의 일부일 뿐이다. 어디에서 무엇을 하건, 양심을 가진 시민으로 살아간다는 건 세월호를 지고 간다는 것의 다른 말이 되었다. 만약 세월호 이후 시민사회가 다시 공통의 언어로 연결될 수 있다면, 아마도 같은 짐을 나눠 진 사람들의 공동체로서일 것이다. 그렇다면 세월호 이후의 글쓰기 역시 이 공동체의 일원으로서 무엇을 할 수 있느냐에 대한 답변이 되어야 하지 않을까. 물론 함께 짐을 나눠 지는 것으로서의 글쓰기는 그다지 돋보이거나 특별한 일은 아닐지 모른다. 하지만 협업의 결과로 끝 간 데 없이 후퇴한 믿음의 전선을 조금이라도 앞으로 밀 수 있다면, 이 글쓰기는 과거의 어떤 화려한 미문보다 의미 있는 작업이 될 것이다. 지금 자기 자리에서 나름의 짐을 나눠 진 당신의 실천이 역시 그러할 것처럼.

+

글을 쓰는 작업은 기본적으로 독자를 향한 작업이지만, 막연했던 생각을 공적 발화로 구성하는 과정을 통해 나 자신을 다잡게 되는 작업이기도 하다. 이 글이 그랬다. 다른 동료 시민들을 향해 제언하는 과정을 통해, 세월호 사건 이후 글 쓰는 사람으로서 무엇을 할 수 있는가, 라는 고민에 대해 나름의 답을 찾아갈 수 있었다. 허탈함과 상실감은 무너진 합리성을 어떻게 재구성할 것인가, 라는 문제의식으로 옮겨갔고, 그것이 성공했든 성공하지 않았든 이 글 이후 쓴 대부분의 글에서 이 문제의식을 잃지 않으려 하고 있다.

# 〈무빙〉, 날아오를 아이들을 위하여

2015 0914

"어른들은 아이를 보호할 의무가 있어." 강풀 작가의 웹툰 〈무빙〉의 주인공 봉석의 어머니이자 과거 안기부 특수요원이었던 미현은 남파된 북한 초능력자들로부터 역시 초능력자인 고등학생 강훈을 지키면서 이렇게 말한다. 하늘을 날 수 있지만 그 능력을 숨기고 억누르며 살아온 봉석의 이야기로 시작돼 같은 학교에 재학 중인 강훈, 희수 등 또 다른 능력을 지닌 아이들의 사연을 소개하던 이 만화는, 하지만 정작 클라이맥스인 남파 요원들과의 대결에선 아이들이 아니라 그들의 부모와 학교 교사를 싸움의 전위로 내세운다. 아무리 비범한 능력이 있다 해도, 그들에게 아이들은 우선적으로 보호되어야 하는 존재다. 적어도 〈무빙〉의 어른들은 그렇게 생각한다.

기본적으로 인간에 대한 따뜻한 시선과 믿음이 바탕에 깔린 강풀 작가의 만화에서 이처럼 아이들을 지키는 어른의 모티브는 작은 에피소드 혹은 작품 전체를 통해 반복된다. 〈타이밍〉에서 엄해 보이지만 밤이 되면 학생들을 지키기 위해 순찰을 도는 교장 선생님, 사건의 배후인 기형 때문에 죽음에 이르면서도 그를 위로하던 양성식 형사 등이 그러했으며, 〈어게인〉의 주인공들은 태아를 살해해 수명을 늘리려는 '어게인'들과 싸웠고, 〈이웃사람〉은 아예 작품 전체가 소녀를 지키는 어른들의 이야기다. 특히 〈이웃사람〉의 경우 작가가 후기에서도 밝혔듯, 살인마의 목표가 됐던 소녀가 자신이 목표였다는 사실조차 모르고 사건이 해결되는 것이 이야기의 원칙이었다. 이에 대해 강풀은 '우리가 보호해야 할 것들에 대한 완전한 보호를 이야기하고 싶었습니다'라고 말한다. 그것이 현실적이든 현실적이지 않든, 강풀이라는 솜씨 있는 이야기꾼은 그렇게 자신과 독자들이 믿고 싶은 판타지를 직조해냈다. 선의를 가진 어른들이 아이들을 악의로부터 보호해내는 세상. 하지만, 그것으로 충분한 것일까.

세월호 침몰이라는 거대한 사건이 상징적으로 드러냈듯, 대상을 향한 명백한 악의 없이도 어른들의 누적된 과오는 그 자체로 다음 세대의 아이들에게 상처와 짐을 안길 수 있다. ‹무빙›에서 초능력이 유전된다는 설정은 그래서 중요하다. 초능력자인 봉석의 부모와 희수의 아버지 주원은 안기부 요원 출신이며, 그중 하늘을 날던 봉석의 아버지 두식은 조직의 명령에 따라 북에 침투해 김일성을 암살한 바 있다. 봉석과 강훈, 희수는 부모들의 능력을 이어받지만 또한 부모 세대가 했던 일 때문에 국가기관의 감시 대상이 되고 남파 요원들의 공격을 받는다. 이것은 업보다. 안기부 요원으로서 학교에 체육선생으로 위장 취업해 아이들을 감시해오던 일환은 강훈에게 말한다. "미안하다. 이런 상황에 빠지게 해서." 아이들은 악의와 선의가 깔끔하게 구분되는 평평한 세상이 아닌, 어른들이 쌓아온 공과 과의 요철 위에 선 존재들이다. 어른은 자신들이 물려준 세상에 대한 책임이 있다. 그 세상이 아이들을 힘들게 한다면 가장 먼저 해야 할 것은 사과이며, 두 번째는 사과 뒤에 숨지 않고 고통스럽게 책임을 지는 것이다. ‹무빙›이 강풀의 그 어떤 작품보다 과격한 해결책을 보이는 건 우연이 아니다. 미현은 북한 요원들의 목적이 자신의 아이들을 회유하거나 제거하는 것이라는 걸 알게 되자 "당신들만 없어지면 북에선 우리 아이들에 대해서 모르겠군"이라 말하며 주저 없이 그들을 총으로 쏴 죽인다. 그들이 그토록 바랐던, 아이들이 과거로부터 자유롭게 자기 자신의 꿈과 능력을 찾을 수 있는 세상을 물려주기 위해선 악연을 끊어내야 한다. 이를 위해선 '괴물'도 될 수 있다.

하지만 〈무빙〉이 어른의 역할에 대해 강풀의 전작들보다 진일보한 관점을 보인다고 말할 수 있다면, 오히려 어느 순간 어른들이 아이들에게 싸움의 바통을 넘기기 때문이다. 미현은 봉석이 마지막 임무 중 생사불명이 된 두식처럼 될까 봐 평생을 '실전' 같은 마음으로 봉석을 지키고 그의 능력을 숨겨왔지만, 그 보호의 테두리 안에서 봉석은 날고 싶은 욕망을 억누르며 자신이 원치 않는 삶을 살아야 했다. 강훈의 능력을 보고 자극받은 봉석은 나는 연습을 시작하며 미현에게 외친다. "나도 할 수 있을지도 모르니까! 지금보다 더 잘할 수 있을지도 모르니까!" 강풀은 〈이웃사람〉에서 '완전한 보호'에 관해 이야기했지만, 때로 어떤 보호는 아이가 세상과 부딪혀 성장할 기회를 빼앗기도 한다. 아이를 보호하고 악연의 고리를 끊는 건 아이들의 인생에 비단길을 깔아주기 위해서가 아니다. 최소한 아이들이 공정한 룰 위에서 싸울 수 있는 세상에서 억울함 없이 부딪혀 볼 수 있게 하기 위해서다. 아이에 대한 어른의 책임은 아이들이 자기 삶의 온전한 주인공으로 살아가는 것으로 완성된다. 미현이 다른 모든 요원들을 죽이고, 하늘을 나는 봉석이 역시 하늘을 나는 북한 요원과 일대일로 싸우는 마지막 대결은 이러한 이상적 세대교체에 대한 멋진 은유처럼 보인다.

"있는 힘껏 날아라." 봉석에게 도망치라고 외쳤지만, 봉석이 더는 도망치지 않고 북한 요원과 맞서는 것을 보며 미현은 감격해 말한다. 이것은 아마도 어른이 다음 세대에게 남길 수 있는 최대의 응원일 것이다. 물론 말뿐인 응원은 공허하다. 아이가 있는 힘껏 날기 위해서는 두식의 말처럼 떨어지는 걸 두려워하지 않아야 한다. 그리고 추락하는 게 두렵지 않은 바닥을 다지는 것이 어른의 몫이다. 강풀은 걸작 〈26년〉에서 5·18 희생자의 아이들이 부모 세대의 한을 풀기 위해 나서는 이야기를 그렸다. 그들은 물론 온전히 자신의 뜻으로 나섰지만, 윗세대가 만든 은원으로부터 결코 자유롭지 못한 안타까운 세대였다. 만약 그 모든 은원과 과오를 해당 세대가 제대로 매듭지을 수 있다면, 어른의 몫을 다할 수 있다면, 다음 세대는 정말로 자신의 인생을 찾아 힘껏 날아오를 수 있지 않을까. 물론 현실은 〈26년〉으로부터 9년이나 더 지났음에도 해당 사건에 대한 제대로 된 처벌도 없으며, 세월호 침몰이 일어난 지 500일이 넘었지만 여전히 제대로 된 진상 조사는 요원하다. 과연 이 세상은 추락해도 안전한 곳일까. 아이들에게 안심하고 날아오르라고 말할 수 있는 곳일까. 이것은 이곳에 미래가 있느냐는 질문이기도 하다. 〈무빙〉이 보여주듯 미래는 초능력을 지닌 아이들이 아니라 사과할 줄 알고 행동할 줄 아는 어른으로부터 시작된다. 지금 우리는 그런 어른인가.

+

세월호 사건으로 가장 크게 변화한 게 있다면, 내가 가진 어른으로서의 책임감을 느꼈다는 것이다. 전에는 세상을 비판할 때 항상 나보다 나이가 많은 이들을 향해 그들의 기득권을 비판하고, 구태의연함을 비판했다면, 세월호 이후엔 나보다 어리고 덜 가질 수밖에 없는 배경에 선 이들로 시선을 돌리게 됐다. 〈무빙〉은 이러한 어른의 책임에 관해 많은 성찰을 남기는 작품이다. 안전망이 되어주는 동시에 그들의 행동 하나하나를 응원해주는 것. '꼰대'를 비판하는 것을 넘어 좋은 어른이 되는 것을 고민하는 이들에게 추천해주고 싶은 작품이다.

# 레서판다의 '움짤'이 말해주지 않는 것들

2015 1005

그건 사고였다. SNS에서 우연히 레서판다의 짧은 '움짤'을 본 것은. 모퉁이에서 사육사를 만나자 두 발로 서서 '앙' 하고 위협하는 이 생명체는 그야말로 극한의 귀여움이란 의도하지 않은 귀여움이라는 것을 증명하는 듯했다. 이후 SNS 검색창에 '렛서'(표준어는 레서판다지만 인터넷에서는 '렛서팬더'라는 표기를 더 많이 쓴다)로 검색해 나오는 수많은 움짤과 사진, 동영상을 홀린 듯 보았다. 사육사의 장난에 깜짝 놀라 자지러지는 영상, 과일에 머리를 박다가 넘어지는 움짤 등 모든 동작 모든 표정 모든 반응에 귀여움이 흘러나왔다. 심지어 호기심이 많아 사람을 잘 따르고 길들이기 쉽다는 정보도 여러 포스팅에서 확인할 수 있었다. 어쩌면 창조론자들의 말이 옳을지도 모른다. 아무리 진화가 수많은 변이를 일으켰다지만 신의 사랑이 아니고서야 저렇게 한 생명체에 모든 종류의 귀여움을 몰아넣을 수는 없다. 그만큼 이 귀여운 피조물의 움짤을 보고 또 보며 한 가지 욕심이 생겼다. 너를, 갖고 싶다.

물론 불가능한 일이다. 돈의 문제가 아니다. 전 세계적으로 1만~2만 마리 정도밖에 남지 않은 레서판다는 멸종위기동물이기 때문에 원칙적으로는 천만금을 줘도 살 수 없다. 부끄러운 고백이지만, 이때까진 그들이 왜 멸종위기인지에 대해서는 크게 궁금하지 않았다. 이토록 귀여운 동물이 흔하다면, 그건 그것대로 이상한 일이라고만 생각했다. 다행히도 이토록 흔치 않은 레서판다를 한국에서도 볼 수 있다. 과천에 있는 서울대공원에서는 2005년, 일본 도호쿠 사파리 파크와 도베 동물원에서 각각 암수 한 마리씩을 데려와 지금까지 키우고 있다. 더는 모니터 속 모습으로만 만족할 수 없다는 생각에 서울대공원으로 출발했다. 그리고 이 사랑스러운 동물을 더 알고 싶어 지난 6년 동안 레서판다를 담당했던 추윤정 사육사(올해 9월부터 기린 담당으로 변경)에게 인터뷰를 요청했다. 직접 레서판다를 만지고 장난치고 놀았을 사육사의 경험담을 상상하는 것만으로도 머릿속에 '움짤'이 생성되는 기분이었다.

"사람을 잘 따르진 않아요. 굉장히 예민한 동물이거든요."

"네? 그런데 인터넷에서 보면…."

"저도 몇 개 영상을 확인해봤는데요, 대부분은 거의 다 어린 개체예요. 사람도 그렇지만 어릴 땐 호기심이 많은 게 당연하죠. 그러니 활발하기도 하고요. 하지만 그렇게 호기심을 통해 학습하면서 결국 조심성이 많아지게 되죠."

아니, 내가 원한 건 이런 게 아니었어. 레서판다와의 첫 만남은 어땠느냐는 질문에 대한 추윤정 사육사의 대답은 솔직히 실망스러웠다. 그럼 사육사가 레서판다의 앞다리를 잡고 어화둥둥 그네를 태워주던 영상은? 깜짝 놀라게 해 자지러지게 하는 영상은? 수많은 질문이 꼬리에 꼬리를 물었지만 침착하게 가장 이성적인 질문을 골라 다시 던져보았다.

"그럼 왜 그렇게 조심스럽고 예민한 걸까요."

"자기 서식지에서 먹이사슬의 최하위 개체거든요. 천적들의 위협 때문에 조심스러워질 수밖에 없죠."

"천적이라면?"

"눈표범도 있고, 독수리도 있고… 현재로선 사람이 제일 큰 천적이죠."

직감할 수 있었다. 이 인터뷰에서 기대했던 귀여운 경험담은 없을 거라는 걸. 그리고 기대하지 않은 바로 그 지점에서 레서판다에 대해 좀 더 잘 알게 될 수 있을 거라는 걸.

사람이 레서판다의 가장 큰 천적인 건 서식지 파괴와 밀렵 때문이다. 일례로 제법 많은 레서판다가 있던 네팔의 랑탕 국립공원 근처에는 매년 1만 4000킬로그램의 치즈를 생산하는 치즈 공장 두 개가 있는데, 이들 공장은 우유를 얻기 위해 소떼를 국립공원에 방목한다. 초식동물인 레서판다는 이 먹이 경쟁에서 밀리는 동시에 목동과 그들의 개 때문에 개체 수가 줄어들었다. 예쁜 가죽을 얻기 위해 밀렵을 한다는 이야기는 더 충격적이었다. “사람들이 레서판다를 좋아하는 건 예뻐서잖아요. 그런데 그 예쁜 외모가 결국 그들에겐 독이 된 거죠.” 사육사의 이야기와 함께 머릿속 레서판다의 이미지는 호기심 많고 귀여운 모습에서 안쓰럽고 보호해주고 싶은 이미지로 재구성됐다. 털이 북슬북슬해서 제법 덩치가 있어 보이지만 실제 무게는 5kg 정도밖에 안 된다는 이야기도, 소리에 굉장히 민감해서 빗자루로 바닥을 쓰는 소리를 엄청 싫어하는데 아마 야생에서 포식자가 숲을 헤치며 오는 소리와 비슷해서가 아닐까 싶다는 이야기도 모두 안쓰러웠다. 하지만 반대로 인터넷의 수많은 레서판다 팬들과 달리 ‘나만 아는’ 레서판다 이야기를 얻었다는 포만감 역시 얻을 수 있었다. 제법 의기양양한 기분으로 혹 인터넷만 보고 레서판다를 판단하거나 동물원에 구경 오는 사람들에게 마지막으로 해주고 싶은 말이 없는지 청했다. 그는 인터뷰 중 가장 주저 없이 답했다. “레서판다를 비롯해 프레리도그나 사막여우 같은 작고 귀여운 동물을 보며 꼭 하는 말이 키우고 싶다는 거예요. 라쿤이나 사막여우를 키우는 분들은 종종 있는데 개인이 키워서는 안 된다고 봐요.

행동풍부화(야생과 비슷한 환경을 만들어줘 동물의 행동을 풍부하게 만들어주는 프로그램)를 비롯해 해줄 수 있는 게 거의 없거든요. 정말 사랑스럽다면 만지거나 키우고 싶어 하기보단 서식지 보호를 위해 무엇을 할 수 있는지 생각하면 좋겠어요." 의기양양함은 잠시, 얼굴이 화끈거렸다. 이건 다, 내 얘기였다.

부끄럽고 씁쓸한 마음을 안고 넓은 동물원에서도 가장 안쪽에 있는 레서판다를 보러 갔다. 유리벽 안의 공간을 계속 빙글빙글 도는 수놈 상큼이의 얼굴은 실제로 보니 더더욱 비현실적으로 느껴질 정도로 귀여웠다. 관람객의 관심에는 스트레스를 받지 않는 듯했지만, 잠시 보는 동안에만 몇 바퀴를 도는 상큼이는 답답하고 심심해 보였다. 다행히 동물원에서도 행동풍부화를 위해 공간을 더 넓히고 나무도 심을 계획이 있다고 한다. 동물원도 저런데, 저 동물을 갖고 싶다는 마음은 무지한 욕심이 맞다. 이해와 배려 없는 애정이란 언제나 이 모양이다. 문득 저 멀리 유리문 뒤에 앉아 가만히 유리벽 바깥을 바라보는 암놈 앵두의 얼굴이 보였다. 귀엽고, 작았다. 그 이름처럼. 레서판다의 원래 이름은 판다지만 이후 자이언트판다가 나타나 오히려 판다라는 이름을 독점하면서, '더 작은'이란 의미의 'Lesser'가 붙은 레서판다가 되었다. 하지만 사실 모든 동물은, 영향력에 있어 인간과 비교해 모두 '레서'이지 않을까. 그 작은 것들에 대한 배려의 방법이 무엇인지는 모르겠다. 레서판다가 서식한다는 히말라야 고지대 보존을 위해 무엇을 할 수 있는지는 더더욱 감이 잡히지 않는다. 우선 야생동물 생태계를 위협한다는 설악산 케이블카 문제부터라도 좀 더 공부해보자고 다짐했다. 만지는 것도 먹이를 주는 것도 아니지만, 아마도 이것이 레서판다 움짤을 좋아하는 랜선 삼촌이 그들을 비롯해 나보다 작은 것들에게 해줄 수 있는 가장 괜찮은 애정 표현일 테니까.

+

인터넷이 고양이에게 점거되는 것을 보면서도 코웃음 칠 정도로 근본주의 개파인 내가 유일하게 흔들렸던 건 레서판다의 움짤을 볼 때였다. 정말 유튜브로 열심히 검색해 동영상을 찾을 정도로 '앓았다'. 그리고 취재를 하고 이 글을 쓴 뒤, 이제는 레서판다를 마냥 귀엽게만 볼 수 없게 됐다. 어떤 서글픈 연민이 항상 끼어들기 때문이다. 심술궂지만 이 글을 읽은 레서판다의 팬들도 비슷한 기분이길 바란다. 때론 아무 고민 없이 레서판다 움짤을 보고 꺄아아, 거리던 때가 그립기도 하겠지만, 마음만은 이 작고 연약한 동물과 조금은 더 가까워진 기분이 들 테니.

## 응답하라, 시그널에

2016 0216

tvN <시그널>의 제목은 왜 '시그널(신호)'인가. "우리의 시간은 이어져 있다"는 포스터 문구 그대로 과거의 형사 이재한(조진웅)과 현재의 프로파일러 박해영(이제훈)이 무전기를 이용해 교신하며 미제 사건을 해결해가는 이 드라마의 제목은, 하지만 '콘택트(교신)'가 아니다. 김윤정 유괴사건의 진범을 잡기 위해 재한이 해영에게 신호를 보내면서 시작된 둘의 교신은 이후 시간을 넘어 정보를 공유하고 감정적으로 교류하는 데 이른다. 둘의 공조를 통해 한국 역사상 가장 유명한 미제 사건인 경기 남부 연쇄살인사건까지 해결하지만, 기술적 차원에서의 교신도 감정적 차원에서의 공감도 모두 수신자가 발신자의 신호에 응답할 때 가능한 것이다. 과학적 상상보다는 차라리 초자연적인 현상에 가까운 과거와 현재의 대화를 주요 설정으로 삼은 이 장르물이 그럼에도 동시대에 대한 어떤 재현이 될 수 있는 건 이처럼 '시그널'에 집중하기 때문이다.

사실 아이디어 차원만 따지면 <시그널>은 영화 <프리퀀시>의 상당 부분을 카피했다. 무전을 통해 과거와 현재가 교신한다는 설정부터 교신을 통해 범죄를 막고 그로 인해 현재가 바뀌게 되는 것까지 변호의 여지없이 흡사하다. 여기에 미제 사건 전담반의 이야기를 다룬 미국 드라마 <콜드케이스>를 살짝 섞으면 <시그널>의 설정 대부분이 완성된다. 하지만 해피엔딩으로 끝난 <프리퀀시>와 달리 재한은 결국 자신이 좋아하던 김원경(이시아)을 구하지 못한다. 마법 같은 일이 벌어지지만 그것으로 바꿀 수 있는 건 생각만큼 많지 않다. '시그널'은 힌트일 뿐이며 그 힌트를 따라가며 수수께끼를 풀기 위해서는 수많은 현실의 장벽을 넘어야 한다. 여기서 〈시그널〉은 〈프리퀀시〉에서 출발해 김은희 작가의 전작 SBS 〈싸인〉의 테마와 조우한다. 죽은 이들이 자신의 사인(死因)을 통해 보내는 '싸인'을 힌트 삼아 여러 외압을 견뎌내며 진실을 밝혀내는 〈싸인〉의 국립과학수사연구원(이하 국과수)과 〈시그널〉의 장기미제전담팀(이하 미제팀)은 많이 닮았다. 그들에게 '싸인' 혹은 '시그널'은 문제를 해결하는 중요한 단서이기 이전에, 막막한 와중에도 절대 외면하지 말아야 할 과거로부터의 간절한 요청이다.

시청자의 호불호가 갈리지만, 아나모픽 기술을 이용한 과거 장면의 화면 비율과 색감, 그리고 4화에서 두드러졌던 신파적 정서가 중요한 건 그래서다. 유독 오래된 사진을 통한 회상이 많은 작품 안에서 아나모픽을 이용한 과거 장면은 그러한 빛바랜 사진과 비슷한 색감을 구현한다. 원경의 죽음에 분노한 재한은 무전을 통해 해영에게 원경이 사건 데이터 속 "사진 몇 장"이 아닌 "그냥 열심히 살던 사람"이라고 말한다. 과거 장면의 색감은 이처럼 사진 속 사람들이 단순히 빛바랜 이미지가 아닌 자기만의 삶이 있던 존재라는 것을 환기한다. 재한과 원경 사이의 설레는 감정, 극장에서 울며 코미디 영화를 보는 재한의 모습처럼. 재한과 해영이 대화할 때 두 사람 모두 자신의 세계에서 지금을 사는 것처럼 과거는 누군가의 현재였다. 드라마 속 미제 사건이 그러하듯, 그것을 빼앗는 건 범죄다.

해영이 첫 사건인 김윤정 유괴사건의 결정적 목격자였음에도 당시 아이였다는 이유로 증언이 묵살됐다는 과거사는 조금 작위적일 만큼 작품의 테마를 노골적으로 드러낸다. 꼭 마법의 무전기가 없다 해도 '시그널'은 어디선가 발신된다. 단지 수신하지 못하거나 안 하는 것뿐이다. 해영이 경찰 조직을 불신하는 건 당연하다. 〈싸인〉의 국과수가 검찰 정우진(엄지원), 경찰 최이한(정경운)과 긴밀히 공조한 것과 달리 〈시그널〉의 경찰 조직은 윗선인 수사국장 김범주(장현성)부터 일선 형사까지 강직한 차수현(김혜수)이 이끄는 미제팀의 존재를 마뜩잖아한다. 미제팀의 업무는 결국 그들이 놓치거나 외면한 '시그널'이 무엇인지 찾는 작업이다. 드라마 속 경찰 조직이 진실을 묻으려는 건 아니겠지만, 오래된 진실은 웬만하면 수면 아래에 두는 게 그들에겐 편하다. 여기서 동시대의 어떤 순간들을 떠올리지 않기란 어렵다. 매스컴 앞에서 유족에게 따뜻한 말을 건네지만 정작 진실의 추구에는 관심 없는 책임자, 사건의 내막을 재구성하는 조직에 대한 철저한 냉대와 비협조, 그리고 여전히 마르지 않는 유가족들의 눈물. 미제팀을 세월호 특별조사위원회의 알레고리라고까진 말할 수 없겠지만, "누군가는 적어도 잊지 말아야죠"라는 해영의 대사가 현실의 무엇을 지시하는지는 쉽게 짐작할 수 있다.

잊지 않으면, 언젠가는 모든 진실이 밝혀질까. 알 수 없다. 진실이 밝혀지면 남은 이들의 분노와 슬픔이 사라질까. 그건 분명히 아니다. 매 에피소드마다 범인을 잡아내지만 〈시그널〉이 수사물로서의 후련함을 주지 못하는 건 그래서다. 악질 유괴사건의 범인을 잡았어도 공소시효가 지나 다른 죄목으로 체포하고, 재한은 대도 사건의 진범을 잡아 오경태(정석용)의 누명을 벗기지만 한영대교 붕괴라는 전대미문의 사고를 막지도 그 비리에 연루된 이들을 잡지도 못한다. 죽은 피해자는 물론, 범인을 잡은 형사도 유족도 웃을 수 없다. 잘못된 과거를 깔끔하게 바꾸는 통쾌함은 여기에 없다. 하지만 작품 속에서 교차하는 시간은 해영의 시점에서 본 과거인 동시에 재한의 입장에서 본 미래이기도 하다. 재한의 아버지는 수현에게 미결된 사건도 그다음 세대가 해결할 거라던 재한의 말을 전한다. 재한이 현풍역 근처에서 주부를 구해낸 덕에 한 생명이 태어날 수 있었다는 에피소드는 상징적이다. 현재의 작은 희망은 과거의 누군가가 절망을 견디며 만들어낸 미래다. 과연 현재의 우리도 미래를 위한 작은 희망을 남길 수 있을까. 드라마 바깥의 신호들을, 작은 흐느낌을 놓치지 않으며.

+

나는 소위 '열린 결말'이라 불리는 엔딩을 별로 좋아하지 않는다. 대부분의 경우에 극의 테마를 책임 있게 마무리 짓지 못한 걸 있어 보이게 포장한 것에 지나지 않는다고 봐서다. 하지만 재한이 살아남고, 그런 재한을 붙잡기 위해 국회의원 장영철(손현주)의 부하들이 들이닥치고, 또한 재한을 만나기 위해 해영과 수현이 그의 거처로 향하는 〈시그널〉의 열린 결말은 상당히 좋아하는 장면이다. 애초에 이 작품에서 중요한 건 과오에 대한 온전한 해결이 아닌, 그 안에서 미래를 향한 좁은 희망을 발견해내는 것이었다. 불안감과 기대가 공존하는, 하지만 어쨌든 살아 있기에 다음을 기약할 수 있는 그 지점이야말로 김원석 감독, 김은희 작가, 두 창작자가 최대한 성실하게 발견해낸 희망의 가능성일 것이다.

# 〈대니쉬 걸〉과 〈캐롤〉이 내게 가르쳐준 것

2016 0222

영화 〈대니쉬 걸〉의 주인공 에이나르 베게너(에디 레드메인)는 아내 게르다 베게너(알리시아 비칸데르)의 작업을 돕기 위해 여자 옷을 걸쳐본 것을 계기로 자기 안의 여성을 자각한다. "그날 이후 무언가가 달라졌어"라고. 릴리라 이름 붙인 자기 안의 여성과 에이나르라는 정체성 사이에서 혼돈에 빠진 그는 여러 의사를 찾지만 1920년대의 학술 언어는 그의 경험에 잘못된 이름만을 붙인다. 누군가는 호르몬 이상이라며 방사선 치료를 하고, 누군가는 성도착증이라며 입원시키려 하며, 또 다른 누군가는 동성애라 말한다. 모두의 말이 빗나갈 때, 비로소 에이나르만이 자신의 경험을 구체적인 명제로 제시한다. "나는 내가 여자라고 생각해요." 남성의 몸으로 태어난 여성이라는, 당시 사회의 해석 지평 안에서는 존재하지 않던 개념이 세상에 균열을 내고 등장하는 순간이었다. 이것은 〈대니쉬 걸〉이라는 영화를 통해 헤테로섹슈얼 남성 관객이 경험하는 균열의 순간에 대한 비유처럼 보인다. 바로 나와 같은.

에이나르, 아니 릴리는 수술을 통해 여성으로 바뀌었느냐는 질문에 "신의 실수를 돌려놓은 것"이라고 답한다. 적어도 영화 속의 그는 제3의 성이 되고자 한 것이 아니라 완전한 여자가 되길 원했다. 그렇다면 그를 새로운 정체성으로 옹호해야 옳은가, 기존 관념 안에서의 여성으로 받아들여야 하는가. 무엇이 그들을 더 온전한 주체로 대하는 방식인가. 성소수자를 혐오하지 않는 것만으로 이 이슈에 대해 깨어 있다고 생각했던 나는 〈대니쉬 걸〉을 보면서 성 정치학에 대한 나의 무지를 절실하게 깨달을 수밖에 없었다. 트랜스섹슈얼의 기본적 인권을 지켜줘야 한다는 수준에 그치지 않고 그들만이 가진 구체적 욕망이 무엇이고 그것을 실현하기 위해 무엇이 필요한지 고민하게 해줬다는 점에서 이것은 차라리 배움에 가까운 경험이다. ‹대니쉬 걸›과는 장르도, 정서도 전혀 다르지만 영화 ‹캐롤›을 보며 비슷한 감정을 느낀 건 그래서다. 두 여성인 캐롤(케이트 블란쳇)과 테레즈(루니 마라)의 러브스토리는 동성애가 이성애자들이 인정해줘야 하는 무해한 일탈이 아닌, 누가 봐도 황홀한 사랑의 양태라는 것을 보여준다. ‹로미오와 줄리엣› 같은 고전에서 드러나듯, 사랑의 강렬함과 절대성은 사회적 터부를 극복하는 서사를 통해 더욱 명료해진다. 동성애에 대해 윤리적 문제 운운하며, 여성은 남성의 욕망의 대상으로만 받아들여지는 시대에, 그럼에도 오직 이 사람이어야 하기에 무언가를 포기하는 것도 가능한 두 여성의 확신은 레즈비언 로맨스도 인정해달라고 항변하는 대신, 레즈비언 로맨스이기에 아름다운 구체적인 순간을 보여준다.

두 작품이 자각시켜준 것은 무지만이 아니다. 비평에서 무지는 분명 문제지만, 더 큰 문제는 무지를 인식하지 않고도 이들에 대해 비평할 수 있다는 것이다. 가령 트랜스섹슈얼과 트랜스젠더의 디테일한 차이를 공부하지 않더라도, 한 인간의 보편적 용기와 승리라는 관점으로 ‹대니쉬 걸›을 비평하는 건 어렵지 않다. 내가 모르던 어떤 삶은 보편이라는 개념과 함께 쉽게 번역된다. 진짜 문제는 이것이다. 어렵지 않기에 할 수 있다고, 해도 된다고 믿는 것. 여기엔 자신의 지평 너머를 확인할 이유가 별로 없는 헤테로 남성의 권력이 밑에 깔려 있다. 얼마 전 논란이 된 ‹캐롤›에 대한 이동진 평론가의 코멘트는 지적이고 많은 경우 정치적으로 올바르며 호모포비아는 결코 아닌 남성 비평가가 저지를 수 있는 가장 쉬운 실수가 무엇인지 보여준다. 논란이 된 "테레즈한테는 동성애적인 사랑이 필요한 게 아니고 캐롤이 필요한 거다. 그런데 하필이면 캐롤이 여자였을 뿐"이란 말에서 그 스스로 후회한 "하필이면"이란 말을 빼더라도 이 해석은 이성애자의 질서를 디폴트값으로 잡았다는 비판으로부터 자유로울 수 없다. 그는 논란 이후 블로그를 통해 "테레즈의 변화가 그녀의 정체성과 관련한 동성애 자체의 고유성 때문인지 한 번도 경험하지 못한 사랑의 전인성 때문인지는 사실 이 영화에서 명확하지 않"다고 좀 더 구체적으로 부연했지만, 우리는 이성애자 로맨스에서 첫눈에 반한 사랑에 대해 작품 안에서 명확한 설명이 없더라도 그것이 이성애 자체의 고유성 때문인지 사랑의 전인성 때문인지 분리해서 고민하지 않는다. 그는 여느 때와 마찬가지로 ‹캐롤›의 장면 장면을 성실하고 섬세하게 해석하지만 그 해석을 위한 자신의 인식적인 지평을 점검했는지는 잘 모르겠다.

어떤 배움은 순조롭게 자신이 발 디딘 해석의 지평을 좀 더 단단히 다지는 방식으로 진행되지만, 또 어떤 배움은 발밑의 지평을 무너뜨리고 재구성하는 방식으로 진행되기도 한다. 내게 ‹대니쉬 걸›과 ‹캐롤›을 본다는 것은 후자의 의미다. 이 두 텍스트를 통해 만난 낯선 삶의 풍경은 내가 대상에 투영하던 보편타당함이 헤테로 남성의 질서 위에서의 보편성일 수 있다는 것을 일깨워줬다. 이것은 말하자면 천동설의 시각으로 보던 하늘을 어느 순간 지동설의 시선으로 보는 것과 같은 것이다. 눈에 들어오는 별의 풍경은 똑같을지 모른다. 하지만 내가 선 지평이 절대적인 기준이라 생각하며 저 모든 별을 객체로 보는 것과, 내가 선 지평이 유동적이고 움직이는 저 별과 다르지 않다고 생각하며 별을 보는 건 전혀 다른 경험이다. 그리고 궁극적으로, 진정 성실한 비평이란 내가 움직이는 행성 위에서 관측하고 있다는 자각 위에서 가능할 것이다. 나의, 그리고 우리의 세상은, 그렇게 넓어진다.

+

비평가가 가장 조심해야 할 것 중 하나는 해석 때문에 감상하는 능력을 잃는 것이다. 온전히 감상하고 텍스트가 눈앞에 펼쳐놓는 세계로부터 새로운 무언가를 감지하고 즐기고 배우는 것은, 내가 읽은 책과 아는 이론으로 텍스트를 해석하는 것보다 선행해야 하는 작업이다. 물론 원론적으로만 알고 있을 뿐 나 역시 언제나 눈앞에 보이는 것을 나의 언어로 남김없이 해석하고 싶은 유혹에서 벗어나지 못했다. 그런 면에서 〈캐롤〉을 본 건 굉장히 소중한 경험이다. 물론 그래서 여전히, 〈캐롤〉에 대한 비평을 쓸 엄두를 아직 못 내고 있지만.

# 〈캡틴 아메리카 3〉, 아이언맨을 옹호한다

2016 0503

슈퍼히어로라는 직업의 본질은 정의가 아닌 딜레마다. 정의를 위한 폭력의 행사라는 것은 언제나 목적과 수단 사이의 괴리를 낳는다. 심지어 이번 〈캡틴 아메리카 3〉 초반부, 대 테러 작전 중 스칼렛 위치의 실수로 무고한 와칸다 관리들을 11명이나 죽게 한 상황이라면 더더욱. 이에 대해 캡틴 아메리카는 그러한 짐을 어깨에 짊어지고 그럼에도 정의를 위해 앞으로 나아가는 것이 히어로의 책무라고 말한다. 언제나 그렇듯 그의 태도는 고결하지만, 이번엔 캡틴이 틀렸다.

〈캡틴 아메리카 3〉는 어벤져스를 국제사회의 규율 아래 두는 소코비아 협정 찬반에 대한 캡틴 아메리카와 아이언맨의 대립을 다루지만 정확히는 이 둘의 대결이 아니다. 그보단 캡틴 아메리카라는 올드패션 히어로의 신념과 아이언맨이 대변하는 국제사회의 요구가 부딪히는 것에 가깝다. 덕분에 원작 〈시빌 워〉에서 그러하듯, 그와 대립하는 히어로들은 아이언맨을 권력의 하수인이자 배신자처럼 대한다. 여기에는 세상에 정의로운 오지랖을 부려도 되는 히어로의 권리라는 것이 마치 원래 존재하는 것처럼 전제된다. 하지만 막스 베버가 말했듯, 근대국가란 정당한 물리적 폭력을 독점하는 조직이다. 적어도 독재국가가 아닌 이상, 자경단 히어로란 국가의 물리적 폭력이 미흡해 악을 제대로 제어할 수 없을 때, 국가의 역할을 임시로 보완하는 역할을 맡는다. 히어로는 가장 호의적인 관점에서도 공권력의 보완재이지, 대체재가 아니다.

물론 소코비아 협정이, 혹은 원작 만화에서의 히어로 등록법이 히어로 활동의 딜레마를 온전히 해결해주는 건 아니다. 캡틴 아메리카가 걱정했듯 어벤져스의 활동이 원래 목적과 다르게 운영될 가능성도 있으며, 원작 만화에서처럼 히어로들의 선의가 왜곡될 수도 있다. 하지만 완전무결한 해결책과 정답이란 존재할 수 없다. 더 나은 원칙을 고를 수 있을 뿐이다. 가령 버키에 대한 대응은 캡틴이 옳았지만 당장 결과적으로 옳았다고 해서 절차적 문제가 해결되는 것은 아니다. 캡틴은 수많은 정치적 요소들과 뒤얽혀 어벤져스가 타락할 걸 걱정하지만, 로키와 레드 스컬의 경우에서 볼 수 있듯 오히려 타락은 대의를 위해 절차적 문제를 무시하겠다는 개인의 신념에서 더 잘 발생한다. 아이언맨과 대립하던 호크아이(제레미 레너), 앤트맨(폴 러드) 등이 해저 감옥에 갇힌 건 과도한 측면이 있지만, 감옥에 갇혔다는 사실 자체에 불만을 갖는 건 난센스다. 국가 단위의 합의를 벗어난 행동을 하면서 책임지지 않겠다는 건 스스로 초법적 존재가 되겠다는 이야기에 다름 아니다. 타락의 씨앗은 어디에서 자라기 쉬울 것인가.

아이언맨은 어벤져스의 책임을 권력에 떠넘기자고 말하는 것이 아니다. 어벤져스의 책임이 어디까지인지 더 많은 사람과 논의해 타락할 가능성을 줄이자는 것이다. 슈퍼히어로의 책임과 딜레마를 온전히 자신의 어깨에 짊어진 캡틴 아메리카는 여전히 영웅적이다. 반면 그 책임과 딜레마를 세상과 나눠 지자고 말하는 아이언맨은 합리적이다. 영웅적인 것, 슈퍼히어로 장르에 어울리는 것, 멋있는 것은 전자일지 모른다. 하지만, 무엇이 더 옳은가?

+

각각의 입장마다 나름의 근거와 신념이 있는 만큼 회사 동료와 각각 캡틴 아메리카 측과 아이언맨 측을 변호하는 기획에서 나온 글이다. 어쨌든 재미를 위해서나 나름의 공정함을 위해서도 두 입장 모두를 다뤘어야 한다고 보지만, 그럼에도 역시 이 건에서만큼은 캡틴을 비판할 수밖에 없다. 무엇보다 ‹캡틴 아메리카 2›에서 캡틴이 상징하고 대변했던 자유라는 가치의 관점에서 다시금 다뤄볼 수도 있는 주제라는 생각이 든다. 그는 소코비아 협정이 히어로의 자율성을 침해한다고 생각했을지도 모른다. 하지만 여기에는 히어로의 초국가적 행동이 각 국가와 또 국가의 시민들의 자율성을 침해할 수 있다는 중요한 의심이 빠져 있다. 히어로 활동의 범위를 여기에 연관된 다른 주체들까지 포함한 민주적 토의 과정을 통해 도출해야 하는 건 그래서다. 그것이 서로 동등하게 양립 가능한 자유를 지키는 길이다. 캡틴이 지지해온 바로 그 자유주의적 도덕이 가리키는 방향이 소코비아 협정일 것이다.

# #3 그들과 나와 우리의 이야기

## #3-2 한낱 자기만족에 불과할지라도

## 중2병이라도 괜찮아

2014 0212

다크 플레임 마스터께서 가로되, 어둠의 불꽃에 휩싸여 사라져라! 그 얼음보다 냉혹하고, 용암보다 뜨거운 불길 앞에 평범한 중생들의 손발이 오그라들어 사라졌다고 한다. 최근 국내에 극장판으로도 개봉한 일본 애니메이션 ‹중2병이라도 사랑이 하고 싶어!›의 주인공이자 고등학교 신입생 토가시 유타는 스스로를 다크 플레임 마스터라 칭하던 중2병 시절을 철저히 숨기려 한다. 하지만 업보의 무게란 한낱 거짓 미소로 가릴 수 없는 것. 새 인생을 살 수 있을 것 같았던 유타는 동급생이자 스스로를 사왕진안이라 칭하는 현재진행형 중2병 타카나시 릿카와 영혼의 소울메이트처럼 조우한다. 물론 모른 척 과거의 업보를 숨기려 해도, 사왕진안은 모든 것을 꿰뚫어본다! 마음의 고요를 찾았다 믿었던 유타에게 찾아온, 평범한 인간들은 짐작도 못 할 혼돈의 카오스의 소용돌이. 하지만 여기까지 읽고도 견디다니 당신 역시 인간치고는 제법이로군, 큭크큭.

사실 이 정도로 중2병에 대한 내성이 있는 이가 아니라면 ‹중2병이라도 사랑이 하고 싶어!›를 온전한 정신으로 보기란 쉽지 않을지 모른다. 제목 그대로 중2병에 걸린 주인공들을 전면에 내세운 이 작품에서, 중학교 시절의 유타는 자기소개 시간에 팔에 감은 붕대를 보여주며 “흑염룡이 날뛰고 있어서” 풀 수 없다고 말하고, 컬러 콘택트렌즈로 만든 사왕진안을 안대에 봉인한 릿카는 “누… 눈이 공명하고 있어”라며 유타에게 접근한다. 허세라는 말로도 설명하기 어려운 이 기묘한 자의식 과잉 상태를 보고 있노라면, 마라톤을 통한 심신 단련으로 중2병을 치료하겠다던 교육계 인사의 과거 발언도 과하지만은 않아 보일 정도다. 공상과 현실을 뒤죽박죽 섞어 자신에게 투영하는 중2병은 합리와 이성의 세계에서 보자면 말 그대로 병의 일종이다.

하지만 이 작품이 정말로 중2병에 관해 잘 그려냈다면, 보기만 해도 손발이 사라질 것 같은 주인공들의 말과 행동 때문만은 아니다. 중요한 것은 그들이 왜 중2병이 되었느냐다. 너무 어린 나이에 아버지의 갑작스러운 죽음을 맞이했던 릿카는 현실을 의연히 받아들여야 한다는 강박으로 스스로를 억눌러야 했지만, 사왕진안의 삶을 선택한 뒤로는 아버지가 있는 세계로 가기 위한 여행자가 되어 끊임없이 불가시 경계선을 찾는다. 공상으로 현실을 대체하지만, 단순한 현실도피와는 다르다. 아직 온전히 받아들이기 어려운 잔인한 현실 앞에서 아직 여물지 못한 자아는 스스로를 지켜내야 한다. 릿카처럼 유년기의 큰 상처가 없는 경우라도 마찬가지다. 누구나 우러러볼 만한 재능이나 출신을 가진 게 아니라면, 세상은 누구에게나 예외 없이 차갑고 가차 없다. 성적에 따라 서열화되는 학교 시스템도, 주먹에 따라 서열화되는 어린 수컷들의 정글도, 탁월하지 않으면 '나'라는 존재 자체를 인정받기 어렵다. 그래서 스스로 특별한 존재가 되어야 한다. 그것이 커트 코베인의 자살을 동경하는 순수한 영혼이건, 자기 이마에 카인의 표지가 있다고 믿는 데미안의 후예이건. 요컨대, 중2병이란 차가운 세상 앞에서 아직 아무것도 아닌 존재들이 그럼에도 스스로를 사랑하는 걸 배우는 첫 단계다.

물론 유타가 그러했듯, 이 단계에는 졸업이 필요하다. 온전히 타인들과 관계 맺고 소통하기 위해서는 자신을 중심으로 도는 은하계를 벗어나 다시 중력과 사회 시스템이 지배하는 이 세계 안에 발을 디뎌야 한다. 다크 플레임 마스터로서의 과거는 봉인되어 마땅할 것이며,

가끔씩 기억의 편린이 봉인을 뚫고 새어나올 때마다 이불을 걷어차게 될 것이다. 소위 사회화라 말해도 좋을 이 과정은, 하지만 성장의 마지막 단계가 아니다. ‹중2병이라도 사랑이 하고 싶어!›에서도 유타를 통해 비로소 릿카는 현실과 눈을 마주칠 용기를 얻지만, 이 역시 성장의 최종 단계는 아니다. 가장 눈에 띄게 성장한 건 오히려 유타다. 신비한 힘의 존재를 믿고 싶어 하는 릿카를 위해 봉인해두었던 "어둠의 불꽃에 휩싸여 사라져라"라는 주문과 포즈를 보여주고, 불가시 경계선을 넘기 위해 릿카와 동행해주며 유타는 비로소 자신의 흑역사를 기꺼이 끌어안게 된다. 죽을 만큼 부끄러운 과거라 해도 그 역시 내 모습이라고 받아들이게 될 때, 비로소 중2병으로 시작된 미숙한 자기애는 정반합을 거쳐 더욱 넓고 단단해질 수 있다. 물론 이러한 성장을 거치더라도, 우리는 그다지 대단한 사람들은 아닐지 모른다. 우리는 어둠의 힘을 사용하는 다크 플레임 마스터도 아니고, 모든 것을 꿰뚫어보는 사왕진안도 아니며, 그렇다고 세상의 주목을 받는 셀러브리티도 아니다. 대신 부족해도 때론 찌질해도 나니까, 가진 건 없어도 그 자체로 유일무이한 그런 나니까 사랑하고 받아들일 수 있다.

그래서 ‹중2병이라도 사랑이 하고 싶어!›라는 제목은 그저 학원 연애 장르를 위한 것이라기보다는, 중2병이라는 성장통의 본질에 가깝다. 공들여 만든 자신만의 우주 속에서 스스로를 사랑하는 법을 배워나간 이들만이 타인 역시 다들 자기 우주의 주인이라는 것을 이해할 수 있다. 꼭 이성 간의 사랑은 아닐지언정 중2병을 통해 우리는 하나의 주체로서 세상과 건강하게 관계 맺는 법을 배울 수 있다. 릿카는 중2병을 포기하지 않으면서도 유타를 비롯한 평범한 친구들과 소통할 수 있게 되었고, 유타는 릿카를 통해 자신의 흑역사를 기꺼이 받아들였기에 타인의 우주를 무시하지 않을 수 있게 되었다. 물론 중2병에 걸리는 것만이 성장의 유일한 길은 아닐지도 모른다. 좀 더 세련되고 덜 민망한 길이 있을지도 모른다. 하지만 적어도 건강한 자아와 대비되는 질병으로 치부하는 것은 부당하다 할 수 있지 않을까. 수많은 것을 습득시키되, 자신을 사랑하는 법은 좀처럼 가르쳐주지 않는 이 세상에서는 더더욱.

+

‹중2병이라도 사랑이 하고 싶어!›에는 주요 조연인 니부타니가 자신이 한창 중2병일 때 만든 마법서 ‹마비노기온›을 폐기하려고 애쓰는 에피소드가 있다. 나 역시 고등학교 때 노래 가사를 쓰겠다며 적은 노트가 아직도 남아 있다면 그것을 폐기하는 데 돈과 시간을 쓸 의향이 있다. 아마 그걸 읽는다면, 누구라도 손발이 사라질 것이다. 이처럼 중2병은 정말 스스로 지우고 싶은 기억이지만, 그건 역으로 중2병에 고착되지 않는다는 것을 증명한다. 지금의 나로선 이해할 수 없는 내가 사실은 지금의 나로 가기 위한 필수 통과의례라고 생각한다면, 지금 동시대의 중2병에 대해서도 조금은 더 애정 있는 눈길로 바라볼 수 있을 것이다.

## 르포—
## 덴마크 우유 장인 김현복을 찾아서

2014
0512

이것은 새로운 도시전설(urban legend)일까. 언젠가부터 인터넷에서는 신비의 우유 장인에 대한 소문이 돌기 시작했다. 동원 데어리푸드에서 나오는 덴마크 우유 브랜드의 가공유마다 검수자의 이름이 적혀 있고 그중 김현복이라는 이의 이름이 적힌 가공유의 맛이 좀 더 진하다는 소문. 게시판과 블로그, 소셜네트워크 서비스를 통해 네티즌들은 자신들의 경험을 공유하기 시작했고, 어느 순간부터 김현복 장인에 대한 간증이 쏟아지기 시작했다. 모카라떼, 카페라떼 민트, 카페라떼 토피넛 등등 종류를 가리지 않고 김현복 장인의 손길이 닿은 제품이 윤창수, 홍주은 등 다른 검수자들의 그것보다 맛있더라는 고백들이 모이면서 김현복이라는 이름은 하나의 신앙이 되어갔다. 무엇도 믿기 어려운 시대에, 방망이 깎는 노인처럼 묵묵히 우유의 맛과 품질을 지키는 장인이 있다는 것만큼 따뜻하고 희망적인 미담이 어디 있으랴. 우유를 한 모금 테이스팅하고선 "이건 아니야!"라며 우유팩을 내동댕이치는 장인의 모습을 상상하는 것만으로도 입가에 미소가 지어지곤 했다.

물론 이단들도 있었다. 윤창수 장인의 우유가 더 좋다는 이들도 있었으며, 무엇보다 김현복, 윤창수 들은 우유 검수자도 장인도 아니며 우유의 맛에 차이가 있을 수 없다는 주장이 나왔다. 간만에 모두가 하나 되어 누군가를 칭찬할 때 꼭 초를 치는 그런 사람들. 그럼에도 저널리즘은 우선 이단의 목소리에 귀 기울여야 한다. 올곧게 자신의 길을 걷는 우유 장인을 만나고 싶다는 소망은 우유 장인을 검증하겠다는 과학적이고도 각박한 기획으로 변질되었다. 취재 루트를 찾는 건 어렵지 않았다. 동료의 지인인 해당 브랜드 영업사원의 번호와 고객센터를 통해 얻은 유가공 제품 마케팅 부서의 번호가 있었으니까. 하지만 진실에 대한 열망이 클수록 장애도 커지는 것일까. 영업사원인 K는 바쁜 일이 있는지 전화를 받지 않았고, 유가공 마케팅 부서의 전화에서도 CM송만 무한 반복될 뿐이었다. "소와 나무가 자란다~ 소와 나무가 자란다~ 소와 나무가 자라는 것은 누구든지 알지요~." 하지만 저널리스트는 누구든지 아는 것보단 누구도 모르는 것에 관심을 갖는 법이다.

사실 궁금증이 커질수록, 쉽게 이해되지 않는 부분들도 서서히 눈에 들어오기 시작했다. 정말 우유가 검수자에 따라 맛이 달라질 수 있다면, 왜 그토록 수많은 우유 브랜드들에 대해선 이런 말이 나오지 않았던 것일까. 왜 덴마크 우유라는 브랜드에 대해서만 이런 이야기가 나오는 것일까. 동원에서 나오는 덴마크 우유는, 사실 덴마크가 아닌 정읍의 전용 목장에서 만들어진다. 덴마크라는 이름이 붙는 건 덴마크식 저온 살균법을 사용하기 때문이다. 하지만 저온 살균법이라면 이 살균법을 만들어낸 과학자의 이름을 딴 파스퇴르 우유도 있다. 덴마크 우유의 브랜드 네이밍에는 단순히 살균법의 구분뿐 아니라 세계적 낙농 국가이자 푸른 자연, 세계적으로도 손꼽히는 복지 시스템 등 덴마크라는 나라가 가진 북유럽의 풍요로운 이미지가 스며들어 있다. 커피가 들어간 가공유마다 인상주의 화풍의 그림들을 넣으며 유럽의 느낌을 강화하는 것 역시 비슷한 맥락이다. 심지어 덴마크 우유 홈페이지의 'all about Denmark'에선 덴마크의 낙농 산업부터 역사, 기후, 심지어 국가 내 여성의 지위까지 상세히 설명하며 덴마크 우유와 덴마크의 이미지를 절묘하게 중첩시킨다. 이처럼 선진화되고 정직한 낙농 국가에서 만든 우유의 이미지이기에 더 신선하고 짙은 느낌을 줄 수 있지 않았을까. 맛의 종류가 아닌 맛의 농도 문제로 이 소문이 시작된 건 이러한 맥락에서 더 잘 이해할 수 있다.

때문에 취재가 잠시 정체된 사이 좀 더 기본으로 돌아가 과연 우유의 맛과 농도가 다를 수 있는지 검증하기 위해 회사 동료들을 상대로 블라인드 테스트를 실시해보았다. 프랑수아가 그린 '연애편지를 읽는 여인의 표상'이 그려진 덴마크 모카라떼를 김현복 장인 제품과 장인수 장인 제품 두 종류로 구매하고선, 아래쪽에 표시한 컵에는 김현복 장인의 것을, 표시하지 않은 쪽에는 장인수 장인의 것을 따랐다. 흥미롭게도 맛에 대한 평가는 조금씩 달랐다. 취재팀의 C와 H1은 김현복 장인의 것을, 취재팀의 H2와 J, 디자인팀의 J는 장인수 장인의 것을 더 진하다고 평가했다. 하지만 평가의 당락을 확실히 가를 기준이 있었다. 평소 디저트를 좋아해 웬만한 케이크나 타르트, 초콜릿 맛집에 정통한 '황금혀' 편집장 K는 너무나 쉽게 김현복 장인의 우유를 골라냈다. 커피의 맛이 이쪽이 조금 더 진하다는 촌평과 함께. 어쩌면 도시 전설이 사실일지도 모른다는 희망이 부풀 즈음, 동원의 영업사원 K와의 통화가 성사됐다.

"저… 얘기 들으셨을지 모르겠지만 우유 장인에 관한 취재 때문에요."

"네, 블로그에서 많이 이야기되고 있어서 저희들도 알고 있습니다."

"그럼 그게 사실…"

"단도직입적으로 말씀드리면 우유팩에 찍힌 이름에 따라 맛이 달라질 수 없어요. 그분들은 우유 가공이나 생산 과정에 참여하는 분이 아니라 우유팩 포장을 담당하는 분들이거든요."

"그럼 그에 따라 우유 맛이 다를 가능성은…"

"그럴 수가 없죠. 다 같은 라인에서 나오는 우유인데요. 다만 우리가 아무리 냉장 상태로 유통을 하더라도 그 과정에서 어떤 아주 작은 변수로 맛의 차이가 생길수도 있는데요, 그것도 정말 그럴 가능성이 있을 수도 있다는 거예요."

산타클로스가 없다는 것을 깨달았을 때의 기분이 이런 것이었을까. K와의 통화는 충격적이었다. 김현복 장인도 윤창수 장인도 맛과는 절대 무관한 분들이며, 회사 역시 처음에는 이 이슈가 제품 홍보에 도움이 되지 않을까 기대했지만 너도 나도 김현복 장인 아니 김현복 씨의 우유만 찾는 통에 오히려 유통기한이 짧은 우유 시장에선 그다지 도움이 되지 않는다는 게 그의 말이었다. 그렇다면 그 수많은 간증은, 체험기는, 믿음은, 모두 단체 환각 효과에 불과했다는 걸까. 여기까지 생각이 미치며 방금 전 블라인드 테스트에서 편집장 K가 했던 말이 떠올랐다. "커피 맛이 미묘하게 이쪽이 진해요." 풉.

명백해졌다. 우유 장인 이야기는 사실이 아니고, 우유마다 맛의 차이가 있다는 것도 혀의 착각일 확률이 높아졌다. 하지만 여전히 궁금증은 남는다. 과연 무엇이 이처럼 거대한 집단 최면 효과를 만들어낼 수 있었을까. 그렇다면 이제는 우유가 아닌 대중의 반응으로 돌아가야 한다. 처음에는 덴마크 우유를 맛있게 먹는 팁으로 퍼졌던 정보가 어느 순간 김현복이라는 이를 장인으로 추대하는 팬덤으로 전환되는 그 변곡점에 집중하게 된 건 그 때문이다. 덴마크 우유에 대한 팁과 김현복 장인에 대한 흠모 사이에는 덴마크라는 부유하고 복지가 잘되는 선진 국가에 대한 동경이 공통분모로 놓여 있다. 왠지 더 깐깐하고 더 순도 높은 우유를 만들 것 같은 브랜드 네이밍이기에 우유팩에 적힌 이름으로부터 우유 검수자라는 존재를 유추해내고, 그들에게서 낙농 국가 덴마크의 합리적이고 정직한 시스템을 기대했던 것은 아닐까. 장인이라는, 현재의 한국 사회에선 실제론 찾아보기 힘든 호칭을 김현복이라는 이에게 붙이며 열광한 그 대중 심리에는 김현복이든 누구든 자기 자리에서 고집 있게 일하는 장인이 있길 바라는 기대심이 깔려 있던 건 아닐까. 작은 인터넷 루머로 시작된 이 촌극은, 어쩌면 지금 우리에게 결여되어 있기에 더 찾게 되는 어떤 이상향에 대한 욕망으로 증폭되었던 것일지도 모르겠다. 물론 이제 더는 굳이 김현복 씨의 이름이 붙은 우유를 찾아 먹진 않겠지만, 그래도 한동안은 그의 이름을 볼 때마다 이 흥미로운 소동극이 떠오를 것 같다. 재밌고 좋은 경험이었어요, 김현복 장인.

+

지금도 이 작은 소동극을 생각하면 피식 웃음이 나온다. 다른 도시전설들에 비해 좀 쉽게 끝난 감은 있지만, 이 우유 장인 이야기에는 대중들이 어떤 욕망을 투영하여 스스로 재밌는 이야기를 만들고 공유하고 즐기는 과정이 꽤 집약되어 나타난다. 내게 이것은 말하자면 동시대의 구전문학 같은 느낌이었다. 진지하게 접근할 문제까진 아니었다고 생각했고 실제로도 그러했지만, 이런 사례에서 대중들의 무의식적 욕망을 읽어내는 작업은 분명 의미가 있을 거라 본다.

# 우리는 모두 누군가의 흑역사였다

2014 0902

연애라 쓰고 흑역사라 읽는다. KBS 〈연애의 발견〉을 보며 드는 생각이다. 5년 동안 사귀고 5년 전 헤어진 한여름(정유미)과 강태하(에릭)가 우연히 재회하며 벌어지는 삼각관계를 그린 이 드라마에서 두 사람이 공유하는 연애의 기억 중 상당수는 쪽팔리고 일부는 몸서리쳐지는 것들이다. 백일 기념으로 처음 호텔 숙박에 도전했다가 프런트에 한마디도 못 하고 돌아왔던 일이 민망하되 젊은 날의 귀여운 일화 정도로 기억될 수 있다면, 기분 전환하러 간 여행에서 싸우고 헤어지거나 이후 전화로 울고 불며 매달린 일들은 정말 삭제하고 싶은 기억이다. 볼 꼴 못 볼 꼴 다 본 두 사람에게 연애란 아름답거나 애틋한 것과는 거리가 멀다.

하지만 이 작품이 제목 그대로 연애의 무엇을 발견한다면, 실패한 연애의 기록을 복기해서만은 아니니다. 실패를 경험한 뒤 연애에 관해 좀 더 잘 알게 되었노라 자부하며 남하진(성준)과 성공적인 연애를 하는 여름도, 그런 여름에게 그리웠노라 말하며 과거를 극복한 듯 보이는 강태하도 얼핏 좀 더 성숙해진 것처럼 보인다. 하지만 술에 취해 태하의 집에서 자게 된 여름은 자신의 행방을 묻는 하진에게 거짓말을 하다 들키고, 태하는 둘 사이를 알면서도 자신의 인테리어 프로젝트에 여름의 공방을 참여시키며 쿨하지 못한 관계를 이어간다. 심지어 매사에 신사적인 하진조차 여름과 태하의 관계를 의심하다가 결국 태하와 우격다짐까지 벌인다. 여전히 그들의 연애는 고매한 로맨스와는 거리가 멀다. 이 드라마에서 발견하는 것은 비슷한 실수를 반복할 수밖에 없는 평범한 인간들이 만들어가는 이 구질구질한 과정 자체가 연애의 본질이라는 것이다.

가령 5년 전, "나 요즘 얼마나 힘든지 몰라? 그래도 너 우울하니까 온 거 아니야"라는 태하의 말에 여름은 상처를 받았다. 하지만 그를 이기적인 인간이라 욕하던 여름 역시 하진과의 사랑을 지키기 위해 그가 더는 자신과 태하의 관계에 관심을 가지지 못하도록 적반하장으로 못되게 군다. 전자는 상처로 남았지만, 후자는 성공했다. 중요한 건 이기적이냐 이기적이지 않으냐가 아니다. 사랑하는 만큼 사랑받고 싶은 관계에서 이기심은 기본 옵션이다. 사랑이라는 감정이 다양한 장애물을 넘어 순수한 형태로 전달되고 교환되는 것이 연애라는 건 오래된 환상이다. 그보다는 연애의 다양한 양태 속에서 사랑을 짐작하고 느끼는 게 더 진실에 가까울 것이다. 하여 우리에게 가능한 건 이기심과 찌질한 자존심을 버린 성자가 되는 게 아니라 이러한 기본 옵션들 안에서 덜 오해하고 더 이해하는 것뿐이다.

지난 봄, 이혼했던 부부의 새로 시작되는 로맨스를 그린 MBC ‹앙큼한 돌싱녀› 방영 이후, ‹연애의 발견›, 역시 전 남편과 전 부인이 재회하는 tvN ‹마이 시크릿 호텔› 같은 작품이 자주 등장하는 건 이런 맥락에서 흥미로운 일이다. 이미 한 번씩 짜게 식어본 경험이 있는 이들 커플에게 연애란, 세상에 맞서 둘의 사랑을 지켜내는 애틋한 서사가 아니라 불신과 못마땅함 속에서 그럼에도 서로일 수밖에 없는 이유를 찾아가는 과정이다. 지고지순한 사랑만을 그린 과거의 로맨스물이 반쪽짜리인 건, 단순히 현실 연애의 구질구질한 디테일들을 잡아내지 못해서가 아니라 사랑 자체가 연애의 반쪽이기 때문이다. '무엇을'만큼이나 중요한 건 '어떻게'다.

실제로 애정 관계에 대한 최근 담론의 흐름은 '무엇을'보다는 '어떻게'에 방점이 찍힌다. JTBC ‹마녀사냥›의 MC와 패널들은 제보자들이 올리는 불편부당한 사연에 대해, 사랑하면 이럴 수 없다고 감정을 진단하기보다는 사랑하면 이러지 않는 게 좋다고 행동을 교정한다. tvN ‹로맨스가 더 필요해› 역시 기념일을 잊었을 때나 클럽에 갔다가 들켰을 때 메신저로 상대방의 기분을 풀어주고 위기를 모면하는 법을 공부한다. 한동안 하진의 애를 태운 뒤 섹스로 분위기를 반전하는 여름의 연애 스킬도 이런 맥락 안에 있다. 비록 그 과정은 쿨하거나 애틋한 것과는 거리가 멀지언정, 진실한 사랑, 운명 같은 사랑, 변하지 않는 사랑이라는 허상을 바라보느라 현실의 연애에 불만족스러워하고 결국 관계를 망치는 것보다는 훨씬 생산적일 것이다.

그래서 우리는 비로소 사랑의 발견이 아닌 연애의 발견을 말할 수 있다. ‹연애의 발견›을 비롯한 일련의 드라마와 예능은 사랑을 더럽히는 불순물이자 부차적인 것들이라 여겼던 여러 감정과 욕망들이 실은 우리 연애의 매우 본질적인 요소였다는 것을 환기시킨다. 덕분에 헤어진 연인에 대해 '우리 정말 사랑하긴 했을까'라 노래하던 이들은 이제 희미해진 사랑을 탓하기보다는 사랑이란 이름으로 자신이 행했던 순간순간의 행동이 과연 옳았는지 복기할 수 있을 것이다. 그 시절을 떠올리는 것이 이불을 걷어찰 만큼 부끄럽다면, 애꿎은 사랑 탓이 아닌 내 탓을 할 수 있게 됐기 때문이다. 그래서 태하는, 여름은, 그리고 좀 더 나은 연애를 꿈꾸는 모두는 다음과 같이 말해야 할지도 모르겠다. 우리 모두는 누군가의 흑역사였다.

+

사랑만큼 순수하거나 이상적인 관념으로 증류하기 어려운 개념은 별로 없을 것 같다. 그 자체 너무 다양한 욕망의 관계망 안에서만 겨우 구체화되는 개념이기 때문이다. 위의 글에서 언급한 ‹연애의 발견›을 비롯해 사랑과 연애에 대해 좀 더 실증적으로 접근하는 작업들이 많았으면 싶은 건 그래서다. 그것이 사랑으로 이룰 수 있는 수많은 긍정적이고 아름다운 결과들의 가치를 떨어뜨리는 것은 결코 아닐 것이다. 오히려 이상화된 사랑의 관념으로 서로의 다양한 감정과 욕망을 긍정하지 못하는 것이야말로 사랑이란 이름으로 할 수 있는 가장 비생산적인 일 중 하나가 아닐까.

## 기쁘다 가스파드 오셨네

2014 1023

"우↗리↘가 다↗ 갖다↘ 넣↗는↗다↗ 우↗리↘가 다↗ 갖다↘ 넣↗는↗다↗ (중략) 전↗자↘오↗락↘수↗호↘대↗↗↗"

원더걸스의 "떼떼데데데텔미" 이후 이토록 귀에 오래 맴도는 멜로디는 오랜만이었다. 아니, 듣기도 많이 들었다. 그만큼 지난 7일 자정 직전에 올라온 가스파드 작가의 ‹전자오락수호대› 예고편에 삽입된 음악은 중독적이었다. 영상은 또 어떤가. 음악의 리듬에 딱딱 맞춰 움직이는 도트 캐릭터들은 그대로 웹툰 본편에 활용해도 좋을 만큼 귀엽고 사랑스러웠다. 그의 팬을 포함한 웹툰 독자들은 오밤중에 가스파드를 연호했고, 신작에 대한 기대치는 조회수와 함께 수직 상승했다. 하지만 이 뜨거운 반응은 단순히 미처 예상하지 못한 방식으로 만들어진 예고편에 대한 만족과 본편에 대한 기대만은 아니다. 그보다는 역시 우리를 실망시키지 않는 '쓸고퀄(쓸데없이 고퀄리티)'의 왕, 가스파드의 귀환에 대한 환영인사에 가까웠다.

데뷔작인 ‹선천적 얼간이들›부터 가스파드의 만화는 일상 만화, 그리고 에피소드 형식 개그 만화 양쪽 모두에서 일종의 돌연변이와도 같았다. 재밌는 일상의 경험을 짧고 재밌게 담아내거나, 일상 속의 성찰을 담아내는 전통적인 일상 만화에 비해 연출에 박력이 넘쳤고, 조석과 이말년 같은 스타 '병맛' 작가의 계보와 연결되는 듯하지만, 세밀한 스케치부터 두세 개의 톤을 쓰는 색상까지 작화 퀄리티가 너무 높았다. 일상 만화나 개그 만화는 그림을 대충 그린다거나 그래도 된다는 뜻은 아니다. 그의 작품에는 그림과 재미 두 마리 토끼를 최적의 비율로 잡는 조화로움보다는, 과도할 정도의 의욕과 에너지가 있다. 종종 시도되는 현존 인물에 대한 패러디 컷에서의 사진처럼 디테일한 묘사는 굳이 이렇게까지 해야 하나 싶은 수준이었고, 동물로 묘사되는 캐릭터의 종에 따라 포유류, 어류, 파충류에 맞춰 재현한 털 혹은 피부의 질감은 종종 징그러울 정도로 생생했다. 필요한 걸 다 쓰고도 남은 것이 잉여라면, 그의 만화는 재밌고 잘 그린 만화라는 안정적인 프레임 바깥으로 삐져나오는 잉여를 품고 있다.

그래서 그의 작품은 '쓸고퀄'이라 할 만했다. 제목을 '휴재 공지'로 하고 감기에 걸린 사연을 전하는 척하며 2주 분량을 연재한다거나, 정말 휴재를 할 때도 8비트 도트를 이용한 영상을 올려 '이럴 거면 휴재가 무슨 의미냐'는 애정 가득한 야유를 받았다. 직접 그린 ‹선천적 얼간이들› 단행본 표지는 본편의 그림체와는 또 다른 스타일의 공들인 디자인으로 화제가 됐고, 역시 가스파드라는 반응을 이끌어냈다. 그는 언제나 필요 이상으로 열심이었다. 사람들도 알았다. 미디어 연구가 김낙호는 ‹선천적 얼간이들› 리뷰에서 작품의 장수를 예견하되 '작가가 과중한 노동으로 쓰러지지만 않으면'이라는 단서를 달았고, 가스파드 스스로 작품 마지막 회에서 '주 7일 감금 연재'라는 표현을 썼을 때 누구도 반박하지 못했다.

하지만 가스파드의 활동이 정말 '쓸고퀄'이라면, 단순히 주 7일 동안 사적인 생활을 포기하고 작품에 매달려서만은 아니다. 그는 그 노력에 스스로 취하지 않는다. 언제나 필요 이상을 하되 필요 없는 것을 하진 않는다. 가령 동창 모임 회장인 삐에르에 대한 이야기를 소개하며 삐에르 연혁을 마치 초상화처럼 그리고, 땅 파는 걸 좋아하던 어린 시절

묘사를 위해 고전 땅파기 게임을 8비트 도트 느낌으로 그리는 식이다. 그 정도까진 안 해도 될 일인지는 모르지만, 어색하거나 안 어울리지는 않는다. ‹선천적 얼간이들› 완결 이후 크리스마스 단편 스페셜로 그린 '루돌프 룬드그렌'에서 흑백 대비를 이용한 액션신이 인상 깊었던 것도 마찬가지다. 액션 만화에서도 보기 힘든 박력 있는 그림과 연출은 그 자체로 시선을 끌었지만, 또한 그것은 루돌프와 산타의 대결이라는 웃음 포인트를 극대화했다. 그의 작품에 남아도는 에너지가 있다면 자신의 실력과 노력을 과시하는 헛된 덧칠을 해서는 아니다. 단지 지금 이 주제를 표현하는 데 최적이 아닌 최선을 택해서다.

어쩌면 이런 순수한 잉여적 열정과 에너지야말로 작화나 분량 문제를 떠나 ‹선천적 얼간이들›의 전체 테마라 할 수 있을 것이다. 그의 만화에 등장하는 인물들은 모두 사소한 것에 목숨을 건다. 한성깔 하는 산티아고는 10대의 탈선 현장을 볼 때마다 분노와 열정을 담아 선도하고, 한번 꽂히면 뭐든 하고야 마는 로이드는 봄이 다 돼서도 빙어축제를 즐기겠다며 일행을 끌고 간다. 일상 만화로서 가스파드의 작품이 재밌는 건, 수많은 우연이 겹쳐 황당한 사건이 일어나서가 아니라, 일상적으로 보이는 일에 죽고 사는 열정으로 뛰어들기 때문이다. 요컨대, 이들도 자신의 삶에서 '쓸고퀄'을 실행한다. 앞서 말한 특유의 박력 넘치는 연출과 너무하다 싶을 정도의 디테일한 작화 역시 가스파드의 실력 과시가 아닌, 작품을 위한 최선이 되는 건 이 지점이다. 잉여적 열정의 순간을 가장 잉여적인 열정으로 그려낸 가스파드의 세계는, 앞뒤를 계산한 최적 함수나 자아도취적인 과시로는 닿을 수 없는 폭발력을 보여준다.

그래서 그는 '쓸고퀄'의 왕이다. ‹전자오락수호대› 예고편은 왜 우리가 그를 사랑했는지 환기시키는 가장 적절한 서곡이었다. 이것은 단순히 웹툰 예고편을 도트 애니메이션으로 만든다는 아이디어의 반짝임만으로는 닿을 수 없는, 엄청나게 공을 들였기에 가능한 결과물이다. 또한 음악과 영상의 퀄리티를 뽐내는 데 매몰되지 않고, 전자오락수호대라는 작품 속 세계관을 가장 직관적으로 이해하게 해주는 결과물이기도 하다. 그는 자신이 사랑받은 이유를 여전히 잘 알고 있다. 시작하기도 전에 너무 기대치만 올려놓는 것 아니냐는 당연한 우려에도 불구하고, 그의 귀환에 가슴이 부푸는 건 그래서다. 그러니 우선은 즐거운 마음으로 환영의 노래를 부르자. 가↗스↘파↗드↘ 오↗셨↘네↗↗↗

+

사실 작품이 시작되기 전 프롤로그만 보고 쓴 글인 만큼 어느 정도 설레발의 혐의가 있다고 본다. 다행인 건, ‹전자오락수호대›가 2년 넘게 연재되는 동안 가스파드 작가가 나의 성급한 기대를 훨씬 상회하는 완성도를 보여주었다는 것이다. 세상을 지키겠다는 거창한 목표 대신 그냥 친구와 사귀는 게 좋다는 천하태평 용사의 이야기도 그렇지만, 각 게임 장르에 맞게 디자인한 작화와, 특히 만화의 주요 무대인 게임 ‹용검전설›의 세상을 8비트 도트 스타일로 모두 그려냈다는 점에서도 그렇다. 그는 이후 ‹아이즈›와의 인터뷰에서 "그림체가 익숙해지면서 무의식중에 남는 시간에 퀄리티를 올리게 됐다"고도 했는데, 이처럼 아주 중요하진 않을 수 있는 디테일에 '쓸고퀄'을 실행하는 그의 열정은 작품의 정서와 맞물려 강력한 시너지 효과를 낸다. 전국 제패 같은 성과를 향해 달려가는 열혈 청춘물과는 또 다른 방식으로 우정이나 평화 같은 메시지를 긍정해내는 이 작가의 미래를 기대하는 것이 큰 설레발은 아닐 것이다.

# 아이폰과 갤럭시 사이, 넥서스 유저를 위한 나라는 없다

2014
1229

"새로운 타입의 메시지입니다." 최근 카카오톡을 할 때 가장 많이 보는 메시지다. 카카오톡을 실행할 때마다 자동적으로 뜨는 "최신 버전으로 업데이트가 필요합니다"라는 메시지를 몇 달째 무시한 덕이다. 후배들이 보내는 이모티콘이 그냥 (좋아), (굿)으로 떠서 뭔가 반말을 들은 기분일 때도 있다. 아니면 실제로 그렇게 보내는데 바보처럼 눈 뜨고 당하고 있는 것일지도 모른다. 그럼에도 실수로라도 업데이트 확인 버튼은 누르지 않으려 조심 또 조심하는 건, 2011년 7월 즈음 구매해 지금까지 쓰고 있는 넥서스S로는 새 앱은커녕 기존 앱을 업데이트하는 것조차 부담스럽기 때문이다. 언젠가 모 IT 기업 관계자를 만났을 때, 해당 기업의 메모리 청소 앱을 깔고서 오히려 스마트폰이 더 느려졌다고 불평하자 그는 당연하다는 듯 말했다. "아니, 거기에 깔긴 뭘 또 깔아요." 아.

올해 12월 즈음으로 짐작되던 넥서스6의 국내 출시를 고대하던 건 그래서다. 스마트폰의 시대든 뭐든 전화기가 통화 잘 되고 문자 잘 되면 그만이라고 생각하는 편이라 버틸 때까지 버텨볼 요량이었지만 지난해부터 버벅대던 것이 언젠가부터 긴 MMS 문자 메시지를 수신하지 못할 때가 허다하고, 문자를 보낼 때는 3분 이상 걸리기 시작했다. 어쨌든 너도 최선을 다하고 있는 거겠지, 라는 애틋한 마음으로 바라보긴 했지만 결별은 시간문제였다. 수많은 사람들의 이목이 집중됐던 9월의 애플 미디어 이벤트에도 시큰둥하던 나지만, 때때로 '넥서스6 국내'

라는 키워드로 검색을 시도했다. 그러다 기사를 통해 충격적인 소식을 들었다. 구글이 넥서스6를 한국에는 발매하지 않기로 결정한 것이다. 에릭 슈미트, 너 이 새…. 하지만 분노에 휘둘리기보다는 대안을 찾는 게 우선이었다. 꿩 대신 닭이라는 심정으로 넥서스5를 구매하는 법을 검색했다. 그리고 곧 넥서스6 발매에 따른 넥서스5 단종 소식까지 접했다. 에릭 슈미트 너….

넥서스를 고집하는 데 뭔가 대단한 신념이 있는 건 아니다. 첫 스마트폰으로 넥서스S를 선택한 건 그저 판매원의 권유 때문이었다. 그렇게 익숙해졌고 정이 들었고, 남들이 잘 안 쓰는 기종이라는 것에 대한 부질없는 자부심이 생겼다. 하지만 본디 어떤 대상에 대한 애정과 존중이란 이처럼 사소하고 시시한 것에서 출발한다. 아무리 수많은 뮤지션의 새로운 명반을 접해도 처음으로 귀를 틔워준 너바나의 ‹Nevermind›는 플레이리스트 0순위이며, 처음 아버지 손을 붙잡고 야구장에서 MBC 청룡 경기를 본 소년은 아버지를 원망하며 20년 넘는 시간 동안 LG 트윈스를 응원한다. 오직 기술로만 평가받는 듯한 IT 계열에서도 마찬가지다. 애플의 신봉자들은 사용자 중심의 인터페이스에 대해 이야기하다가도 결국엔 원조의 힘과 애플의 혁신적 이미지를 강조하고, 갤럭시 유저들은 가성비와 안드로이드의 장점을 말하면서도 은연중 애플 신화에 대한 반감과 국내 기업에 대한 선호를 드러낸다. 나 역시 어플리케이션 실행 속도 실험에서 넥서스6가 아이폰6와 갤럭시 노트4를 앞질렀다는 기사로서 넥서스6에 대한 구매욕을 합리화하지만, 그 실험에서 3위를 기록했다 한들 크게 흔들렸을 것 같진 않다. 취향과 애정과 맹목과 과시욕은, 수납장 정리하듯 구분하기에는 서로 너무 뒤엉켜 있다. 세상에 미련하지 않은 애정은 없다.

하지만 시장은 그 미련함에도 카스트를 나눈다. 넥서스6의 국내 출시가 이뤄지지 않은 건 제조사인 모토로라가 국내에서 철수한 때문이라는 게 가장 설득력 있는 분석이다. 유통 및 AS, 재고관리 등에 드는 비용을 구글코리아가 전담하기에 한국 시장은 수익이 보장되지 않기 때문이다. 역시 모토로라가 철수한 일본이나 호주에서는 넥서스6가 출시됐거나 출시 예정이라는 건 적어도 넥서스라는 기종만을 놓고 봤을 때 한국이 크고 매력적인 시장이 아니라는 걸 방증한다. 물론 넥서스만을 놓고 봤을 때다. 구석기 넥서스S를 대체할 최신 기기들은 많다. 이번 기회에 아이폰6로 갈아타라는 권유도, 안드로이드에 익숙하면 갤럭시 노트4의 길로 가라는 제시도 있었다. 그래도 싫다고 할 때마다 듣는 말은 왜 그렇게 미련하게 넥서스를 고집하느냐는 것이다. 그러면 이렇게 반문하고 싶다. 왜 아이폰이나 갤럭시 유저에게는 그런 말을 하지 않나요. 그들에겐 취향인 게 왜 나에게는 고집이 되나요. 구매가 어려워진 상태에서 넥서스를 선택하는 게 그다지 합리적인 선택은 아닐지 모른다. 하지만 앞서 말했듯 핵심은 소비의 합리성이 아니라 대상에 대한 애정과 애착이다. 아이폰 유저와 갤럭시 유저는 서로를 '앱등이'와 '삼엽충'으로 규정하며 자존심 싸움을 벌이지만, 시장에서 배제된 넥서스 유저에게는 알량한 자존심을 내세울 기회도 오지 않는다.

그래서 어쩌면 생애 처음으로 해외 직구를 시도해볼지도 모르겠다. 보통 해외 직구는 국내에서 비싸게 파는 해외 제품을 훨씬 싸게 구입하기 위한 것이지만, 국내 발매가 되지 않는 넥서스6는 여기에 해당하지 않는다. 국내에서 사용 가능한 언락폰의 가격이 세금 빼고 900달러(약 99만 원)가량이니, 하루에 한 번 이상 걸려오는 "고객님 공짜로 기기 변경해드립니다"는 판매원의 전화 권유를 받아들이는 게 나을지도 모른다. 하지만 이번에는 좀 더 미련한 길을 선택하려 한다. 이 모든 게 한낱 자기만족에 불과할지라도, 그조차 누릴 수 없다면 너무 짜증나는 일 아닌가. 그나마 소비의 자유만이 온전히 허락되는 세상에서.

+

결국 해외 직구를 통해 넥서스6를 구매해 1년 반 정도 쓰고 있다. IT엔 여전히 젬병이라 레퍼런스폰의 장점 어쩌고 하는 것에 대해서는 아직도 잘 모른다. 다른 이들의 핸드폰과 성능을 비교해본 적도 없다. 그럼에도 이 모델의 수명이 다할 즈음엔 넥서스의 다른 모델을 구매하고 싶다. 역시 대단한 이유는 없다. 그냥 남들이 잘 안 쓰는 거니까 쓴다는 그 시시한 이유를 충분히 인식하고 난 체하지만 않는다면, 이 소소한 고집과 취향은 모두 온전히 소소한 삶의 즐거움이 될 수 있다.

# 백종원의 집밥 개혁

2015 0602

집밥, 그리고 백종원. 지난 5월 19일부터 방영하는 tvN ‹집밥 백선생›은 제목에서 알 수 있듯 최근 가장 핫한 두 가지 소재를 다룬다. 도서 ‹킨포크 테이블›이나 소셜다이닝, 올리브 ‹신동엽, 성시경은 오늘 뭐 먹지?›(이하 ‹오늘 뭐 먹지?›) 같은 프로그램에서 조금씩 드러나다가 JTBC ‹냉장고를 부탁해›의 성공으로 확실히 가시화된 가정식에 대한 관심은 '집밥'이라는 단어로 집약되며, MBC ‹마이 리틀 텔레비전›(이하 ‹마리텔›)으로 방송 천재라는 호칭까지 얻게 된 새로운 형태의 셀러브리티 백종원은 '백선생'으로서 프로그램 타이틀의 주인공이 되었다. 물론 프로그램의 완성도에 있어 잘나가는 두 가지 요소보다 중요한 건 둘 사이의 연결고리다. 그런 면에서 한국에서 가장 유명한 외식 사업가가 집밥의 달인으로 등장한 ‹집밥 백선생›의 기획은 트렌드를 쫓다 무리수를 둔 것처럼 보이기도 한다. 하지만 어딘가 모순된 것처럼 보이는 이 조합이야말로 지금 왜 집밥이고, 왜 백종원이어야 하는지에 대한 대답을 들려준다.

현재 집밥에 대한 욕구는 그것의 결핍으로부터 출발한다. 전통적인 의미의 집밥이란 집에서 먹는 모든 밥을 뜻하지 않는다. 박완서의 소설 ‹아주 오래된 농담›에선 주요 캐릭터인 현금의 전남편이 가정부가 해주는 밥은 하숙밥이지 집밥이 아니며 현금이 해주는 집밥을 먹고 싶다고 우기는 장면이 나온다. 고용된 가정부가 아무리 진수성찬을 만들어도 여기에는 기브 앤드 테이크의 메커니즘이 작동한다. 집밥에 대한 요청은 먹는 사람을 생각하며 만드는 이타적인 마음과 과정에 대한 요청에 가깝다. 음식을 먹는 것이 맛을 느끼고 행복함을 얻는 경험이라고 할 때, 집밥에 담긴 가치는 여전히 소중하다. 다만 이제는 과거와 같은 형태로 이 가치와 정서를 담아낼 수 없다. 백종원의 요리가 이러한 가치를 담아내는 새로운 그릇이 될 수 있는 건 이 지점이다.

백종원의 요리는 집밥의 향수를 자극하거나 그 전통적인 맥락을 복원하려 하지 않는다. "세상의 모든 맛있는 음식은 이 세상 모든 어머니의 숫자와 동일하다"라는 만화 ‹식객›의 대사는 이미 여성의 성역할을 주부로 한정하는 차별적인 요소가 있지만, 1인 가구와 2인 가구가 넘쳐나고 한쪽이 전업주부가 되기에 어려운 현재에는 더더욱 엄마 혹은 아내가 해주는 집밥을 요구할 수 없고 해서도 안 된다. 현재의 생활세계 안에서 구현하기 어려운 것을 원형 그대로 복원하길 원한다면, 그건 명백히 퇴행이다. 전통적인 집밥의 대체재인 외식을 대표하는 백종원이 집밥이라는 영역으로 소환된 건 모순적이라기보다는 현재적 의미의 집밥을 재구성하는 과정에 가깝다. 그의 외식 프랜차이즈 음식들을 먹어본 음식평론가 이용재는 '백종원은 자신의 맥락 안에서 맛을 잘 낸다'고 평가했는데, 이것은 현실적인 한계 안에서 집밥의 느낌을 재현하는 과정과도 일맥상통한다.

백종원은 자신이 출연한 올리브 ‹한식대첩 2›, ‹마리텔›, 그리고 ‹집밥 백선생›을 통해 각기 다른 맥락 안에서 집밥의 의미와 가치를 현재적으로 복원해낸다. 전통 한식 요리 대결인 ‹한식대첩 2› 심사위원으로서 그는 참가자들이 내놓은 5첩 반상의 냉정한 평가자로서 집밥이 닿을 수 있는 가장 고급스럽고 정갈한 경지를 요청한다. 이것은 역설적으로 가장 전통적이고 수준 높은 집밥은 이제 전문 한식집에서밖에 먹을 수 없다는 것을 증명한다. 반면 ‹마리텔›에서는 누구나 쉽게 시도하고 쉽게 포만감과 맛을 느낄 수 있는 레시피와 팁을 잔뜩 공개하면서 1인 가구에 맞는 집밥을 제안한다. 두부와 땅콩버터를 넣은 콩국수에서 깊은 맛을 느낄 수는 없겠지만, 대두를 불리고 갈고 걸러내는 지난한 과정 없이도 그것과 흡사한 맛을 느낄 수 있다. 물론 그런 메뉴로 한 달 식단을 짜기에는 한계가 있다. 집밥이라는 단어를 가장 강조하는 ‹집밥 백선생›의 해법은 결국 개개인의 각성이다. 백선생으로서의 그는 김치찌개 같은 가장 보편적인 가정식 백반을 만들면서 출연자들과 시청자의 요리에 대한 감각과 자신감을 끌어올리는 데 집중한다. 즉, 스스로를 위해 따뜻한 밥 한 끼를 만들어 먹을 수 있는 사람을 양성하는 방식으로 집밥 특유의 온기와 정성을 각각의 가정에서 구현하는 것이다.

현재 집밥에 대한 향수와 백종원에 대한 열광은 그래서 모순되기보다는 하나의 욕망 혹은 욕구에 대한 동전의 양면과도 같다. 누군가 나를 위해 차려준 따뜻한 한 상에 대한 그리움이란 언제나 유효하고 강력하다. 시간에 쫓겨 혹은 가성비라는 명목으로 탄수화물과 조미료의 폭탄과도 같은 밥버거 등으로 끼니를 때우는 현대인들에게는 더더욱. 이 결핍을 정확히 보고 그 빈틈을 자신의 외식 브랜드로 메웠던 명민한 사업가는 이제 각자 해 먹는 집밥에조차 백종원이라는 브랜드를 새겨 넣었다. 그래서 어쩌면, 시간이 흐른 뒤 집밥에의 향수란 엄마의 손맛이 아닌 백종원의 레시피가 될지도 모른다. 그만큼 지금 우리는 백종원의 요리에 익숙해져 가고 있다. 집 안에서도, 집 밖에서도.

+

나는 집에서 특정 음식을 해먹을 때 백종원의 레시피보다는 KBS ‹생생정보통›에서 가르쳐주는 맛집의 황금 레시피를 검색해서 따라 하는 편이다. 내 입맛에 백종원 레시피는 좀 달다. 하지만 이처럼 우선 검색을 해보고 겁 없이 따라 해보는 분위기를 만든 건 백종원이 이룬 성과가 맞다. 설탕에 대한 꽤 긴 소모적 논쟁도 있었지만, 중요한 건 직접 레시피대로 설탕을 넣어보고 내 입맛에 달면 조금 줄여가는 것이다. 이 모든 건 우선 해봐야 아는 거다. 그런 면에서 어려워하지 말고 시도해보라는 백선생의 가르침은 여전히 유효하다. 9첩 반상은 아닐지언정 (사실 한식은 손이 엄청 많이 간다) 나 자신을 위해 직접 칼과 도마를 쓰고 뭔가를 끓여보고 간을 보는 경험은 삶의 자존감을 높이는 데 굉장히 효과적이다.

## '라면 먹을래요?'라는 마법의 주문

2015 1223

"라면 먹고 갈래요?" 최근 공개된 농심 신라면 TV 광고 '사랑의 설렘: 연인 편'에서 자기 집까지 바래다준 남자를 향해 여자는 묻는다. 맞다. 2001년 영화 <봄날은 간다>에서 은수(이영애)가 상우(유지태)에게 건넸던 바로 그 오래된 문장이다(그리고 영화에서도 그들은 신라면을 먹었다). 다만 광고를 비롯해 상당수가 기억하고 있는 것과 달리 원래 대사는 "라면 먹을래요?"였다. 이후 라면을 끓이며 다시 던진 "자고 갈래요?"라는 명백한 유혹의 대사가 더해져 사후적 재구성이 되었을 것이다. 그만큼 그 대사는 인상적이었고, 두고두고 회자되었으며, 14년이 지나 국내 최다 매출을 기록하는 라면 광고에 인용됐다. 하지만 궁금하다. 실제로 이 대사는 유혹적일까. 은수와 상우의 연애라는 영화의 스토리 안에서 너무 결과론적으로 받아들여지는 건 아닐까. 무엇보다, 정말로 라면은 설렘을 일으킬 만한 음식인가.

왜 라면인가. 이 질문은, 왜 짜장라면이 아니고 왜 알리오 올리오가 아니며 왜 비빔냉면이나 잔치국수가 아닌가, 라는 질문이기도 하다. 시계를 돌려 문제의 장면으로 가보자. 늦은 밤 집 근처까지 차로 태워다준 상우에게 은수는 "태워다줘서 고마워요"라 말하고 상우는 "고맙긴요, 뭘"이라 한 뒤 잠시 침묵, 그리고 상우는 악수를 청하고 은수는 웃으며 악수한 뒤 차에서 나간다. 그리고 다시 차 문을 열고 말한다. "라…면 먹을래요?" 두 사람 모두 헤어지는 것이 아쉽지만 유예할 방법을 모르는 남자는 어색하게 악수를 청하는 게 전부다. 왜 못 잡았지, 라는 생각이 들 바로 그때 은수는 거절할 수 없는 제안을 한다. 이것은 없던 마음을 불러일으키는 것이 아니라, 서로에게 필요했던 명분을 제공하는 것이다. 단순히 유혹하거나 혹은 상대방의 의중을 떠보고 싶은 것이었다면 커피 한 잔, 좀 더 과감하게는 술 한 잔을 청하는 것도 괜찮을 것이다. 하지만 그 둘에게는 돌이켜봐도 덜 쪽팔릴, 괜찮아 자연스러웠어, 라고 말할 수 있는 연결고리가 필요했다. 과연 여기에 라면보다 더 좋은 명분이 있을 수 있을까.

늦은 시간, 맛있는 저녁 혹은 야참을 제공해서만은 아니다. 물론 라면은 분명 맛과 가성비, 요리에서의 효율성 모두에서 다른 경쟁자들을 압도한다. 스파게티 만들어줄까요? 부담스럽다. 잔치국수 먹을래요? 뭔가 싱겁다. 비빔냉면 좋아해요? 물냉면이 좋다. 상대방의 호의를 부담 없이 받아들여 간단하고 맛있게 배를 채우기에 라면은 최적화된 음식이다. 그럼에도, 그뿐만은 아니다. 라면은 다분히 정서적인 음식이다. god의 '어머님께' 가사에서 또 다른 국민 음식인 짜장면을 부르주아의 그것으로 만들어버리고, 임춘애의 헝그리 정신을 강조하기 위해 인용될 정도로 서민적이고 친근한 이미지다. 영화 속 상우는 "라면이랑 소주 같이 먹으면 맛있는데"라고도 하지만 이 둘은 가장 일상적이면서 정서적인 포만감을 주는 음식이다. 라면은 마치 ‹잃어버린 시간을 찾아서›의 마들렌 과자처럼 이러한 기분을 환기하는 동시에, 특유의 서민적인 상징성은 수평적 유대감으로 이어진다. 앞서의 '사랑의 설렘: 연인 편'뿐 아니라 비슷하게 공개된 신라면 광고인 '따뜻한 격려: 아르바이트 편', '뜨거운 응원: 취준생 편' 모두 성별, 직급, 세대 간 차이를 지닌 두 사람의 정서적 공감을 강조한 건 우연으로 보기 어렵다.

물론 라면을 먹는 경험이 다른 세련되고 고급스러운 음식을 먹듯 로맨틱하진 않다. 다만 14년 전 ‹봄날은 간다›에서 보여준 연애의

한 풍경과 지금의 라면 광고가 보여주는 건, 어떤 로맨스도 서로 다른 세계에서 사는 두 사람을 연결할 마음의 교집합 위에서 출발하며 또한 그래야 한다는 것이다. 로맨스의 기본은 관계의 기본이다. 수줍음 많은 상대가 쉽게 동의할 수 있도록 은수가 기습적으로 날린 말은 그래서 유혹적이기 이전에 배려가 돋보이는 문장이다. "라면 먹을래요?" 생각할수록, 정말 끝내주는 대사다.

+

조금 줄여야 할 정도로 나는 라면을 굉장히 좋아한다. 가끔 정기적인 체중 조절을 위해 다이어트 식단을 구성할 때를 제외하면 종류를 바꿔가며 일주일에 두 세 번은 먹는 것 같다. 어떤 면에서 이 글은 이러한 라면에 대한 애정에 기대 쓴 글이다. 좀 더 정확히 말하면 쉽고 빠르고 맛있게 먹을 수 있는 라면에 대해 큰 이견 없이 동의할 공통의 경험에 기댄 글이라고 할 수 있다. 다만 최근 생긴 고민이 있다면, 이처럼 가성비 높은 경험을 낭만화하는 것이 새로운 기만이 되진 않느냐는 것이다. 혹 시간이 걸리고 재료비가 더 들어도 더 좋은 걸 먹자고 말하는 것을 차단하거나 사치스러운 것으로 매도하는 것은 아닐까. 나는 여전히 라면을 좋아하고 세 개 끓여 누군가와 나눠 먹는 것도 좋아하지만, 이제는 스파게티 먹고 갈래요, 라는 말이 어색하지 않은 분위기가 되는 세상을 그려보는 것도 좋겠다는 생각이 든다.

# 기쁘다 ‹요츠바랑!› 오셨네

2016
0128

"오늘은 뭐 하고 놀까?" 만화 ‹요츠바랑!› 단행본 12권 마지막 장면에서 아침을 맞은 주인공 요츠바는 이렇게 말했다. 하지만 거짓말처럼, '오늘'은 시작되지 않았다. 원래도 1년 가까운 시간이 걸려야 다음 단행본이 나왔지만, 2014년이 다 지나도록 소식은 들리지 않았고, 그해 말 굿즈로 나온 2015년 캘린더를 사며 아쉬움을 달랬지만, 달력이 모두 넘어가도록 신간은 나오지 않았다. 그리고 2016년 1월, 드디어 13권이 '오랜 시간 기다려온 화제의 최.신.간!'이라는 소개 문구와 함께 발매되기까지 걸린 시간 2년 하고도 9개월. 이것은 ‹요츠바랑!›의 독자들이 지난 1~12권을 읽고 또 읽으며, 요츠바와 아버지 코이와이 요스케, 그리고 이웃 아야세 일가가 만들어내는 작고 귀여운 소동극을 확인하고 또 확인하며 금단증상을 견뎌온 기간이 2년 9개월이나 된다는 의미이기도 하다. 소위 '치유계' 혹은 '힐링물'로 분류되는 이 작품은 그만큼 퍽퍽한 세상을 견뎌내는 진통제 역할을 해왔다.

만화 애독자인 가수 오지은은 '힐링물'의 장르적 성격에 대해서 ‹요츠바랑!›을 예로 들며 "온 세상 사람 착한 물, 그냥 문 열려 있는 집 들어가서 밥 달라면 줄 것 같은 물"이라고도 했지만, 정말로 ‹요츠바랑!›에 나오는 등장인물들은 모두 선하다. 요츠바와 코이와이가 이사 온 첫날부터 쓰레기 분리수거 날짜를 알려주고 길 잃은 요츠바를 찾는 걸 도와준 이웃집 고교생 후카부터, 길을 잃고 무작정 들어온 요츠바에게 따뜻한 우동을 대접하고 코이와이에게 연락을 준 우동집 할머니까지 이 세계는 수많은 이의 선의로 이루어져 있다. 기본적으로 〈요츠바랑!〉의 모든 에피소드들은 요츠바가 벌이는 작은 소동극이다. 호기심 많고 천하태평인 이 아이에게 일상의 풍경은 결코 빤하지 않은 흥미진진한 모험의 세계다. 처음 본 솜사탕도 신기하고, 처음 타본 그네도 신기하다. 그때마다 감탄하며 처음 본 세계에 뛰어드는 요츠바의 천진한 모습을 보는 것이 이 작품의 큰 즐거움이라면, 그 작은 모험을 가능하게 해주는 배경은 바로 앞서 말한 모든 이의 선의다. 오로지 즐거움만이 가득한 〈요츠바랑!〉의 세계는 판타지가 맞다. 하지만 그 판타지의 핵심은 세상에 없을 것 같은 귀엽고 유쾌한 아이 요츠바가 아니라, 세상에 있어야 하는 성숙한 어른들이다.

사실 요츠바가 벌이는 소동들은 현실에서라면 생각만큼 마음 편히 볼 수 없는 것들이다. 모르는 어른들에게 허물없이 다가가 말을 걸고 후카에게 우유를 전달하기 위해 아버지에게 말도 없이 자전거를 타고 동네를 벗어나는 건 자칫 아이에게 해코지로 이어질 수 있는 상황이다. 반대로, 이웃집을 제집처럼 드나들고 장난치다 집 안을 엉망으로 만드는 건 아이라고 마냥 용인해줄 수 있는 것도 아니다. 하지만 〈요츠바랑!〉의 어른들은 아이에게 해코지는커녕 언제나 친절히 도움을 주는 존재들이며, 요츠바의 아버지 코이와이는 그런 호의에 감사해하거나 미안해하며 물심양면으로 답례할 줄 아는 어른이다. 종종 코이와이와 친구 점보가 벌이는 철없고 유치한 말싸움에 속아선 안 된다. 만화 속에서 자유방임처럼 보이는 요츠바의 교육과 성장은 사실 성숙한 사회 구성원으로서의 어른들이 단단히 맺은 사회적 합의 위에서 가능하다. 무책임한 코이와이가 요츠바를 바깥에 내놓고 기르는 게 아니라, 코이와이가 책임감 있는 바깥 세상과 함께 요츠바를 기르는 것이다.

그래서 ‹요츠바랑!›의 핵심은 어쩌면 제목의 '랑'일지 모른다(일본어 と, 영문판에선 &). 각 에피소드마다 붙은 '요츠바랑 놀이', '요츠바랑 자전거 산책' 등의 제목에는, 말 그대로 요츠바랑 무언가를 함께 하는 사람들이 전제되어 있다. 즉, '요츠바랑' 놀이, 캠핑, 축제, 집 보기 등은 모두 요츠바와 타인이 함께 하는 수많은 방식의 관계 맺기다. 요츠바의 귀여운 표정을 보는 흐뭇함과는 별개로, ‹요츠바랑!›이 독자를 위로할 수 있는 건 바로 이러한 관계망을 가상의 세계 안에서 복원했다는 점이다. 이것은 단순히 귀여운 아이와 착한 어른들이 사는 동화적인 세계를 엿보는 즐거움이 아니다. 그보단 서로에 대한 이해가 높아 원활하게 교류할 수 있는 상호주관적인 관계망 안에서 벌어지는 흥미롭고 따뜻한 일상을 통해 상상적으로나마 희망을 느끼는 것에 가깝다. 나랑 너, 너랑 나, 그렇게 우리가 만들 수 있는 어떤 풍경에 대한 희망을. 그러니 ‹요츠바랑!› 새 단행본에 대한 팬들의 환호를 너무 유난스럽다고 보진 않았으면 좋겠다. 성숙한 개개인이 함께 만들어가는 인간적인 세상에 대한 바람, 아이가 마음 놓고 성장할 수 있는 사회적 울타리에 대한 동경은 그동안 커졌으면 커졌지 결코 줄어들지 않았을 테니까. ‹요츠바랑!›이 나오지 않던 2년 9개월 동안의 한국에선 더더욱.

+

예상했던 것이지만 ‹요츠바랑!› 13권이 나오고 1년 동안 아무런 소식이 들리지 않는다. 아마 2년 정도는 더 기다려야 할 것이다. 그때까지 1권부터 13권까지 읽고 또 읽게 될 것이다. 몸에 좋고 입에도 맛있는 음식을 먹고, 신경 써서 머리를 하고, 큰마음 먹고 예쁜 운동화를 사며 세상을 견뎌내는 것처럼, 마냥 좋고 귀여운 풍경을 보며 마음의 안정을 찾는 것도 굉장히 중요한 일이다. 세상에 대한 비판적 관심을 유지하는 것만큼이나, 좋은 걸 먹고 좋은 걸 입고 좋은 걸 보며 나의 일상을 즐겁게 유지하는 것도 절대 포기해선 안 되는 것이다.

## 〈복학왕〉과 기안84, 이 시대 청춘의 리얼리티

2016 0328

웹툰 〈복학왕〉에서 주인공 우기명과 작가 기안84는 작품의 배경인 기안대학교에 대해 대놓고 '지잡대'라고 이야기한다. 비하 표현이라는 혐의에서 자유로울 수 없는 이 거친 직설은, 하지만 적어도 〈복학왕〉 안에서는 뚜렷한 강점으로 기능한다. 한때 기안고등학교에서 잘나가던 '패션왕' 우기명은 서울에서 반나절 거리인 기안대 패션학과에서 별다른 꿈도 희망도 없이 현실의 문제를 장롱 안에 욱여넣고 술과 여자 후배들과의 농담 따먹기로 하루하루를 허비한다. 열심히 노력해서 장학생이 되어봤자 패션업계에는 발도 못 들여놓을 지방 삼류대 졸업생이 될 뿐인 답 없는 청춘의 실태는, 그것을 외면해야만 영위할 수 있는 평범한 일상의 풍경을 통해 더욱 도드라진다. '지잡대'라는 표현은 비하적인 게 맞지만, 정확히는 기안84가 비하하는 것이 아니라 세상이 그들을 비하하는 생활언어를 그대로 재현하는 것에 가깝다. 이것은 자신이 경험한 현실을 성찰하거나 비판하기보다는 투명하게 비추는 것에만 집중하는 기안84 방식의 리얼리즘을 보여주는 한 예다.

스스로 "스토리를 배운 적도 없고 만화를 본능적으로만 그린다"고 말하기도 했지만, 기안84의 작품은 서사 구조만 따지면 변명의 여지없이 엉망이다. 데뷔작 〈노병가〉나 그를 인기 작가의 반열에 올린 〈패션왕〉, 현재 연재 중인 〈복학왕〉까지, 그의 장편은 어떤 공간에 모인 인간 군상이 벌이는 소극들을 시간순으로 나열하는 방식이다. 〈패션왕〉의 경우 우승을 하든 못 하든 충분히 완결성 있는 엔딩으로 이어질 수 있는 패션 서바이벌 대회를 너무나 허무하게 마치고 우기명의 비루한 대학생활로 이야기를 이어갔다. 〈복학왕〉 역시 재미도 의미도 없던 '바락 우바마' 같은 에피소드로 몇 주 분량을 채워가며 우기명의 2015년 1~2학기를 쭈욱 따라간다. 패션이나 연애, 얼차려, 축제 등 각 에피소드마다 소재는 다양하지만, 작품을 통해 전달하고자 하는 바로서의 테마가 명확하지 않기 때문에 그의 이야기는 자주 산으로 향한다.

하지만 테마가 없다는 것, 이야기를 의미 전달 수단으로 생각하지 않는다는 것은 그의 작품에 기묘한 활력을 불어넣는다. 기안84는 자신이 재현하는 삶의 순간들을 전통적인 기승전결의 수법으로 하나의 방향으로 모으는 대신, 그 순간의 단면을 최대한 세밀하게 그려낸다. 복학생 우기명과 신입생 봉지은의 만남을 그린 〈복학왕〉 초기 OT 에피소드는 대학 음주 문화를 비판적인 시선으로 바라보거나 학기 초 캠퍼스의 낭만을 강조하지 않는다. 단지 둘러앉아 의미 없이 술을 마시는 중에도 이중모션 게임의 디테일을 담아낸 컷들은 마치 무손실 음원의 일부처럼 생생하며, 그 생생함 안에서 여자 후배를 꼬시려는 복학생의 욕망과 낯선 대학 생활에 대한 신입생의 불안감이 자연스럽게 드러날 뿐이다. 작품 내용이 윤리적이냐는 것과는 별개로, 창작 윤리라는 측면에선 상당히 정직하다.

흥미로운 건, 이러한 정직함이 결과적으로 일종의 윤리적 성취까지 이뤄낸다는 것이다. 가령 '지잡대' 기안대학교의 취업률 1위 타이틀이 교수가 소개시켜준 비정규직으로 만들어졌다는 이야기는, 현재 한국에서 학력의 인플레이션이 얼마나 심하고 제대로 된 일자리가 없는지 고발한다. 과거 자신이 여자친구와 했던 일들은 생각하지 않고 커플인 여학생들을 음탕한 것들이라 속으로 욕하는 우기명의 모습은, 여성에게 성적인 정숙함을 요구하는 남성의 이중 잣대를 가감 없이 드러낸다. 거의 유행어에 묻어가는 수준으로 '흙수저'를 얄팍하게 다룬 에피소드가 보여주듯 그가 사회문제에 진지한 통찰을 한다고 보긴 어렵다. 다만 현실을 투명하고 충실하게 묘사하는 작가는 자신의 인식과는 별개로 우연처럼 필연적으로 동시대의 모순과 부조리까지 비춰내며, 이것은 독자에게 비판적인 전망을 남긴다. 그 묘사의 대상이 사회적 카스트 하위의 가난한 지방대 학생이라면 더더욱. 고된 아르바이트에 지쳐 20일 내내 PC방에서 게임만 하며 현실을 도피한 우기명은 한심하지만, 그 도피는 그 세대가 선택할 수 있는 거의 유일한 유희다. 결코 미형의 그림체는 아니지만 인물의 패션이나 소품으로 사회적 지위와 정체성까지 한눈에 들어오게 묘사하는 디테일까지 더해, 〈복학왕〉은 웹툰이 우리 시대의 동시대적 예술이 될 수 있다는 것을 증명한다.

물론 상찬만 하기에 기안84의 성과는 들쭉날쭉하다. 이야기의 중심 없이 가끔 무의미한 에피소드가 나오는 건 차치하더라도, 종종 자기 또래 집단이 공유하는 얄팍한 인간상을 무비판적으로 그려 작품의 리얼리티를 깎아먹는다. 최근 에피소드인 '옷을 좋아하는 소녀'의 경우 쇼핑에 중독된 여대생이라는 스테레오타입으로 대충 한 회를 때우며 캐릭터를 무책임하게 소비한다. 브랜드 웹툰인 〈체육왕〉에서 못생긴 여자가 예쁜 여자를 대하는 방식에 대한 편견 역시 윤리적이지도 리얼하지도 않다. 앞서 말했듯 그가 남자의 '찌질함'을 귀엽게 포장하지 않는 흔치 않은 남성 창작자라는 것을 떠올리면 더더욱 아쉬운 부분이다. 하지만 이것은 단순히 작품의 평균을 깎아먹는 일시적인 실수라고 보긴 어렵다. 그보단 본능적인 관찰력에 의지해 자신의 경험에 천착하는 창작 방식의 한계에 가깝다. 그럼에도 여전히, 섣부른 희망도 기만적인 자기연민도 없이 그려진 기안대의 풍경은 동시대 청년 세대에 대한 가장 흥미로운 보고서 중 하나다. 그러니, 기안84 작가가 스스로의 한계를 보기 좋게 넘어서면 좋겠다. 작가로서 그 스스로 이룰 성취를 위해. 그리고 ‹미생›도 ‹송곳›도 아닌 ‹복학왕›의 세대를 위해.

+

‹복학왕›은 과거 ‹패션왕›이 그러했듯 여전히 툭하면 스토리가 산으로 간다. 오랜만에 최근 연재분을 봤다가 ‘아니 왜 우기명 집에 봉지은과 두치가 있는 거지?’ 싶은 것이다. 물론 ‹패션왕›에서처럼 늑대인간이 나오는 건 아니지만 기안84의 작품을 보는 건 아슬아슬한 경험이다. 작가로서 오로지 묘사에만 충실하고 스토리의 재구성에 대한 성찰을 하지 않는다면, 동시대 청춘의 생태보고서로서 유의미한 그의 작품이 자칫 그 동시대의 풍경에 대한 무비판적인 수용으로 이어질 수 있다고 보기 때문이다. 거의 모든 경우가 그러하듯, ‹복학왕› 역시 장점과 단점이 서로 동전의 양면처럼 불가분 관계에 있지만, 그럼에도 기안84가 한 단계 더 올라가면 좋겠다는 생각을 해본다. 지금도 괜찮지만, 정말 놀라운 작품을 내놓을 수 있지 않을까, 싶은 것이다.

# #3 그들과 나와 우리의 이야기

## #3-3 제대로 부수고 제대로 치이며

# 칠봉이, 좋은 사람 좋은 남자

2013 1125

"너 바보냐?" 누르고 누르던 말이었다. 6시간 동안 버스를 타고 삼천포까지 내려와 단 3시간만 있다가 다시 6시간 동안 버스를 타고 올라가야 하는 빠듯한 일정. 짝사랑하는 사람과 잠시만이라도 함께하기 위해 고생을 감수한 마음을 상대방은 너무 몰라줬다. 하지만 남자의 질문은 수줍고 나직했다. 자신이 얼마나 피곤했는지 구구절절 늘어놓지도 않았다. 남자는 그저 "너도 알 것 같은데, 그래도 이번엔 제대로 말해야겠다"고 고백의 운을 띄운다. 자기 마음을 몰라주는 바보에게 그는 왜 모르느냐고 원망하지도, 알면 말해보라고 강요하지도 않는다. 좋아하니 고백하는 것일 뿐이다. 1994년의 마지막 밤 나정에 대한 칠봉이의 고백에는 짝사랑 특유의 자기연민이 없다. 칠봉이가 정말 좋은 사람이자 좋은 남자인 건 그래서다.

물론 칠봉이가 그간 보여온 모든 행동이 선하다. 하나같이 품성이 좋은 tvN '응답하라 1994'의 남자들 속에서도 그는 유독 매너가 좋다. 허리 아픈 나정을 위해 마사지를 해주다가 나정이 방귀를 뀌어도 모른 척해주고, 친구 삼천포(김성균) 할머니의 말동무를 해주며 다시 오겠노라 손을 꼭 잡아주며, 나정의 방에 페인트칠을 해서 머리가 아플 때에는 어떻게 해줘야 하느냐는 질문에 "너 괜찮아?"라고 말해줄 줄도 안다. 어른에겐 깍듯하면서도 동갑내기 여자들과는 티격태격하기 일쑤인 해태(손호준)나 삼천포와는 달리, 윤진(민도희) 말대로 "지방 촌놈들에게는 없는 게 탑재된" 싹싹한 서울 남자다.

하여 칠봉이 나정을 대하는 순간순간은, 이토록 착하고 싹싹한 남자가 짝사랑하는 방식을 고스란히 보여준다. 비 오는 날 오빠 마중을 나가는 나정을 위해 우산을 들어주고, 야구부 식사를 굳이 나정이 아르바이트하는 햄버거 가게에 주문한다. 자신을 드러내기보다는 뒤에서 조용히 바라보고 챙겨주는 남자. 같이 마중을 갔다가 나정이 오빠와 한 우산을 쓰고 걸어가는 걸 뒤에서 바라볼 때, 사랑하는 사람을 바라보라는 라디오 멘트에 오빠를 쳐다보는 나정을 또 말없이 쳐다볼 때, 그는 영락없이 '인형의 꿈'이나 '좋은 사람' 같은 노래의 주인공이 된다.

하지만 칠봉이 정말 좋은 남자라면, "한 걸음 뒤에 항상 내가 있었는데"라며 자기연민에 징징대거나, "늘 널 바라보는 그게 내가 가진 몫인 것만 같아"라고 자기만족에 취하지 않기 때문이다. 그는 한순간도 선의라는 이름으로 나정에게 부담을 준 적이 없다. 내기에서 이겨 야구 경기에 응원하러 와달라고 할 때도 '소원'이 아닌 '부탁'을 들어달라고 말한다. 비싸지만 촌스러운 화장품 세트를 산 쓰레기와 달리 샤넬 향수를 나정과 나정 어머니에게 선물해 점수를 딴 작은 에피소드에서 증명되는 건 서울 남자로서의 센스만은 아니다. 중요한 건, 자신이 얼마나 비싼 돈을 쓰고 얼마나 선의를 품었는지가 아니라 상대방의 필요를 고려하고 배려하는 것이다. 이것은 '좋은 사람'과 '좋은 사람 콤플렉스에 빠진 사람'의 차이이기도 하다. 후자의 경우 상대방에게 선의를 베푸는 자신의 모습이 너무나 소중하고, 그럼에도 짝사랑하는 모습이 너무나 가련하다. 그래서 정작 그들의 마음에는 상대방의 자리가 없다.

작품 초반, 그가 재혼하는 어머니와 화해하며 눈물 흘리는 장면이 중요하게 다뤄졌음에도, 정작 칠봉이는 단 한 번도 개인적 상처를 훈장 삼아 내세운 적 없는 건 우연이 아니다. 내가 상처 입었음에도 얼마나 의연한지, 내가 얼마나 잦은 선의를 베풀었는지, 결국 내가 얼마나 좋은 사람인지 칠봉이는 애써 드러내지 않는다. “야구 빼면 아무것도 남을 게 없던 시절, 야구보다 설레게 하는 사람”을 대한다는 건 그런 거다. 자기 마음만큼 상대방 마음도 소중하기에 “나 좋아해달라는 거 아니야”라고 말할 수 있다. 상대방이 숨 쉴 자리를 넉넉히 마련해놓은 남자의 품이란 그런 거다. 나정이와의 사랑이 이뤄지지 않아도 칠봉이는 상처에 허덕이지 않을 거다. 그리고 바로 그 이유로 현재 나정에게 가장 좋은 남자일 수 있는 건 칠봉이다. 물론, 그것이 나정이 칠봉이의 고백을 받아줘야 할 이유가 될 수는 없겠지만. 사랑이 어려운 건 그래서겠지만.

+

‹응답하라 1994›의 두 남자 쓰레기와 칠봉이 중 누가 더 좋은 남자인지 비교하는 기획에서 나온 글이다. 이 기획이 나왔을 때 주저하지 않고 칠봉이에 대해선 내가 쓰겠노라 자원했다. 그의 상냥함에 대해서는 많은 찬사가 있었지만, 진정한 그의 장점은 자기연민에 취하지 않는 것이라고 봤기 때문이다. 이것은 너무나, 정말 너무나 중요한 것이다. 과도한 자기연민은 세상의 상을 왜곡시켜서라도 세상 앞에 불쌍한 나의 자아상을 만든다. 이 자의식 비대의 세계에서 그는 세상의 모든 걸 불쌍한 자신을 위한 스토리로 소비한다. 상냥해도 피곤하며, 상냥하지 않으면 자칫 폭력적으로 발현된다. 그로부터 자유로운 인간이라는 건 세상을 최대한 있는 그대로 보고 자신도 있는 그대로 보는 사람이라는 뜻이다. 쓰레기도 분명 좋은 남자 주인공이었지만, 칠봉이는 한국 드라마 ‘서브 남주’의 세계에 기록해둬야 마땅한 캐릭터다.

## 가인은 다 옳다

2014 0221

이번엔 허지웅이 옳았다. 가인의 신곡 '진실 혹은 대담'의 뮤직비디오에 출연한 그는 가인에 대해 결핍의 아이콘이라 정의했다. 그리고 이어지는 코르셋으로 허리를 조이고 가슴을 강조하는 가인의 모습. 가인에 대한 '뒷담화'를 담은 페이크다큐 형식의 뮤직비디오에서 사람들은 단순히 '카더라' 통신으로 흉보는 데 그치지 않고 구체적인 그의 약점을 지적한다. 포토그래퍼는 "비율은 좋은데 여기(머리)가 커요"라며 신체적인 부족함을, 이민수 작곡가는 "노래도 톤으로 조지려고" 한다며 가창의 문제점을 지적한다. 물론 곡의 콘셉트를 위한 말들일지 모른다. 하지만 당장 가인은 Mnet 〈비틀즈코드 3〉에서 〈조선미녀삼총사〉에 캐스팅된 것에 대해 조선시대엔 자신처럼 눈이 작은 미인이 있었다고 변명을 하고, JTBC 〈마녀사냥〉에서는 스모키 화장을 지우면 자신을 알아보지 못한다는 한혜진의 말에 동감한다.

작은 눈과 작은 키, 그리고 아주 글래머러스하다고 보긴 어려운 몸매. 기본적으로 이성적 매력을 바닥에 깔고 가는 한국 여가수 시장에서, 사실 가인은 상당히 불리한 출발선에 서 있다. 하지만 가인이 정말 결핍의 아이콘이라면 단순히 결핍이 있어서, 혹은 결핍이 있음에도 불구하고 매력적이어서는 아니다. 오히려 결핍은 그의 매력의 본질이다. 이젠 가인의 상징과도 같은 검은 아이라인과, 종종 하의 실종이라는 말을 듣는 하이웨스트 핫팬츠는 그의 작은 눈과 키의 단점을 보완해주는 동시에 가인만의 독특한 비주얼을 만들어낸다. '진실 혹은 대담' 뮤직비디오에서도 춤을 출 땐 특정 신체 부위에 집중하기보단 몸의 비율을 살리는 풀샷으로 잡고, 그의 풍부한 표정만이 클로즈업된다. 과거의 이효리부터 현재의 수많은 걸 그룹까지 대부분의 여자 가수들이 일반인과는 확연히 다른 우월한 얼굴이나 신체를 강조했다면, 오히려 가인은 핸디캡을 극복하는 방식으로 매력을 드러낸다.

무대에선 섹시하고 도도한 면모를 보여주지만, 〈마녀사냥〉 같은 예능 프로그램에선 부족한 연애 경험을 솔직히 드러내고 짓궂은 질문에 쩔쩔매는 가인의 모습이 이질적이지 않은 건 그래서다. 그의 매력은 우월함에서 출발한 것이 아니기에 굳이 우월한 지위를 지키기 위해 남달리 예뻐 보이려 내숭을 떨 필요도, 굳이 위악적으로 센 척할 필요도 없다. 과거 쌍꺼풀 없는 눈을 귀여움의 포인트로 잡고 각양각색의 스타킹을 신어 '손타킹'이라 불렸던 시절이나, 왈가닥 같은 털털함으로 시청자의 호감을 샀던 MBC 〈우리 결혼했어요〉의 아담 커플 시절이나, '피어나'에서부터 본격화된 섹시 콘셉트의 지금이나, 그는 남보다 매력 있으려 하기보단 현재 자신에게 가능한 가장 매력 있는 모습을 추구한다. 그리고 역설적으로 바로 이러한 태도 때문에 가인은 수많은 예쁘고 섹시한 여가수들 사이에서 자기만의 포지션을 얻는다.

무대에서의 과감한 퍼포먼스에도 불구하고, 가인의 섹슈얼리티는 과시적이지 않다. 최근 선정적인 안무로 화제를 모은 AOA가 "내가 뭐를 입든지 너무 섹시해 보여"('짧은 치마')라며 언제든 남성을 유혹할 수 있다고 과시할 때, 가인은 역시 짧은 핫팬츠와 망사 스타킹을 입고 "떠들어라 맘껏"('진실 혹은 대담')이라며 타인의 시선 따위 관심 없다 말한다. 이성의 마음에 들기 위해서가 아니라 더 예쁘고 매력적인 내가 되기 위해 선택한 섹시. "넌 내가 선택한 우주"라며 여성 화자의 욕망을 드러낸 '피어나'와 정확히 대구를 이루는 'Fxxk U'에서 "이렇게 하긴 싫어"라며 남자의 일방적 욕망을 거부하는 모습은, 도발적이되 유혹하지 않는 가인을 통해 비로소 구현될 수 있었다.

그래서 다시 한번, 가인은 결핍의 아이콘이다. 결핍을 지닌 이들의 우상이라는 점에서 그렇다. 처음부터 요정이나 여신으로 출발한 다른 걸 그룹과 달리, 인기 없는 팀의 다른 말인 실력파 여성 그룹의 막내였던 그는 자신의 핸디캡을 지우거나 가리는 대신 인정하고 그 바탕 위에서 자신만의 매력을 찾아갔다. 때문에 데뷔 이후 그 어느 때보다 성적 매력을 강하게 드러낸 지금도 섹시 콘셉트에 매몰되지 않는다. 최근 들어 유독 과열된 섹시 여가수 시장에서 수위 높은 노출과 판타지를 자극하는 소품, 노골적인 안무만이 남고 정작 퍼포먼스를 펼치는 가수는 존재감을 남기지 못하는 것을 떠올리면, 가인은 섹스어필에도 클래스가 있다는 것을 보여주는 몇 안 되는 존재다. 물론 여전히 그는 눈도 작고, 키도 작고, 글래머러스하지도 않다. 다만 그래서 단 한 명의 가인이고, 그래서 매력적이다. 굳이 남자들에게 불필요한 끼 따위 부리지 않더라도. 그래, 이건 허지웅이 틀렸다.

+

'진실 혹은 대담'을 낸 약 1년 뒤 가인은 새 앨범 〈Hawwah〉에서 구약성경에 나오는 하와를 금기를 깬 최초의 여성으로 콘셉츄얼하게 재해석했다. 하지만 남녀의 욕망을 이야기한 '애플'은 남녀의 섹스를 연상케 하는 가사 때문에 KBS, MBC에서 방송 부적격 판정을 받았고, 또 다른 타이틀 넘버인 '파라다이스 로스트'는 뱀의 움직임을 형상화한 안무의 선정성 때문에 지상파 무대에선 동작을 수정해야 했다. 모든 섹슈얼한 시도가 여성 창작자의 자율성을 더 넓혀주는 건 아닐지 모른다.

하지만 금기를 깨는 전복적 여성으로서의 섹슈얼함, 남성에게 종속되지 않는 섹슈얼함의 시도가 지상파에서 제대로 평가받지 못한 건 여전히 아쉬운 부분이다. 꼭 그래서만은 아니겠지만 그의 다음 앨범 ‹End Again›은 순수와 낭만을 테마로 했고 어딘가 어정쩡한 느낌과 홍조 메이크업만을 남긴 채 금방 잊혔다.

# 김수현, 이토록 완벽한 이방인

2014 0228

그는 이방인이다. 산골 마을로 이사 온 전학생, 강원도에서 서울의 명문 예고로 상경한 촌놈, 북한에서 남파된 특급 공작원, 그리고 이젠 다른 별에서 온 외계인. 배우 김수현의 필모그래피에서 유독 낯선 이방인의 프로필이 자주 보이는 건 우연일지 모른다. 다만 KBS 〈정글피쉬〉 출연 이후 지인의 인터넷 쇼핑몰 피팅 모델로 활동하던 그는 사실상 무명에 가까웠다. SBS 〈크리스마스에 눈이 올까요?〉에서 어린 시절의 차강진으로 우리의 눈에 깊게 각인되던 순간은, 그래서 차강진이 한지완(남지현)에게 그러했듯 시청자들에게도 갑작스러운 사건이었다. 그때서야 비로소 시작된 스타로서의 경력이 얼마나 꾸준하고 화려했는지 말하는 건 새삼스러울 것이다. 하지만 김수현이라는 배우가 흥미로운 건, 이후 출연하는 작품마다 높은 흥행을 기록하고 스타덤을 확장해서만은 아니다. 이후 그가 새로운 작품에 출연한 순간순간은, 산골로 온 천재 전학생 차강진이 그러했던 것처럼 언제나 첫 만남 같은 인상을 남겼다.

물론 모든 배우가 새 작품을 할 때마다 새로운 캐릭터를 연기한다. 그럼에도 김수현이 맡은 캐릭터들이 유독 새롭게 느껴진다면, 작품 속 다른 인물들의 일상에 균열을 내고 들어오는 외부인이기 때문이다. KBS 〈드림하이〉에서 엘리트 타입의 천재인 고혜미(수지)나 미국에서 온 자유분방한 천재 제이슨(우영) 등의 프로필은 기린 예고라는 명문 안에서는 오히려 당연하다. 이 세계에 초대받지 않은 손님으로 등장해 유일무이한 존재감을 드러내는 건 특채로 입학한 강원도 촌놈 송삼동이다. 촌 소년인 그가 세계적 스타 K가 되는 판타지가 강렬하다면, 그것이 밑바닥에서 최상층까지 올라온 수직적인 서사라서가 아니라 한 세계 바깥에서 등장한 외부인이 자신의 방식으로 그 세계 안에서 성공하는 일회적인 서사이기 때문이다.

김수현이 선택한 인물들은 그래서 크립톤 행성에서 온 슈퍼맨을 닮았다. 기존 트렌디 드라마에서 여주인공의 문제를 재력으로 해결해주는 수많은 재벌 2세들도 일종의 초인이지만 그들은 세상이 인정하는 스펙을 극한으로 쌓아 만들어진 능력자다. 그에 반해 어느 날 전학 온 전국 7등의 수재 차강진이나, 북한에서 살인병기로 길러져 남파된 영화 ‹은밀하게 위대하게›의 원류환 등은 근본도 알 수 없이 어느 날 이 세상에 뚝 떨어져 모든 것을 척척 해결하는 존재들이다. 그들은 뛰어나되 근본적으로 외롭고 세상과 쉽게 섞이기 어렵다. 끊임없이 왕자님을 반복 재생산하는 한국 트렌디 드라마에서 김수현은 이처럼 유독 외로운 늑대를 선택한다. 반대로 그 자체로 왕자님이었던 MBC ‹해를 품은 달›의 젊은 왕 이훤이 무소불위의 권력을 행사하기보다 오히려 무력하게 냉소하며 다른 이들과 섞이지 않는 건 이들 캐릭터와 흥미로운 대구를 이룬다.

배우로서 김수현이 가진 독특한 재능이 힘을 발휘하는 건 이 지점이다. 김수현은 무표정을 가장 잘 연기하는 배우다. 무표정 안에 감정을 담아낼 줄 아는 배우라고 해도 좋겠다. 살짝 허스키한 중저음의 목소리와 좀체 흔들리지 않는 표정으로 그는 세상 어디에도 속하거나 구속되지 않는 도도하고도 평온한 정체성을 연기한다. 대신 그 무표정 안에 작은 감정의 진폭을 무심한 듯 살짝 드러낸다. 광고에서 여자친구의 화를 풀어줄 때도 애교를 부리는 대신 짐짓 아무렇지 않다는 표정으로 "푸딩하자"고 스윽 화해를 청하고, 관심 가는 여자에게 무심히 "이상하게 자꾸 네가 눈에 들어오네"라고 한마디를 던지며(‹크리스마스에 눈이 올까요?›), 상대에 대한 강한 반감을 토해내기보단 "내 마음까지는 바라지 마시오"라 싸늘히 드러낸다(‹해를 품은 달›). 때문에 그의 존재감은 기묘한 이질감을 동반한다. 스크린과 브라운관에서 그가 다른 캐릭터와 만날 때마다 마치 서로 다른 두 개의 세계가 조우하는 듯한 분위기가 만들어진다.

그래서 SBS ‹별에서 온 그대›의 도민준은 김수현이 연기했던 능력 있는 이방인의 최종판과도 같다. 지구에 불시착해 400년을 살아온 외계인 도민준은 불로불사에 초능력과 재력, 지성까지 겸비한, 그야말로 멜로드라마 주인공의 '끝판왕'이지만 동시에 이 세상과 섞일 수 없고 항상 떠날 날을 준비하는 철저한 이방인이기도 하다. 이토록 매력적인 인물을 김수현은 특유의 천연덕스러운 무표정과 감정의 폭이 절제된 목소리로 구체화한다. 자신의 존재를 아는 장 변호사(김창완)와 대화할 때마다, 드라마에서 종종 인터뷰하듯 외계인으로서의 애로사항을 말하는 장면마다, 그는 굳이 자신이 외계인인 걸 시청자에게 설득하려 애쓰기보단 스스로 모든 게 사실이고 자신은 외계인인 게 당연한 거라는 듯 행동한다. 히어로물의 장르적인 클리셰 없이도 외계인 도민준이 멜로물에 덜컥 등장할 수 있는 건 김수현의 뻔뻔함이 만든 이계의 존재감 덕분이다.

하지만 이번 도민준이 김수현의 필모그래피 중 가장 흥미로운 순간을 만든다면 자신이 잘하던 것을 가장 잘 보여줬기 때문은 아니다. 400년 동안 확실히 배운 것이라고는 인간에게 마음을 터놓지 말아야 하는 것이었던 이 외계인은, 하지만 자신의 일상을 침범한 천송이(전지현)와 엮이면서 조금씩 자신이 쌓은 벽을 허물어간다. 그것이 설령 상처를 동반하는 것이라 해도. "당신이 개입하면서 내 생활이 엉망이 됐"다고 무표정하게 말하던 그가 어느 순간 눈물을 흘리며 "좋은데, 좋단 말입니다. 그냥 같이 있고 싶습니다"라고 감정을 드러낼 때의 드라마틱한 에너지는 폭발적이다. 지금 김수현의 연기는, 그래서 대중과 다른 차원에서 스타성을 유지하면서 연기자로서 어떻게 대중의 마음을 건드릴 수 있느냐에 대한 흥미로운 대답이다. 고고한 이방인은 동경의 대상은 될지언정 마음을 주긴 어렵다. 하지만 동경의 대상이 연민의 대상이 되는 거대한 낙폭을 통해 도민준은 천송이의 마음을, 그리고 김수현은 시청자의 마음을 얻었다. 이것은 초능력으로도 할 수 없는 일이다. 별에서 온 완벽한 남자는 그렇게 인간의 세계에 발을 디뎠다. 아주 성공적으로.

+

2015년 KBS 드라마 〈프로듀사〉의 첫 화를 봤을 때, 처음으로 김수현이라는 배우에게 시련이 올 수 있겠다고 생각했다. 자기연민과 '안물안궁'으로 가득한 프로듀서들의 자기 모에화는 그만큼 견디기 어려운 것이었다. 하지만 놀랍게도 김수현은 이걸 또 살려냈다. 선의는 있지만 눈치 없고 아직 미숙한 백승찬은 자칫 흔한 민폐 캐릭터로 소비될 뻔했지만, 김수현은 자신이 연기한 백승찬의 선의를 기어코 납득시키며, 한 인간의 직업적 고민을 전달하는 데 성공했다. 지금으로선 이 배우의 실패를 상상하기가 쉽지 않다. 정말로.

# 민호의 근육이 만들어내는 새로운 판타지

2015
0605

합성인 줄 알았다. 지난 5월 17일 서울 올림픽공원 체조경기장에서 열린 샤이니 단독 콘서트에서 민호는 개인 퍼포먼스 타임에 상체 근육을 공개했다. 과거 KBS <출발 드림팀>에서 '불꽃 민호'로 활약하던 시절에도 식스팩을 보여준 적이 있지만, 마르고 체지방이 적어 그냥저냥 타고난 모양새가 드러나는 수준이었다. 그에 반해 이번 공연에서의 몸은 훨씬 공들여 만든 티가 났다. 가슴과 팔 등 몸 전체의 부피가 전에 비해 늘어났고, 복근은 단순히 말라서 보이는 게 아닌 식스팩의 조각조각이 제법 단단히 자리를 잡은 상태였다. 컬러 스키니진이 어울리던 마른 소년은 20대라는 나이를 증명하듯 근육질의 남자가 되어 나타났다.

하지만 그의 몸이 합성처럼 느껴졌다면 단순히 의외의 몸매를 드러내서만은 아니다. 민호의 근육질 몸이 반전이 될 수 있는 건 여전히 그 몸 위에 소년의 얼굴이 있기 때문이다. 2개월 동안 강도 높은 트레이닝으로 몸을 만들었지만 그의 얼굴에는 단기 트레이닝으로 근육을 불리고 체지방을 뺀 사람 특유의 피로함이나 노화가 느껴지지 않는다. MBC <무한도전>에서 30킬로그램을 감량했다가 연관검색어로 '노화'가 붙어버린 정준하는 극단적인 케이스일지 모르지만, 포근한 인상의 미남인 배용준조차 근육질 화보를 찍었을 땐 인상이 너무 날카롭고 지쳐 보인 바 있다. 그에 반해 민호의 얼굴은 평소보다 약간 더 마른 것을 빼면 여전히 피부는 맑고 눈은 그렁그렁하다. 물론 나이 덕도 있다. 팀 불량헬스의 최영민 실장은 "20대 초중반은 무적이다. 호르몬이 지방을 엄청나게 태우기 때문에 체지방을 빼는 것도 훨씬 쉽다. 또 피부도 몸인 만큼 젊을수록 회복이 빠르다"고 설명한다. 그리고 무엇보다 상당히 선명한 가슴 라인과 군살 없는 허리 라인에도 불구하고 윤기 있는 그의 몸은 여타 근육질 아이돌의 육포처럼 체지방과 수분을 극단적으로 뺀 몸과는 또 다르다.

근육질로 돌아온 민호가 소위 '짐승돌'과는 다른 이미지인 건 이 지점이다. 그는 열심히 몸을 만들고 체지방을 태우되 어느 선을 넘진 않았다. 최영민 실장은 "지금 민호의 몸은 체지방 10퍼센트 수준으로 보인다"고 예상하는데, 그의 설명대로 "체지방이 10퍼센트 이하로 줄어들면 면역체계를 비롯한 건강에 이상이 생긴다." 하지만 여러 부위 중 식스팩에만 집착하는 한국 연예계에선 그 선을 넘어서까지 복근을 더 선명하게 만드는 아이돌들이 종종 있다. 그에 반해 의도한 것인지는 모르지만 근육이 선명하게 드러나되 건강에 영향을 미치지 않는 선까지 밸런스를 유지하는 민호의 몸은 짐승 같은 테스토스테론을 뿜어내기보다는, 여전한 얼굴과 함께 기존에 가지고 있던 체육 소년의 이미지에 강인함을 더해준다. 여기에는 짐승이나 터프함보다는 튼튼 혹은 건강함 같은 표현이 어울린다.

샤이니의 신곡 'VIEW' 뮤직비디오에서의 민호는 그가 기존에 보여주던 순수 소년의 판타지를 어떻게 지켜내며 또한 심화하는지 보여준다. 상의를 벗진 않지만 민소매 티셔츠에서도 언뜻언뜻 드러나는 굵어진 팔과 어깨로 과거보다 단단해진 육체를 보여준 그는, 자기 파트너에게 집적대는 남자에게 강하게 항의하다가 머리를 병으로 얻어맞고 간호를 받는다. 이것은 좀 더 노골적인 욕망이 꿈틀대는 어른의 세계에 진입한 소년의 호된 신고식과도 같다. 하지만 그의 단련된 육체는 맞아서 징징대는 아이가 아닌, 강하게 성장했지만 이 세계에 뒤섞이진 않는 굳건하고도 순수한 남자의 서사를 만들어낸다. 수줍게 뒤에 숨기보다는 자기 곁의 사람을 위해 나설 수 있지만 주먹을 섞진 않고, 비겁한 공격을 받지만 쉽게 부서지지 않는다. 누군가는 자기 안의 소년을 죽이고 남자가 된다. 하지만 민호 안의 소년은 성장할 뿐 죽지 않는다. 이처럼 'VIEW' 뮤직비디오는 순수한 열정으로 가득한 체육 소년이 어느 순간 남자로서의 욕망을 자각하는 변곡점의 순간을 잡아낸다.

그래서 지금의 민호는 자신이 히까리를 좋아한다는 걸 깨닫고 히데오에게 승부를 걸던 〈H2〉의 히로, 혹은 미나미를 위해 공을 던지기로 마음먹은 〈터치〉의 타츠야를 닮았다. 더는 남자라는 걸 숨길 수 없는 근육질의 몸과 함께 그의 이성적 매력, 그리고 그가 이성에게 느끼는 매력은 좀 더 손에 잡힐 듯 육화되지만 여기에는 놀라울 정도로 섹슈얼리티가 거세되어 있다. 이것은 명백한 판타지다. 하지만 모든 종류의 아이돌 판타지가 그러하듯, 중요한 건 현실이냐 판타지냐가 아니라 그 판타지가 얼마나 직관적으로 받아들여지느냐다. 민호는 해맑은 소년의 얼굴과 굳건한 남자의 몸을 통해 이 서사를 하나의 선명한 이미지로 표상해낸다. 그저 승부만을 즐기던 야구 바보가 어느 순간 자기 곁의 소꿉친구에게 눈을 돌리던 순간처럼, 여기에는 일렁이되 혼탁하지 않은 설렘만이 남는다. 이것은 빛나는 소년기의 유예가 아닌, 그와 우리가 맞이한 또 다른 빛나는 순간이다.

+

의도한 건 아니지만 지금껏 매체를 바꿔가며 유독 샤이니의 민호에 대한 글을 많이 써왔다. 예전 직장인 ‹텐아시아›에서 한 번, 네이버스포츠 칼럼 면을 통해 또 한 번, 그리고 위의 글이 세 번째다. 내가 그의 캐릭터를 좋아하는 건 아무래도 소년 스포츠 만화를 옮겨놓은 듯한 면모 때문일 것이다. 그를 야구 소년 히로에 비유하는 건 그래서인데, 재밌게도 2016년 여름 일본 쿄세라돔 무대에서 그는 정말로 야구 유니폼을 입고 등장했다.

# 조석,
# 이라는 사람

2015
1228

"그렇게 아등바등 400화까지 그릴 줄 몰랐지, 나는." 지난 2010년 3월 업데이트된 ‹마음의 소리› 400화 특집에서 조석 작가가 그린 개그 컷이다. 하지만 그렇게 아등바등 400화까지 그려냈던 그도, 연재했던 시간보다 더 오랜 연재 끝에 1000화에 도달하리라고는 미처 생각하지 못했을 것이다. 그사이 그는 한 번의 휴재도 없이 다섯 개의 특집을 더 그렸고, ‹마음의 소리›는 누적 조회수 50억을 기록했으며, 중국에서 인기를 끄는 한류 만화가가 되었다. 과거 몇몇 마니아들이 비아냥거리며 부르던 '네이버 공무원'이라는 호칭은 이제 역으로 그의 성실함을 수식해주는 별명이 됐다. 하지만 ‹마음의 소리› 1000화의 위업에 한 줄 찬사를 더하려는 건 아니다. 오히려 우린 MBC ‹전원일기› 같은 ‹마음의 소리›의 꾸준하고 친숙한 이미지에 속아선 안 된다. 현재 가장 대중적인 만화가이자 캐릭터이지만, 창작자로서의 조석은 우리들의 오래된 친구라기보다는 ‹마음의 소리›로 데뷔하던 그때부터 거의 언제나 세상의 기대를 배반할 궁리에 골몰하는 꼬장꼬장한 악동이었다.

지금이야 '병맛'이 개그 만화의 엄연한 하위 장르로 인정받고 있지만, 처음 대중과 만난 ‹마음의 소리› 1화 '진실' 편은 이게 뭔가, 싶은 작품이었다. 편의점 안에서 밑도 끝도 없는 황당한 일이 펼쳐지고 점주에게 자신의 말을 믿어달라고 말하는 이 짧은 에피소드에는 전통적인 4컷 만화의 기승전결이랄 게 없었다. 조석의 그림체는 지금 기준으로는 작화 붕괴 수준이었다. ‹마음의 소리›는 그 내용처럼 등장 자체가 당혹스러운 농담 같았다. 하지만 최근 들어 잊히고 있는 사실이지만, 초기 웹툰은 출판 만화 기준에 미달하는 무엇이 아닌, 웹 시대의 새로운 콘텐츠 유형에 가까웠고, 독자들은 ‹마음의 소리›라는 당혹을 마음껏 즐겼다. 이런 측면에서 ‹마음의 소리›, 그리고 조석의 성공은 단순히 '병맛'의 계보에 속한 이말년, 귀귀뿐 아니라 ‹패션왕›의 기안84, ‹역전! 야매요리›의 정다정 등 정통 만화의 문법 및 작법과 거리가 먼 작가들의 성공을 위한 기반을 마련했다고 할 수 있다.

‹마음의 소리›에 대한 시장에서의 대중적 인기와 소위 만화계에서의 평가가 나뉘는 건 이 지점이다. 그 스스로 "학교에서 만화는 이렇게 그려라, 라고 말하는 것의 딱 반대 지점에 있는 것이 나"이며 "(만화계에서) 환영받는 사람은 아니"라고 할 정도로 기성 만화계에선 인기 외의 가치를 인정받지 못했다. 초기 전성기인 2007~2008년에도 인기상만 받던 그는 슬럼프를 겪던 2009년에도 대한민국 콘텐츠 어워드 만화 부문에서 인기상(대통령상은 ‹파페포포 레인보우›)을 받았지만, 독자들에게 '개그를 위해 악마에게 영혼을 팔았다'는 말을 들으며 제2의 전성기를 누린 시기부턴 너무 장기 연재작이 되어서인지 그마저도 받지 못했다. 한 시상식에서 함께 수상한 경력 오래된 작가에게 축하 인사를 했다가 못마땅한 눈길만 받은 일도 있다. 물론 본인이 자초한 것도 있다. 이 사회성 부족한 워커홀릭은 부천만화영상진흥원에 입주했다가 다른 작가들과 아무런 교류 없이 마감에만 신경 쓰다가 '쟤는 우리랑 어울릴 급이 아니라고 생각하나 보다'라는 뒷말이 생기자 미련 없이 나갔다. 당시에 대해 '여포 놀이'라는 말로 자신의 미숙한 대처를 인정하긴 했지만, 조석은 언제나 그런 식이었다. 현존하는 한국 최고의 만화 편집자라 해도 무방할 네이버 웹툰&웹소설 김준구 이사의 만화관에 대해 자신과 정반대라고 말하며 "만화를 배워서 할 수 있는 거라면 일류 만

화학과 출신 모두가 히트작을 내야 하지 않는가"라고 질문하는 그는 철저한 반항아 타입의 창작자다.

그가 ‹마음의 소리›에서 시도한 작거나 큰 실험을 살펴봐야 하는 건 그래서다. 최전성기였던 400~500화 즈음을 지나 시트콤적인 구성을 선보였던 그의 변화에 대해 작품 자체가 하나의 공유된 세계가 되었다는 분석을 한 적도 있지만, 언젠가부터 그의 작품은 끊임없이 새로운 포맷과 서사를 만들어낸다는 점에서 동시대 개그 만화보단 차라리 MBC ‹무한도전›에 가까워졌다. 그림 대신 종이접기로 표현한 '그러니까요..' 편이 허리가 아파 PC 작업을 할 수 없는 상황에서 나온 예외라 해도, 그다음 에피소드인 '도전! 만화가장'에선 네이버 인기 웹툰 다수를 패러디해 총 아홉 개의 개별 단편을 그려냈다. 새로운 것을 해야 한다는 강박에 '권태안' 편에서 게임 ‹GTA›를 패러디했다가 뭔지 모르겠다는 반응을 얻기도 했지만, 그런 강박을 통해 얼마 지나지 않아 아무 대사 없이도 스토리가 이해됐던 '봉이' 편을 성공적으로 그려냈다. 비교적 최근 에피소드인 '난 가끔…' 편에선 대사 없이 7컷의 진지한 표정 묘사만으로 SBS ‹심야식당› 중 남태현의 연기를 누구나 알아볼 수 있게 패러디한 것처럼, ‹마음의 소리›는 마치 ‹무한도전›처럼 가능한 모든 것에 도전하는 방식으로 세계를 확장해갔다.

1000화까지 와서 보니 이것저것 다 해본 게 아니라, 이것저것 새로운 걸 시도하다 보니 여기까지 온 거다. 그동안 애봉이와의 사이에서 아이도 생겼으며, 본인도 30대가 되었다. 연재를 이어갈수록 생활인으로서 감당해야 할 것들은 더 많아지지만, 그는 여전히 꼬장꼬장한 태도를 고집한다. 간섭해야 할 일이 많아지자 판매 부수가 보장된 단행본 작업을 그만뒀고, 억대 고료의 광고 만화 제안을 받고도 ‹마음의 소리›

마감에 집중해야 한다며 거절했다. 하나의 목표에 '올인'하는 삶이란 때로 상식의 범위를 벗어난다. '너:나' 편에서 만나기 싫은 여성의 요소로 페미니즘을 언급했다가 문제가 된 것처럼, 세상과 괴리되어 창작에만 몰두하는 것은 오히려 작품 자체의 흠으로 이어질 수 있다. 성공한 작품들을 연구하기보단 자기 뱃속에서 끄집어내는 게 더 좋은 작품을 만드는 길이라는 믿음은 자칫 독선에 빠질 수도 있다. 하지만 언제나 그렇듯, 장점과 단점은 동전의 양면이다. 세간의 평가나 조언을 흘려듣는 악동 조석과 매번 자신을 갈아 넣는 만화가 조석은 분리할 수 없다. 그리고 이 동전은 넘어지지 않고 굴러 여기까지 왔다. 아직 아무도 와보지 못한 곳까지 아등바등 그렇게.

+

조석에 대한 심정은 여러모로 복잡하다. 위의 글을 포함해 나는 조석에 대한 애정을 여러 번의 인터뷰와 리뷰를 통해 드러낸 바 있다. 그의 만화 안에서 드러나는 정치적으로 올바르지 못한 부분들, 차별적인 요소들에 대해 인식하게 되고 그에 대한 합당한 비판을 접할 때마다 일종의 죄책감을 느끼지만, 또한 여전히 〈마음의 소리〉를 볼 때마다 재밌다는 생각이 든다. 그의 개그엔 분명 천재적인 번뜩임이 있다. 하지만 그 웃음이 종종 누군가에 대한 차별이나 여성혐오의 맥락에서 만들어지는 것도 사실이다. 확실한 건, 내가 이 작품의 올바르지 못한 면을 인식하고 있으니 그냥 마음 편히 즐겨도 되는 건 아니라는 것이다. 어떻게 마음 편히 즐길 수 있겠나. 이것은 차라리 고통스러운 감정이며, 또한 그래야 한다고 생각한다. 좋아하는 것에서 불편함을 느낄 때, 적어도 안 좋아할 수 없다면 불편함 역시 거둬들여선 안 될 것이다.

# 박보검, 어른의 세계를 견뎌내는 희동이

2016
0104

희동이. tvN ‹응답하라 1988›(이하 ‹응팔›)의 덕선(혜리)은 동갑내기 동네친구인 최택(박보검)을 이렇게 부른다. ‹아기공룡 둘리›에서 기저귀를 차고 둘리를 형아라 부르는 바로 그 희동이. 미니카세트 다루는 법도 모르고, 젓가락질도 잘 못 하는 어수룩함 때문이기도 하지만, 그가 희동이인 건 단순히 미숙해서가 아니라 그 미숙함을 채워주고 싶은 마음이 들어서다. 미니카세트에서 음악이 나오지 않아도, 젓가락에 짜장면이 잘 잡히지 않을 때도 요만큼의 툴툴거림도 없이 처음 문물을 접한 아기처럼 천진한 표정으로 이리저리 씨름하는 그를 보노라면 덕선을 비롯한 친구들은 어린 조카를 다루듯 도와줄 수밖에 없다. 하여 곧 성년이 될 바둑 세계랭킹 1위 천재 기사 최택이 동네 희동이가 될 수 있는 건 배우 박보검의 몫이다. 귀엽고도 유순한 얼굴과 바가지머리, 되새김질하듯 조심스러운 말투 등 타인의 보호본능을 일깨우는 초식동물 같은 매력은 오롯이 그로부터 비롯된 것이다.

하지만 "너(덕선)는 나에 대해 아무것도 몰라"라는 최택의 말처럼, 스물넷 나이를 고려해도 동안에 속할 박보검의 외모가 유아적인 순진함을 드러낸다고 말하는 건 오판이다. 쌍문동에서와는 전혀 다른 대국에서의 굳은 표정과 시합의 중압감에 몰래 담배를 피우는 등 이중적인 모습 때문만은 아니다. 최택은 순진한 희동이와 프로 승부사, 두 가지 모습을 오간다기보다는 어린 나이에 겪는 극도의 부담감을 귀여운 얼굴 속에 최대한 감춰놓는다. 최택의, 박보검의 베이비페이스는 어느 정도는 포커페이스에 가깝다. 실제 모델이었던 10대의 이창호가 그러했듯, 최택 역시 쉴 새 없이 국내외를 오가며 세계 최정상 기사들과 대결해야 한다. 잘못 둔 바둑돌 하나로 승부가 갈릴 수 있지만 잘못 뒀으니까 한 번만 물러달라고 말할 수 없는 이 비정한 세계는, 덕선과 친구들에게 허락된 유예의 시간과는 전혀 다르다. 하지만 힘들다고 말할 수 없다. 자신의 선택에 따른 결과를 받아들이는 것이 그가 평범한 10대의 삶을 포기하고 선택한 어른의 삶이다. 피 말리는 대국을 마치고 들어오다 친구들과 마주칠 때마다 피로를 억누르고 아무렇지도 않은 듯 짓는 아이 같은 미소는 오히려 성숙함의 또 다른 모습이다.

천진함 속에 숨은 어른스러움, 아니 어른스러워서 가능한 천진함. 박보검을 단순히 다량의 '남친짤'을 생성하는 귀여운 남자 배우 정도로 말할 수 없는 건 그래서다. 가령 특유의 해맑은 표정과 함께 사채 빚을 회수하러 온 일영(김고은)에게 "선생님"이라 싹싹하게 호칭하며 오일 파스타를 대접하던 영화 〈차이나타운〉의 석현은 얼핏 대책 없이 긍정적인 소년처럼 보인다. 하지만 그가 엄마(김혜수)의 충실한 일꾼으로만 살아온 일영의 마음을, 그리고 관객의 마음까지 흔들 수 있던 건 단순히 귀엽고 경계심 없는 태도 때문만은 아니다. 빚에 쪼들리면서도 생글생글 웃는 그에게 일영이 "뭐가 그렇게 신나고 뭐가 그렇게 좋아?" 라고 묻자 그는 "원해서 태어난 건 아니지만 태어났으니 죽을 순 없잖아요"라며 중3 때 일주일 치 식비 5000원으로 1000원짜리 햄버거 다섯 개를 사 먹던 시절의 이야기를 눈물을 참으며 웃는 얼굴로 말한다. 삶의 고단함을 꾹꾹 눌러 담고 그럼에도 밝게 웃는 소년의 표정을 통해 박보검은 소위 '상남자' 부류와는 전혀 다른, 진정 군건하면서도 어딘가 보호해주고 싶은 남자를 구현한다.

일영의 풀어진 신발끈을 매주는 석현의 모습(‹차이나타운›)과 최택의 풀어진 신발끈을 정환(류준열)이 매주는 장면(‹응팔›)은 그래서 묘한 대구를 이룬다. 전자에서 석현은 곧 빚쟁이들에게 장기를 잃을 테니 도망가라는 경고를 받는 상황에서 일영을 챙기고, 후자에서 최택은 프로기사로서의 명성을 이용해 정환 아버지(김성균)의 수술 문제를 해결한 뒤 정환의 도움을 받는다. 당장 자신이 죽게 생긴 상황에서도 상대방을 걱정할 줄 아는 사람, 그리고 돈으로도 갚기 어려운 도움을 주고서도 으스대지 않고 상대의 작은 호의에 감사할 줄 아는 사람. 박보검이 연기하는 날 서지 않은 강인함은 그래서 편안하다. 그들은 강하기에 함께할 수 있는 사람이자 함께하고 싶은 사람이다. 어떻게 사랑하지 않을 수 있겠나.

하지만 배우로서의 박보검이 가장 강렬하게 감정을 건드리는 순간은 만만치 않은 어른의 세계를 견뎌내면서 유지하던 소년의 미소가 무너질 때다. ‹응팔›에서 아버지(최무성)와 둘이 살면서도 힘든 내색 없던 최택이 "언제 (돌아가신) 엄마가 가장 보고 싶으냐"는 동일(성동일)의 질문에 "매일이요"라고 답하며 복받치는 눈물을 참지 못하던 순간처럼. 항상 참고 견뎌내고 있지만 아무렇지 않은 건 아니라고, 나도 힘들고 외롭다고 고백하는 그 감정의 진폭은 평소의 천진한 모습과 대비되며 강한 연민을 이끌어낸다. 친구 정환을 위해 아무렇지 않은 듯 덕선에게 고백하는 것을 포기한 뒤 혼자 호텔방에서 눈물을 흘리던 최택의 모습은, 내가 뭘 잘못했다고 도망쳐야 하느냐고 일영에게 억눌린 설움을 터뜨리던 석현의 외침은, 그 맥락은 전혀 다르지만 사이코패스로서 감정이 결여된 모습을 보여주다가 형인 이현(서인국)에게 오랫동안 쌓인 원망과 그리움을 토해내던 KBS ‹너를 기억해›의 이민의 변화는, 굳건히 어른의 세계를 견뎌내기에 더 안쓰러운 소년의 상처 입은 마음을 살짝 비춰준다. 비록 덕선에게 마음을 전달하는 건 실패했지만, 대중을 향한 배우 박보검의 고백은 그래서 성공적이다. 소년의 얼굴에 담긴 수많은 감정의 속살들을 외면하기란 어려운 일이니까. 아무 요청 없이도 기어코 친구들의 애정 가득한 도움을 이끌어내는 쌍문동 희동이가 그러하듯.

+

고정으로 출연하는 라디오 프로그램인 KBS ‹심야식당›에서 웹툰 ‹닥터 프로스트›의 이종범 작가와 함께 박보검의 다른 무엇도 아닌 얼굴을 주제로 열심히 리뷰를 한 적이 있다. 그의 얼굴이 어떻게 이중적인 분위기를 만들어내는지 이종범 작가가 구륜근 등 전문 용어를 써가며 해부학적 지식으로 설명한 것이 굉장히 흥미로웠다. 아마 이 글과 함께 듣는다면 좋은 보완이 될 것 같다. 팬들도 흥미로웠는지, 한 박보검 팬은 약 50분 동안 진행됐던 해당 방송을 모조리 녹취해 블로그에 올리기도 했다. 정말 놀라운 열정이다.

# 김연경, 한국 예능에 대한 크러시!

2016
1010

배구 스타 김연경이 MBC ‹무한도전›에 나와 밝힌 가장 좋아하는 별명은 '걸 크러시'다. 최근 방영한 MBC ‹나 혼자 산다›에서도 김연경은 터키로 출국하기 전 시간을 쪼개 공항에서 자신의 팬클럽인 '연경홀릭' 여성 팬들과 팬 미팅을 하고 기념사진을 찍었다. 일부러 팬클럽 컬러에 맞춘 옷을 입고 온 김연경이 "고마워요" 한마디만 해도 "꺄악" 비명소리가 나오고, "윙크해주세요", "언니 사랑해요" 같은 외침이 들리며, 김연경이 터키로 떠난다는 사실에 눈물 흘리는 이 장면은 아마 그동안 실체 없이 소비되던 걸 크러시라는 개념이 예능, 아니 방송을 통틀어 가장 가시적으로 드러난 순간일 것이다. 여성에게 열광하는 여성, 그리고 그런 열광을 진심으로 즐길 줄 아는 여성. 많은 연예인이 여성과 여성 사이의 감정적 교류를 콘셉추얼한 차원으로만 국한시키기 위해 '걸 크러시' 개념 뒤에 숨었다면, 김연경은 자신의 인기에 당혹해하지도 뭐라고 부연하거나 단서를 달지도 않는다. 하하, 여자들에게 인기 많다니 좋군.

2016 리우데자네이루 올림픽이 끝나고 바쁘게 김연경을 섭외한 예능에서 그의 독특한 포지션과 캐릭터를 살리려 한 건 당연한 일이다. 여성 예능인 KBS ‹언니들의 슬램덩크›(이하 ‹언니들›)는 김연경을 섭외하며 스스로 '걸 크러시의 만남'이라 자부했다. ‹언니들› 멤버들이 김연경의 외모에 대해 배구선수 미모 1위라거나 들꽃 같다거나 청순하다고 칭찬할 때 평소 같으면 자연스레 따라올 이성에 대한 인기 이야기로

넘어가지 않고 자기들끼리 신난 건 흥미로운 장면이다. 멤버인 김숙이 과거 KBS 〈해피투게더 3〉에서 "예쁘면 ('걸 크러시') 최하위권"이라 했던 것과 비교해보라. 올림픽 영웅에 대한 예우를 고려하더라도, 시작과 함께 장신인 홍진경이 쏘옥 안긴 순간부터 〈언니들〉 멤버들은 그에 대한 숨길 수 없는 동경과 관심을 보였다. 하지만 이런 자연스러운 활력과 반짝임은 '걸 크러시'를 활용하려는 연출 안에서 오히려 빤하게 퇴색된다. 래퍼라는 꿈을 이뤄주는 과정을 Mnet 〈언프리티 랩스타〉의 패러디 수준으로 진행한 건 기획으로서도 빈곤하며 결과적으로 또다시 '걸 크러시'를 센 언니들의 코믹한 스웨그 수준으로 가둬버렸다. 그 와중에도 주눅 들지 않고 흥을 보인 김연경은 분명 매력적이었지만, 그가 〈언니들〉 멤버들과 시청자를 사로잡은 건 역시 비치발리볼 파트너로 권유받은 국가대표 동료들에 대해 "걔는 수비가 안 돼"라고 말할 때다.

자연스러운 모습이 가장 멋지다고 말하려는 건 아니다. 그보다는 김연경이라는 전에 못 본 새로운 캐릭터와 현상 앞에서 기존의 예능이 우왕좌왕했다고 보는 것이 적절할 것이다. 〈나 혼자 산다〉에서 몇 번이나 '쏘쿨', '쿨내 진동'이라는 자막을 달기도 했지만 그는 딱히 무언가에 미련을 두지 않고 성큼성큼 직진한다. 차가 긁혔다면 긁힌 채로 타면 되고, 인터넷이 안 터지면 노트북을 덮으면 된다. 타인의 시선에 대해서도 마찬가지다. 검증된 배구 실력에 대해 겸양하지 않는 건 당연하며, 팔씨름으로 제시를 이긴 뒤에도 "너한테 진 남자들 누구야 도대체"라며 한껏 득의양양하다. 겸손도 변명도 없이 자신의 실력과 인기에 어떤 위화감도 보이지 않는 김연경은 기존의 어떤 스포츠 스타보다는 차라리 SBS 〈시크릿가든〉의 김주원(현빈) 같은 잘난 개인주의자 왕자님에 가깝다. 촬영이 끝나고 조금 더 놀고 싶어 하는 홍진경에게 "질척거리시네 진짜"라고 말하는 모습에 김주원을 대입해 상상해보라. 하지만 앞서 말했듯 ‹언니들›의 래퍼 도전기는 식상한 이미지만을 나열했고, 아무 맥락도 없이 '릴레이 웹툰 특집'의 결과 발표를 위해 김연경을 부른 ‹무한도전› 역시 "식빵" 사건을 몇 번씩 우리고 놀리며 센 언니 캐릭터를 잠깐 소비하는 것에 그쳤다. 잘생긴 걸 알고 잘생겨서 안 좋은 건 하나도 없다는 ‹무한도전› 499회에서 정우성이 한 발언은 사실 그보다 몇 주 앞서 여자의 입에서 나올 수도 있었다.

김연경을 예능에서 만난 지난 몇 주의 시간에는 전혀 새로운 여성을 만났다는 반가움과 그런 여성을 제대로 활용하기에 여전히 여성을 몇몇 범주화된 스테레오타입으로밖에 활용하지 못하는 한국 예능의 한계에 대한 아쉬움이 공존한다. 모두가 '걸 크러시'라는 자막을 쓰지만, 짧은 바지를 입고 긴 다리를 드러내 마치 '담다디' 시절의 이상은에 다리를 15센티미터 더한 느낌으로 아름다운 터키 시내를 걷는 그의 스타일리시한 모습을 제작진의 개입이 거의 없는 ‹나 혼자 산다›에서만 볼 수 있다는 건 무엇을 뜻하나. 다행인 건, 숨길 수 없는 큰 키처럼 그의 독특함 역시 예능에 쉽게 포섭되지 않고 송곳마냥 삐죽 튀어나왔다는 것이다. 올림픽 직전에 촬영한 SBS ‹토요일이 좋다: 백종원의 3대천왕›에서 남자친구 없으면 닭 날개를 먹어도 된다며 넘기는 백종원에게 고맙다고 하는 대신 "옛날분이시네요"라고 면전에서 말할 때 드러나는 어떤 균열. 이걸 자막을 통해 입담 대결 정도로 축소하려는 프로그램의 태도에는 약간의 황망함이 보인다. 이처럼 여성을 몇 개 범주로 가두려는 예능의 세계에 변화를 줄 수 있는 건 결국 창작자의 선의보다는 기존의 세계에 생채기를 내고 문제점을 드러내는 새로운 여성들일 것이다. 김연경이 그랬고 최근의 이시영이 그러하며, 솔비도 종종 균열을 일으킨다. 그러고 보면 '걸 크러시'의 조어를 이루는 '크러시(crush)'란 단어에는 '부순다'는 뜻도 있다. 제대로 부수고 제대로 치이며, 세상은 그렇게 조금씩 앞으로 나아간다.

+

지난 2년 정도 대중문화 텍스트에 스민 여성혐오를 분석하고 비판하는 작업을 하며 회의에 빠진 적이 있다. 우선 여성혐오의 양상이 크게 변하지 않다 보니 비평 방식 역시 인명과 작품명만 바뀐 채 크게 변하지 않았고, 정치적 올바름에 대한 비판만으로는 재미가 우선인 시장에 유의미한 제언을 하기 어려웠으며, 결과적으로 어떤 생산적 전망을 남기기 어려웠다. 위의 글을 쓰면서 비로소 나름의 답을 찾았는데, 그것은 바로 여성에게 부여되는 전형성을 해체하는 새로운 캐릭터들이 여는 새로운 재미와 신선함, 긍정적 요소를 발굴하는 것이다. 이러한 과정을 통해 페미니즘 대중문화 비평은 좀 더 두텁고도 생산적인 작업으로 나아갈 수 있을 것이다.

# 유아인이 만들어가는 새로운 길

2016 1026

배우 유아인의 가장 최근 작품은 지난 3월 종영한 SBS 〈육룡이 나르샤〉다. 하지만 최근에도 여전히 그의 이름을 뉴스에서 확인할 수 있다. 어느 배우와 SNS 인증샷을 찍었다거나, 청소년이 뽑은 인기 영화배우에 이름을 올렸다는 식의, 배우로서 그의 여전한 인기에서 파생된 뉴스를 이야기하는 건 아니다. 지난 6일 유아인 팬클럽은 유아인의 생일 선물로 공익재단인 아름다운재단에 600만 원을 기부했다. 19일엔 유아인이 설립한 아티스트 그룹인 스튜디오 콘크리트의 새 아트 프로젝트 에어로스페이스가 공개됐다. 프롤로그 에피소드에는 유아인이 직접 크리에이티브 디렉터로 참여한다. 물론 팬클럽이 기부를 통한 선행으로 이름을 알리거나, 연예인이 자신이 참여한 어떤 브랜드를 런칭하는 건 종종 볼 수 있는 일이다. 다른 게 있다면, 유아인 팬클럽의 기부금은 유아인이 지난해 1월 청소년 복지를 위해 만든 '뉴키즈유아인기금'에 더해지면서 목적이 뚜렷해졌으며, 콘크리트 스튜디오는 훌륭한 아티스트들이 더 좋은 작업을 할 수 있는 여건을 만들어주자며 설립한 창작 공간 겸 크루다. 배우로서 휴업 중인 때에도 공적 활동을 하는 유아인은 여전히 활발하다.

유아인이 연기 외적인 활동을 하는 것이 최근의 일만은 아니다. 또한 유아인만 그러는 것도 아니다. 기부를 하고 사회적 환원을 말하는 선한 연예인들은 많다. 다른 건 공적 책임감과 자의식이다. 연예인의 기부는 그 자체로 이미 공적인 활동이지만, 거의 대부분의 경우 개인의 선행이라는 말과 함께 축소되고 사회적 이슈로부터 탈맥락화된다. 지난 2013년 아이들의 급식비 문제를 거론하며 "이웃 아이들을 돕고도 나는 기름진 삼겹살로 외식할 수 있을 만큼의 충분한 행운아"라 말하고 "선의를 가지고 행동하건 행동함으로써 선의를 갖게 되건 기부라는 행동은 그 자체로 사회의 음지를 밝히는 등불"이 되길 바란다고 했던 것처럼, 유아인은 사회적 환원에 있어 사회의 어떤 결핍에 환원하는지를 꼭 밝히려 한다. 더 흥미로운 건 그것을 개인의 정의감 차원에서만 다루지 않는다는 것이다. 앞서 언급한 '뉴키즈유아인기금'을 만들며 그는 자신이 돕고자 하는 아이들을 "미래세대"라 칭하며 "경제적 어려움에 놓인 아이들은 의식주와 같은 기초생활에서뿐만 아니라 자본 논리가 주도하는 교육 시스템 안에서마저 불평등한 현실"을 비판하고 "소외계층의 아이들이 성장해 사회의 음지나 변두리로 내몰리지 않고, 진취적이며 차별화된 경쟁력을 가진 미래의 당당한 주역"이 되길 바란다고 했다. 두 사례는 단순히 유아인이 청소년 문제에 관심이 많다는 식으로 묶일 일이 아니다. 급식비 문제는 학교의 문제만이 아닌 사회적 불평등의 문제이며 이 불평등은 궁극적으로 미래를 책임질 세대에 악영향을 끼치기에 문제라는, 보편적인 기반을 가진 일관된 도덕적 담론이 만들어지고 그것이 발화되었다는 게 중요하다. 즉, 그는 유아인 개인의 정의감으로 못 참을 일이 아닌, 우리 모두가 동의할 수 있는 문제로 설명해낸다. 그래서 공적이다.

흔히 유아인을 정의하는, 반항적이고 자유로운 영혼이라는 이미지를 새롭게 정의할 필요가 있는 건 그래서다. 그와 함께 JTBC 〈밀회〉를 찍었던 안판석 감독은 "자기 눈으로 세상을 보고 자기 머리로 사고하고 자기 입으로 적극적으로 드러내는" 사람이라 평한 바 있다. 이것은 기분의 영역으로서의 자유가 아닌, 자기 안의 격률인 자율성에 가깝다. 자유롭게 행동하되, 역시 다른 자율적인 개인도 합당하다고 여길 수 있는 그런 격률로서의 자율성. 정치적으로 누구를 지지한다거나 어떤 정책을 지지한다는 것을 솔직히 말하는 연예인으로서의 '소셜테이너'와 유아인이 구분되는 건 이 지점이다. 앞의 것이 모두에게 허용된 발언의 자유 위에서 가능하다면, 유아인은 그 자유의 원칙을 자신의 발언 안에서도 지키려 한다. 지난 대선 이후 유아인은 "절망은 독재자에게서가 아니라 그들에게 열광하는 이웃에게서 온다"는 소설가 공지영의 발언에 대해 "대통령을 선택적으로 가질 수는 없다"고 반박했다. 공지영의 발언은 독재자에게 반대한다고 말하는 것을 통해, 독재를 막는 가장 큰 장치인 투표에서 각 자율적 개인이 행사한 표를 부정한다는 점에서 수행적 모순에 빠진다. 유아인의 지적은 온당했다. 타인의 자율성을 존중하지 않는 자유란 개인의 기분 문제가 될 뿐이다. 흔히 유아인과 여타 '소셜테이너'에게 따라 붙는 소신 발언, 솔직 발언이라는 건 그래서 사실 별 의미가 없는 호칭이다. 자신의 도덕률을 고민하지 않는다면, 소신 발언은 소신 있는 아무 말, 솔직 발언은 솔직한 아무 말이 될 뿐이다. 유아인이 한국에서 흔치 않은 청춘이라면, 솔직하게 말하는 보헤미안이라서가 아니라 솔직하되 아무 말이나 내뱉지 않기 때문이다.

그런 면에서 유아인은 그동안 연예인의 자유를 침해하기 위해 이용되던 '연예인도 공인'이라는 개념을 오히려 다른 의미로 확장시키는 듯하다. 거의 대부분의 경우 공인으로서의 연예인이라는 개념은 연예인의 프라이버시를 침해하기 위해, 더 엄혹한 윤리적 잣대를 정당화하기 위해 사용되어왔다. 즉, 그들의 자유를 억누르기 위한 장치였다. 그에 반해 유아인은 스스로를 공인이라 말한 적은 없지만, 셀러브리티로서 얻은 사회적 자산 위에서 공적인 발언과 행동을 하며 공인으로서의 자유를 누리고 있다. 투표를 독려할 때도 "우리가 사는 세계를 만드는 사람을 뽑는 일은 우리에게 주어진 가장 중요한 일"이라는 공적인 맥락을 꼭 덧붙인다. 그가 내뱉는 자율성의 언어는 자신이 선 자리를 공적인 영역으로 만들며 이를 통해 그는 더 많은 말과 더 많은 행동을 한다. 공인이기에 무엇을 하면 안 되느냐가 아니라 공인이기에 무엇을 더 할 수 있는지 실험하는 듯한 그의 연기 외적인 활동은 활동 자체가 유의미하다는 점에서, 또한 연예인에게 윤리적으로 엄혹하면서도 한 사람의 시민으로서 정치적 의견을 개진하는 것에 '소셜테이너'라는 유별난 호칭으로 범주화하는 한국 사회의 이중적 태도에 균열을 낸다는 점에서 특별하다. 그래서 유아인은 롤 모델이다. 아직 남이 안 가본 길을 넓힌다는 점에서 그렇고, 남이 따라올 수 있는 길을 낸다는 점에서 그렇다. 그러니 더 부딪히고 더 자주 크게 말해주면 좋겠다. 그렇게 넓어진 길은 모두를 위한 것이 될 테니.

+

유아인의 대외적 발언에 대해 혹자는 자의식 과잉이라 말하기도 한다. 위의 평가에도 불구하고 나 역시 어느 정도는 그렇게 생각한다. 한땐 그에 대해 미심쩍은 시선을 보낸 적도 있다. 하지만 최근엔 스스로 되묻게 된다. 자의식 과잉은 항상 잘못된 것인가? 소위 공인으로 분류되는 이들이 사회적으로 허용되는 수준을 넘어서 어떤 말과 행동을 하면 바로 나댄다고 비난하는 분위기 속에서 한 연예인이 그 선을 넘는 건 그 자체로 또한 정치적이고 실험적인 일이 될 수 있지 않을까. 유아인이 넓히는 길에는 이런 의미 역시 있다고 본다.

# #4 이 죽일 놈의 공놀이

# 이 죽일 놈의 LG 트윈스

2013 0820

솔직히 말해보자. 올해 3월, 프로야구 시즌 개막을 앞두고 하일성 해설위원이 홀로 LG 트윈스(이하 LG)의 포스트시즌 진출을 점쳤을 때 정말 감이 많이 떨어졌다고 비웃지 않았었는지. 당시 전문가 설문조사에서 LG는 절대적 약체로 평가받던 NC 다이노스(이하 NC)와 한화 이글스(이하 한화)를 제외하면 4강 진출 가능성이 가장 희박한 팀으로 꼽혔다. 물론 시즌 예상이란 주가 예측처럼 수많은 변수에 노출된 것이어서 당시 모두들 우승 후보로 손꼽았던 기아 타이거즈는 우승은커녕 포스트시즌 진출도 가물가물한 7위까지 떨어졌다. 요컨대 분석이 얼마나 정확한지는 생각만큼 중요한 문제가 아니다. '올해의 LG는 다를 거'라는, 소위 '엘레발'이라는 희망가는 언젠가부터 논거나 팩트와는 별개로 팬덤 내부에선 자조 섞인 복음이, 타 팀 팬들에겐 조롱의 대상이 되었다. 시즌 전반기를 2위로 마감하고 현재 절대 강자 삼성의 자리를 넘보는 LG의 질주를 바라보는 팬들의 시선엔 그래서 일종의 당혹감이 묻어나온다. 올해는 다를 거라고 외치면서도 과연 올해는 다를까 싶은 이중적 감정을 지닌 팬덤이 실제로 달라진 우리 팀을 만났을 때의 놀라움. 이것은 LG 팬들에게서 도드라지는 경향이지만, 또한 스포츠 팬덤의 음과 양을 극단적으로 압축해서 보여주는 감정이기도 하다.

성적이 안 좋은 우리 팀을 그럼에도 불구하고 응원하는 건 LG 팬만의 딜레마는 아니다. LG는 최근 7년간 '8587667'이란 순위를 기록했지만, LG와 함께 가장 높은 관중 동원력을 자랑하는 롯데 자이언츠(이하 롯데)의 팬들 역시 '8888577' 순위를 찍던 시절에도 롯데를 응원했다. 2009년부터 한 시즌을 제외하면 매년 꼴찌를 기록한 한화는 이번 시즌에도 3할을 오가는 승률로 신생팀 NC에게조차 뒤처지고 있다. 하지만 LG 팬이 감내해야 했던 건 단순히 마음에 안 드는 성적표가 아니라 팀 자체다. 류현진과 김태균, 박찬호가 있었던 한화는 그들이 있었음에도 8위를 한 게 아니라 그들만 있어서 8위를 했다. 롯데 팬들은 롯데 구단과 종종 대립각을 세웠지만 그건 자신이 사랑하는 팀을 구단으로부터 지키기 위해서였다. 그에 반해 LG 팬들은 잘해보려는 모든 시도가 LG라는 이름만 만나면 비극으로 끝나는 과정을 10년 동안 지켜봐야 했다. 한 시즌 30홈런을 기록하던 홍현우는 FA 자격으로 LG에 오자 2개 홈런에 그쳤고, 단기 전력 강화를 위해 데려온 김성현은 승부 조작 혐의로 선수 자격을 잃었으며, 내보낸 박병호는 넥센 히어로즈에서 홈런왕이 됐다. 2002년 팀을 한국시리즈 준우승으로 이끈 명장 김성근 감독을 자른 뒤 벌어진 이 일련의 사건은 '김성근의 저주'라고도 불리지만, 정말 LG 팬들은 초현실적일 정도로 안 풀리는 팀을 바라보며 무력감을 느껴야 했다. 모든 야구팬들에게 자기 팀이 종교라면, LG 팬들에게 트윈스는 종교이자 원죄다.

언젠가 화제가 됐던 트위터 멘션에서 LG 팬이 신의로 똘똘 뭉친 사람이니 소개팅에서 꼭 잡으라고 했던 건, 그 10년의 기다림 때문이기도 하지만 정확히 말해 그것은 의리보다는 근본적으로 '호구'일 수밖에 없는 팬의 굴레에 가깝다. 철저히 지역에 기반을 둔 자이언츠의 부산 팬들이라면 이번 시즌 성적이 잘 안 나와도 소주 한 잔 털어 넣고 '부산 갈매기'를 부르는 것으로 훌훌 털고서 다시 내일이 없을 것처럼 응원할 수 있을지 모른다. 하지만 1994년 우승을 기점으로 신바람 야구에 매료되어 지금과 같은 규모로 커진 LG 팬덤은, 신바람이 불지 않던 지난 10년을 말 그대로 팬이라는 이유만으로 견뎌내야 했다. 역시 자기 팀의 '호구'라는 입장에서는 동일한 다른 야구팬들조차 유독 LG 팬들을 놀리고 무시했다. 이번 시즌 임찬규가 인터뷰 중인 정인영 아나운서에게 물을 뿌렸다가 팬과 대중에게 호된 질책을 당했을 때, KBS N 제작팀장은 SNS를 통해 "승리해야만 할 수 있는 인터뷰기에 더욱 볼 기회가 적었던 LG 팬들껜 죄송하지만, 그나마도 KBS N에서는 더 이상 경기 후 LG 선수 인터뷰를 볼 수 없을 것"이라며 굳이 LG 팬에게 불필요한 모욕을 안겨줬다. 잠실 경기장을 가득 채울 수 있는 관중 동원력을 자랑하지만 정작 해당 산업 종사자에게 무시당하는 팬덤. 적어도 지난 몇 년간 LG 팬으로 산다는 건 상당히 서러운 일이었다.

그래서 LG 팬들은 언제나 최악의 상황을 가정한 채로 사랑하는 법을 배웠다. SNS의 확산과 함께 발달한 자학적 팬덤 문화가 LG 팬을 중심으로 형성된 건 우연으로 보기 어렵다. 하루가 끝나고 누가 누가 더 속 터지는 경기를 했는지 겨루는 듯한 SNS 담론 속에서도 LG 팬은 독보적이다. 그날 경기의 실책부터 그동안 실패했던 구단 프런트의 모든 정책, 심지어 타 팀에 비해 잘생긴 선수들의 얼굴까지도 비난의 대상이 된다. 이 모든 비난은 최종적으로 '그럼에도 팀을 갈아탈 수 없는' 자신들에게 향하며 결국 우리는 안 될 거라는 자조로 끝난다. 그들은 올해는 다를 거란 기대를 품는 동시에 그 기대가 무너지는 시나리오 역시 가슴에 품고 응원한다. 잔인하지만, 상처를 적게 받으면서 사랑하는 법은 그뿐이다.

현재 LG가 보여주는 압도적인 선전보다 그 선전이 LG 팬에게 어떤 방식의 보상이 될지 궁금한 건 그래서다. 그들이 포스트시즌 진출이 거의 확정적인 성적표 앞에서도 여전히 연패 시나리오를 가슴에 품고 조심스레 환호하는 건 단순한 엄살이 아니다. 도저히 쿨해질 수 없는 팬의 입장에서 10년 동안 상처받으며 터득한 나름의 지혜다. 그 잃어버린 10년을 가을야구로 보상받는다면 LG의 팬 문화도 변화할 것인가. 과연 그들은 상처받는 걸 두려워하지 않고 내년에는 우승을 향해 달리자고 외칠 수 있을까. 1년 만에 다시 포스트시즌이 좌절돼도 10년까진 기다려줄 수 있다고 호기를 부릴 수 있을까. 그럴 수 있으면 좋겠다. 좋아하는 대상을 마음껏 좋아하는 자유야말로 모두가 누려야 하는 권리일 테니까. 그깟 공놀이에서조차 이 당연한 권리가 종종 잊히긴 하지만.

+

해당 시즌, LG 트윈스는 11년 만에 가을야구 진출에 성공했다. 비록 이듬해 시즌 초반 큰 부진을 겪고 팀을 가을야구까지 이끌었던 김기태 감독이 사의를 표명하기까지 했지만, 그 혼란을 수습했던 양상문 감독은 2016시즌에 이르러 팀의 리빌딩까지 성공적으로 진행하며 앞으로 쉽게 무너지지 않을 기반을 만들었다. 야구는 이러니저러니 해도 '그깟 공놀이'겠지만, 도저히 답이 없다고 생각했던 곳에서 새로운 가능성의 싹이 트는 걸 보는 것은 공놀이 이상의 의미로 다가온다. 변화는 가능하다. 포기하지 않는다면.

# 아스널, 고집쟁이 장인의 승리

2013 1105

영국 프로축구 1부 리그이자 세계 최고의 축구 리그 중 하나인 잉글리시 프리미어리그에서는 총 20개 팀이 약 9개월 동안 각각 38번의 경기를 치른다. 이들 중 하위 3개 팀은 2부 리그로 강등되어 다시 프리미어리그 승격을 위해 싸우고, 상위 4개 팀은 UEFA 챔피언스리그에 진출할 자격을 얻는다. 여기서 가장 큰 업적이자 목적은 물론 리그 우승이다. 세계 최고의 클럽인 맨체스터 유나이티드(이하 맨유)를 비롯해 첼시, 맨체스터 시티(맨시티), 리버풀, 토트넘 등의 강팀들과 언제든 이변을 만들 수 있는 중상위권 팀들이 자웅을 겨루지만, 우승컵은 단 한 팀의 몫이다. 이번 2013~2014시즌 아스널이 그 어느 때보다 주목받는다면 리그 초반 1위를 기록하며 우승이라는 좁은 문을 향해 그 어느 때보다 안정적인 항해를 해나가고 있기 때문일 것이다. 하지만, 그것 때문만은 아니다.

현재 감독인 아르센 벵거가 1996년 팀을 맡기 전부터 아스널은 이미 리그의 강호였다. 대신 그는 현재 구너스(아스널의 서포터들)를 비롯한 축구팬들이 아름답다고 칭송하는 축구 스타일을 아스널에 부여했다. 역시 세계 최고의 팀인 프리메라리가의 바르셀로나와 종종 비교되는 아스널의 플레이는 원터치 패스를 짧고 빠르게 주고받으며 상대방 골문까지 전진하는 방식이다. 이것이 가능하려면 패스를 한 번에 주고받을 수 있는 테크닉과 공을 받는 즉시 패스할 수 있는 자리에 동료가 있는 전술적 움직임이 필요하다. 우연에 기대기보단 기술과 전술로 공과 그라운드를 지배한다. 이것이 시각적으로 아름답다면 여하한 군더더기가 없기 때문일 것이다. 패스를 받고 공을 컨트롤하지 못하거나, 패스할 동료를 찾느라 머뭇거리거나, 상대편 수비수와 거친 몸싸움을 하는 시간 없이, 공은 상대 수비를 피해 빈 공간을 파고들어 골까지 연결된다. 유려하되, 파괴적이다.

당연히 모두가 그들의 플레이를 사랑했다. 그것이 좋은 성적으로 직결되었을 때만. 벵거가 팀을 맡은 이후 놀랍게도 이 클럽은 단 한 번도 4위 밑으로 내려가 본 적이 없다. 세 번 우승했고, 그중 마지막 우승인 2003~2004시즌에는 프리미어리그 출범 최초로 무패 우승을 기록했다. 이듬해인 2004~2005시즌에도 FA컵 우승을 차지했다. 하지만 바로 이와 같은 출중한 기록 때문에 리그 우승을 하지 못한 지난 9년은, 팬들과 유달리 극성스러운 영국 매체들의 표적이 되었다. 풀럼이나 카디프 시티라면 2부 리그로 강등하지 않는 것에 만족할 수 있을지 모른다. 스완지시티나 에버튼 같은 중상위권 팀이라면, 아니 강호인 토트넘 홋스퍼만 하더라도 4위 안에 들어 챔피언스리그에 진출할 수 있다면 그것만으로 만족할 것이다. 아스널의 경우는 다르다. 벵거 감독의 말대로 "매일 캐비어를 먹는다면 다시 소시지를 먹는 건 어려울 것"이다.

결과가 따라주지 않는다면 이론은 몽상이 되고, 신념은 아집이 되며, 낭만은 사치가 된다. 적어도 리그 3, 4위만을 반복했던 지난 8년 동안 벵거는 고집 센 몽상가 취급을 받아야 했다. 사람들은 싼값에 좋은 선수를 데려와 스타로 육성하는 벵거 특유의 유망주 정책은 '듣보잡'에게 돈을 낭비하는 것으로, 거친 몸싸움과 수비적 움직임을 지양하는 화려한 패싱 게임은 실용적이지 않은 것으로 비난했다. 어느 정도는 사실이다. 하지만 여기에는 유벤투스에서 실망스러운 시즌을 보내던티에리 앙리를 1050만 유로의 이적료로 데려와 세계 최고의 공격수로 성장시켜 무패 우승을 일궈냈다는 것이, 구단의 미래를 위해 구장을 신축하고도 빅클럽 중 거의 유일하게 흑자 재정이라는 것이, 파브레가스와 반 페르시 등 주축이 다 빠지고도 조직력의 힘으로 '빅4'의 자리를 수성했다는 것이 빠져 있다. 우승컵을 모으는 것보다는 가장 아름다운 축구를 5분 동안 펼치는 게 소원이라는 벵거가 몽상가이자 로맨티스트일지는 모른다. 하지만 비난을 견뎌내며 자신의 꿈을 좇는 건, 언제나 현실을 견뎌내는 자의 몫이다.

시즌 초반, 리그 1위를 달리는 동시에 전성기의 아름다운 축구를 구사하는 현재의 아스널에 대해 단순히 부활이라는 수식을 쓸 수 없는 건 그래서다. 정확히 말해 그들은 몰락한 적이 없다. 감당해야 했던 순위가 팬들의 기대보다, 필드에서 펼쳐진 경기 수준이 감독의 이상보다 조금 못 미쳤을 뿐이다. 그 괴리를 단번에 줄여준 것이 클럽 역대 최고 이적료(4000만 유로, 이전 최고 기록은 1500만 유로를 기록한 아르샤빈)를 기록하며 레알 마드리드에서 데려온 메수트 외질이란 건 그래서 흥미롭다. 유망주는 됐고 어서 돈을 풀어 대형 영입을 하라고 재촉한 건 팬들이다. 하지만 수비 진영에서 상대 팀 볼을 뺏은 뒤 페널티박스 근처까지 올라가는 빌드업과 상대 팀 문전에서 외질이 슛 찬스를 만들어내는 페너트레이션 과정이 유기적으로 연결될 수 있는 건, 그동안 선수들이 쌓아온 전술적 훈련과 이해도 덕분이다. 팬들이 옳았나? 맞다. 벵거가 옳았나? 그 역시 맞다. 수많은 변수가 존재하는 그라운드 위에서 하나의 정답이 있다고 말하는 건 거짓말이다. 단지 이상이 있고, 그걸 구체화하기 위한 다양한 방식의 노력이 있을 뿐이다. 결과가 모든 것을 결정하는 프로축구에서 그럼에도 철학이 필요하다면 그래서일 것이다.

아스널에는, 그리고 벵거에게는 그것이 있었다.

물론 그들은 단지 10경기를 치렀을 뿐이며, 평준화된 프리미어리그에서 순위표는 몇 번이고 요동칠 것이다. 최고의 우승 후보이던 맨유가 감독 교체 후 지지부진하지만, 역시 우승 후보인 첼시는 무리뉴의 재부임과 함께 파괴력을 회복했고, 왕년의 '빅4' 리버풀 역시 지난 몇 년을 통틀어 가장 좋은 경기력을 보여주고 있다. 전방에서부터 압박하며 숨 쉴 틈 없이 빠르게 진행되는 아스널의 패싱 게임이 상당한 체력 소모를 요구한다는 점을 떠올리면 리그 후반이 걱정되는 것도 사실이다. 앞서 말했듯, 리그는 결국 우승을 목표로 한 과정이다. 그 좁은 문을 통과하지 못한 19개 팀은 패자가 되며 그게 아스널일 수도 있다. 대신 그들은 유망주의 기적과 아름다운 축구의 승리는 한 시절의 추억으로만 둬야 한다는 냉소 섞인 여론 앞에서 다시 한번 낭만주의와 실용주의가 하나가 되는 순간을 보여주었다. 약삭빠르게 벵거의 신념이 옳았다고 말할 수는 없지만, 때론 신념의 옳고 그름보다는 흔들리지 않는 것이 더 많은 걸 이뤄내기도 한다. 그 어느 때보다 부풀어 오른 아스널 우승에 대한 기대는 그 꼿꼿함이 만들어낸 이 빛나는 순간을 우승컵의 무게로 단단히 고정하고 싶은 축구팬들의 욕망일 것이다. 다시 말하지만 그것이 실현될지는 아직 알 수 없다. 확실한 건, 우승으로 그 가치를 증명하고 싶을 만큼 빛나는 축구가 지금 그라운드 위에서 펼쳐지고 있다는 것이다. 아스널의 이름으로.

+

2013~2014시즌, 아스널은 결국 FA컵에서 우승했지만, 기대했던 프리미어리그 우승컵은 들지 못한다. 이후에도 아스널은 맨유와 첼

시, 맨시티 등 주요 라이벌들이 부진하며 우승 가능성이 가장 높았던 2015~2016시즌에도 깜짝 돌풍의 주역 레스터 시티에게 우승컵을 내준다. 현지에서 명장 아르센 벵거에 대한 퇴진 압박이 높은 건 그 때문일 것이다. 벵거의 철학이 아스널의 색깔과 높은 순위를 만들어낸 건 사실이지만, 또한 대규모 영입을 꺼리는 그의 철학 때문에 갈수록 치열해지는 프리미어리그 우승 경쟁에서 한 끗 차이로 무너지는 것도 사실이다. 특히나 맨유의 무리뉴, 맨시티의 펩 과르디올라, 첼시의 콘테 등 명장들의 경쟁이 치열해진 지금, 아스널이 지금의 방향으로 우승컵을 들기란 더더욱 어려울 것이다. 그럼에도 아스널이란 팀에 매력을 느낀다면, 그들이 종종 필드에서 만들어내는 우아한 순간들 때문일 것이다. 프로스포츠에서 승패보다 중요한 게 있다고 쉽게 말할 수는 없다. 다만 승패보다 더 중요한 것이 있는 게 아닌가, 라는 생각이 드는 어떤 순간들이 있다. 그 순간을 만들어내는 이들에 대해서는 존중하는 게 당연하다.

# 우리 호날두 까지 마요

2014 0114

신이 호날두를 만들 때: 우선 스트라이커니까 빠른 발을 10숟가락 넣자. 무회전 프리킥을 찰 수 있는 강한 허벅지와 종아리도 각각 10숟가락씩 넣고, 화려한 드리블 기술을 9숟가락, 골 결정력을 15숟가락 넣어야지. 몸싸움에서 밀리면 안 되니 근육도 9숟가락 넣자. 스타성도 필요하니 얼굴을 9숟가락, 패션을 위해 구찌를 10숟가락 넣어야지. 우승 많이 하라고 퍼거슨 6숟가락, 무리뉴 3숟가락까지 넣었으니, 이제 방심하지 말라고 라이벌 메시를 7수… 으아아악 다 부어버렸다!

신의 총애를 듬뿍 받은 남자, 하지만 동시에 신의 저주까지 받은 남자. 크리스티아누 호날두는 스포츠 역사상 가장 아이러니한 인물일지도 모른다. 그가 축구 선수로서 누린 부와 명성만을 보면, 분명 신은 그를 사랑한다. 2008년, 겨우 스물세 살의 나이에 명문 맨체스터 유나이티드(이하 맨유)를 이끌고 잉글리시 프리미어리그와 챔피언스리그(이하 챔스)에서 우승하며 가장 권위 높은 상인 발롱도르를 수상했고, 프리미어리그와 프리메라리가(이하 라리가) 양대 리그에서 득점왕을 차지했다. 심지어 얼굴까지 잘생긴 그는, 분명 세계 최고의 축구 스타다. 하지만 신의 장난은 여기서부터 시작된다. 라이벌 리오넬 메시가 정확히 호날두가 발롱도르를 탄 이듬해인 2009년부터 4년 연속 발롱도르를 수상했고, 그동안 호날두는 2위를 세 번 차지했다. 하지만 그가 정말 불운한 건, 그가 메시보다 아주 조금 부족한 실력을 가졌다는 것이 아니다. 메시보다 부족하되 다른 누구보다 압도적으로 뛰어나다는 것이야말로 호날두의 불운이다. 그는 세계 최고, 아니 역사상 최고의 2인자다.

메시가 2009~2010시즌에 챔스 포함 53경기에 출전해 47골을 넣어 라리가와 챔스에서 득점왕을 했을 때, 사람들은 그를 축구 역사상 최고의 선수로 꼽히는 마라도나와 비교하길 주저하지 않았다. 하지만 호날두가 54경기에 출전해 53골을 넣어 전 시즌 메시를 능가하는 활약을 하고, 그 이듬해에는 무려 55경기 60골을 기록해도, 사람들은 그를 전설들과 같은 항렬에 놓고 비교하기보다는 같은 해 60경기 73골을 넣은 메시가 마라도나를 능가할 것이냐에 대해 토론했다. 혹자는 그가 엘 클라시코나 챔스 결승 같은 큰 경기에 약한 소위 '양민 학살자'이기 때문에 골의 순도가 낮다는 이야기도 하지만, 클럽의 리그 우승을 만들어 주는 건 약팀을 상대로 확실히 골을 뽑아내는 플레이다. 전 세대 브라질의 호나우두가 37경기 34골을 넣었던 시절 이미 펠레와 비견됐다는 걸 떠올리면, 호날두에 대한 평가는 엄청난 이적료와 주급에도 불구하고 매우 박하다. 울보(cry baby)라는 별명을 얻을 만큼 억울할 때마다 그가 울상을 짓는 건 당연한 일일지도 모른다.

영웅이 거대한 산을 넘어서면 신화가 되고 가파른 절벽에서 떨어지면 비극이 되지만, 오르다 돌부리에 걸려 넘어지면 희극이 된다. 다 따라잡았다고 생각한 순간 더 멀리 달아나는 메시를 망연자실 바라보는 호날두는 비극의 주인공보다는 〈톰과 제리〉의 톰에 가까웠고, 대중에게 조금씩 희화의 대상이 됐다. 경고 누적으로 챔스 결승에 나가지 못했던 파벨 네드베드의 눈물을 보며 팬들은 함께 울었다. 하지만 승부욕 강한 호날두가 게임이 안 풀려 눈물을 흘리면 팬들은 합성 패러디를 만든다. 뜨악한 패션 센스는 언제나 놀림거리가 됐고, 스웨덴의 타블로이드 신문은 포르투갈과 스웨덴의 경기를 앞두고 호날두와 말괄량이 삐삐를 합성한 사진을 실어 그를 도발했다. 얼마 전, 국제축구연맹

(FIFA)의 블래터 회장이 메시와 호날두를 비교하며 호날두는 군사령관처럼 행동한다고 조롱한 건 분명 저열한 행동이었지만, 이는 호날두가 축구계 안팎에서 얼마나 만만하게 소비되고 있는지 잘 보여주는 사건이었다.

하지만 호날두는 꿋꿋했다. 심판의 판정에 불만이 있으면 여전히 울상을 지으며 항의했고, 구찌 가방을 버리지 않았으며, 경기 전 머리 손질을 잊지 않았고, 미인들과 숱한 염문을 뿌렸다. 대신 심판에게 항의하며 승리를 갈망했고, 명품 가방에 대한 애정만큼 명품 근육 역시 여전했으며, 공들인 머리가 땀에 젖어 헝클어지도록 그라운드에서 전력질주했고, 결혼은 하지 않았지만 자신의 아이는 책임졌다. 블래터 회장의 조롱이 그를 대하는 세상의 태도를 보여줬다면, 이에 대해 골과 세리머니로 화답하는 순간은 이 남자가 사는 법을 그대로 보여준다. 때론 조롱당하고 때론 미움받고 때론 스스로 잡음을 일으켜도, 자신이 해야 할 것은 완벽하게 해냈다. 종종 잊히는 사실이지만, 묵묵해야 성실한 건 아니다.

2013 발롱도르 수상은, 그래서 호날두에게 상징적인 일이 될지언정 선수 생활의 분기점이라 할 수는 없다. 그는 2006~2007시즌부터 이미 세계 최고 선수 중 하나였고, 어떤 기복이나 큰 부상 없이 클래스를 유지했으며, 최근 몇 년 동안에는 역사 속 전설들과 어깨를 나란히 할 만한 기록을 남겼다. 때문에 메시가 부상을 당한 사이에 탄 상이라는 비아냥거림은 근거 없는 말은 아니지만 의미 역시 없다. 메시가 있을 때나 없을 때나 호날두는 쉬지 않고 골을 넣었다. 1인자건, 2인자건, 발롱도르건, 그 과정의 끝에서 부수적으로 따라오는 이름일 뿐이다. 이번 발롱도르는 비로소 1인자 메시를 넘어선 승리의 전리품이라기보다,

앞만 보고 뛰다가 상상할 수 없이 멀리 와버린 한 남자의 여정을 표시하기 위한 이정표에 가깝다. 그리고 이 여정은 여전히 현재진행형이다.

하여 신이 과연 호날두에게 준 것이 무엇이었는지 따지는 건 이제 부질없는 일일지 모른다. 주어진 조건은 분명 중요하다. 하지만 더 중요한 건 선택이다. 그는 탄탄한 몸을 그라운드의 선수들과 부딪혔고, 강한 발로 공을 찼으며, 메시와는 경쟁을 선택했다. 그가 희화화되는 건, 역설적으로 비극적인 결말을 맞은 다른 축구 천재들과 달리 자기관리를 철저히 하기 때문이기도 하다. 그는 신이 거는 장난에 때론 쩔쩔매고 또 종종 징징댔지만, 적어도 신이 준 재능을 낭비하진 않았다. 호날두가 만들어가는 현재진행형의 여정이 쉬이 끝나지 않으리라 예감하는 건 그래서다. 그 여정의 끝에서 우리는 비로소 불운한 2인자가 아닌, 재능에 도취되지 않은 한 위대한 선수의 진면목을 발견할 수 있지 않을까. 물론 좀 더 일찍 알아챌 수도 있겠지만.

+

동시대에 메시라는 축구의 신만 없었더라면 좀 더 제대로 된 평가를 받았을 선수. 2015~2016 UEFA 챔피언스리그에선 레알마드리드의 우승을 함께했고, 유로 2016에서도 조국 포르투갈의 우승을 이끌었다. 이런 엄청난 업적을 거두고 본인의 네 번째 발롱도르를 수상하고도 일종의 '콩라인'으로 분류되고 자주 희화화되는 그의 캐릭터는 메시의 메시아적인 느낌보다 더 인간적이고 흥미롭다. 결코 금욕적이지 않으면서도 그토록 강철 같은 육체를 유지하는 이 독특한 프로페셔널을 나는 항상 안쓰러운 마음으로 응원할 것 같다. 물론 세상에서 가장 쓸데없는 게 호날두 걱정이겠지만.

# 제라드와 메시가 없어도 응원할 수 있을까

2015 0119

지랄 맞은 새해 소식이었다. 지난 1월 2일(한국 시간) 잉글리시 프리미어리그 리버풀 FC(이하 리버풀)의 영원한 캡틴 스티븐 제라드가 시즌 종료 후 팀을 옮긴다는 공식 발표가 나왔다. 리버풀 팬으로서 뒤통수를 얻어맞은 기분이었다. 은퇴 소식이라면 차라리 덜 놀라고 덜 분노했을지도 모르겠다. 루이스 수아레즈가 FC 바르셀로나(이하 바르샤)로 떠난 뒤 팀은 다시 리그 상위권으로부터 멀어졌고, 앞으로 2~3년 이내에 리버풀의 리그 우승은 요원해 보이는 상황에서 최대한 아름다운 기억만 남긴 채 떠난다면 아쉽지만 이해할 수 있다. 하지만 이적, 그것도 유럽 무대가 아닌 한 단계 낮은 미국 MLS로의 이적은 다르다. 선수는 더 뛰고 싶어 하고, 팀은 원하지 않는 상황이 제라드와 리버풀 사이에 벌어진 것이다. 서로 원만하게 합의하고 결정된 이적이지만, 팀의 상징과도 같은 선수가 떠나는 것에 대해 리버풀 팬들은 아쉬움과 일말의 배신감을 느낄 수밖에 없었다.

물론 프로스포츠에서 팀과 선수는 예외 없이 계약으로 맺어진 관계다. 종신 계약이 아닌 이상 둘의 관계는 언제든 끝날 수 있다. 누군가는 더 높은 주급을 좇아, 누군가는 UEFA 챔피언스리그(이하 챔스) 출전을 좇아 팀을 떠나고, 반대로 또 다른 누군가는 팀의 전력에 보탬이 되지 못해 자신의 의지와 상관없이 팀을 떠나야 한다. 몇천만 파운드의 천문학적 이적료가 오가는 해외 축구 시장에서 서로의 시장 가치에 대한 판단은 엄정해야 마땅하다. 유소년 시절부터 원 클럽 맨으로서 팀을 지켜온 주장이라고 해서 예외를 바라는 건 팬들의 어리광이 맞다. 다만 문제는, 사랑하는 대상에 대한 팬덤은 본질적으로 어리광일 수밖에 없다는 것이다.

팬들은 스토리텔링을 통해 팀을 '나의' 리버풀로 만든다. 이야기는 한 대상을 이해하고 사랑할 수 있게 내 안에서 재구성하는 유일한 방식이다. 2004~2005 챔스 결승에서 이스탄불의 기적을 만들거나, 혹은 제라드-토레스 라인을 앞세워 강팀에 더 강한 면모를 보이던 리버풀은 마치 ‹슬램덩크›의 북산과도 같았고, 팬들은 제라드 혹은 토레스를 주인공으로 한 ‹슬램덩크›를 가슴속에 써내려갔다. 팬들이 공유하는 것은 붉은 옷을 입고 뛰는 선수 11명에 대한 소유권이 아니라 리버풀이라는 거대한 이야기다. 당연히 독자로서의 팬은 그 이야기가 자신들이 원하는 방향으로 이어지길 바란다. 이것이 팬덤의 어리광이다. 제라드의 이적은 전성기가 지난 한 미드필더에 대한 정확한 시장 평가일지 모르지만, 지난 10여 년을 함께한 팬덤으로서는 리버풀이라는 이야기의 주인공이 바뀌는 일이다.

제라드와 달리 아직 루머 단계이긴 하지만 올해 초부터 끊이지 않는 메시의 이적설을 보며 초연할 수 없는 건 그 때문이다. 감독과의 불화설이나 세금 문제 등이 겹치며 이런저런 루머가 나올 때도 말을 아끼던 메시지만, 최근 발롱도르 시상식에서는 "다음 시즌에 내가 어느 팀에서 뛸지는 알 수 없다"고 말했다. 제라드 이전의 리버풀이 그러하듯 메시가 뛰기 전부터 바르샤는 위대한 클럽이었지만, 지난 몇 년간 바르샤라는 이야기의 주인공은 단연 메시였다. 단순히 세계 최고의 활약을 펼쳤다는 뜻만은 아니다. 첼시 FC의 러브콜에도 흔들리지 않던 제라드의 충성심이 뜨거운 심장이 뛰는 리버풀의 서사를 완성시켰다면, 비싼 성장 호르몬 주사를 처방하며 아르헨티나의 꼬마를 유소년팀으로 불러온 바르샤와 그 팀 안에서 세계 아니 역사상 최고의 선수로 성장한 메시의 이야기를 통해 '클럽 그 이상(More than a club)'이라는 팀의 모토가 선명하게 드러날 수 있었다. 수많은 승리를 거둔 바르샤가 승패의 대차대조표로도 설명할 수 없는 감동을 줄 수 있던 건 그래서다. 이것은 필드와 공으로 만들어낼 수 있는 가장 멋진 이야기였다. 하지만 메시는 앞서 인용한 발언을 통해 자신과 바르샤가 만들어온 이야기도 언젠가 팬들의 바람과는 다른 방향의 결말로 이어질 수 있다는 걸 솔직히 인정했다. 영원한 건 없다. 최종적으로 증명되는 건, 이 모든 것이 결국 시장에 종속되어 있다는 것이다. 물론 시장에서도 팬들을 만족시키는 판타지는 중요하다. 그것의 효용가치가 흑자로 이어질 때까지만.

하지만 어떤 대상을 사랑하고 지지하는 것이 정말 힘든 건, 더는 어리광 부릴 수 없어서가 아니라 어리광 부릴 수 없을 때도 애정을 포기할 수 없어서다. 제라드가 떠나니 이제 리버풀을 응원하지 않겠다면, 메시가 이적하는 순간 그 팀을 새로운 우리 팀으로 받아들일 수 있다면, 좋을 것이다. 다만 그렇게 쿨하고 합리적일 수 있었더라면 애초에 어리광 부리며 우리 팀의 일거수일투족에 가슴 졸이지도 않았을 것이다. 팀이 내 마음대로 될 수 없다는 체념은 관계의 끝이 아니라 오히려 이 질긴 관계를 유지하는 핵심이다. 잘 가요 캡틴, 이라는 인사에는 감사와 변명이 공존한다.

시합은 계속될 것이고, 하나의 이야기가 끝나기에 또 다른 이야기의 시작을 기대할 것이다. 팀보다 위대한 선수는 없다는 당의정을 삼키며 다시 리버풀의 축구를 볼 것이고 콥스(리버풀 서포터)로 남으리라 다짐하며 앞으로도 응원가인 'You'll Never Walk Alone'을 부를 것이다. 다만 이 말과 가장 잘 어울리던 뜨거운 심장의 주인공은 낯선 미국 땅으로 떠난다. 홀로.

+

리버풀의 팬이자, 지난 2015~2016시즌 중반에 부임한 위르겐 클롭 감독의 팬인 나로서는 클롭이 이끄는 상승세의 리버풀에 캡틴 제라드의 자리가 없는 것이 못내 아쉽다. 이토록 열정적인 리더와 팀의 심장과도 같은 선수가 만났더라면 어떤 시너지가 날 수 있었을까. 부질없는 어리광일 것이다. 하지만 이상과 현실에 대한 괴리에 괴롭지 않다면 그 대상을 사랑하지 않는 것이리라. 때로 애정은 포기하지 않고 고통스러워하는 것일지도 모른다.

# 심수창에게서 인생을 배우다

2015 0504

이제 함부로 좌절하지 말아야겠다. 롯데 자이언츠(이하 롯데)와 기아 타이거즈(이하 기아)의 4월 23일 경기에서 9회말 기아의 브렛 필이 동점 만루 홈런을 터뜨리는 순간 들었던 생각이다. 기아의 팬으로서 당연히 환호해야 할 순간이었지만 마냥 좋아할 수만은 없었다. 그날 롯데의 선발이, 방금 홈런으로 선발승을 날린 투수가 심수창이었기 때문이다. 여덟 개의 삼진을 잡아내며 본인 인생에도 꼽힐 만한 투구를 선보였던 그는 1335일 만에 승리를 눈앞에 두고 있었고, 승리는 홈런의 유려한 포물선과 함께 저 멀리 날아가 버렸다. 그날 기아는 짜릿한 9회 역전승을 거뒀지만, 황망한 표정의 심수창을 보며 웃을 수는 없었다.

2012년 시즌을 앞두고 그를 인터뷰한 적이 있다. 바로 전 시즌에 넥센 히어로즈로 트레이드되며 786일 만에 18연패의 고리를 겨우 끊었던 그는 "타선에 기대지 않는다. 내가 못하면 타선이 폭발해도 동점이 될 수밖에 없으니 타선 생각하지 않고 무조건 퀄리티스타트로만 막자고 생각한다. 그래도 승리하지 못하면 운의 문제인 거"라고 말했다. 하지만 이번 기아와의 경기처럼 문제는 바로 그 운에 있다. 차라리 그날의 투구 내용이 그저 그런 수준이었다면 덜 아쉬웠을 것이다. 아두치의 3점 홈런을 비롯해 타격의 지원이 시원하지 않았더라면 덜 기대했을 수도 있겠다. 좀 더 나아가, 그가 한때 촉망받는 선수가 아니었거나 좀 덜 잘생겼더라면 그의 무산된 승리가 극적으로 보이지 않았을지도 모르겠다. 하지만 그날의 심수창에겐 그 모든 것이 있었다. 당장의 투구 내용에서도 승리할 자격이 충분했으며, 그 오랜 기다림과 노력은 보상받을 때가 되었고, 오랜 마음고생에도 불구하고 잘생긴 얼굴은 여전했다. 그는 4월 23일의 스타가 되어야 마땅했으나 결국 불운의 아이콘으로 기록되었다. 이 게임 결과가 다분히 한 편의 비극처럼 느껴지는 건 그래서다. 능력의 부재는 본인의 문제로 소급하지만, 재능과 노력으로도 넘을 수 없는 불운에서는 신의 짓궂은 손길이 느껴진다.

실제로 심수창이 겪은 불운에는 그리스 비극의 영웅들을 연상케 하는 면모가 있다. 그들은 신의 사랑을 받은 덕에 사람들에게도 사랑받을 수 있지만 또한 신의 장난 혹은 질투 때문에 고난을 겪는다. 만약 심수창이 단순히 잘생기고 못하는 선수였다면 신은 공평하다는 말을 들었겠지만, 그는 리그 내에서 독보적일 정도로 잘생긴 동시에 2006년에는 10승을 거둔 투수이기도 했다. 2004년부터 2007년까지의 평균자책점도 4.5 미만의 안정적인 수준이었다. 하지만 한국 신기록인 18연패 기간 동안에는 스스로도 곧잘 무너졌고, 잘 던지다가도 교체된 뒤 불펜이 불을 지르는 걸 허망하게 볼 때도 많았다. 성적이 안 나오자 장점이던 잘생긴 얼굴은 근거 없는 오해를 불렀다. "지거나 못했을 때 논다, 야구에 신경 안 쓴다는 얘기 듣는데 나는 열심히 한다. 하지만 결국에는 결과론이고 잘하면 된다"던 그는 억울해하면서도 불운 역시 본인의 몫으로 돌렸다. 비극이 연민을 불러일으키는 건, 우리 역시 그가 겪는 불행이 부당하다고 느끼기 때문이다.

하지만 그를 보며 함부로 좌절하지 말아야겠다고 생각하는 건, 그가 겪는 불운이 나의 그것보다 훨씬 커서만은 아니다. 중요한 건 그가 겪은 불운의 크기가 아니라, 그럼에도 그는 자기 차례가 되었을 때 다시 등판해 공을 던진다는 것이다. 23과 1/3이닝 동안 평균자책점

1.93의 에이스급 활약을 펼치고도 승리를 기록하지 못하고 있는 이번 시즌처럼 때로 어떤 불운은 정말 운명론과 같은 힘을 발휘한다. 심지어 4월 30일 넥센 전에서 올린 감동의 세이브조차 전날 선발 일정이 비 때문에 밀리면서 마무리로 등판하게 됐다는 걸 떠올리면 분명 하늘은 여전히 짓궂다. 그 안에서 사람의 힘으로 할 수 있는 것은 그리 많지 않다. 비극의 주인공과 운명의 대결은 언제나 주인공의 패배로 귀결된다. 지난 기아와의 대결이 그랬다. 하지만 그것을 과거의 일로 두고 다시 공을 던진다면, 불운과의 재대결을 선택한다면, 패배는 유예된다. 지지부진해 보일 수 있지만, 때론 나가떨어지지 않는 것이 우리가 할 수 있는 최선일 수 있다.

그래서 심수창을 응원한다. 또다시 불펜이 승리를 날릴 수도 있다. 팀 타선의 도움을 받지 못할 수도 있다. 날씨가 도와주지 않을 수도 있다. 나름 부활의 근거였던 평균자책점을 스스로 올리며 능력 자체에 대한 의심을 받을 수도 있다. 하지만 그 모든 불안함을 뒤로 하고 마운드에 오르는 그를 보는 것만으로도 위로를 받는다. 비극은 운명의 강대한 힘을 증명하는 장르지만, 또한 그 강대함에 패배할지언정 항복하진 않는 주인공을 통해 궁극적으로는 인간의 고결함을 증명한다. 연민의 대상이 될지언정 좌절이라는 자기연민에 빠지지 않는 심수창의 역투는 그래서 역대 에이스들의 그것 이상으로 가슴에 꽂힌다. 오늘도 야구는 계속되며, 심수창은 오늘도 야구를 한다. 이 평범한 풍경에 삶의 고귀함이 있다.

+

위 글을 쓸 때만 해도 불운에 비해 구위나 제구 등 많은 것이 좋아졌던 심수창은, 하지만 다시 폼이 무너지며 평균자책점 6.01을 기록하는 데 그쳤다. 그다음 시즌엔 김성근 감독이 이끄는 한화 이글스로 옮기며 기대를 모았지만 역시 최종 성적은 인상적이지 않았다. 에두르지 않겠다. 심수창은 그렇게 좋은 투수는 아닐 것이다. 더 좋아질 수 있을지도 모르겠다. 하지만 평범하다고 해서 혹은 그 이하라고 해서 패배자가 되는 것은 아니다. 스포트라이트는 거의 언제나 탁월한 이들의 것이겠지만, 스포트라이트가 비춰지는 그 무대는 탁월하지 않은 다수가 스스로 무너지지 않고 만들어가는 하루하루 위에서 만들어진다. 나는 이것이 충분히 고귀하다고 믿는다.

# 김성근이라는 딜레마

2015 0119

5할. 승과 패, 둘 중 하나를 가져가야 하는 프로스포츠에서 평균에 소급하는 확률, 하지만 지난 두 시즌 동안 3할대를 기록하던 한화 이글스(이하 한화)에겐 멀고 먼 승률. 팬들은 팀을 구원해줄 메시아를 갈망했고, 김성근이 왔다.

10할. 승과 패 모든 것이 가능한 경기에서 항상 승리했을 때 얻을 수 있는, 이론상으로는 불가능하지 않은 확률, 하지만 SK 와이번스(이하 SK) 시절 김성근 감독이 지지 않는 야구를 추구하며 꿈꿨던 승률. 2008시즌 승률 6할 5푼 9리를 기록하고도 만족을 모르던 그는, 올해 한화를 만났다.

승률 5할이 꿈인 팀과 승률 10할이 목표인 감독. 그리고 둘이 만난 현재(5월 11일 기준) 한화는 승률 5할 1푼 5리를 기록 중이다. 지난 몇 년을 경험한 한화로서는 꿈같은 성적이다. 지금의 김성근이 그 어느 때보다 이슈의 중심이 되는 건 그 때문일 것이다. SK 시절의 그는 '야구의 신'이었다. 정근우, 최정, 박경완, 김광현 등을 데리고 절대왕조를 열었다. 당시 그들은 타 팀과의 경쟁에서 저 멀리 앞서 나가며 정말로 지지 않을 것 같은 야구를 보여줬다. 하지만 지금은 한화다. 인간계, 그것도 바닥에 떨어진 신은 여기서도 자신이 꿈꾸는 야구를 펼칠 수 있을 것인가. SK 시절 그의 별명은 '인천 예수'였지만, 실제로 그는 한화라는 인간의 땅에서 비로소 현신한 메시아의 임무를 부여받았다. 이곳은 그가 꿈꾸던 10할의 세계는 아니지만, 한화에게 5할이라는 확률은 기본으로 설정된 디폴트값이 아닌, 오랫동안 밟아보지 못한 평균의 전장이다. 승과 패가 맞닿은 최대 격전지이자 서로 물러날 수 없는 마지노선에서 싸워나가며 김성근은 패배보다 많은 승리를 기록했고 그 누구보다 한화를 약속의 땅 가까이 인도했다. '야구의 신'의 신화는 오히려 SK 시절보다 견고해졌다.

하지만 그래서 김성근은 한국 야구의 딜레마다. 사실 현대 야구에서는 어떤 명장에게도 메시아의 임무를 기대하지 않는다. 가령 현재의 삼성 라이온즈(이하 삼성)는 김성근 시절의 SK를 연상시키는 혹은 그 이상의 강력함을 보여주고 있지만, 누구도 삼성의 독주가 류중일 감독 한 사람 덕분이라고는 생각하지 않는다. 두터운 선수층과 재활 관리, 그리고 구단의 지원이 있을 때 감독의 리더십이 성과로 나타날 수 있다. 그에 반해 선수단에 대한 전권을 요구하는 김성근은 그 스스로 메시아형 리더 담론의 마지막 주창자이자 또한 마지막 증거다. 그는 리더라면 어떻게든 방법을 궁리해 지지 않는 게임을 해야 한다고 믿는다. 또한 그런 리더를 선수들이 따라야 한다고 생각한다. 종종 그가 독선적이거나 독재적인 지도자로 보이는 건 그래서다.

물론 누구도 그가 지금껏 이룩한 성과를 부정할 수 없다. SK 왕조를 열었고, 과거 최약체에 가깝던 쌍방울 레이더스를 리그 2위까지 끌어올렸으며, LG 트윈스에게 마지막 한국시리즈의 기억을 안겨준 것도 김성근이다. 하지만 선수들의 능력을 백 퍼센트 이상으로 끌어내는 리더십은 다른 누군가에게는 마지막까지 쥐어짜낸다는 뜻이며, 오직 승부에만 집중한다는 것 역시 누군가에게는 이기기 위해 모든 게 정당화된다는 것으로 읽혔다. 오해도 있지만 어느 정도는 사실이다. 현재 필승조로서 한화의 승리를 지키는 권혁은 5월 이전에 이미 400구를 던지는 무리한 일정을 소화 중이다. 비활동 기간 중 훈련 금지는 자살 행위라는 말은 의도에 비해 발언이 셌다는 걸 감안하더라도 자칫 선수의 권익을 건드릴 수 있다. 전성기 SK는 테크닉과 근성 모두에서 역대 최고의 내야 수비를 보였지만, 당시 스파이크를 세운 2루수 정근우의 커버는 '발근우'라고 불리며 비난받았다. 그는 이기는 야구가 좋은 야구라고 믿는 승리 지상주의자는 아닐지 모른다. 하지만 적어도 그에게 좋은 야구란 이기는 야구여야 한다.

김성근에 대해 야구팬들의 호불호가 유독 뚜렷하게 갈리는 것은, 단순히 좋아하는 야구 스타일이냐 아니냐의 문제가 아니다. 그가 리더로서 만들어내는 명백한 결과적 성공을 어떻게 받아들일 것이냐의 문제다. 가령 지난 4월 12일 한화 대 롯데 자이언츠 시합에서 벌어진 빈볼 논란은 사실 그 자체만으로는 그만큼 이슈가 될 일이 아니었다. 빈볼이 김성근 감독의 지시였다는 근거도 불분명하다. 김성근 감독에게 유독 악의적인 몇몇 필자들의 여론몰이를 차치하면, 비난 여론의 상당수는 승리를 위해 팀을 완벽히 장악하고 끌어가는 김성근 리더십에 대한 반응에 가깝다. 반대의 경우도 마찬가지다. 김성근에 대한 호불호는 조직과 리더, 결과와 과정이 얽힌 양자택일 속에서 무엇을 선택하느냐에 대한 일종의 리트머스다.

그래서 김성근이라는 딜레마는 더 정확히 말해 양자택일을 강요받는 상황에 대한 딜레마다. 즉, '김성근이냐 누구냐'가 아니라 '김성근이냐 아니냐'다. 비정하더라도 좋은 결과를 만들어내는 것이 중요한가, 진 경기에도 의미와 소중함이 있다고 받아들일 것인가. 위대한 리더의 개조를 기대할 것인가, 조직의 자율적인 개선을 믿을 것인가. 미안하지만 한국 야구는 이 딜레마에 대한 대안을 제시하지 못했다. 한화 팬들은 김성근 외에는 답을 찾지 못했다. 또한 완벽함을 추구하는 야구에 미친 감독을 통해서야 한화는 겨우 5할의 마지노선을 넘길 수 있었다. 과연 우리는 이보다 나은 결과를, 그리고 과정을 상상할 수 있을까. 초인 신화 너머 더 납득할 수 있는 과정과 더 나은 결과가 하나가 되는 길을 바라볼 수 있을까. 그에 따라 김성근이라는 딜레마는 양자택일의 갈림길이 아닌, 더 높은 곳의 가능성으로 인도하는 지렛대가 될 수 있을 것이다. 그 어느 때보다 강력한 메시아의 복음을 전파하는 지금.

+

결과적으로 2015시즌, 한화 이글스는 5할의 벽을 넘지 못했다. 시즌 최종 순위는 6위. 와일드카드 결정전에도 아깝게 진출하지 못하며 김성근의 성과주의는 결과적으로는 실패했다. 위에서도 이야기한 혹사 논란 때문에 팬들의 반응도 반으로 갈렸다. 하지만 딜레마는 여전했다. 김성근임에도 팀을 가을야구로 데려가지 못한 것이냐, 김성근이니까 그나마 항상 바닥이던 팀 성적을 6위까지 끌어올리며 시즌 막판까지 희망을 준 것이냐. 김성근의 방식은 여전히 유효한가, 이제 수명을 다한 것인가. 평행선을 그을 수밖에 없는 이 논의는 결국 실증적으로 확인하는 방법밖에 없었다. 그리고 다음 시즌, 의문부호가 달린 김성근의 리더십과 메시아 담론은 변명의 여지없이 무너지고 만다.

## '엘롯기'는 사랑입니까?

2016
0712

2016년 한국 프로야구에는 성층권이 존재한다. 1위 두산 베어스(이하 두산)부터 4위 SK 와이번스(이하 SK)까지로 이루어진 이 권역은 6월 중순부터 아무런 변동 없이 순탄하게 4위까지 보장된 가을야구를 향해 행진 중이다. 서로 간의 순위 침범도 없다. 기상 활동이 일어나지 않는 쾌청한 성층권이다. 혼탁한 건 그 밑의 대류권이다. 현재 5~7위를 형성 중인 롯데 자이언츠(이하 롯데), 기아 타이거즈(이하 기아), LG 트윈스(이하 LG)가 서로 엎치락뒤치락하며 가을야구를 향한 마지막 입석 티켓인 5위 경쟁을 하는 중이다. 익숙한 묶음이다. 프로야구 팬들에게 언제나 '엘롯기 엘롯기 신나는 노래'였던 '엘롯기(LG, 롯데, 기아)' 동맹이다. 한동안 이합집산하다가 지난 시즌 서로 사이좋게 7, 8, 9위를 기록하며 오래된 우정을 확인한 이들 동맹은 미처 그 위로 올라가진 못하고 서로의 바짓가랑이를 붙잡고 비와 우레를 뿌리며 대류권을 형성하고 있다.

물론 '엘롯기'의 5위 경쟁은 우연이다. 삼성 라이온즈(이하 삼성)가 심각한 전력 누수로 이렇게 침몰하지만 않았더라면 앞서의 성층권은 1~5위까지 형성되어 나머지 다섯 팀을 온전히 소외시켰을 것이다. 삼성과 한화 이글스(이하 한화)의 추락은 이번 시즌의 가장 큰 변수다. 상수가 있다면 한 구역에 묶일 수밖에 없는 '엘롯기'의 고만고만한 실력 차다. 즉, 지난해 7~9위로 묶인 '엘롯기' 권역 밑에 삼성과 한화 이글스가 들어와 반대급부로 '엘롯기' 권역이 5~7위에 형성됐다고 보는 게 적절하다. 상수와 변수가 더해져 지금 '엘롯기'가 만들어가는 대류권의 풍경은 수준은 낮되 치열하고, 플레이는 단조롭지만 게임은 다이내믹하다. 지난 6월 30일 기아와 LG의 경기를 떠올려보라. 2회에만 9점을 몰아치며 승기를 확실히 잡았던 기아는 끝끝내 그 9를 두 자릿수로 바꾸지 못하더니 결국 4점 앞선 9회에 동점을 허용하고 11회에 지고야 말았다. 대역전극이라는 표현은 자칫 명승부처럼 느껴질 수 있다는 점에서 기만적이다. 한 이닝에 9점을 내준 LG도, 4점 차 리드에 아웃 카운트 하나를 남겨놓고 그걸 지키지 못해 진 기아도 엉망진창이었다. 혈전이라고 명승부가 아니다. 단지 막싸움이 벌어졌고, 둘 다 쌍코피가 터졌을 뿐이다. 그리고 팬들의 속도 터졌다.

프로야구 10개 구단 안에서 '엘롯기' 팬덤이 유독 크며 자학적이라는 건 이제 새삼스러울 것도 없는 사실이다. 스포츠 팬덤이란 근본적으로 '잘하는 편 우리 편'의 심플하고 합리적인 세계가 아니다. 인기와 실력은 비례하지 않는다. 다만 '엘롯기'에 있어 인기와 실력은 비례하지 않는 것에 그치지 않고 반비례한다. 이 비대칭을 견뎌내는 건 고스란히 팬의 몫이다. '엘롯기'의 상징성은 이 비대칭성에 있다. 이번 시즌이 더 나쁜 건, 삼성, 한화, KT 위즈의 동반 부진과 함께 5위 가능성이 가시화되면서 희망고문까지 더해진다는 것이다. 미안한 이야기지만, 굳이 성층권 4개 팀과 비교하지 않더라도 현재 '엘롯기'는 가을야구에 어울리는 팀들이 아니다. 승률 4할대라는 건, 야구를 보며 환호하는 날보다 욕하는 날이 더 많다는 뜻이다. '엘롯기' 팬이란 그것을 감내하고 욕하고 응원하는 존재들이다. 하지만 어떤 야구팬도 포스트시즌 와일드카드라는 유혹을 외면할 만큼 의연할 수는 없다. 심지어 서로의 경쟁자가 다른 누구도 아닌 비슷한 수준의 '엘롯기'다. 우린 안 될 거야 아마, 라는 학습된 자조 속에서도 쟤들이 상대라면 혹시 모른다는 기대가 공존한다. '엘롯기'가 벌이는 5위 경쟁의 혼돈만큼, 팬들의 마음도 격랑을 일으킨다. 지옥은 가까이에 있다.

하지만 이 지옥의 풍경은 앞서 말했듯 비장하기보단 저질에다 심지어 종종 코믹하다. 당장 '엘 꼴라시코'라는 말로 희화화되는 LG와 롯데의 라이벌 대결은 4월 12일 첫 경기부터 양 팀 총 14명의 투수가 등판하고 10회까지 가서야 끝이 났다. 이런 경기에선 끝까지 본 사람이 패배자다. 경기 승패와 상관없이 항상 패배하는 건 팬들이다. 그럼에도 비극보단 희극에 가까운 풍경 앞에서 자기연민이나 비애는 쉽게 허락되지 않는다. 경험하는 지옥의 크기와는 별개로 '엘롯기' 팬들은 대외적으로도 스스로도, 망국의 서글픈 난민이 아닌 저질 코미디의 고정 관객이자 참가자가 될 수 있을 뿐이다. 저 조악한 야구 안에서도 어떻게든 승수를 쌓아 5위에 근접하길 바라며. 잘하길 바라는 게 아니라, 잘하지 못할 걸 알면서도 기대를 품는 이 기묘한 마음은 사랑이란 감정의 가장 지랄 맞은 면모다.

이번 시즌 '엘롯기'는 팬들의 바람을 실현시켜줄 수 있을까, 라는 질문은 그래서 무의미하다. 이것은 '엘롯기'의 야구가 실망스러우냐 아니냐의 문제가 아니다. 시즌 전반기가 증명하듯, 실망은 기본값이다. 사랑이 빌어먹을 감정인 건, 실망을 전제하고서도 타협 가능한 희망의 하한선을 새로 설정하기 때문이다. 탈(脫)'엘롯기'가 불가능하다면 그 안에서라도 1등을 하길 바라는 마음, 준플레이오프 진출이 거의 불가능하다는 건 알지만 그래도 와일드카드 결정전에는 오르길 바라는 마음, 상위팀과의 3연전 위닝 시리즈는 바라지도 않으니 스윕이라도 안 당하길 바라는 마음 같은 것들. 남들이 보면 우스꽝스러운 것을 알면서도 5위를 바라는 마음은, 어떤 면에선 5위라는 타협점이 더 뒤로 밀리지 않길 바라는 마음에 가깝다. 이 하한선은 후반기가 되어서도 유지될 수 있을까. 자신할 수 없다. 단지 너무 멀리 보기보단 가끔씩 허용되는 사소한 기쁨을 놓치지 않길 바랄 뿐이다. 그마저도 없다면 대체 무슨 맛으로 야구를 보겠나. 그러니 우선은 몇 년 만에 '엘롯기'가 삼성보다 위에 있는 순위표라도 캡처해두길.

+

나는 과거 해태 타이거즈 시절부터 타이거즈 팬이다. 2009년 기아 타이거즈의 이름으로 거둔 열 번째 우승 이후 몇 번의 실망스러운 시즌을 경험해야 했지만 그럼에도 팀을 바꾸진 못하고 매 시즌 속아준다는 마음과 그래도 혹시 모른다는 마음으로 개막전을 지켜본다. 위의 글은 결과적으로 반은 맞고 반은 틀렸는데, SK 와이번스의 하반기 하락세와 LG 트윈스의 놀라운 상승세가 더해져 해당 시즌의 와일드카드 결정전은 4위 LG와 5위 기아가 치렀다. 2차전까지 가는 접전 끝에 기아는 패했지만, 당시 마지막까지 포기하지 않던 외야수 김호령, 노수광 등의 플레이를 기억하며 나를 비롯한 기아 팬들은 다음 시즌을 기약했다.
또, 또 그렇게.

# 김성근 신화, 꿈에서 깨다

2016 1004

지난해 2월, 한화 이글스(이하 한화)에 부임해 첫 해외 훈련을 이끌던 김성근 감독은 이렇게 말했다. "훈련 강도를 높이면 선수들이 다칠지 모른다. 하지만, 다치지 않으려 훈련 페이스를 떨어트리면 한화는 또 만년 꼴찌다. 팀의 미래를 위해 무엇이 좋을지 고민하다가 훈련이 아니면 팀을 강화할 방법이 없다는 결론에 도달했다"(〈네이버스포츠 박동희 칼럼〉). 어쩌면, 여기서 모든 것이 시작됐을지도 모른다. 그의 바람대로 한화는 지난 시즌 전반기 매 경기 전력을 쏟으며 84경기 승패 마진 +4를 기록해 과거와는 달라진 모습을 보여줬지만, 후반기에는 선수들의 부상 및 혹사 논란과 함께 결국 가을야구 진출에 실패했다. 올해 들어 혹사나 불필요한 타격 훈련에 대한 논란은 더욱 커졌으며, 역시 가을야구에 합류하지 못했다. 팀의 주축인 투수 송창식과 권혁이 부상으로 시즌아웃 되어 내년 구상은 더더욱 어려워졌다. 김성근 감독은 "팀의 미래를 위해 무엇이 좋을지 고민"했고 리스크와 보상도 제법 정확히 고려했지만, 결과적으로 한화의 미래는 암울하다. 이것은 승패의 문제가 아니다. 김성근이, 틀렸다.

물론 이제 와서 김성근이 틀렸다고 말하는 건 새삼스러운 일이다. 지난해 한화가 마지막까지 전력을 다하며 '마리한화'로 각광받던 시기까지만 해도 권혁의 혹사에 대해 팬과 언론의 반응은 조심스레 양분됐지만, 권혁이 시즌 아웃된 지금엔 언론도 팬도 그 어느 때보다 안심하고 김성근을 비판한다. 신화는 깨졌다. 결과론이다. 하지만 김성근 감독이 신화적 존재가 된 과정 역시 결과론이다. 김성근 신화는 기본적으로 그가 이룬 업적을 역산해 본인과 지지자들에 의해 사후적으로 재구성된 서사다. SK 와이번스(이하 SK)에서 세 번의 한국시리즈 우승을 이루고도 쫓기듯 나오고 독립구단 고양 원더스에 부임한 그는 박해받는 메시아가 되었고, 동시대 리더의 이상향이 되었다. SK 왕조를 이끌 때조차 논란의 인물이었던 '야구의 신'은 진짜 종교의 대상이 되었다. 김성근이 부임해 꼴찌인 팀을 바꿔주리라 기대한 한화 팬들의 소망적 사고 역시 신화에 대한 믿음에 가깝다. 김성근을 팀을 말아먹은 원흉이자 구태의 상징으로 모는 작금의 상황은 그래서 부당한 면이 있다. 앞의 인용이 보여주듯, 그는 훈련을 통한 전력 강화라는 보상과 선수 부상이라는 리스크 사이에서 고민했고, 나름의 합리적인 이유와 경험을 토대로 리스크를 감수하고 강도 높은 훈련을 선택했다. 어차피 '인천 예수'의 대전 재림을 바란 이들이 염원한 것도 리빌딩이 아니었다. '꼴어놀'(꼴찌가 어디서 놀아, 라는 김성근 감독의 일갈을 줄인 말)에 열광한 건 누구였나. 투수 혹사 논란은 2002년 LG 트윈스 마무리 투수 이상훈 때부터 SK 시절까지 김성근을 쭉 따라다녔지만 결과론적인 김성근 신화에서 혹사의 리스크는 축소되거나 미화되었다. 틀린 건 김성근만이 아니다. 신화를 진심으로 믿고 많은 경우 전파하거나 재생산했던 팬과 구단과 언론도 틀렸다.

김성근이라는 지도자의 실책과 독선을 이해하자는 건 물론 아니다. SK 시절의 성공 경험을 고려하더라도 한화에서의 그는 이해되지 않을 정도로 고집스러운 모습을 보였다. 젊은 투수에게 경험을 쌓게 하기보다는 검증된 불펜 투수를 휴식 없이 내보냈고, 국가대표 테이블세터인 이용규와 정근우, 최고의 출루율을 자랑하는 김태균 같은 선수들을 데리고 고행에 가까운 타격 훈련을 시켰다. 한화의 성적 부진과 유망주 실종은 김성근의 잘못이 맞다. 그럼에도 김성근 한 명을 비판하고 그의 야구를 배제하는 것으로 끝나선 안 된다면, 이 모든 걸 가능하게 한 김성근 신화에서 '김성근'보다 중요한 건 '신화'이기 때문이다. 신화를 만들어내는 건 신화의 주인공이 아닌, 그를 바라보는 이들의 신화적 사고다. 미신적 사고라고 해도 좋다. 김성근의 야구가 비과학적이라는 뜻이 아니다. 아무리 통계에 기반을 두고 다양한 정보를 조합하는 과학적 야구라 해도, 신화적으로 소비될 땐 미신이 된다는 뜻이다. 그 대상은 김성근이 될 수도, 〈머니볼〉의 주인공 빌리 빈이 될 수도, 분야를 바꿔 자기가 지지하는 정치인이 될 수도 있다. 김성근 개인의 신화가 깨졌다는 것이 우리를 신화적 사고로부터 바로 구원해주지는 않는다. 다만 계기는 될 수 있을 것이다.

한화 팬들에겐 미안하지만, 그래서 김성근의 몰락은 야구계의 실질적인 진보를 위해 필요했던 사건인지도 모른다. 그가 기적적으로 복귀해 실패하지 않았다면, 그의 신화는 여전히 견고하게 신도들에게 회자되고, 많은 이들이 강연에서 그의 목소리를 무비판적으로 경청했을 것이다. 김성근이 프로야구 역사에 손꼽힐 지도자 중 한 명이라는 것과는 별개로 그것은 전근대적인 상황인 게 맞다. 근대화된 사회에서 담론은 비슷한 목적을 지닌 다른 담론들과 평등하게 경쟁하고 그 안에서 평가되어야 한다. 1980~1990년대 오클랜드 애슬레틱스가 1이닝 마무리와 원 포인트 좌완 불펜을 도입한 토니 라 루사 감독의 '라 루사이즘'으로 시대를 풍미한 뒤, 모두가 '라 루사이즘'을 따를 때 빌리 빈 단장의 '머니볼' 이론으로 또 한 번 앞서 나갔던 것처럼, 게임의 양상을 흔드는 묘수는 이러한 경쟁을 통해 제시되고 발전할 수 있다. 그래서 지금,

몰락하는 김성근의 모습이야말로 역설적으로 한국 프로야구의 근대를 위한 메시아적인 순교처럼 보인다. 스스로의 신화를 무너뜨리며 미신적 사고로부터 야구계와 팬을 구원해준다는 면에서 그렇다. 물론 거인의 침몰로 확인하는 이런 식의 계몽(啓蒙)은 씁쓸하다. 깨어야 할 꿈이 꽤나 달콤했던 것이라면 더더욱.

+

한화 이글스에 부임한 첫 시즌, 희망과 의혹을 모두 선사했던 김성근 감독은 2016시즌, 그야말로 야구계의 공적이 되고 만다. 한화 팬덤은 물론이고, TV와 전문 스포츠 매체에서 그의 선수 혹사에 대해 비판의 날을 세웠다. 때로 표현의 과도함은 있을지언정 이들 비판의 근거는 정당했다. 하지만 또한, 그동안 김성근이 감독으로서 만들어온 성과 역시 매우 명확했다. 그렇다면 문제는 무엇인가. 그땐 잘했고 지금은 못하는 것뿐인가. 그때 옳았던 것이 지금 옳지 않은 것인가. 감독의 성과는 결과론으로 접근할 수밖에 없지만, 그럼에도 이것으로부터 무언가를 배우기 위해서는 결과론을 넘어 옳고 그름에 대한 인식론적인 토대를 세울 수 있어야 한다. 그러기 위해서는 김성근이 한화 이전에 세운 엄청난 성과들을 외면하거나 저평가하지 않으면서도 유효할 수 있는 비판의 근거를 찾아야 한다. 나는 이것이 김성근을 둘러싼 신화적 사고라고 보았다. 존중과 존경은 숭배와 다르다. 누군가에게서 커다란 희망의 근거를 본다 해도, 이 선을 넘지 않는 것이 중요하다.

# 에필로그

세상에 무시해도 되는 불편함은 없다

정확히 이야기해두자. 무언가에 대한 불편한 감정은 과도하거나 부당할 수도 있다. 스스로 프로불편러가 되기를 바라는 이라고 해도 마찬가지다. 에필로그 제목이자 이 책의 부제는 세상에 틀린 불편함은 없다거나, 나쁜 불편함은 없다는 뜻이 아니다. 그것이 비록 최종적으로는 잘못된 것으로 판명 난다 할지라도, 무시하고 공론장 안에서 배제해도 되는 불편함은 없다는 뜻이다. 왜냐하면 사회적으로 상식처럼 통용되는 어떤 표현이나 담론, 관습에 대해 누군가 불편함을 느낄 때 그 불편함에 대해서 성의 있게 논의하지 않으면 그것이 틀렸는지 맞았는지 따져볼 기회조차 없기 때문이다. 가령 가정폭력이 개인의 사생활 문제가 아닌 공적인 문제이자 범죄로 인정받은 것은 채 50년도 안 된 일이다. 이것이 비로소 '우리'의 문제로 인식되기까지는 수많은 페미니스트들이 불편함을 제기하는 과정이 필요했다. 내가 느끼는 불편함에 대한 제대로 된 평가는 어쨌든 사회적 안건으로 제시된 이후에나 이뤄질 수 있다.

모순적으로 느껴질 수 있지만, 그렇기 때문에 나는 모두가 프로불편러가 되어야 한다고 말하고 싶진 않다. 예민한 인권감수성과 자신이 느끼는 감정을 이성적으로 헤아리는 능력은 분명 시민으로서의 큰 장점이지만, 불편함에 대한 호소가 프로불편러만의 것이 되어서는 안 될 것이다. 아마추어불편러가 느끼는 불편함은 무시해도 되는가? 그럴 리 없다. 한국 사회에서 이상적인 의미의 프로불편러가 더 늘어나면 좋겠지만, 그보다 우선하는 건 자신이 느끼는 불편함을 발언하고 공론장에 참여하는 분위기가 만들어지는 것이다. 직업적 프로불편러로서 언론의 역할이 있다면 이러한 혼탁함 속에서 다양한 목소리에 귀를 기울이되 중요 의제를 분류하고 논의를 다듬는 필터 역할을 하는 것이리

라. 이것은 우월함의 문제가 아니라 사회적 분업의 문제다. 부디 이 책이, 그리고 앞으로도 글을 써서 먹고살 나의 삶이 이러한 분업에 충실한 것이길 바란다.

**위근우** 2008년 엔터테인먼트 전문 웹진 ≪매거진 t≫에 입사해 대중문화 기자로 활동하기 시작했다. ≪매거진 t≫의 후신이라 할 수 있는 ≪텐아시아≫를 거쳐 웹매거진 ≪아이즈≫에서 취재팀장으로 일했다. 직장 외에도 네이버스포츠 고정 칼럼과 네이버캐스트 웹툰 작가 인터뷰 등 재밌어 보이고 돈도 주는 곳에서 다양한 분야에 관한 글을 써왔다. 저서로 『웹툰의 시대』(2015), 『젊은 만화가에게 묻다』(2017), 공저로 『야구 읽어주는 남자』(2012), 『웃음만이 우리를 구원하리라』(2013), 『#혐오_주의』(2016)가 있다.

**프로불편러 일기** 세상에 무시해도 되는 불편함은 없다

**지은이** 위근우 **펴낸이** 김종수
**펴낸곳** 한울엠플러스(주)

**초판 1쇄 발행** 2017년 2월 13일 **초판 3쇄 발행** 2020년 12월 30일

**주소** 10881 경기도 파주시 광인사길 153 한울시소빌딩 3층
**전화** 031-955-0655 **팩스** 031-955-0656
**홈페이지** www.hanulmplus.kr **등록번호** 제406-2015-000143호


ISBN 978-89-460-6996-1 03300

Printed in Korea.
책값은 겉표지에 표시되어 있습니다.